कठोपनिषद्
का योग

कठोपनिषद् का योग

लेखक
श्री श्री कृष्ण प्रेम कृत

The Yoga of the Kathopanishad

का

जगदीश चन्द्र नौटियाल
द्वारा
अंग्रेज़ी मूल से अनुवाद
2022

कठोपनिषद् उस प्राचीन पथ की व्याख्या है जो मृत्यु से अमरत्व की ओर ले जाता है । एक सच्चा मार्ग होने के नाते इस का ज्ञान किसी एक देश या धार्मिक परम्परा तक ही सीमित नही है । प्रस्तुत टीका का उद्देश्य इस बात को स्पष्ट करना ही है कि यह मार्ग कुछ थोड़े से व्यक्तियों को संसार भर में ज्ञात रहा है, और यद्यपि उनके विस्तृत विवरणों में कुछ भिन्नता रही है तथापि वे सब एक ऐसे अनुभव की बात करते हैं जो अभिज्ञेय रूप से एक ही है।

ALLIED PUBLISHERS PVT. LTD.

New Delhi • Mumbai • Kolkata • Chennai • Bangalore • Hyderabad

ALLIED PUBLISHERS PRIVATE LIMITED

D-5, Sector-2, Noida–201 301
Ph. Nos.: 0120-4320295/2542557/4352866
E-mail: delhi.books@alliedpublishers.com

17 Chittaranjan Avenue, **Kolkata**–700072
Ph.: 033-22129618 • E-mail: cal.books@alliedpublishers.com

15 J.N. Heredia Marg, Ballard Estate, **Mumbai**–400001
Ph.: 022-42126969 • E-mail: mumbai.books@alliedpublishers.com

No. 25/10, Commander-in-Chief Road, Ethiraj Lane (Next to Post Office)
Egmore, **Chennai**–600008
Ph.: 044-28223938 • E-mail: chennai.books@alliedpublishers.com

P.B. No. 9932, No. 15, 3rd Floor (Next to Vijaya Bank), 5th Cross, Gandhinagar, Karnataka, **Bangalore**–560009. Ph.: 080-41530285 / 22386239
• E-mail: bngl.journals@alliedpublishers.com / apsabng@airtelmail.in

Sri Jayalakshmi Nilayam, No. 3-4-510, 3rd Floor (Above More Super Market)
Barkatpura, **Hyderabad**–500027
Ph.: 040-27551811, 040-27551812 • E-mail: hyd.books@alliedpublishers.com

Website: www.alliedpublishers.com

ISBN: 978-93-90951-14-7

The Yoga of the Kathopanishad सर्वप्रथम इलाहाबाद से प्रकाशित हुई।
द्वितीय संस्करण 1957 में लंदन से Stuart and Watkins ने किया।
1982 में अहमदाबाद से The New Order Book Company ने पुनर्मुद्रण किया।

Published by Sunil Sachdev and printed by Ravi Sachdev
at Allied Publishers Pvt. Ltd., D-5, Sector-2, Noida–201 301

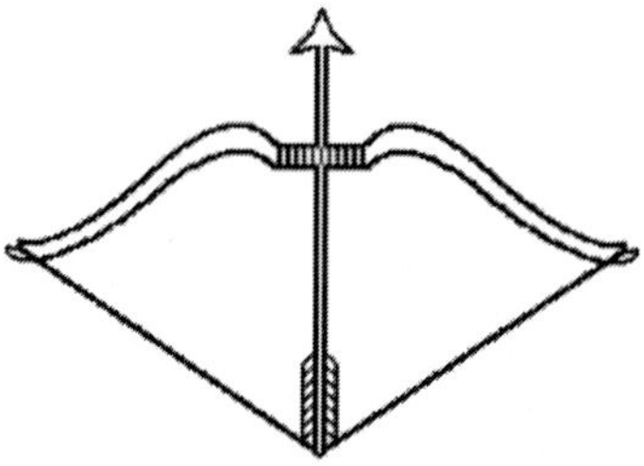

धनुः गृहीत्वा औपनिषदम् महास्त्रम् शरम् उपासानिशितम् संधयीत ।
आयम्य तद्भावगतेन चेतसा लक्ष्यम् तत् एव अक्षरम् सोम्य विद्धि ॥

गुह्य ज्ञान के महा अस्त्र का धनुष उठा कर
बाण चढ़ाओ उस पर ध्यानाभ्यास से प्रखर ।
(ब्रह्म) भाव से भरकर मन, खींचो प्रत्यञ्चा
लक्ष्य रूप में, ऐसे, वेधो, सोम्य! अनश्वर ॥

प्रणवः धनुः शरः हि आत्मा ब्रह्म तल्लक्ष्यम् उच्यते ।
अप्रमत्तेन वेद्धव्यम् शरवत् तन्मयः भवेत् ॥

प्रणव को धनुष समझो, आत्मा को जानो शर
और ब्रह्म को ही तो लक्ष्य कहा जाता है ।
वेधो उसे सावधानी से, तन्मय होकर
जैसे तीर निशाने से जा मिल जाता है ॥

मुण्डकोपनिषद् : द्वितीय मुण्डक, द्वितीय खण्ड 3-4

जिनके लिये यह पुस्तक लिखी गई
उन सर्वोत्तमा शिष्या
मो॰ रा॰
को समर्पित

त्वादृङ्नो भूयान्नचिकेतः प्रष्टा

अनुवादक के दो शब्द

श्री श्री कृष्ण प्रेम की *The Yoga of the Bhagavad Gita* का हिन्दी अनुवाद पूरा कर पाने के पश्चात मैंने 1979 में उनकी दूसरी पुस्तक *The Yoga of the Kathopanishad* का अनुवाद करना आरम्भ किया जिसका पहला ड्राफ़्ट 1981 में पूरा तो हुआ परन्तु मैंने उसे संतोषजनक नही पाया । इस बीच 1984 मे *भगवद्गीता का योग* प्रकाशित होने से प्रोत्साहित हो कर मैंने प्रस्तुत अनुवाद का संशोधन और टाइप करने का काम शुरू कर दिया परन्तु समयाभाव के कारण काम जम कर न कर सका । फिर 1995 में अपने अध्यापन कार्य से अवकाश प्राप्त करने के बाद विस्तार से अनुवाद को दुहराया और संशोधित किया ।

कठोपनिषद् जैसे सद्ग्रंथ पर श्री श्री कृष्ण प्रेम जैसे मनीषी संत की टीका का अनुवाद करने की प्रक्रिया में विषय वस्तु को समझने की दिशा में जो भी थोड़ा बहुत लाभ मुझे हुआ है वह मेरे लिये पर्याप्त से अधिक मानदेय है । आशा है इस यत्न का फल केवल हिन्दी पाठकों को ही नही, अच्छी ख़ासी अंग्रेज़ी जानने वालों के लिये भी उपयोगी होगा । अंत में एक शब्दावली दी गई है जो दूसरे वर्ग के पाठकों को सुविधाजनक लगेगी ।

श्री श्री कृष्ण प्रेम के शिष्य और मेरे गुरु श्री श्री माधव आशीष ने अनुवाद करने में प्रेरणा ही नही दी बल्कि कितने ही शब्दों व पदों का अर्थ समझा कर इस कार्य को सम्पन्न करने में बहुमूल्य सहायता दी । मैं उनका आभारी हूँ । मैं अपने मित्र और गुरुभाई श्री सतीश दत्त पाण्डेय् का भी आभारी हूँ जिन्होंने इस अनुवाद को सँवारने सजाने में बहुत सार्थक योगदान किया । पाण्डुलिपि को अन्तिम स्वरूप देने में प्रोफ़ेसर डगलस डाउन ने अपनी कम्प्यूटर जानकारी से अति महत्वपूर्ण सहायती दी जिसके बिना यह कार्य सम्पन्न न हो पाता ।

टोरन्टो, कैनेडा
2022

जगदीश चन्द्र नौटियाल

द्वितीय संस्करण का प्राक्कथन

वैसे तो दूसरा प्राक्कथन लिखने की आवश्यकता कम ही प्रतीत होती है, परन्तु *आत्मन्* को सम्बोधित करने वाले सर्वनामों के लिंग के विषय पर शायद एक छोटी सी टिप्पणी देना उचित रहेगा। पुःलिंग, स्त्रीलिंग व नपुंसकलिंग वाचक, इन सब ही सर्वनामों के भक्त होते हैं और स्वयं इस उपनिषद् में ही आनुक्रमिक मंत्रों (2, 1 मंत्र 5, 6, 7, 8) में तीनों का उपयोग किया गया है। इनमें से कोई भी पूर्णरूपेण यथेष्ट नहीं है भला हो भी कौन से शब्द सकते हैं? परंतु यदि पुरुष और स्त्री वाचक शब्द मानवीय – अतिमानवीय – परिसीमन का संकेत देते हैं तो नपुंसक वाची सर्वनाम सहज ही अमानवीय पदार्थता के चित्रों का आह्वान करने लगता है। साधारणतया जिस वस्तु को हम अंग्रेज़ी में "IT" से संबोधित करते हैं वह वास्तव में, या संभाव्य रूप से, मानव के अधीन होती है और, चाहे सही तौर पर हो या ग़लती से, यह माना जाता है कि उसका उपयोग मनुष्य वैध रूप से अपने मतलब के लिये कर सकता है। *आत्मन्* इस कोटि में तो सुनिश्चित रूप से नहीं आता। वह तो ऐसा है जिसे समस्त जीवन अर्पित किया जाना चाहिये। वह कोई "पाई" जाने वाली या इस्तेमाल करने के लिये जेब में रखने की चीज़ नहीं है! उसे तो उपनिषद् ने चुनाव कर सकने की शक्ति रखने वाला (1, 2 मंत्र 23) कहा है, पुरुष कह कर सम्बोधित किया है, अर्थात वह महामानव (Anthropos) कह कर जिस के बारे में नासीनी सम्प्रदाय के रहस्यों (Naasene school of the Mysteries) में अतिसुन्दर शब्दों में शिक्षा दी गई है। इसे ही *ईशानः भूतभव्यस्य* यानि भूत और भविष्य का स्वामी (2, 1, 5), *गुहाम् प्रविश्य तिष्ठन्तं* यानि हृदय में रहने वाला (2, 1, 6), *यो विदधाति कामान्* अर्थात इच्छा पूरी करने वाला (2, 2, 13) कहा गया है। ऐसे ही उन अनेक पहलुओं में से एक *विवृणुते तनूम् स्वाम्* – अपने को प्रकट करने वाला – (1, 2, 23) है जिसके लिये पुरुष वाचक सर्वनाम नपुंसकवाची से अधिक उपयुक्त है। यह सच है कि कभी उसके अवैयक्तिक पहलुओं की ओर इशारा होता है और तब नपुंसकवाची सर्वनाम सुविधाजनक पड़ते हैं और इस्तेमाल किये गये हैं, परन्तु साधारणतया, और अभिरुचि के कारण, मैंने पुरुषवाची "HE" का प्रयोग किया है क्योंकि यह अधिक भरा हुआ व अनुनादी शब्द है। जितना अनुनाद मिले उतना ही कम

है क्योंकि अन्ततः *आत्मन्* वह है "जिसके पास से सब शब्द, पहुँच न सकने के कारण, वापस लौट आते हैं" ।

यह सच है कि अपने व्यक्तिगत बन्धनों के कारण जब हम संतप्त व विकलित होते हैं तो अवैयक्तिकता में पहुँच कर चैन का अनुभव होता है । हम प्रकृति (जिसे अधिकतर स्त्रीलिंग संबोधन दिया जाता है) से संलाप करते हैं और एक निरावेग शांति का अनुभव करते हैं, परन्तु शीघ्र ही इसे अपने मित्रों के साथ बांटने के लिये चले आते हैं । हमारे मनों में (और इसके अलावा हमारा अन्य किसी वस्तु से कम ही मतलब है) अवैयक्तिकता सदा ही कुछ भावनाशून्यता का आभास करवाती है । इसीलिये दार्शनिक व्याख्यान कक्षों के "परम तत्त्वों" (Absolutes) व "चरमों" (Ultimates) में मुर्दापन का आभास होता है । यह पथ ऐसा नही जिस पर अपने अस्तित्व के एक अंश से ही चला जाता हो, यह तो सम्पूर्ण की अपेक्षा करता है । चण्डीदास के शब्दों में "*सबार उपरे मानुष सत्य*" – मानव का सत्य अन्य सब कुछ से ऊपर होता है" ।

पाठकों से अनुरोध है कि हर्मीस (Hermes) को मानस (Mind) द्वारा दिये गये इस शिक्षण को याद करें ः "कही हुई सब बातों का कुछ अपना ही अर्थ होता है" । पाठकों से यह विश्वास करने का भी अनुरोध है (क्योंकि यह सच है) कि इस उपनिषद् के शब्दों में प्रस्तुत अथवा अन्य किसी टीका द्वारा खोले गये रहस्यों से कही अधिक रहस्य छिपे हैं ।

असावधान पाठक को इस संस्करण में कुछ मंत्रों के अर्थ बिल्कुल उल्टे से प्रतीत हो सकते हैं । ऐसा वही हुआ है जहाँ दस बारह वर्ष का समय बीत जाने पर अर्थ कुछ अधिक स्पष्ट हो आये हैं और अन्य अर्थों को प्रस्तुत करना सम्भव हो गया है ।

प्राक्कथन

यह पुस्तक इस दृष्टिकोण से लिखी गई है कि कठोपनिषद् हमें एक बहुत वास्तविक लक्ष्यप्राप्ति में सहायता देने के लिये रचा गया व्यावहारिक प्रबन्ध है । यह केवल मानसिक दृष्टिकोण से पढ़े जाने योग्य और ब्राह्मणों की अटकलबाज़ी का सार संग्रह तो कतई नही है । इसके विपरीत यह उस प्राचीन पथ की व्याख्या है जो मृत्यु से अमरत्व की ओर ले जाता है, और जो पथ आज भी उतना ही खुला है जितना उस समय था जब हमारा मूलग्रंथ लिखा गया था । वास्तविक मार्ग होने के नाते इसका ज्ञान किसी एक देश या धार्मिक परम्परा तक ही सीमित नहीं रहा है । प्रस्तुत टीका करने का एक उद्देश्य इस बात को स्पष्ट करना ही है कि यह मार्ग कुछ थोड़े से व्यक्तियों को संसार भर में ज्ञात रहा है, और यद्यपि उनके विस्तृत विवरणों में कुछ भिन्नता रही है तथापि वे सब एक ऐसे अनुभव की बात करते हैं जो अभिज्ञेय रूप से एक ही है । पहले की समीक्षायें या तो पूरी तरह पारम्परिक भारतीय दृष्टिकोण से की गई हैं और उनमें दिये गये अर्थ उस संदर्भ में ही हैं, या पाश्चात्य पंडिताई के उस नकली व बाहरी दृष्टिकोण से की गई हैं जो औपनिषदिक शिक्षण को उदार समीक्षाओं में रोचक धार्मिक-दार्शनिक अटकलबाज़ी और बुरी समीक्षाओं में बेवकफ़ों का बकवास बताता है । अंतिम वर्ग के इन समीक्षकों के साथ यह बहस करना तो बेकार ही है कि उनके अर्थो से मूललेख प्रायः निरर्थक बन जाता है क्योंकि वे उत्तर देंगे ः "श्रीमान् जी वह निरर्थक तो है ही । किसी बचकाने युग की प्राचीन स्वैरकल्पना में आप ज़रूरत से ज़्यादा अर्थ क्यों ढूँढते हैं?" ठीक ही कहते हैं कि कुछ हद तक इन जैसों से ही सत्य को छिपाने के लिये "कि कही कान होने के कारण वे सुन न लें और अपना मत न बदल लें" प्राचीन आचार्यो ने उसे अपने प्रतीकों व मिथकों के माध्यम द्वारा इतने अस्पष्ट रूप से व्यक्त किया था ।

इसी संदर्भ में दूसरा मुद्दा आ जाता है । यह लगभग निश्चित ही है कि इस टीका के बारे में कुछ लोग कहेंगे कि, कम से कम, कही कही तो यह मूलग्रंथ पर प्रकाश डालने के बजाय उसे और अंधेरे में धकेल देती है । वे कहेंगे कि "मूलग्रंथ तो काफ़ी साफ़ और सीधा सादा था, आप ही ने अपनी अबोध्य काली आग के धुँये में हमें भटका दिया है! और कुछ नही तो कम से कम आप को उपनिषद् को

कीमियागारों की पाठ्य पुस्तक बनाने वाला पहला (और आशा है कि अंतिम) व्यक्ति होने का श्रेय तो प्राप्त हो ही गया है!"

परन्तु बात यह है कि चाहे (मानसिक किस्म की) स्पष्टता कितनी ही महत्वपूर्ण क्यों न हो महत्वपूर्ण केवल वही नही है । वास्तविक स्पष्टता आत्मा की है जो कि नितांत भिन्न प्रकार की होती है । जिसे अधिकतर "स्पष्टता" कहा जाता है वह मानसिक अमूर्तिकरण की एकपक्षीय गति होती है, जिसकी सब एकपक्षीय वस्तुओं की तरह छाया भी होती है, और जो यथार्थता की कमी के रूप में प्रकट होती है । जब तक हम आंशिक और एकपक्षीय बने रहते हैं तब तक मानसिक स्पष्टता की ओर बढ़ाये गये प्रत्येक चरण का मूल्य कुछ सजीवता व तेजस्विता गँवा कर देते हैं, और अंत में तर्क व गणित की उस अवस्था में पहुँच जाते हैं जो आसवित जल के समान परम स्वच्छ परंतु निःस्वाद और निष्प्राण होता है । पर दूसरी ओर, प्राचीन प्रतीक यदि बिना किसी मानसिक स्पष्टीकरण के छोड़ दिये जायें तो वे आधुनिक मन की पकड़ में नही आ पाते और अर्थहीन समझ मन उन्हें छोड़ देता है । इसीलिये टीका करने का प्रयास, अनुवाद करने के प्रयास के समान, एक समझौता होना चाहिये । यह समझौता है स्पष्टता की उस न्यूनतम मात्रा में जो थोड़ा बहुत अर्थ का आभास दे सके और सजीवता की उस मात्रा में जो साइकीय[1] भूमिका की विपुलता से आती है और जो विषय को सच्ची यथार्थता देने के लिये आवश्यक होती है ।

स्वभावतः इन दो संघटकों के अनुपात देशभकाल के भेद के अनुसार भिन्न होते हैं । आजकल स्पष्टता के अवमूल्यन का डर कम ही है । ख़तरा तो दूसरी तरफ़ है । जितना सम्भव था उतनी स्पष्टता से एक

---

[1]अनुवाद में इस शब्द को अंग्रेज़ी के psychic का पर्यायवाची माना गया है मानसिक को नही । मानसिक का तात्पर्य अधिकतर होता है केवल मन के ऊपरी स्तर से । साइकी (psyche) अपने अन्दर चेतन व अचेतित-मन दोनों का समावेश करती है । "अचेतित-मन" से यहाँ हमारा तात्पर्य तथाकथित unconcious mind से है जिसके लिये फ्रॉयड ने जर्मन भाषा का *unbewuuste* शब्द चुना था जिसका अर्थ अंग्रेज़ी मे unconscious*sed* होना चाहिये था परन्तु भ्रमवश unconscious हो गया । यह गलती भले ही अंग्रेज़ी में अब इतनी प्रचलित हो गई हो कि इसे ठीक करने की कोई चेष्टा नही की जाती परन्तु हिन्दी में ऐसा करने की कोई आवश्यकता नहीं है । (अनुवादक)

अन्य पुस्तक[2] लिखी गई थी । अब प्रस्तुत पुस्तक में, **कुछ** तो इस आशा से कि पहली पुस्तक पुल का काम करेगी और कुछ इस कारण कि उपनिषदों को बुद्धिजीवियों ने इतने पंजे मारे हैं कि ख़तरा यह है कि कही लोग उन्हें केवल "फ़िलासफ़ी" ही न समझने लगें, अर्थ को मनस् की सुविधा के लिये स्पष्ट करने की चेष्टा कम ही की गई है । ऐसा करने से साइकीय सजीवता की सम्पूरक मान्यता में बढ़ोत्तरी करने में हम सफल हुये हैं या नही यह तो अन्य लोग ही कह पायेंगे । यदि मैं इस विचार को पक्का करने में थोड़ा बहुत भी सफल हो सका हूँ कि इस उपनिषद् के शब्दों के पीछे दार्शनिक अमूर्तिकरण का छिछला संसार नही बल्कि विपुल अनुभवों का एक सजीव संसार है, तो मैं संतुष्ट हूँ । "सब सिद्धान्त धूसर है, केवल जीवन का वृक्ष ही हरा भरा होता है ।"[3]

जिनको कीमियागारी से आपत्ति है उनके लिये मैं चौदहवी शताब्दि की काश्मीरी योगिनी लल्ला से उद्धरण देता हूँ –

"लोहार की तरह धौंकनी में फूंक मार
और तेरा लोहा सोना बन जायेगा ।
यही है शुभ घड़ी ।
खोज मित्र को ।" ***(ग्रीयरसन व बार्नेट 100)***

रूपक अलंकार? शायद हाँ, परन्तु इसके अलावा विश्व है ही क्या?

जो इस पुस्तक को असीम बकवास पायेंगे, अंत में उन के लिये थोड़ा सा और है –

"There was an old man of Liskeard
Who said it is just as I feared,
Five owls and a wren,
Three ducks and a hen,
Have all made their nests in my beard."

"बुड्ढा एक लिस्कियर्ड का था,
कहा उसने, वही हुआ, जिसका मुझे डर था,
पांच उल्लू एक फुदकी

---

[2] *Yoga of the Bhagavad Gita* (हिन्दी अनुवाद *भगवद्गीता का योग*) ।
[3] गेटे (Goethe) का *फ़ाउस्ट* (*Faust*)।

तीन बत्तख़ और एक मुर्ग़ी ने
घुस कर मेरी दाढ़ी में
सब के सब ने अपना अपना घोंसला बना लिया।"

चाहे बकवास मानिये या नही, ये पक्षी वहाँ बैठे तो हैं, और आधुनिकतम वैज्ञानिक उस्तरों से बनवाई हजामत से भी इनसे पिण्ड नही छूटेगा। इसके लिये तो छुरी की धार जैसा मध्यम मार्ग ही काम आयेगा। जहाँ तक पक्षियों का सवाल है वे तो बहुरूपिये हैं। कभी तो वे अपनी भड़कीली पक्षति से हमारी इन्द्रियों को चकाचौंध कर देते हैं, कभी मुर्ग़ियों की तरह उपयोगी किन्तु दुर्गंधिपूर्ण अण्डे देते हैं, कभी उल्लुओं की तरह वह हमें अपना गोल गोल आँखों वाला ज्ञान सिखाते हैं, और आजकल[4] युद्धभूमि के ऊपर अपने गिद्ध कौवौं के पंख फड़फड़ाते काँव काँव कर रहे हैं। ये सब आकार एक ही पक्षी के हैं, उस कुरूप बत्तख़ के बच्चे के जिसे मध्यम मार्ग पर नीचे के पानी से ऊपर वाले तक ले जाना पड़ता है और तब जा कर ही वह अपने राजसी आकार, शाश्वत हंस के आकार, को ग्रहण कर सकता है।

"जो न जन्म लेता है न मरता है, बल्कि अनन्त काल से ओ३म् में रहता रहा है, उसके पंखों के बीच विश्राम मधुर होता है। यदि ज्ञान पाना चाहते हो तो जीवन के पक्षी पर आरूढ़ होओ।"

मूढ़ किताबी कीड़े दूर ही रहें!

[4]मूललेख द्वितीय महायुद्ध के आरम्भ में लिखा गया था। (अनुवादक)

अनुक्रमणिका

भूमिका

एक आधुनिक वाक्प्रणाली में जिसे इस उपनिषद् का बीज कहा जायेगा, वह ऋग्वेद (10, 135) की एक ऋचा में है जो एक ऐसे बालक के बारे में है जिसे सायणाचार्य ने नचिकेता बताया है, और जो मृत्यु के अधिपति यम के देश की यात्रा पर जाता है।

"यद्यपि तू देख नही पाता, परन्तु हे बालक, तू ऐसे नये व बिना पहिये के वाहन पर चढ़ रहा है जिसे तूने मानसिक रूप से निर्मित किया है, जिसका धुरा तो एक है पर जो सब तरफ़ घूमता है"।

इस ऋचा में अशरीर जीवात्मा के अपनी मानसिक उपाधि, या वाहन, द्वारा किये जाने वाले आरोहण को स्पष्ट रूप से इंगित किया गया है। ऋचा का अधिकतर भाग अस्पष्ट है। तैत्तिरीय ब्राह्मण (3.11.8, 1-6) में इस से अधिक स्पष्ट प्रतिपादन है जहाँ हमारे उपनिषद् की तरह यम से भेंट करने और उसके द्वारा तीन वरदान दिये जाने की कथा है। साधारण विद्वता के दृष्टिकोण से लगता है कि किसी लेखक ने इस प्राचीन व परम्परागत कथा को वाहन बना कर वेदान्ती दर्शन झाड़ा है। परन्तु इस विषय पर अधिक सच्चाई से देखना यह होगा कि यह उपनिषद् नई भाषा में, प्रत्ययात्मक विचारों और लगभग अमूर्त प्रतीकों की भाषा में, एक ऐसे शिक्षण की अभिव्यक्ति है जो पहले अधिक प्राचीन व अधिक सार्वभौमिक मूर्त प्रतीकों की भाषा में दिया जाता था। मूर्त व अमूर्त प्रतीकों की भाषा का यह अंतर बहुत महत्त्वपूर्ण विषय है और इसकी विवेचना अलग से की जाने योग्य है, परन्तु यहाँ यह कहा जा सकता है कि सुमेरी, मिस्री व प्राचीन भारतीय जैसी सब प्राचीन जातियों के दार्शनिक शिक्षण मूर्त प्रतीकों द्वारा ही दिये जाते थे। इस रीति मे कुछ असली (और कुछ प्रतीकों को पढ़ सकने की हमारी क्षमता के ह्रास हो जाने के कारण लगने वाली) कमियां होने के बावजूद एक लाभ है, वह यह कि इसमें विचार व भावना एक हो जाते हैं।

ऐसा प्रतीत होता है कि ईसापूर्व प्रथम सहस्राब्दि के मध्य, भारत में बुद्ध व उपनिषदों के युग, मिस्र में हर्मीस के आज पाये जाने वाले लेखों के युग, और यूनान में पायथॉगोरस-प्लेटो के काल, में उन अमूर्त प्रतीकों का विकास हुआ जिन्हें आज हम दार्शनिकता में सर्वश्रेष्ठ

समझते हैं, और जो अपने लचीलेपन के कारण अधिकाधिक उपयोग होने लगे। परन्तु यह गुण भावना को लगभग त्याग देने का मूल्य चुका कर ही प्राप्त हुआ। इस अलगाव के कारण धर्म का क्षेत्र, जिसमें मूर्त प्रतीक (मिथक) उपयोग होते थे, और दर्शनशात्र का क्षेत्र, जिसमें अमूर्त प्रतीक उपयोग होते थे, एक दूसरे से अधिक दूर खिंचते चले गये। मोटे तौर पर कहा जा सकता है कि (पश्चिम में) यह प्रक्रिया प्लेटो की अकादमी में आरम्भ हुई यद्यपि वहाँ उसके प्रसिद्ध "मिथकों" के मूर्त प्रतीकों के साथ इसका सम्मिश्रण था। प्रक्रिया का चरमोत्कर्ष आधुनिक "पाण्डित्य" के विचारों के फीके व बांझपन में हुआ है।

प्रथम अध्याय

पहली वल्ली

(1) *ओ३म् उशन् ह वै वाजश्रवसः सर्ववेदसं ददौ ।*
तस्य ह नचिकेता नाम पुत्र आस ॥

एक समय स्वर्गिक प्रतिफल पाने की इच्छा से वाजश्रवस ने अपनी सब सम्पत्ति दान कर दी । उसके नचिकेता नामक एक पुत्र था ।

(2) *तं ह कुमारं सन्तं दक्षिणासु नीयमानासु*
श्रद्धाविवेश सोऽमन्यत ॥

जब दान की वस्तुएं (ब्राह्मणों को देने के लिए गायें) ले जाई जा रही थी तो इस कुमार में श्रद्धा ने प्रवेश किया और उसने सोचा ।

(3) *पीतोदका जग्धतृणा दुग्धदोहा निरिन्द्रियाः ।*
अनन्दा नाम ते लोकास्तान् स गच्छति ता ददत् ॥

जो इन जैसी गायों को, जिन्होंने अपना अंतिम जल पी लिया हो, जिन्होंने अपनी अंतिम घास खा ली हो, जिनका अंतिम दूध दुहा जा चुका हो और जो अब कभी बच्चे न देने वाली हों, दान करता है वह आनन्द रहित लोकों में जाता है ।

(4) *स होवाच पितरं तत कस्मै मां दास्यसीति ।*
द्वितीयं तृतीयं तं होवाच मृत्यवे त्वा ददामीति ॥

इसलिए उसने अपने पिता से एक बार, दो बार और तीन बार कहा ः "मुझे आप किसे देंगे (क्योंकि मैं भी तो आपका हूँ)?" इस पर पिता ने कहा "मृत्यु को देता हूँ तुझे"।

कौन और क्या हैं ये दो, यह पिता और पुत्र? शंकराचार्य द्वारा चरितार्थ परम्परा वाजश्रवस नाम का अर्थ ऐसा व्यक्ति बताती है जो अपने अन्नदान के लिए प्रसिद्ध हो, अथवा, शंकर के ही अनुसार, यह व्यक्तिवाचक नाम भी हो सकता है । यहाँ "अथवा" से पता चलता है कि शंकराचार्य जानते थे कि प्राचीन मिथकों में ऐसे नाम केवल नाम ही नही होते थे बल्कि सदा, नही तो प्रायः, ऐसे अर्थ रखते थे जिनका मिथक समझने में बहुत महत्व होता था । हमें *मिस्री मृत्यु ग्रन्थ*

(*Egyptian Book of the Dead*) और *कौषीतकी उपनिषद्* का ध्यान आता है जिसमें अपनी अंतर्मुखी यात्रा में जीवात्मा को कितनी ही प्रतीकात्मक वस्तुओं, जैसे द्वार, वृक्ष, इत्यादि, का सामना करना पड़ता है और जब तक वह इनके "नामों" के ज्ञान को प्रकट नही करता तब तक आगे नही बढ़ सकता ।

इसी तरह ये प्राचीन मिथक (जिनका कोरा मानसिक नही बल्कि साइकीय अध्ययन दीक्षा प्रदान करता है) भी हमारे सामने ऐसे नाम ले आ खड़े होते हैं जिनके अर्थ समझे बिना हम पवित्र प्रांगण में बिल्कुल प्रवेश नही कर सकते । इसी कारण आज के विद्वानों को लगता है कि प्राचीन काल के लेखक शब्दों का अर्थ निकालने की चेष्टा में नैरुक्तिक कल्पना की उड़ान भरते थे । परंतु ये तथाकथित व्युत्पत्तियां, अकसर साहचर्य पर आधारित होने के कारण इस रहस्यमय क्षेत्र में प्रायः आज की बांझ जानकारी की सावधानी से धुली सभी मोटी पोथियों से अधिक महत्व की होती हैं ।[1]

वाजश्रवस दो शब्दों का बना है, *वाज* तथा *श्रवस*, और यह बिल्कुल सही है कि वाज का अर्थ है अन्न और दूसरे का अर्थ है मान या कीर्ति । परन्तु ये अर्थ अति समावेशकारी आद्‌य प्रतीकों के विशिष्ट विनियोग हैं या उनके द्वारा किसी विशेष बात को सूचित करते हैं । उदाहरण के लिए, वाज का अर्थ अन्न इसलिए है क्योंकि अन्न "शक्ति,

---

[1]पुस्तक छपने से थोड़ा ही पहले मेरे मित्र ठाकुर जयदेव सिंह जी ने डा॰ आनन्द कुमारस्वामी द्वारा लिखित तथा *New Indian Antiquary* अप्रैल, मई व जून 1938 में प्रकाशित "Notes on the Kathopanishad" भेजे । विस्तार पूर्वक उपयोग के लिए तो वे बहुत देर से पहुँचे परन्तु मैंने उनका उल्लेख कुछ पादटीकाओं में किया है । ये नोट पढ़ने पर बहुत लाभदायक सिद्ध होंगे क्योंकि उनके विद्वान लेखक का प्रभुत्व ऐसे विशाल व गहरे पाण्डित्य पर आधारित है जिसकी आशा यह लेखक कर ही नही सकता । इसके अलावा डा॰ कुमारस्वामी ने उपनिषदों पर गंभीर चिन्तन किया है और उन्हें नॉस्टिक (gnostic) ग्रंथों की भांति संसार के अन्य नॉस्टिक साहित्य से सम्बंधित माना है, जो आज के पाण्डित्य में इतनी विरल घटना है कि शायद बेजोड़ हो । परन्तु यह कह देना उचित होगा कि उनके लेख संस्कृतज्ञों के लिए लिखे गए हैं । हमारे विषय के संदर्भ में उन्होंने रॉसन (Rawson) से उद्धरण लिया है: "शायद सब नाम गोत्रीय ही हैं और ऐतिहासिक रूप से नही दिए गए हैं" ।

ऊर्जा, बल, गति" को बढ़ाता है और ये सब शब्द इस शब्द के आधारिक अर्थ हैं । बाण पर लगा पंख भी वाज है और श्रवस का मूल अर्थ है ऊंची आवाज़, जो सुनी जाए यानि कीर्ति ।

यहाँ के संदर्भ में वाजश्रवस का अर्थ है बाहरी या लोकप्रिय धर्म – अर्थात् विश्व को "संपोषित करने वाली शक्ति" की परम्परा जो पूर्वजों से "सुनी" गई हो, एक पीढ़ी से दूसरी को दी गई हो । वाजश्रवस नाम का व्यक्ति ऐसे बाहरी धर्म के प्रतीक रूप में बोलता व काम करता है ।

पुत्र का नाम, नचिकेता, *न चिकेतस्* से बना है अर्थात् वह जो अनदेखा हो और उस उत्तेजक शक्ति की ओर इंगित करता है जो काठ में सोई आग के समान होती है, "अरणी की दो लकड़ियों में छिपी", इन्द्रियों द्वारा अदृश्य परन्तु प्राणदात्री, और मृत्यु का आह्वान करने वाले शब्द वाजश्रवस के एकदम विपरीत ।

तो वाजश्रवस हुआ रूढ़िवादी परम्परागत धर्म । ऐसा धर्म सदा की तरह केवल बाहरी बातों में व्यस्त, उस वास्तविक अर्थ से अनभिज्ञ होता है जिसका वाहन ये बाहरी बातें होती हैं । नियमों के शब्दशः पालन से संतुष्ट और, भले ही वे हिन्दू हों अथवा ईसाई, सब परम्परावादी पुरोहितों के समान, वाजश्रवस उन पिछवाड़े के दरवाज़ों और सरल उपायों के चतुर जानकारों जैसा होता है जिनके द्वारा बाहरी नाम-रूप भी बने रहते हैं और व्यवहार में अधिक कष्ट भी नहीं उठाना पड़ता !

यज्ञ और दान परम्परा के आदेशानुसार होते हैं और इसलिए वाजश्रवस, यह भूल कर कि यह सब कुछ क्यों किया जा रहा है, बड़े आडम्बर के साथ अपनी सम्पत्ति देने का संकल्प करता है । परन्तु यह समझ में आ जाने पर कि इससे तो काफ़ी कष्ट हो जाएगा, झटपट बूढ़ी गायों के झुण्ड को धूमधाम से दान करने लगता है । वास्तव में ऐसी घटनाएं भारत में आमतौर पर होती रहती हैं, और यही नहीं अन्य देशों में भी । परन्तु यहाँ अर्थ विशिष्ट नहीं सार्वभौमिक है । समस्त बाह्य धर्म में निहित पाखण्ड ही नहीं बल्कि बाहरीपन की ओर भी इशारा किया जा रहा है, धर्म के साथ इक्का दुक्का व अमुक समझौता किए जाने की घटना की चर्चा नहीं है ।

इसका मतलब यह नहीं कि किसी असली धार्मिक परम्परा की अवज्ञा की जाए, भले ही उसे लगभग बांझ बाहरी मूर्त रूप दिया जा

चुका हो । ऐसा करना तथाकथित तर्कणावादियों की भूल होती है । न तो धर्म और न ही जीवन केवल मति के मामले हैं । धर्म साइकी की गहराइयों से उठता है और उसके मतिमान तत्त्व सम्पूर्ण के अवयव मात्र हैं । केवल "तर्कणावादी" ही नही बल्कि प्रोटेस्टेंट किस्म का धर्म सुधारक भी ऐसी भूल करने की प्रवृत्ति रखता है और बुद्धि संगत बनाने के चक्कर में उसे निष्प्राण कर देता है । उदाहरण के लिए, भारत में कुछ लोग हैं जो होली के प्राचीन उत्सव की विशेषता, यानि हुल्लड़बाज़ी व खरमस्ती तथा ज़बान की लगाम को ढील देना पसन्द नही करते और इसकी जगह उसी दिन चैतन्य महाप्रभु का जन्मदिवस होने के कारण चुपचाप ध्यानमग्न रहना चाहते हैं । ऐसा ध्यान लगाना है तो बहुत अच्छी बात पर वह होली नही है, और ऐसा करने में प्राचीन उत्सव के गहरे साइकीय अर्थ बिल्कुल खो जाते हैं ।

ख़ैर, यह तो दूसरा ही विषय है । यदि बिल्कुल समाप्त ही न हो गई हों तो प्राचीन परम्पराओं के हृदय के भीतर समय समय पर एक ऐसा पुत्र अवतरित होता है जो उस प्राचीन चिरजीवी आत्मा का पुनर्जन्म होता है जिसके कारण सर्वप्रथम धर्म उत्पन्न हुआ था ।

नचिकेतस् ऐसा ही पुत्र है । यही वह नवजात आत्मा है जो प्रत्येक साँस में औपनिषदिक प्रार्थना "*असतो मा सद्गमय* – अवास्तविक से मुझे वास्तविक की ओर ले चलो" करता है । सच्ची वैयक्तिक घटनाओं के रूप में ऐसे जन्म सदैव निरंतर होते चले आते हैं और सामने आता है ऐसा रहस्यमय पुरुष जो बाहरी आवरण को भेद कर अन्दर के निर्जन पुण्यस्थान में पुनः प्रविष्ट होना चाहता है । ऐसा व्यक्ति आन्तरिक पथ पर चलने वाला शिष्य बन जाता है और इसीलिए हमारे समक्ष नचिकेता पहले तो सब धर्मो के हृदय में सोये रहने वाले नवोदित आत्मा के प्रतीक के रूप में और तदनंतर व्यक्तिगत रहस्यवादी के चिन्ह स्वरूप आता है जो "दूर तक फैले प्राचीन सँकरे मार्ग"[2] को ढूँढ निकालता है और उस पर चलता है । हम प्रतीक को विशेष तौर पर इस अवरोक्त अर्थ के साथ ही यहाँ पढ़ेंगे ।

अब लिखा गया है कि उसके हृदय में श्रद्धा प्रविष्ट हुई । इस श्रद्धा को उस भाव से नही गड़बड़ाना चाहिए जिसे बाहरी धर्म में श्रद्धा माना जाता है, परन्तु जो होता है अंधविश्वास, और ऐसी सब बातों की तरह

[2] *बृहदारण्यक उपनिषद* 4.4.81. ।

जिसका साथी होता है छिपा संशय । बाहरी श्रद्धा तो वाजश्रवस में भी थी, अन्यथा वह यज्ञ क्यों करता? परन्तु यह ऐसी श्रद्धा है जो अपनी बराबरी वाले विपरीत संशय से नाकारा हो गई हो ः सब बाहरी धर्मों की श्रद्धा, जिसमें आशा होती है और आशंका भी । जो शंका नचिकेता में प्रविष्ट हुई वह असली है, जिसे हर्मीस (Hermes) ने निष्कलंक श्रद्धा (Fair Faith) कहा है, और जो एक प्रकार का ज्ञान है, जीवात्मा के वैयक्तिक स्तर पर अस्तित्व की गहराइयों से आई समझ का प्रतिबिम्ब है । पारिभाषिक शब्दों में यह उच्च मनस् एवं बुद्धि के संयोग से उत्पन्न ज्ञान का वैयक्तिक मन में प्रतिबिम्ब है । वैयक्तिक मन के लिए यह पूरी तरह ज्ञान नही है क्यों कि यह निम्नस्तरीय या वैयक्तिक मन अभी अपने उच्चस्तरीय अहं से ठीक से जुड़ा हुआ नही है और इसीलिए ऊपर वाले का ज्ञान अभी केवल उस प्रतिबिम्ब रूप में ही प्रकट हो सकता है जिसे हम श्रद्धा कहते हैं ।

ऐसी श्रद्धा को ज्ञान में बदल देना ही शिष्य का कार्य होता है, यही है पथ पर चलना । फिर भी प्रतिबिम्ब ही सही, होता यह सत्य का ही प्रतिबिम्ब है और यदि शिष्य उसे उस दिशासूचक "तारे के समान" पकड़े रहे "जो धीमा सा अन्दर टिमटिमाता रहता है" तो वह सम्पूर्ण जीवन को अनिंद्य ज्ञान के दिव्य सूर्यप्रकाश में बदल देगा ।

"अनवरत अवलोकन व पूजन करने पर इसकी ज्योति और उज्वल होती जाएगी । तब तुम जान पाओगे कि पथ का आरम्भ मिल गया है । और जब अन्त मिल जाएगा तो अकस्मात उसका प्रकाश अपरिमेय प्रकाश हो जाएगा" ।[3]

इस श्रद्धा के प्रकाश से ही नचिकेता सब निरे बाहरी आकारों की अपर्याप्तता समझ पाता है । सच्चे यज्ञ को उपयोगी रूप से मूर्त तो किया जा सकता है पर वास्तव में यज्ञ स्वयं अपना आत्मोसर्ग ही होता है, और यही वाजश्रवस नही करता । इसीलिए पुत्र के इस प्रश्न पर रोष प्रकट होने के संकेत हैं । मैं भी तुम्हारी सम्पत्ति हूँ, वास्तव में तुम्हारी सबसे मूल्यवान सम्पत्ति, स्वयं तुम्हारी आत्मा हूँ, मुझे किसे दोगे? तुम्हारे अपने हृदय से उत्पन्न आत्मन को, मुझ को, किसे दिया जाएगा? और प्रश्न केवल मन से ही नही उठता बल्कि उसके सम्पूर्ण अस्तित्व से उठता है, इसीलिए तीन बार आवृत्त होता है क्योंकि मानव

---

[3] *लाइट ऑन दि पाथ* (*Light on the Path*) ।

तीन लोकों का वासी है और उसे अपने प्रत्येक स्तर पर प्रश्न पूछने और आत्मोसर्ग करने के लिए तैयार रहना चाहिए ।[4]

"जो माँगेंगे वे पाएंगे" । परन्तु सदा मांगते रहने पर भी साधारण मानव की पुकार सुनी नहीं जाती । कारण यह है कि वह केवल अपने मन से माँगता है, और मन की आवाज़ केवल उस स्तर पर सुनाई पड़ती है जिस पर मन काम करता है ।[5]

मानव के अस्तित्व का यह त्रिविध समाकलन ही इस प्रचलित भावना का मूल है कि तीन बार कह कर कोई बात अलंघ्य व पक्की हो जाती है । ऐसा "तीसरी बार पूछना" किसी न किसी रूप में सारे संसार में पाया जाता है।

"मृत्यु को देता हूँ तुझे"। दान पूरा होने पर ये गंभीर शब्द बोले गए हैं । एक सुप्रसिद्ध ईसाई मिशनरी अनुवादक कहते हैं कि ये कठोर शब्द केवल क्षोभ में बोले गए हैं और इनका रूपान्तर किया जा सकता है "खड्ड में जा तू !" (Oh! go to Hades!) । क्या इन महाशय को यीशु का कथन "तुम्हें फिर जन्म लेना पड़ेगा" याद नही रहा, और क्या यह स्पष्ट नही है कि पुनर्जन्म से पहले हमें मृत्यु को प्राप्त होना पड़ेगा? ऐसे लोगों को तो हम उन्ही के आचार्य के शब्द उद्धृत करेंगे "कैसा इसराईल का ज्ञानी है तू जो इन बातों को नही जानता?" क्या हम प्रत्येक रात मृत्यु को प्राप्त हो कर अगले दिन फिर जन्म नही लेते? क्या स्वयं सूर्यदेव प्रतिवर्ष मृत्यु को प्राप्त हो कर उत्तरायण में जन्म नही लेते और क्या संत पॉल के कथनानुसार यह सच नही है कि "मूर्ख, तू जिसे बोता है वह बिना मरे पकता नही"।[6]

---

[4]जो सन्यास मंत्र जानते हैं उन्हें याद होगा कि सन्यासी कैसे नाम-रूप के संसार को इस लोक में ही नही बल्कि तीनों, *भू, भुवर,* और *स्वर* लोकों मे त्यागता है ।

[5]*लाइट ऑन दि पाथ* ।

[6]कुमारस्वामी से तुलना कीजिए – "ह्यूम (Hume) द्वारा पिता के शब्दों का अनुवाद 'Oh! go to Hades!' बुरा तो है ही परन्तु रॉसन का कहना कि 'उसका पिता अपने पुत्र के इस आत्मसंतुष्ट दुराग्रह से तंग आ कर एक क्रोधित अंग्रेज़ के समान *जहन्नुम में जा* कहता है' तो बिल्कुल ही वाहियात है" । क्रोधित अंग्रेज़ को तो हम बहुत अच्छी तरह जानते हैं, उसे यहाँ लाना भद्दापन है ।

ख़ैर, वादविवाद को छोड़ अब हम उस प्राचीन शिक्षण के एक भाग को देखें जो नासीनी प्रलेख (Nassene Document) कहलाता है :

"फ़्रीजियन (The Phrygians) उस (मानव) को भी शरीर में, कब्र के अन्दर दफ़नाये जैसे मृत बताते हैं । यही फ़्रीजियन इसी मानव को फिर रूपान्तरण के पश्चात ईश्वर या देवता कहते हैं, और "कच्चे गेंहुँ की तोड़ी बालें" भी कहते हैं और फ़्रीजियनों की ही तरह ऐथेंसवासी भी ऐल्यूसियस (Eleusius) के अपने गुप्त अनुष्ठानों में मूक रूप से महान एपॉप्टिक (Epoptic) रहस्य में अंतिम दीक्षा पाने वालों को गेंहुँ की एक टूटी बाल दिखाते थे । इन्ही ऐथेंसवासियों के लिए गेहूँ की बाल वर्णनातीत से आई आलोक देने वाली भी है । और नियम यह है कि क्षुद्र रहस्यों में दीक्षित होने के पश्चात उन्हें और आगे महान् रहस्यों मे दीक्षा प्राप्त करनी चाहिए । "क्योंकि बड़े बड़ी मृत्यु को प्राप्त होते हैं और जिनको इन (महान रहस्यों) में मृत्यु दी जाती है वे और अधिक पाते हैं" ।[7]

यह वही शाश्वत ज्ञान है जो हमें यह सिखाता है कि यदि हम अपना सच्चा जीवन पाना चाहते हैं तो पहले वह झूठा जीवन छोड़ना पड़ेगा जिसका यापन संसार के सूर्यप्रकाश में किया जाता है, और वह दूसरा पथ पकड़ना होगा जो इन्द्रियों को "मौत के समान ठण्डा" लगता है, परन्तु सनातनता के सच्चे सूर्यप्रकाश में पहुँचाता है क्योंकि जैसा शायद हमें गीता से याद हो "जो अनेकों के लिए दिन है वह द्रष्टा के लिए रात और जो द्रष्टा के लिए दिन है वह साधारण मनुष्य के लिए रात है" ।

वह रहस्यमय मृत्यु जो दीक्षा के सब प्राचीन अनुष्ठानों में इतनी आवश्यक भूमिका अदा करती थी वास्तव में ऐसा द्वार है जिसके अन्दर सब ज्ञान की ज्योति ढूँढने वालों को प्रवेश करना ही होता है । मनोवैज्ञानिक उसकी व्याख्या अंतर्मुखता और नीति-विषयक लेखक

---

[7]यह उद्धरण जी. आर. एस. मीड (G.R.S. Mead) के *थ्राइस ग्रेट हर्मीस* (*Thrice Great Hermes*) के 1.148 व इसके उपरांत आने वाले अशों से लिए गए हैं परन्तु उनमें से एक अन्य सहवर्गी सम्प्रदाय के अतर्वेशन निकाल दिए गए हैं । नासीनी सम्प्रदाय के लोग ज्ञान के सर्प अथवा रक्षक, नॉस (gnoss) के अनुयायी थे ।

आत्मत्याग के शब्दों में करेंगे और दोनों ही जो कुछ लिखेंगे वह एकदम सही होगा।

वह मृत्यु ये सब चीज़ है और इन के अतिरिक्त और भी बहुत कुछ है। प्राचीन प्रतीकों में यहाँ भी अंतर्वस्तु की इतनी विपुलता है कि अपने आधुनिक प्रत्ययात्मक विचारों के द्वारा हम उनके साथ न्याय नहीं कर सकते। रहस्यमय मृत्यु वास्तविक मृत्यु है और सब वास्तविक वस्तुओं के समान उसमें भय भी हैं। यह तो हम जानते ही हैं कि यूनान में (व अन्य स्थानों में भी) प्रत्याशी दीक्षा की प्रक्रिया के समय अक्सर भयभीत हो जाते थे और तथाकथित "सीधे मार्ग" वाले तिब्बती गुरु अपने शिष्यों को पहले ही चेतावनी दे देते थे कि वे तीन बातों की जोखिम उठा रहे हैं, बीमारी, विक्षिप्ति और (सचमुच की) मृत्यु। यह भी कहा गया है कि "जो भी किसी दुनिया की देहलीज़ पार करना चाहता है उसे डर बहुत पीछे छोड़ देना चाहिए"।[8] परन्तु अब यहाँ हम अपने मूलग्रंथ में वापस आते हैं। जो रहस्यमय मृत्यु चाहते हैं यदि वे "तीन बार" उसे मांगेंगे तो वह उन्हें अवश्य मिलेगी।

(5) *बहूनामेनि प्रथमो बहूनामेनि मध्यमः।*
किं स्विदयमस्य कर्तव्यं यन्मयाऽद्य करिष्यति॥

बहुतों में मैं पहला माना जाता हूँ (और फिर भी) बहुतों में मैं बीच का हूँ। आज मुझ पर यमराज कौन सा काम करेगा?

(6) *अनुपश्य यथापूर्वे प्रतिपश्य तथापरे।*
सास्यमिव मर्त्यः पच्यते सस्यमिवाजायते पुनः॥

सोचो तुम से पहले जो गए वे कैसे गए। यह भी देखो कि अब जाने वाले कैसे जाते हैं। मर्त्य मानव अनाज की तरह पकता है ओर अनाज ही की तरह फिर उत्पन्न होता है।

जो कठिन परीक्षा नचिकेता को देनी है उसकी एक विशेषता, ऐसी विशेषता जिस पर प्रयाण के बारे में लिख छोड़ने वालों में से बहुतों ने ग़ौर किया है, सहगामी अकेलेपन की भावना है। जैसे भौतिक मृत्यु प्राप्त होने वाले को अपना सब कुछ, सब मित्र व बन्धु बान्धव, प्रियतम जन भी, छोड़ने पड़ते हैं वैसे ही इस आंतरिक पथ के प्रत्याशी को अपने सब बने बनाये संबंध पीछे छोड़, इस जीवन से बांधने वाले सब

[8]**जोर्ज मैक्डोनल्ड** (George Macdonald) **कृत** ***लिलिथ*** (*Lilith*)।

बंधनों को सदा के लिए काट अकेले ही यात्रा करनी पड़ती है । परन्तु इतना ही नही है । जिन गुरुजनों ने उसे अब तक पथप्रदर्शन कराया है वे तो अब आगे ले नही जा सकते, और वह गुरु "जो तुझे ज्ञानकक्ष में जन्म देगा, और जो अभी आगे है"[9], या तो अभी अदृश्य है या उसने इस समय अपने को शिष्य की आंखों से ओझल कर लिया है । यह बात नही कि वह सचमुच अलग हट गया हो । वास्तव में तो वह सदा ही अपने आध्यात्मिक पुत्र के साथ रहता है परन्तु एक अपरिवर्त्य नियम है कि शिष्य अपनी परीक्षा अकेले ही दे, ऐसा लगे कि वह सहायता रहित है, और केवल अपने आंतरिक बल पर ही खड़ा रहे ।

इसीलिए, इस समय अपने अकेलेपन में, नचिकेता केवल अपने अंदर यह सोच कर कि वह श्रृंखला की अनेक कड़ियों में से एक है, शक्ति प्राप्त करने का प्रयत्न करता है । कितने ही मनुष्य पहले यह यात्रा तय कर चुके हैं और कितने ही इस समय भी इस में लगे है । जो एक मनुष्य कर सकता है वही दूसरा भी कर सकता है । इसलिए, जिसकी ओर देखने से सब कुछ नष्ट हो जाता है उस पूर्वकालीन जीवन के प्रति कुछ दुःखी भावना न रख कर, वह अपनी रहस्यमयी यात्रा का महत्व ध्यान में रखते हुए उसकी तैयारी करता है ताकि यात्रा पूरे चैतन्य में हो और उस अंधेरे क्षेत्र मे हो कर न गुज़रना पड़े जिसमें से हो कर अनैच्छिक मृत्यु में साधारण मनुष्य निकलता है ।

"मृत्यु के राज्य में उतर जाना तो सरल है! परन्तु अपने क़दम वापस लाना! वह है असली काम, वह है परिश्रम!"[10] अपने क़दमों पर वापस चले आने की यह योग्यता, उस पार प्राप्त किए गोपनीय ज्ञान को इस लोक में ले आना, यही अन्य सब लक्षणों से अधिक एक दीक्षित की स्वेच्छा से प्राप्त मृत्यु की विशेषता है और सब को आने वाली भौतिक मृत्यु तथा माध्यमों की मृत्युवत् व मात्र निष्क्रिय बेहोशी से उसका भेद दिखलाती है ।

जो इसे स्वयं अपने अंदर नही पा सकता उसे कोई और यह शक्ति नही दे सकता । अपने अस्तित्व की गहराइयों के अंदर से ही वह शक्ति आनी चाहिए जो हमें अवरोध के पार ले जाएगी ।

---

[9] ***वायस ऑफ सायलेंस*** (*Voice of Silence*) ।

[10] **ऐनीड, 6** (Aeneid VI) ।

इसीलिए, इस बात को सोच कर कि मुझ से पहले आने वाले सफलतापूर्वक यात्रा तय कर चुके हैं, नचिकेता अपने को याद दिलाता है कि ऐसी मृत्यु व पुनर्जन्म विश्व का महान नियम है ।

उस प्रसिद्ध अनाज का एक बार फिर ज़िक्र आ गया है, उसी का जो संत पॉल के पूर्वोक्त शिक्षण का अनाज, यूनानी (एल्यूसिनियन) रहस्यों की तोड़ी गेहुँ की बाल, मिस्री आहलू (Egyptian Aahlu) के खेतों का सात हाथ ऊंचा अनाज है ।

आधुनिक मनुष्य इन सब कुछ को केवल अप्रासंगिक रूपक मान बैठने को तत्पर रहता है और जिसे वह उत्तरजीविता की समस्या कहता है उसके लिए इन्हें किसी महत्व का नही ठहराता । पहले तो उसके मतानुसार ये बातें "जनन क्षमता मिथक" हैं, परन्तु यदि ऐसा नही तो केवल तुल्यरूपता ही हैं, और वह भी (उसके अनुसार) घटिया किस्म की, और उसे अचंभा होता है कि इन से किन्ही लोगों को सांत्वना मिल सकती है । निश्चय ही उसके ईश्वर ने उसके आँख कान बंद कर लिए हैं "कि कही आँख होने से वह देख न ले और कान होने से सुन न ले" । उसके लिए शायद पवित्र तोड़ी गेहुँ की बाल एक गेहुँ की बाल से अधिक कुछ न हो, परन्तु जो प्राचीन पथ पर चल चुका हो या जो उस पर अब चल रहा हो उसके लिए वह केवल वनस्पति न हो कर "महान अद्भुत, दीक्षा का परम श्रेष्ठ रहस्य, उस वर्णनातीत से आया प्रकाश दाता", समस्त प्रकाश के पार का अंधकार है । उचित प्रशिक्षण व अनुशासन प्राप्त करने वाला जब अद्भुत गेहुँ की बाल पर अपनी दृष्टि जमाता है तो उसमें एक गवाक्ष पाता है जिसके द्वारा वह कारण-संसार की गहराइयों, यानि उन वास्तविकताओं, को देख लेता है जो इस बाहरी संसार की दिखावटों व परिणामों की जड़ों में होती हैं । प्राचीन दीक्षितों को केवल बचकानी तुल्यरूपता पर आश्रित विश्वास के कारण ही आत्मबल व अपनी अमरता का वह ज्ञान नही होता था जिसके बारे में यूनानी लेखकों ने उन उत्तरकालीन युगों में लिखा जब रहस्यों की अवनति होने लगी थी । आधुनिक पण्डितों में लगभग अकेले व्हाइटहॅड (Whitehead) ही अपने सार्वभौमिक परिग्रहण के सिद्धांत के साथ इस बात को समझने के कुछ पास आ सके हैं कि विश्व में कैसे प्रत्येक अन्य बिन्दु का बोध हो सकता है और इस तरह कैसे "बालू के कण में निस्सीमता"[11] देखी जा सकती है । अधिक

[11] ब्लेक (Blake) ।

कहना व्यर्थ है । जिन्होंने गेहुँ की बाल देखी हैं वे मतलब समझ जाएंगे – जिन्होंने नही देखी वे घटिया तुल्यरूपता और वनस्पति के अलावा कभी और कुछ न देख पाएंगे ।

परन्तु इस बात पर ध्यान दीजिये कि इस अवस्था में भी नचिकेता इस बात से अवगत है कि मृत्योपरान्त हम फिर अनाज के समान उत्पन्न होते हैं । दूसरे शब्दों में मृत्यु अंत नही है और पुनर्जन्म प्रकृति का नियम है । इसका महत्व बाद में दिखाई देगा ।

पांचवें मंत्र में उल्लिखित मृत्यु के स्वामी यम के बारे में कुछ कहना आवश्यक है । इस नाम के अनेक अर्थ हैं परन्तु सबसे मौलिक है "रोकना", नियंत्रण रखना, जैसा कि लगाम से किया जाता है (इसीलिए अष्टांग योग का प्रथम अंग यम कहलाता है) । यह भी ध्यान रहे कि यम जुड़वां में से एक को कहते हैं और वैदिक प्रतीकवाद में यम की एक जुड़वां बहन यमी[12] हैं । ऋग्वेद[13] में ये दोनों अपने को "गंधर्व तथा जलबाला (*अप्सु अप्या*) की संतान" बताते हैं यानि, सामंजस्य की आत्मा – बुद्धि – तथा जल यानि, नीचे के भौतिक जगत की आत्मा – कामना – के समागम से उत्पन्न हुए । यह ऋचा, जिसमें यमी के अपने जुड़वां भाई के प्रति क्षयकारी अनुराग की चर्चा है, इस अर्थ से ही पढ़नी चाहिए । एक अन्य सूक्त (10.14) में यम को वह बताया गया है "जो सर्वप्रथम हमारे ऊपर की उत्तंग यात्रा करने वाला, अन्वेषणकारी व अनेकों का पथप्रदर्शक, सबसे पहले हमारे रहने का स्थान ढूँढने वाला है, यह गोचर भूमि हम से कभी नही छीनी जा सकती" । विद्वानों का कहना है कि यह मृत्यु को प्राप्त होने वाला काल्पनिक पहला मानव है । निःसंदेह, परन्तु कम से कम इस संदर्भ में वह किस प्रकार की "मृत्यु" थी जिससे हमारा पाला पड़ा है? कुछ अन्य लोग सत्य के अधिक निकट हैं क्योंकि ई॰ मायर (E. Meyer) का कहना है कि यम मानव की अन्य आत्मा है । जिस पथ को यम ने खोज निकाला था उसकी वास्तविक प्रकृति इससे पहले वाली ऋचा 10.13 में साफ़ साफ़ दिखाई गई है । "पांच क़दम (चैतन्य के पांच स्तर) मैं पृथ्वी से ऊपर उठा हूँ ... उसे मैंने प्रणव ओ३म्,

---

[12] हम अवेस्था (Avestha) की परम्परा में दिए आदि जुड़वा भाई बहन, यिमा व यिमेह, के साथ भी समरूपता देख सकते हैं जिन्होंने मानव जाति को जन्म दिया ।

[13] ऋग्वेद, 10.10.4 मैक्डॉनल्ड द्वारा उद्धृत ।

जिसके द्वारा लोक नापे जाते हैं, (देखिए *माण्डूक्य उपनिषद्* से नापा है), मैं सोम को, (जिसकी बूंदें विशिष्टीकरण की प्रक्रिया का अर्थ रखती हैं) व्यवस्था के केन्द्र (प्रतिलोमित त्रिकोणों के बीच के केन्द्र बिन्दु ⧖) में शुद्ध करता हूँ" ।

यह सच यह है कि यम वैयक्तिक जीवात्मा है, यानि अपनी जुड़वां बहन, निम्नस्तरीय मनस्, के साथ उच्चस्तरीय मनस् । इसीलिए ये दो ऊपर सामंजस्य और नीचें कामस्वभाव के बीच उत्पन्न होते हैं, और इसीलिए हमारे उपनिषद् में उद्धृत एक अन्य मिथक के अनुसार वह सूर्य का पुत्र वैवस्वत है और इस प्रकार मनु के बराबर है जो स्वयं उस केन्द्र बिन्दु का प्रतीक है जो क्षुद्र ब्रह्माण्ड (या पिण्डाण्ड) अथवा सच्ची वैयक्तिकता का छोटा सा सूर्य है । इसीलिए उसे हरे रंग[14] का, लाल वस्त्र धारण किए और निम्न स्वभाव के प्रतीक जंगली भैंसे को पालतू व इस तरह उच्च स्वभाव का वाहन बना कर उस पर सवार दिखाया गया है । वही आंतरिक नियंत्रक है, सच्ची अंतःकरण की वाणी ("मौत का डर!"), और अन्य स्थान पर उसका वर्णन लोहे व तांबे के महल में निवास करने वाला बताया गया है । जो विभिन्न रंगों व धातुओं के प्रतीकात्मक अर्थ को जानते हैं वे इस वर्णन से ही उसकी प्रकृति समझ जाएंगे । बाहरी रूप से वह मृतकों का न्यायकर्ता यूनानी देवता मिनोस (Minos) है । परन्तु यह केवल ऊपर दिए अर्थ की पुष्टि ही करता है क्योंकि मनुष्य की परख मनुष्य ही करता है, जैसा कि मनुस्मृति के बारहवें अध्याय में लिखा है उसी का उच्चस्तरीय अहंभाव, कोई बाहर की शक्ति नही । अधिकांश मनुष्यों द्वारा उसे अशुभ व डरावना देखा जाना गीता के इस वचन की ही पुष्टि है कि "आत्मन् अपना मित्र है और वही आत्मन् अपना शत्रु है । वह उसका मित्र है जिसकी (निम्न स्तरीय) अपनेपन की भावना काबू कर ली गई हो परन्तु अनियंत्रित (निम्न) अपनेपन के लिए आत्मन् शत्रु रूप मे सामने आता है"[15] ।

तब नचिकेता यात्रारम्भ करता है, उस मृत्यु का आलिंगन करता है जिसे युजेनियस फ़िलालेटिस (Eugenius-Philalathes) ने ठीक ही "गोपनीयता में प्रतिपायन" कहा है, और उस आंतरिक पथ पर चल कर यम के भवन में पहुँचता है जिसका प्रवेशद्वार हृदय में है, तथा

---

[14] मोनियर विलियम्स (Monier Williams) का संस्कृत कोश देखिए ।

[15] *गीता*, अध्याय 6 श्लोक 5 व 6 ।

जहाँ आरम्भ में उसे रिक्तता के अलावा और कुछ भी नही मिलता। इस रहस्यमयी रिक्तता में एक अवैयक्तिक वाणी सुनाई पड़ती है जो जीवन के सार्वभौमिक नियमों में से एक को प्रस्तुत करती है।

(7) *वैश्वानरः प्रविशत्यतिथिब्राह्मणो गृहान्।*
तस्यैतां शान्तिं कुर्वन्ति हर वैवस्वतोदकम्॥

वैश्वानर (अग्नि) के समान ब्राह्मण-अतिथि घरों में प्रवेश करता है, इसलिए, हे सूर्य के पुत्र, उसके पैर धोने के लिए जल लाओ। इस ज़रा गूढ़ कथन का स्पष्टीकरण करने के लिए मूलपाठ और आगे कहता है।

(8) *आशाप्रतीक्षे संगतꣳ सूनृतां चेष्टापूर्ते पुत्रपशूꣳश्च सर्वान्।*
एतद्वृङ्क्ते पुरुषस्याल्पमेधसो यस्यानश्नन्वसति ब्राह्मणो गृहे॥

आशा प्रतीक्षा, सद्भावनापूर्ण संगति, दान-पुण्य से प्राप्त फल, संतान व गोधन, यह सब वस्तुएं उस मूर्ख मनुष्य के लिए नष्ट हो जाती हैं जिसके घर में ब्राह्मण (अतिथि) को उपवास करना पड़ता है।

अन्य सब प्राचीन जातियों के समान हिन्दुओं ने भी सदा घर आए अपरिचित अतिथि के सत्कार को बहुत महत्व दिया है और असंख्य नियमों में कहा गया है कि अपरिचित अतिथि को देवता समझ उसके साथ अनुकूल व्यवहार किया जाए। जब अतिथि प्राचीन काल के ब्राह्मणों के समान विद्वान व तपस्वी हो तो ऐसा करना और भी आवश्यक है। बिना बुलाये ऐसे व्यक्ति का घर में आना अहोभाग्य माना जाता है और उसका अनादर करना व उसके प्रति सम्मान प्रदर्शन न करना ऐसा कृत्य है जिसका परिणाम गंभीर हो सकता है। यह बात सब प्राचीन लोगों को मालूम थी, आज भी आदिमजातियों व उन सब जनों को ज्ञात है जिन्होंने अपना जन्मसिद्ध साइकीय अधिकार किसी मानसिक गड़बड़झाले के लिए बेच नही दिया है। अपरिचितों के कन्धों पर सदा एक जादुई लबादा पड़ा रहता है और इसलिए यदि उसका सत्कार ठीक से न हुआ तो वह संकटकारी हो सकता है। "अग्नि के समान वह घरों मे प्रवेश करता है"। और फिर यहाँ अग्नि के लिए जिस शब्द का प्रयोग किया गया है वह रोज़ के चूल्हे की आग नही बल्कि सार्वभौमिक अग्नि वैश्वानर है, जो "सब मनुष्यों में सामूहिक" है, समस्त जीवन की एकप्राणता की महान अग्नि। केवल

उन सम्बंधों का धारक होने के नाते नही जो स्वयं हम अपने चारों ओर फैला लेते हैं, बल्कि इस परम एकता का मूर्त रूप होने के कारण ही अपरिचित अतिथि हमारे लिए ऐसा स्वर्ण अवसर होता है । इसीलिए उसका अनादर जीवन की आत्मा का अनादर होता है और उसके परिणाम गंभीर हो सकते हैं ।

सूर्यपुत्र यम को जो जल लाने को कहा गया है वह हिन्दुओं द्वारा देवताओं व अतिथियों को सर्वप्रथम अर्पित वह जल है जिससे चरण धोये जाते हैं ।

परन्तु यह सबकुछ कहने में हम अपने मूलपाठ के बाहरी परिधान से ही उलझ रहे हैं । *लाइट ऑन दि पाथ* के शब्दों में और गहराई तक प्रकाश पहुँचता है । "जब शिष्य सीखने के लिए तैयार होता है तब उसे स्वीकार किया जाता है, माना जाता है, पहचाना जाता है । ऐसा होना अनिवार्य है क्योंकि उसने अपना दीपक जला लिया होता है और वह छिपाया नही जा सकता" और *वायस ऑफ सायलेंस* के अनुसार "एक रंगरुट को भी उस पथप्रवेश से रोका नही जा सकता जो युद्धभूमि की ओर ले जाता है" ।

नचिकेता यम के भवन में तीन रात बिना दर्शन किए रहा । अब प्रकट हो कर यम कहता हैः

(9) *तिस्रो रात्रीर्यसवात्सीर्गृहे मे अनश्नन् ब्रह्मन्नतिथिर्नतस्यः ।*
नमस्तेऽस्तु ब्रह्मन् स्वस्ति मेऽस्तु तस्मात्प्रति त्रीन्वरान्वृणीष्व ॥

हे पूज्य अतिथि ब्राह्मण, तुम बिना भोजन प्राप्त किए तीन रात मेरे घर में रहे हो । इसलिए मैं तुम्हें प्रणाम करता हूँ । इसके बदले मे तीन वर माँगो (और) मेरा भला हो ।

नचिकेता ने पथ पर प्रवेश कर लिया है, "अपना दीपक जला लिया है" और उसकी स्वर्णिम ज्योति निरंतर आंतरिक रिक्तता के "वात रहित स्थान" में जल रही है । कुछ प्राचीन दीक्षाओं में अभ्यार्थियो को तीन दिन तीन रात मृत्युतुल्य आत्मविस्मृति में रह कर रहस्यमय पुनर्जन्म की प्रतीक्षा करनी पड़ती थी, और यीशु ख्रीष्ट को भी क़ब्र में इतना ही समय रह कर मृत्यु के देश अधोलोक में उतरना पड़ा था । नचिकेता भी तीन रात यम के भवन की आंतरिक रिक्तता में रहा है और अब कामना की आँधी से अशांत न होने वाली उसके दीपक की द्युतिमान ज्योति उसके उच्चतर अहंभाव के रूप यम का ध्यान आकर्षित

कर के ही रहेगी । "जब शिष्य तैयार होता है तो गुरु प्रकट हो जाता है" । इस स्थान पर *लाइट ऑन द पाथ* का गुरु लगभग उपनिषद् के ही शब्दों में कहता है "भला हो तेरा" और आगे शिक्षण देता है ।

"तीन सत्यों को देखो । वे समान हैं" ।

इस कथन का हमारे मूलपाठ के तीन वरों से मेल खाना अनोखी बात है, बल्कि यूं कहिये कि अनोखी बात होती यदि ये दोनो पुस्तकें एक ही उद्गम स्थान से न निकली होती और इसलिए सहमत होने पर बाध्य न होती ।

आगे चलने से पहले इस बात पर ग़ौर करना चाहिए कि मृत्यु के भवन में नचिकेता का भोजन ग्रहण न करना बहुत मतलब रखता है । मृत्यु के स्वामी प्लूटो (Pluto) द्वारा पर्सेफ़नी (Persephone) के बलात्कार के मिथक को याद कीजिए जहाँ अधोलोक के इन भवनों में एक अनारदाना खा लेने के कारण पर्सेफ़नी की पूरी तरह उच्च लोक में वापसी में रुकावट पैदा हो गई थी । इसी तरह केल्टिक (Celtic) लोककथाओं में जो कोई परियों के भूमिगत महलों में प्रवेश करता है, और अपने मित्रों के पास वापस दुनिया में आना चाहता है, उसे बड़े ध्यानपूर्वक कुछ भी खाने से परहेज़ करना चाहिए । किसी भी लोक का भोजन ग्रहण करना अपने को उसमें घुला मिला लेना है । आंतरिक लोकों की जोखिम भरी यात्रा करने वाले प्रत्याशी को, यदि वह वहाँ अर्जित ज्ञान को लेकर यहाँ आना चाहता है तो, वहाँ "उपवास" कर चेतना के इस स्तर पर अपनी जड़ें जमाए रखनी चाहिए तथा आत्मनियंत्रण या आत्मस्मृति को चौकसी से बनाये रखना चाहिए । यदि क्षण भर के लिए भी पैर उखड़ गए, यदि उसने अपने को वहाँ के अस्तित्व में घुल मिल जाने दिया तो इस शरीर से सम्बंध बनाये रखने वाली कड़ी टूट जाएगी और वापसी का रास्ता तब तक के लिए बन्द हो जाएगा जब तक पुनर्जन्म की स्वाभाविक प्रक्रिया से वह किसी नए शरीर में नही आता ।

अब हम नचिकेता के तीन वरों में से पहले पर आते हैं ।

(10) *शांतसंकल्पः सुमना यथा स्याद्वीतमन्युर्गौतमो माऽभि मृत्यो ।*
त्वत्प्रसृष्टं माऽभिवदेत्प्रतीत एतत् त्रयाणां प्रथमं वरं वृणे ॥

तीन वरों में से पहला मैं यह माँगता हूँ, हे मृत्यु, कि जब तू मुझे वापस भेजे तो अपने यज्ञ को पूरा कर चुकने वाले मेरे पिता

गौतम मुझे पहचान लें और हृदय के उद्वेग से मुक्त शांत मन से मेरा स्वागत करें। इसका उत्तर यम यह देता है –

(11) *यथा पुरस्ताद् भविता प्रतीत औद्दालकिरारुणिर्मत्प्रसृष्टः।*
सुखं रात्रीः शयिता वीतमन्युस्त्वां ददृशिवान्मृत्युमुखात् प्रमुक्तम्॥

प्राचीन ऋषियों का वह पुत्र[16] *पहले ही की तरह तेरे साथ बर्ताव करेगा। तुझे मृत्यु के मुख से छूट कर आया देख और मेरे*[17] *द्वारा वापस भेजा गया जान कर वह रात को चैन से सोया करेगा, उसका उद्वेग शांत हो जाएगा।*

इन मंत्रों का शब्दार्थ तो साफ़ ही है। नचिकेता की प्रार्थना है कि वह जब दुनिया में वापस आए तो उसका पिता उसे पहचान ले और (जैसा भासमान भौतिक मृत्यु से लौट आने वालों के साथ कितनी ही बार हुआ है) उसे भय के कारण छोड़ न दे, और पिता के हृदय की वह उद्विग्नता जो पुत्र को मृत्यु के मुख में धकेलते समय हुई थी दूर हो जाए। चलते चलते हम यहाँ इस बात पर भी ध्यान दें कि लोककथा के नायक को किस प्रकार ऑडीसियस (Odysseus) की जैसी चालाकी के विशिष्ट लक्षण से सम्पन्न किया जाता है। नचिकेता सीधी तरह से वापस जाने की अनुमति नही मांगता, बल्कि एक बड़ा वर माँग कर उसकी संरचना के अंदर वापसी को बड़ी सफ़ाई से बैठा देता है।

परन्तु इस स्वाभाविक मानवीय इच्छा के पीछे सदा की तरह कहीं और गहरे अर्थ छिपे हैं। हम देख चुके हैं कि वाजश्रवस रुढ़िवादी व बाहरी धर्म की परम्परा का प्ररूप है। अपने ही पाले पोसे उन सब बच्चों के प्रति, जो रहस्यमय पथों पर अग्रसरण करने के पश्चात नए ज्ञान के साथ वापस आए, ऐसी परम्पराओं का दृष्टिकोण कुछ संशयात्मक ही रहा है। मध्ययुगीन कैथलिकवाद में जब उसका कोई

---

[16] वास्तव में यहाँ औद्दालकि आरुणि कहा गया है जो वाजश्रवह का वंशनाम है क्योंकि उद्दालक व अरुण पुराने ऋषि थे। परन्तु औद्दालकि एक प्रकार के मधु को भी कहते हैं जो मिट्टी में रहने वाली मक्खियों द्वारा बनाया जाता है और अरुण सूर्य का सारथी था। इसलिए हम इसका अर्थ "उषा का पृथ्वी जन्य पुत्र" भी लगा सकते हैं और यह आद्या उषा से चली आ रही धार्मिक परम्परा के प्रतीक का अत्युत्तम नाम है।

[17] यहाँ *प्रसृष्टः* के कारक के बारे में कुछ व्याकरणिक व पंडिताऊ बतगड़ बनाया जा सकता है परन्तु सामान्य अर्थ साफ़ ही है।

रहस्यवादी कोई नया ज्ञान लाता था तो "पवित्र" धर्माधिकरण ("holy" Inquisition) से सदा उस पर निर्णय करने को कहा जाता था और यदि चर्च का फ़ैसला यह हुआ कि नई मदिरा पुरानी बोतलों के लिए कुछ ज़्यादा ही ख़तरनाक है तो रहस्यवादी की ख़ैर नही । यदि कभी हुए भी हों तो यूरोप में घटने वाली क्रूरताओं जैसे कृत्य भारत की उस सौम्य व समझदार (समझदार होने के कारण ही सौम्य) साइकी में नही के बराबर ही हुए हैं जिसमें प्राचीन की संरचना को नष्ट किए बिना नवीन का स्वांगीकरण करने की अप्रतिम शक्ति है । फिर भी उपहारों से लदा वापस आनेवाला रहस्यवादी यह जानने को उत्सुक तो रहता ही है कि उसका कैसा स्वागत होगा । और स्वागत के बारे में यह कुतूहलता स्वार्थ के कारण नही होती । यह परम महत्त्व की बात है कि जिस नवजीवन को वह साथ लाया है उसकी पुराने वृक्ष पर सफलतापूर्वक क़लम लग जाए, वर्ना उसकी यात्रा का परिश्रम व कष्ट व्यर्थ हो जाएगा – उसके अपने लिए नही क्योंकि उसे तो कोई भी साँसारिक वस्तु छू नही सकती – परन्तु संसार के लिए । अर्वाचीन काल में हमने देखा है कि ऐसे दीक्षितों में से एक सबसे महान, एच॰ पी॰ ब्लावात्स्की (H.P. Blavatsky), का वापसी पर कैसा स्वागत हुआ । उन्हें सब जगह झूठी निन्दा व बुराई मिली और अथक मानवातीत प्रयास तथा "यम के वर" के कारण ही वह अपने भरे कलश को उस तूफ़ान में उलटने से और उसमें संजोये रत्नों को बिखरने से बचा सकी जो उनकी वापसी पर खड़ा हो गया था । निश्चय ही नचिकेता का यह वर लापरवाही या ऊपरी तौर से माँगा जाने वाला या केवल पिता के प्रेम से प्रेरित न था । उसकी प्रार्थना थी कि उषा के पुरातन आचार्यों से चली परम्परा, जिसने स्वयं ही उसे आगे भेजा था, उसका खुले हाथों स्वागत करे ।

(12) *स्वर्ग लोके न भयं किंचनास्ति न तत्र त्वं न जरया बिभेति ।*
उभे तीर्त्वाऽशनायापिपासे शोकातिगो मोदते स्वर्गलोके ॥

स्वर्गलोक में कोई भय नही है । न वहाँ तू (मृत्यु) है न कोई बुढ़ापे से डरता है । इन दोनों के पार और भूख प्यास के पार जा कर शोकातिग (शोक रहित व्यक्ति) वहाँ उस स्वर्ग में सुख भोगते हैं ।

(13) *स त्वमग्निँ स्वर्ग्यमध्येषि मृत्यो प्रब्रूहि त्वँ श्रद्दधानाय मह्यम।*
स्वर्गलोका अमृतत्वं भजन्त एतद् द्वितीयेन वृणे वरेण॥

हे मृत्यु, तू उस अग्नि को जानता है जिसके द्वारा स्वर्गलोक वासी अमरत्व प्राप्त करते हैं, मुझ श्रद्धा से भरे शिष्य को वही बता। यही मैं अपना दूसरा वर चुनता हूँ।

नचिकेता का दूसरा निवेदन स्वर्ग की अग्नि के ज्ञान के बारे में है, जो कीमियागारों का पावक, जिससे निजी अहं का सीसा (अपेक्षाकृत) अमर उच्चतर अहंभाव (Higher Ego) के सोने में परिणत हो जाता है। वैदिक परम्परा ने सिखाया था कि अग्नि में विशिष्ट प्रकार की आहुतियां डाल कर मनुष्य विशाल स्वर्गलोक को प्राप्त कर सकता है। जैसा कि बाहरी धर्म के साथ अक्सर होता है, ऐसी प्राप्ति देहांत के पश्चात ही संभव बताई जाती है। जिन्होंने उचित विधि से यज्ञ किए – और एकदम उचित विधि को अत्यंत महत्त्वपूर्ण बताया जाता था – वह मृत्यूपरांत स्वर्ग के विशाल मैदानों में वास करने जाता है, और इस लोक का नाम, *स्वर-लोक,* ही इंगित करता है कि यह उच्चतर अहंभाव का असली घर है। यही वास्तविक व्यक्तित्व का अस्तित्व होता है, वह यही रहता है। समय समय पर यह उच्चतर अहंभाव अपने प्रक्षेपित प्रतिबिंबों को नीचे के जन्म व मृत्यु के लोक में भेजता है और ये प्रतिबिंब ही हमारे व्यक्तिगत अहं होते हैं। भौतिक पदार्थ के सागर में उन्हें मछुवे के जाल के समान फेंका जाता है और जब अनुभव का शिकार पूरा हो जाता है तो मछुवा उन्हें फिर से वापस खीच लेता है। वह स्वयं सागर में नही उतरता और ऊपर नाव में ब्रह्मा के पूरे दिन के युगों तक बैठा रहता है, उसे स्वयं न तो जन्म लेना होता है और न ही मृत्यु व दुःख का अनुभव करना। इसीलिए वह अमर कहलाता है, यद्यपि सचमुच अनन्त तो वह है नही, क्योंकि वह भी प्रव्यक्त विश्व का अंग है और जो कुछ प्रव्यक्त होता है उसे कभी न कभी "उस" में फिर से जाना ही होता है जहाँ से वह आता है।

फिर भी, उसकी "अवधि" हमारे गिनने के हिसाब से गणनातीत है क्योंकि जैसा पुराने कीमियागार कहना पसन्द करते थे वह तब तक बना रहता है जब तक स्वयं प्रकृति रहती है। समस्त बाहरी धर्मों के समान बाहरी वैदिक धर्म का लक्ष्य भी प्रक्षेपित व्यक्तित्व का उसे भेजने वाले अहंभाव के साथ मृत्यु के पश्चात सुरक्षित रूप से पुनर्मिलन करवाना था। हमने कहा है सुरक्षित पुनर्मिलन। यह सोचा

जा सकता है कि उक्तलिखित परिस्थिति में मृत्यु के उपरांत पुनर्मिलन तो निश्चित ही है और उसके लिए कोई विशेष बात करने की आवश्यकता नही है । परन्तु बात ऐसी नही है । हमारे मछुवे वाले प्रतीक में ऊपर खीचते समय जाल टूट भी सकता है, या शिकार ऐसा हो सकता है कि मछुवा उसे खा न सके और इसलिए फेंकना पड़े । अन्य शब्दों में, ऐसा भी हो सकता है कि अपने प्रक्षेपक की दैवी स्वतंत्र इच्छाशक्ति के एक अंश से सम्पन्न वैयक्तिक अहं इस शक्ति का प्रयोग कर बिल्कुल ही अलग निकल भागे, या, जैसा कि अधिकतर होता है, अनुभव का शिकार ऐसा हो (जिन्हें हम कुकृत्य कहते हैं) कि उच्चतर अहंभाव उसे अपना नही सकता और इसीलिए उसे फेंकना पड़ता है । ऐसी दशा में मछुवा तो जो सदा था वही रहता है, यानि, अमर, परन्तु वैयक्तिक अहं संयोग प्राप्त न कर सकने के कारण, जिसे संत पॉल ने दूसरी मौत कहा है उसमें, नष्ट हो जाता है । परन्तु यदि पुनः संयोग सुरक्षित रूप से हो गया तो वैयक्तिक अहं आनन्दपूर्वक अपने पिता के अंक में वास करता है और उसके अमरत्व का भागीदार तब तक रहता है जब तक (कभी कभी कितनी ही शताब्दियों के बाद) उसके द्वारा संचित अनुभव पूरी तरह स्वांगीकृत नही हो जाते और उसका पूर्णरूपेण मछुवे में विलयन नही हो जाता । तत्पश्चात मछुवा एक नया प्रक्षेपण भेजता है जो अपने से पहले वालों के कर्मों का उत्तराधिकारी होता है । हमारे अनगढ़ हिसाब से, वह यहाँ नीचे फिर जन्म लेता है, परन्तु जैसा कि बौद्धों ने देखा, इस बात को पूछना तो सरल है कि क्या और कौन दुबारा जन्म लेता है लेकिन उत्तर इतना आसान नही ।

जैसा कि हम कह चुके हैं, लम्बी अवधि तक अबाध स्वर्गीय आनन्द देने वाले ऐसे मरणोपरान्त संयोग को बाहरी धर्म ने सदा अपना लक्ष्य रखा है । परन्तु सब देशों व कालों में थोड़े से ऐसे व्यक्ति हुए हैं जिन्हें यह पता था कि इससे अधिक प्राप्त किया जा सकता है । पृथ्वी के सब भागों में रह रह कर चिरंजीवियों की परम्परा सुनने में आती है, उन अमर व अपने पिताओं से मिल कर एक हो जाने वाले पुत्रों की जिन्होंने इस पृथ्वी पर रह कर ही अपने उच्चतर अहंभाव के साथ स्थायी संयोग स्थापित किया । ऐसे व्यक्तियों के जीवन हमारी समझ के एकदम परे होते हैं । साधारण मर्त्य मनुष्यों की तरह जीवन यापन, और शायद भ्रमण, करते ऐसों ने रहस्यमयी मृत्यु को पार कर लिया होता है और जो हम को दिखाई देता है वह केवल उनकी बाहरी

छाया ही होती है क्योंकि उनके अस्तित्व का केन्द्र उन उच्चतर अहंभावों में जमा होता है जिनके साथ वह पूरी तरह मिले होते हैं और जिनके बल पर वह जीवित रहते हैं । उनके भौतिक आकार इच्छाशक्ति से निर्मित ऐसे चेतन प्रक्षेपण होते हैं जिन पर उनका पूरा नियंत्रण होता है । हमारे अपने प्रक्षेपण किसी ऐसी जगह से नियंत्रित होते हैं जिनकी हमें पूरी चेतना नही होती और इसलिए उन पर हमारा अधिक से अधिक आंशिक नियंत्रण होता है ।

उच्चस्तरीय अहंभाव को गीता में वशी[18], वश में रखने वाला यानि नियंत्रक कहा गया है और जैसा कि हम देख चुके हैं इस में और यम में तादात्म्य है । इसलिए नचिकेता यम से अपना दूसरा वर, अग्नि का ज्ञान, माँगता है जिससे मर्त्य अथवा सीसे का व्यक्तिगत अहं अमर्त्य स्वर्णिम उच्चतर अहंभाव में, यहाँ और अभी, तत्वांतरित किया जा सकता है । इस संसार में सदा ही, आज के समान, कुछ ऐसे मनुष्य मौजूद रहे हैं जिन्हें इस अग्नि का ज्ञान प्राप्त हुआ है, जो उस महान गोपनीय रहस्य को जानते हैं जिसकी चर्चा तो सच्चे कीमियागार सदा करते रहते थे परन्तु जिसका भेद वे बड़ी सतर्कता से छिपाये रहते थे । वे कभी भूल से भी ऐसी बात मुंह से नही निकलने देते थे जो अदीक्षित लोगों की समझ में आ जाए, और उनकी अल्पभाषिता का उद्देश्य ज्ञान पर अपना एकाधिकार बनाये रखने की स्वार्थी कामना नही थी । वे इस पवित्र अग्नि की "मन्द स्वाभाविक उष्मा" का भले ही खुल कर बखान करते रहे हों परन्तु वे अच्छी तरह जानते थे कि वह बिजली की चमक की तरह, इन्द्र के उस वज्र के समान जिससे उसका संबंध है, विनाशकारी रूप में भी प्रव्यक्त हो सकती है । अपने अंदर उसे समा सकने की क्षमता पैदा करने से पहले जो इसे पा लेता है, या कौतूहल के लिए अथवा अशुद्ध कामनाओं की पूर्ति के लिए (जिनमें केवल अपने व्यक्तिगत जीवन को लम्बा करने की इच्छा भी शामिल है) इसे जागृत करने में सफल होता है वह उसी प्रकार पूरी तरह नष्ट हो जाता है जैसे वज्र के रास्ते में खड़ा व्यक्ति नष्ट हो जाता है । यद्यपि यह संजीवनी औषधि है तथपि इतनी ही आसानी से मार भी सकती है । इसीलिए इसके बारे में सदैव इतनी गोपनीयता बनाई रखी गई है । जो उसे प्राप्त करना चाहते हैं वे ऐसा केवल मृत्यु के भवन

---

[18] *गीता,* **5.13** ।

में ही कर सकते हैं क्योंकि जो जीवित होते हुए भी मृत हो उसके लिए ही इसका रहस्य खोला जा सकता है ।

अब यम कहता है –

(14) *प्र ते ब्रवीमि तदु मे निबोध स्वर्गमग्निं नचिकेतः प्रजानन् ।*
अनन्तलोकाप्तिमथो प्रतिष्ठां विद्धि त्वमेतं निहितं गुहायाम् ॥

इस स्वर्ग की अग्नि को जानने वाले तुझे मैं यह बताता हूँ । इसलिए हे नचिकेता तू मुझे ध्यान से सुन । यह जान कर कि अनन्त लोक को प्राप्त करने की साधन, सब लोकों की प्रतिष्ठा (आधार), यह अग्नि हृदय की गुफा में छिपी है ।

(15) *लोकादिमग्निं तमुवाच तस्मै या इष्टका यावतीर्वा यथा वा ।*
स चापि तत्प्रत्यवदद्यथोक्तमथास्य मृत्युः पुनरेवाह तुष्टः ॥

तब उसने उसे उस अग्नि के बारे में बताया जो लोकों की रचना करने वाली सृजनात्मक शक्ति है, कैसी ईंटों से उसकी वेदी बनती है कितनी ईंटें और कैसे लगानी पड़ती हैं । और जो कुछ मृत्यु ने कहा नचिकेता ने दोहराया, इस पर शिष्य से प्रसन्न हो कर मृत्यु ने फिर कहा ।

(16) *तमब्रवीत् प्रीयमाणो महात्मा वरं तवेहाद्य ददामि भूयः ।*
तवैव नाम्ना भविताऽयमग्निः सृङ्का चेमामनेकरूपां गृहाण ॥

प्रसन्न हो कर महात्मा ने कहा ः अभी यही मैं तुझे एक और वर देता हूँ । भविष्य में यह अग्नि तेरे नाम से जानी जाएगी । और मुझ से अनेक रूपों की यह माला भी स्वीकार कर ।

मृत्यु के भवन में आने, और इसलिए सब व्यक्तिगत कामना त्यागने, वाला नचिकेता ही है जिसे बेखटके वह ज्ञान दिया जा सकता है जिसे पाने का वह अब निश्चित रूप से अधिकारी है । इसलिए बिना और कुछ लम्बी चौड़ी बातें बनाये गुरु उसे समझा देता है, और कहता है कि यह अग्नि वह सृजनशक्ति है जो समस्त लोकों की प्रव्यक्ति करती है और इसलिए उनका मूल अथवा आधार है । अनन्त अस्तित्व को प्राप्त करने का साधन भी यही है और समस्त प्राणियों के हृदय में स्थित गुफा में यह पाई जाती है । यह अग्नि वही है जिसे कुण्डलिनि कहा जाता है, और जो कुछ मतों के अनुसार रीढ़ की हड्डी की जड़ में होती है परन्तु जिसके छिपने का स्थान "हृदय" में ठीक ही दिया गया है ।

वॉयस ऑफ़ सायलेंस कहती है "प्रचण्ड शक्ति को सबसे अंदर के कक्ष, हृदय के कक्ष, जगन्माता के निवास में आने दे", और फिर आगे कहती है "इससे पहले कि 'रहस्यमयी शक्ति' तुझे देवता बना सके, हे पुत्र, तुझ में अपने चान्द्ररूप को इच्छानुसार मारने की क्षमता आनी चाहिए" । यह चान्द्र-रूप तो, खैर, वह कामना स्वभाव है जो मृत्यु के मुख में ज्ञान प्राप्ति अथवा उसके सुरक्षित उपयोग से पहले ही चला जाना चाहिए । यह स्वाभाविक ही है कि यम द्वारा अग्नि के बारे में सचमुच दिए गए आदेश मूलपाठ में नही दोहराये गए हैं, और पूर्वोक्त कारणों से वे संसार के अन्य किसी ग्रंथ में भी नही दिए गए हैं । बस यही कहा गया है कि एक वेदी बनानी है जिसमें अग्नि का आह्वान किया जाना है ओर निर्माण विशेष ढंग से व ईंटों (*इष्टकाः*) की विशिष्ट संख्या से होना है । मध्वाचार्य ने ईंटों को प्राणायाम की शक्तियां (देवता) बताया है ओर उनकी संख्या 360 दी है जो वर्ष के दिन अथवा चक्र की पूर्ति की संख्या है । प्रत्येक ईंट के तीन भाग कर ऐतरेय ब्राह्मण में 1080 की संख्या दी गयी है । यह लेखक और अधिक खुलासा नही लिख सकता और यदि पाठक इस उपनिषद् से और अधिक ज्ञान निकालना चाहते हैं तो उन्हें अपनी अंतर्दृष्टि का उपयोग करना होगा । जो कहा जा सकता है वह बहुत पहले कहा जा चुका है । यानि पूर्णवृत्त को वर्गाकार बनाने अर्थात् आकाश के तारे तोड़ लाने समतुल्य प्रयत्न कर सब प्राणमय शक्तियों को एक बिन्दु पर घनीभूत कर देना होगा ।

यहाँ यह ध्यान देने योग्य बात है कि इस उपनिषद् का भाष्य, जो यदि सचमुच ही शंकराचार्य महान की कृति माने जाने के कारण शांकरभाष्य के नाम से प्रसिद्ध है, या तो जानबूझ कर या अनजाने में इस विषय पर द्वैतवादी मध्वाचार्य से कम गहरी पहुँच का संकेत देता है । शंकराचार्य पवित्र अग्नि के प्रश्न को स्वर्गीय आमोद प्रमोद का बता कर टाल सा देते हैं । परन्तु चाहे मध्वाचार्य ने बाद में आनेवाले कुछ भागों का अर्थ तोड़ मरोड़ कर ही क्यों न बनाया हो उन्होंने इस भाग पर गहरी समझ की जानकारी दी है ।

उन्होंने *ब्रह्मसार* से उद्धरण दे कर कहा है कि जो नचिकेतस् अग्नियज्ञ को तीन बार निष्पादित करता है वह स्वर्गलोक में पूरे सार्वभौमिक युग तक रहता है और ब्रह्मा का दिन समाप्त होने पर ब्रह्मा के साथ ही मुक्ति प्राप्त करता है । दूसरे शब्दों में यह *क्रममुक्ति,* यानि धीरे धीरे मुक्ति, प्राप्त करने के ज्ञान के बारे में है जो शंकर द्वारा निन्दित होने

और उन्ही के सिखाये *सद्योमुक्ति,* यानि एकाएक मुक्ति, के पथ पर ज़ोर देने के समय से गलत समझा गया पथ है ।

इस विषय पर मध्वाचार्य निश्चित रूप से सही हैं । तीनों वरों में से किसी एक को भी नगण्य समझना भारी भूल है । वे तो कीमियागारों के महान कार्य (Great Work) के तीन पहलुओं, दार्शनिक (Philosophical), धार्मिक (Religious), व धात्विक (Metallic) के तदनुरूप हैं । दार्शनिक पहलू के सम्पन्न होने पर ही अन्य दो का सम्पन्न होना निर्भर करता है, इसीलिए उपनिषद् इस पर इतना ज़ोर देता है । इसके अलावा यदि गूढ़ प्रतीकों की भाषा में न लिखना हो तो यही एक पहलू है जिसके बारे में कोई बेखटके लिख सकता है ।

वेदी इत्यादि के ब्योरे के बारे में हम चाहे कितना भी कम या अधिक समझे हों यह परम महत्त्वपूर्ण बात तो बता ही दी गई है कि गुप्ताग्नि हमारे ही हृदय में छिपी है । नचिकेता बताई बात को दोहरा कर इस बात का संकेत देता है कि उसने शिक्षण को अपना लिया है । शिष्य की प्रवीणता से प्रसन्न हो यमराज अपनी ओर से एक और वर देते हैं । यहाँ महात्मा शब्द का प्रयोग गीता के ग्यारहवें अध्याय के समान एक विशिष्ट रूप से किया गया है । आधुनिक भारत में किसी भी धार्मिक साधु को महात्मा कह दिया जाता है और जो लोग इस शब्द का ऐसा दुरुपयोग नही करते वे भी इसका अर्थ किसी सच्चे आध्यात्मिक व्यक्ति से लगाते हैं । परन्तु जैसा महर्षि शब्द का अर्थ केवल महान ऋषि ही नही वैसे ही महात्मा का अर्थ केवल महान आत्मा नहीं बल्कि उस व्यक्ति का "अस्तित्व के उस स्तर" से निश्चित संबंध रखता है जिसे पारिभाषिक शब्दों में *"महत्"* कहा जाता है और जो लगभग विश्वात्मा के बराबर है । सच्चे महात्मा वे होते हैं जिन्होंने अपने अस्तित्व का तादात्म्य *महत् आत्मन्* से स्थापित कर लिया होता है, और यदि ऐसे लोग व्यक्तिकता का पृथक बिन्दु बनाये रख कर ऐसी स्थिति में रहते भी हैं जिसे हम साधारण तौर पर "व्यक्ति" कहते हैं तो ऐसा केवल उन प्राणियों के लिए करते हैं जिनके वे सद्गुरु व पथप्रदर्शक होते हैं । जैसा कि शंकराचार्य ने कहा है "स्वयं पार कर लेने वाले, वे केवल मनुष्यों पर करुणा के कारण यहाँ रहते हैं ताकि उन्हें भी पार करने में सहायता दे सकें" ।[19]

---

[19] *विवेक चूड़ामणि* ।

यम का कहना है कि भविष्य में यह अग्नि संसार में नचिकेता के नाम से जानी जाएगी और, जैसा कि हम देख चुके हैं, *नचिकेतस्*, यानि जिसकी उपस्थिति का आभास न हो, उस छिपी अग्नि की ओर ही इंगित करता है । अंतिम दीक्षा में यह आग दहक कर लपट बन जाती है जो समस्त सीमाबद्धता को भस्म कर शिष्य को गुरु बना देती है ।

इसके अतिरिक्त नचिकेता को एक और उपहार मिलता है – अनेक रूपों की माला । इस माला का एक से अधिक महत्त्व है । सबसे पहले तो यह काली के गले में पड़ी प्रख्यात अक्षरों की माला – वर्णमाला–है और प्रकृति की सबसे गुप्त शक्तियों के ज्ञान की द्योतक है । दूसरे, यह उसके पूर्वजन्मों के सिलसिले की ओर संकेत करती है जो उच्चतर अहंभाव के पक्के धागे में पिरोये मोतियों की तरह अब उसे ज्ञात होते हैं । पूर्वजन्मों की यह स्मृति शिष्य ने माँगी नही थी परन्तु वह अब जिस स्थिति पर पहुँच गया है उसकी उपलब्धि का अवश्यंभावी फल है । जैसा कि हम देख चुके हैं अग्नि के ज्ञाता अपने निचले या व्यक्तिगत अहं को उच्च व स्थाई से जोड़ सकने की क्षमता रखता है और उस उच्चतर अहंभाव में तो स्मृतियां सदा ही इस तरह उपस्थित रही हैं जैसे हमारे सामान्य व्यक्तिगत अहं में उन सब कालों की स्मृतियां बनी रहती हैं जिनसे हो कर हम इस जीवन में निकले हैं । जब दोनो अहं मिल जाते हैं तो स्मृतियों का पूरा अनुक्रम स्वभावतः उपलब्ध हो जाता है ।[20]

(17) *त्रिणाचिकेतस्त्रिभिरेत्य सन्धिं त्रिकर्मकृत्तरति जन्ममृत्यू ।*
ब्रह्मयज्ञं देवमीड्यं विदित्वा निचाय्येमाँ शांतिमत्यन्तमेति ॥

जिसने तीन बार नचिकेता अग्नि (या शायद एक त्रिविध नचिकेता अग्नि) को जलाया हो, तीन के साथ मिल गया हो, और तीन कर्म कर लिए हों वह जन्म और मृत्यु के पार चला जाता है । उस दिव्य शक्ति, ब्रह्म से उत्पन्न हुई ज्ञात्री व एकमात्र पूज्य शक्ति, को

---

[20] कुमारस्वामी ***अनेकरूप*** का भावानुवाद ***विश्वरूप*** में करते हैं और माला को दैवीशक्ति मानते हैं जो अज्ञानी अहं की सीमित एकरूपता की तुलना में अनेक रूप धारण कर सकती है । वे एक बौद्ध ग्रंथ (***मज्झिम निकाय,*** 1,387) से उद्धरण देते हैं जिसमें लिखा है "जैसे कोई नाना रूप माला बनाये वैसे ही भगवान (बुद्ध) में अनेक रूप (***अनेक वण्णो***) भरे हैं । हाँ सैकड़ों रूप" । यह अर्थ और यहाँ दिया गया अर्थ यदि भिन्न है भी तो बहुत कम ।

जान व पूरी तरह समझ कर मनुष्य अत्यंत शांति को प्राप्त होता है ।

(18) *त्रिणाचिकेतस्त्रयमेतद्विदित्वा य एवं विद्वाँश्चिनुते नाचिकेतम् ।*
स मृत्युपाशान् पुरतः प्रणोद्य शोकातिगो मोदते स्वर्गलोके ॥

जो विद्वान त्रिविध नचिकेता अग्नि को सुलगा चुका हो और तीन को जान चुका हो वह इस अग्नि को ध्यान में प्रज्वलित करे तो मृत्युपाश को काट चुकने वाला (यानि अभी जीवित), यह शोकातिग सनातन शांति को प्राप्त होता है ।

(19) *एष तेऽग्निर्नचिकेतः स्वर्ग्यो यमवृणीथा द्वितियेन वरेण ।*
एतमग्निं तवैव प्रविक्ष्यन्ति जनासस्तृतीयं वरं नचिकेता वृणीष्व ॥

हे नचिकेता, यही तेरी स्वर्ग की अग्नि है जिसे तूने अपने दूसरे वर में माँगा है । लोग सचमुच इस अग्नि को तेरे नाम से पुकारेंगे । अब अपना तीसरा वर माँग ।

इन तीनों मंत्रों को कुछ लोगों ने क्षेपक समझा है और कहा है कि वे केवल पहले जो कुछ इस अग्नि के बारे में कहा जा चुका है उसकी पुष्टि करते हैं । सुलगाई जाने पर अग्नि त्रिविध हो जाती है क्योंकि वह मनुष्य के अस्तित्व के तीन महान स्तरों पर, जिन्हें वेदों में *भू, भुवर* और *स्वर्* कहा गया है, जलती हैं । अन्य स्थान पर इसे चार बत्तियों में तीन लपटों वाली लौ कहा गया है । यदि मौजी निचले व्यक्तित्व को उच्च में तत्त्वांतरित होना है तो भौतिक, अन्तःस्थ व मानसिक तीनों स्तरों पर अग्नि को सुलगाना होगा । अग्नि तो एक ही है परन्तु जिस भट्टी में वह जलती है वह त्रिविध है ।

कौन हैं वे तीन जिनके साथ शिष्य को सायुज्य स्थापित करना होता है? शंकराचार्य के अनुसार वे पिता, माता व गुरु हैं । वास्तव में वे त्रिविध मानवीय एकक के तीन पहलू हैं जिन्हें थियॉसफ़ी (Theosophy) के अनुयायी आत्मा-बुद्धि-मनस् कहते हैं ।आत्मा पुरुष की पुंजातीय जनन ज्योति है, बुद्धि जगन्माता मूलप्रकृति का मानवीय स्तर पर प्रतिरूप, और (उच्च) मनस् आचार्य है ।

अब तक हम उच्च मनस् के बारे में ऐसी बातें करते आए हैं जैसे वह स्वयं मनुष्य का सच्चा उच्च अहंभाव हो । परन्तु ऐसा है नही, क्योंकि अपने आप में मनस् केवल ऊपर के दो तत्त्वों की पारस्परिक क्रिया का किरण केन्द्र है । शुद्ध मानवीय सोपान पर वह सार्वभौमिक

सोपान के *महत्,* अथवा ब्रह्माण्ड का अनुरूप पिण्डाण्ड है । महत् के ही समान मनस् भी दो दैवी जनकों का दैवी पुत्र है । वास्तव में जब हम उच्चतर अहंभाव की बात करते हैं तो हमारा आशय केवल मनस् से नही होता बल्कि मनस् के उस केन्द्र बिन्दु से होता है जिसके द्वारा ऊपर के दो की ज्योति चमकती है । इसीलिए सच्चा मानवीय मैं (human I), अहभावं या उच्चस्तरीय अहं एक त्रिविध एकता है जिसे एकक का नाम इसलिए दिया जाता है क्योंकि उपनिषद्[21] के शब्दों में त्रिक "*अणीयान् सर्षपात्* – सरसों के बीज से भी छोटे" इस बिन्दु के द्वारा ही प्रव्यक्त होता है । यह वह बिन्दु जैसा गवाक्ष है जिसके द्वारा सर्वस्व को सर्वस्व देखता है । अन्य स्थान[22] पर मैंने इसे **दृष्टिकोण** कहा है ।

जो नचिकेता अग्नि को सफलतापूर्वक सुलगा लेता है वह इस त्रिविध एकक के साथ अपना सायुज्य स्थापित कर लेता है । जहाँ तक तीन कर्मों का सवाल है, वे पथ के तीन अनिवार्य काम हैं, यज्ञ (उत्सर्ग), दान, व तप (आत्मनियंत्रण) जो गीता[23] में दिए गए हैं, जो ज्ञानपथ पर चलने वालों की शुद्धि करते हैं, और जिनको कभी भी भ्रमकारक समझ कर छोड़ नही देना चाहिए । परन्तु यह तीन कर्म ही पर्याप्त नही होते । इन के अतिरिक्त कुछ ज्ञान भी होना चाहिए । कर्म उपयोगी होते हैं और जैसा कि गीता का कहना है उनके बिना जीना असंभव है । इसलिए सुकर्म करने चाहिए, वे कर्म जिनसे पथ पर चलने में सहायता मिलती है । परन्तु केवल कर्म ही लक्ष्य तक नही पहुँचा सकते । उन्हें उनके आन्तरिक महत्त्व के ज्ञान का सहारा मिलना चाहिए । इसीलिए मूलपाठ का कहना है कि अपने को जानना व पूरी तरह समझना चाहिए और ऐसा करने के लिए उस दिव्य शक्ति से जुड़ जाना चाहिए जो एकमात्र ज्ञाता, शुद्ध चैतन्य की ज्योति, अंधकार के परम रहस्य से उत्पन्न हुआ आलोक और "संसार में आने वाले प्रत्येक मनुष्य को प्रदीप्त करने वाला प्रकाश" है । यह ज्योति, यह तत्त्व जिसके साथ हमें घुल मिल जाना चाहिए (जो पूजा का वास्तविक अर्थ है), वही है जिसे आगे चल कर हम *शांत आत्मन्* के नाम से देखेंगे ।

---

[21] *छांदोग्य उपनिषद्,* 3.14.3 ।

[22] लेखक कृत *Yoga of the Bhagavat Gita* (हिन्दी अनुवाद *भगवद्गीता का योग*) देखिए ।

[23] *गीता,* 18.5 ।

स्वाभाविक ही है कि इसके साथ घुलमिल कर मनष्य अटूट शांति प्राप्त करता है क्योंकि वह स्वयं ही ईश्वरीय शांति है ।

इस पर भी ध्यान देना चाहिए कि अट्ठारहवां मंत्र सब गुप्त लेखनों की भांति इस बात पर ज़ोर देता है कि उपलब्धि यहाँ और अभी होनी चाहिए । आयरिश रहस्यवादी ए॰ ई॰ (A.E.) ठीक ही हमें उन सब शिक्षणों के प्रति सतर्क रहने को कहते हैं जो अपना फल मृत्यु के उपरांत ही देते हैं । हमारा **मूलपाठ** भी बलपूर्वक कहता है कि मृत्युपाश को यहाँ और अभी, इस संसार में रहते हुए ही, काटना है और अमरत्व का *शोकातिग* परिधान यही पहनना है । केवल मृत्यु हो जाने भर से कुछ नही बदलता और जिसने जीते जी अमरत्व लाभ नही किया वह सिर्फ़ मर जाने से उसे नही पा लेगा । हाँ, आत्मन् तो सचमुच शाश्वत है । उच्चतर अहंभाव दीर्घकालीन सार्वभौमिक दिन तक बना रहता है और उसे भी अनन्त कह सकते हैं । परन्तु जिसे हम सामान्य बोलचाल में अपना "आप" कहते हैं वह व्यक्तिगत अहं न अमर है न अनन्त । एक पूर्वकालीन व्यक्तित्व के उत्तराधिकारी के रूप में उसका आरंभ हुआ और यद्यपि शरीरांत के पश्चात वह बचा रहेगा, हो सकता है शताब्दियों या सहस्राब्दियों तक, फिर भी वह सदा नही बना रहेगा । और न ही "वह" फिर जन्म लेगा क्योंकि उसके भाग्य में तो उस पिता के अंदर समावेश करना है जिसने उसे बाहर भेजा था और जो समय आने पर एक ओर को उसके कर्मों का उत्तराधिकारी बना कर वैसे ही भेजेगा जैसे स्वयं उसे अपने पूर्वाधिकारी के कर्मों के साथ भेजा गया था । जो अमर बनना चाहता है उसे स्वयं यही और अभी अपना उच्चतर अहंभाव बन जाना पड़ता है । अन्य कोई चारा नही है । अब हम तीसरे वर पर आते हैं और नचिकेता फिर कहता है –

(20) *येयं प्रेते विचिकित्सा मनुष्येऽस्तत्येके नायमस्तीति चैके ।*
ऐतद्विद्यामनुशिष्टस्त्वयाऽहं वराणामेष वरस्तृतीयः ॥

उस पार गए व्यक्ति के बारे में यह संशय उत्पन्न होता है – कुछ कहते हैं कि वह है, कुछ कहते हैं कि वह नही है – तेरा शिष्य (शब्दशः, तुझ द्वारा सिखाया जाने वाला) मैं इसके बारे में जानना चाहता हूँ । यह मेरा तीसरा वर है ।

इस वर का अर्थ लगभग सब अनुवादक व टीकाकार चूक गए हैं । जिस शब्द का अर्थ "उस पार गए" किया गया है वह है "*प्रेते*" और

शंकराचार्य तो फट से कहते हैं कि इसका अर्थ "*मृते*" है और लगभग अन्य सब ने इसका अनुमोदन किया है। परन्तु इस संदर्भ में ऐसे अर्थ लगाना उचित नही जान पड़ता। सबसे पहले तो यह देखिए कि यात्रारंभ के पूर्व भी नचिकेता अच्छी तरह जानता है कि मर्त्य मनुष्य अनाज की तरह पकता है और फिर जन्म लेता है। यानि, उसे पता है कि मृत्यु के पश्चात मनुष्य नष्ट नही होता बल्कि फिर जन्मता है। अब तो वह स्वयं मृत्यु के भवन तक आ पहुँचा है और अभी तक जीवित है। इसके अतिरिक्त उसके दूसरे वर से स्पष्ट है कि वह अच्छी तरह जानता है कि मृत्यु के उपरांत मनुष्य स्वर्गलोक के आनन्द में जाता है – या कम से कम जा सकता है। यदि केवल उत्तरजीविता का प्रश्न होता तो पवित्र अग्नि के बारे में की गई पूछताछ तब तक के लिए स्थगित कर दी गई होती जब तक पहले प्रश्न का उत्तर न मिल जाता। प्रेते का अनुवाद मृते करना पूरे उपनिषद् की संरचना को अस्तव्यस्त करना है।

वास्तव में प्रश्न उत्तरजीविता का नही बल्कि जैसा मध्वाचार्य [24] ने यहाँ भी ठीक आँका है, प्रश्न है – मुक्ति प्राप्ति के बाद जीवात्मा की क्या गति होती है? यह वही प्रश्न है जो भगवान बुद्ध से अनेक बार पूछा गया था – क्या अर्हत् का अस्तित्व निर्वाण के उपरांत बना रहता है? – और जिसका उत्तर देने से उन्होंने सदा इनकार यह कह कर किया कि ऐसा कहने से कि मैं बना रहता हूँ एक प्रकार की ग़लतफ़हमी पैदा होगी परन्तु यह कहने से कि मैं नही रहता दूसरे प्रकार का भ्रम पैदा होगा।

"सत्य को पा जाने वाला (निर्वाण प्राप्त कर लेने वाला अर्हत्) दुर्बोध, अपरिमेय, अगाध होता है, विशाल सागर के समान अगाध, उसके लिए पुनर्जात शब्द का प्रयोग नही किया जा सकता और न ही अपुनर्जात अथवा इन दो शब्दों के किसी संयोजन का। ऐसी प्रत्येक वस्तु जिससे सत्य बोध कर सकने वाले को द्योतित किया जा सकता हो उसके लिए सर्वथा व सदा के लिए चली गई है"।[25]

---

[24] उन्होंने प्रेते को मुक्ते माना है। राय बहादुर शिरीष चन्द्र विद्यार्णव कृत *हिन्दुओं के पुण्य ग्रंथ* (*Sacred Books of the Hindus*) में इस उपनिषद् के मध्वाचार्य द्वारा किए गए भाष्य का अनुवाद देखिए।

[25] *मज्झिम निकाय,* सुत्त 72।

नचिकेता इस समस्या के बारे में पूछ रहा है (जिसे, जैसा कि हम देखेंगे, बाद में वह *महति साम्पराय* कहता है) और सचमुच ही कुछ लोग तो इसका उत्तर देते हैं "वह है" और कुछ कहते हैं "वह नही है" । जब कोई मनुष्य परम लक्ष्य प्राप्त कर लेता है, अंतिम बार मर जाता है, उन बंधनों से मुक्त हो जाता है जो साधारण मनुष्यों को बार बार जन्म लेने पर विवश करते हैं, तो इस पूरी तरह चले जाने पर, जिसे कोई मुक्ति, कोई मोक्ष, कोई कैवल्य और कोई निर्वाण कहता है, उसे क्या होता है? केवल भगवान बुद्ध के शिक्षण में ही इस संदेह व चिंतन को जन्म नही मिला । बृहदारण्यक उपनिषद् में भी हम महर्षि याज्ञवल्क्य को अपनी पत्नी मैत्रेयी को अत्यंत गंभीरता से परमगति का रहस्य समझाते हुए पाते हैं ।

> "जैसे पानी में डाली हुई नमक की डली घुल जाती है और फिर बाहर नही निकाली जा सकती, परन्तु जहाँ कहीं से भी कोई उसे निकालने की चेष्टा करे वहाँ का स्वाद नमकीन होता है, वैसे ही यह अनन्त, असीम महान पुरुष चैतन्य का एक अम्बार होता है । जीवात्मा इन्ही तत्त्वों से निकलता है और इन्ही में समा जाता है । पार जा कर (*प्रेत्य*) कोई अलग चेतना (*संज्ञा*) नही रहती । यह है मेरा कहना" ।

ध्यान दीजिये कि यहाँ बृहदारण्यक उपनिषद् में प्रेत्य शब्द का कठोपनिषद् के प्रेते के समरूप प्रयोग किया गया है और अर्थ एक ही है । जिस शब्द का अर्थ चेतना किया गया है (संज्ञा) वह भी पारिभाषिक शब्द है, किसी वस्तु को निर्दिष्ट करता है, उसका विशिष्ट चिन्ह होता है और इसलिए उसकी धारणा का निर्माण व स्पष्ट बोध संभव होने देता है । और इसीलिए स्पष्ट, सीमित अथवा विशिष्ट चेतना, और मन शब्दों में वह द्वयर्थकता निहित है जिसके बारे में हम पहले इशारा कर चुके हैं । संज्ञा का अर्थ नाम भी है जो नाम-रूप के संयुक्त शब्द में है और किसी अलग मानसिक अस्तित्व या अहं को इंगित करता है बृहदारण्यक में आगे कहा गया है –

> "मैत्रेयी ने कहा ः हे स्वामी, यह कह कर कि प्रयाण के पश्चात अलग चेतना नही होती आप ने मुझे विस्मय में डाल दिया है । याज्ञवल्क्य ने उत्तर दिया – मैं कोई विस्मयकारी बात नही कर रहा हूँ । जो मैंने कहा है वह ज्ञान के लिए पर्याप्त है" ।

महर्षि और स्पष्ट करते हैं कि जहाँ द्वैत भाव होता है वहाँ अलग चेतना होने के कारण एक व्यक्ति दूसरे को देखता है, सुनता है, उसका चिन्तन करता है। "परन्तु जहाँ सबकुछ 'एक आत्मन्' बन गया हो वहाँ कोई किस को किस के द्वारा देखे, सुने या सोचे? वह कौन सी वस्तु है जिसके द्वारा कोई उसके बारे में सचेतन हो जाए जो सब को चेतना देता है? किस के द्वारा कोई सार्वभौमिक ज्ञाता का ज्ञान प्राप्त करे?"[26]

उक्त लेखांश में फिर उसी महान समस्या की ओर इशारा है। मुक्ति में चले जाने के लिए उसी शब्द का प्रयोग किया गया है और शिक्षण के अर्थ के बारे में भी वही संदेह है। जब मनुष्य नाम-रूप की समस्त सीमाबद्धता से मुक्त हो जाता है, जब वह किसी विशिष्ट व्यक्ति अथवा व्यक्तिगत अहं से तादात्म्य रखना छोड़ देता है, सब के साथ एक हो जाता है तो हम कैसे कहें कि वह है या नहीं है? अस्तित्व का अर्थ है किसी हैसियत से खड़ा होना, अपने में और अन्य में द्वैत भावना का होना, ऐसी भावना कि मैं यह हूँ वह नहीं। जब चैतन्य अपना तादात्म्य समस्त के अन्य बिन्दुओं की तुलना में किसी बिन्दु विशेष से रखना छोड़ देता है तो सही अर्थ में उस व्यक्ति के होने के कुछ मायने नहीं। जहाँ तक तर्क का हिसाब है यह ठीक है, परन्तु शब्दों में केवल तर्क ही तो नहीं होता, अस्तित्व जैसे शब्द से किसी ऐसी वस्तु का बोध भी तो होता है जो वास्तव में होती है। यदि कोई वस्तु अब सामने खड़ी न रहे तो इसका अर्थ यह तो नहीं कि वह अब अस्तित्वहीन हो गई है। और इसीलिए यह कहना कि जिसने मुक्ति प्राप्त कर ली हो उसका अब अस्तित्व नहीं, यदि अधिक नहीं तो कम से कम इतना ग़लत तो है ही जितना यह कहना कि वह है।

नचिकेता के तीसरे वर का विषय मुक्तात्माओं की यह परमगति है, केवल मरणोपरांत उत्तरजीविता का प्रश्न नहीं। यह भी बड़ी रुचिकर बात है कि जब प्रारंभिक यूरोपीय संस्कृतज्ञ निर्वाण के उस शिक्षण तक पहुँचे, जो उनमें से अधिकांश के लिए लगभग एकदम नया था, तो उनमें भी बिल्कुल यही विवाद उठ खड़ा हुआ, यद्यपि वह निरे बौद्धिक स्तर पर था। विषय था कि निर्वाण प्राप्त करने वाले का अस्तित्व मिट

---

[26] *बृहदारण्यक उपनिषद्*, **2.4.12-14। इस पद का कठोपनिषद् के साथ संबंध बताने के लिए मैं अपने मित्र पंडित जगदीश चन्द्र चटर्जी का आभारी हूँ।**

जाता है या वह अस्तित्व की किसी अबोध्य दशा में चला जाता है । मूलपाठ के विवादियों की तरह यूरोपीय विद्वानों में भी मतभेद था, कुछ का कहना था कि उसका अस्तित्व होता है दूसरे कहते थे कि नही होता ।

यम उत्तर देता है –

(21) *देवैरत्रापि विचिकित्सितं पुरा न हि सुविज्ञेयमणुरेष धर्मः ।*
अन्यं वरं नचिकेतो वृणीष्व मा मोपरोत्सीरति मा सृजैनम् ॥

देवताओं तक ने इस (के उत्तर) पर पुरातन काल में संदेह रखा है । न ही यह सूक्ष्म विषय, हे नचिकेता, समझने में आसान है । अन्य वर माँग ले, बहुत आग्रह मत कर । इस वचन से मुझे मुक्त कर दे ।

(22) *देवैरत्रापि विचिकित्सितं किल त्वं च मृत्यो यन्न सुज्ञेयमात्थ ।*
वक्ता चास्य त्वादृगन्यो न लभ्यो नान्यो वरस्तुल्य एतस्य कश्चित् ॥

देवताओं *ने अवश्य इस बात पर संदेह किया और, हे मृत्यु, तू भी मुझ से कह रहा है कि यह बात समझना सरल नही । तेरा जैसा और कोई शिक्षक नही है और न ही इस वर के समान अन्य वर है ।*

(23) *शतायुषः पुत्रपौत्रवान्वृणीष्व बहून्पशून् हस्तिहिरण्यमश्चान् ।*
भूमेर्महदायतनं वृणीष्व स्वयं च जीव शरदो यावदिच्छसि ॥

पुत्र, पौत्र माँग ले जो सौ वर्ष तक जीएं, बहुत से पशु, हाथी घोड़े और सोना माँग ले और अपने लिए जितने चाहे उतने शरदों का जीवन माँग ले ।

(24) *एतत्तुल्यं यदि मन्यसे वरं वृणीष्व वित्तं चिरजीविकां च ।*
महाभूमौ नचिकेतस्त्वमेधि कामनां त्वा कामभाजं करोमि ॥

यदि इस वर के तुल्य तू अन्य वर समझता है तो माँग उसे, धन दीर्घायु ः इस महाभूमि का (स्वामी) हो जा, अपनी सब कामनाओं का आनन्द भोग ।

(25) *ये ये कामा दुर्लभा मर्त्यलोके सर्वान् कामाँश्छन्दतः पार्थयस्व ।*
इमा रामाः सरथाः सतूर्या न हीदृशा लम्भनीया मनुष्यैः ।
आभिर्मत्प्रत्ताभिः परिचारयस्व नचिकेतो मरणं माऽनुप्राक्षीः ॥

इस मर्त्यलोक में जो भी दुर्लभ कामनायें हैं उन सब को अपनी इच्छानुसार माँग। रथों में बैठी और वाद्य यंत्रों वाली इन स्वर्गीय अप्सराओं को देख– ऐसी मनुष्यों को प्राप्त नही होती– मेरे प्रताप से इन से अपनी सेवा करवा, (परन्तु) हे नचिकेता (महान्) मृत्यु के बारे में न पूछ। नचिकेता उत्तर देता है -

(26) श्वोभावा मर्त्यस्य यदन्तकैतत् सर्वेन्द्रियाणां जरयन्ति तेजः।
अपि सर्वं जीवितमल्पमेव तवैव वाहास्तव नृत्यगीते॥

हे सबकुछ का अन्त करने वाले, ये सब क्षणभंगुर व अस्थाई हैं। इसके अतिरिक्त मर्त्य प्राणियों की इन्द्रियों में जो कुछ तेज होता है ये उसे क्षीण कर देती हैं। (जिस शाश्वत दशा के बारे में मैंने पूछा है उसकी तुलना में) यह युगों का जीवन भी छोटा है। ये रथ अपने लिए ही रख ले, तुझे ही भायें ये नाच गाने।

(27) न वित्तेन तर्पणीयो मनुष्यो लप्स्यामहे वित्तमद्राक्ष्म चेत्त्वा।
जीविष्यामो यावदीशिष्यसि त्वं वरस्तु मे वरणीयः स एव॥

धन से मनुष्य को संतोष नही होता और यदि हम इसकी इच्छा रखें भी तो अब तुझे एक बार (आमने सामने) देख कर उसे अवश्य ही प्राप्त कर लेंगे। (जहाँ तक दीर्घायु का प्रश्न है) जब तक तेरा राज्य है तब तक हम निश्चित रूप से जीएंगे। वह (ज्ञान का) वर ही मेरी समझ में माँगने योग्य है।

(28) अजीर्यताममृतानामुपेत्य जीर्यन्मर्त्यः क्वधःस्थः प्रजानन्।
अभिध्यायन् वर्णरतिप्रमोदानतिदीर्घे जीविते को रमेत॥

अजीर्य अमर्त्यों के पास पहुँच कर, (उनकी अपरिवर्तनशील प्रकृति को) जान कर तथा विलासिता के सुखों पर ध्यान से चिन्तन कर लेने पर कौन इस अधोलोक में रहने वाला ऐसा जीर्य मर्त्य है जो (यहाँ की परिस्थियों में) लम्बी अवधि तक यहाँ रहने में प्रसन्न होगा?

(29) यस्मिन्निदं विचिकित्सन्ति मृत्यो यत्साम्पराये महति ब्रूहि नस्तत्।
योऽयं वरो गूढमनुप्रविष्टो नान्यं तस्मान्नचिकेता वृणीते॥

हे मृत्यु, मुझे उस महाप्रयाण के बारे में बता जिसके बारे में लोगों को इतना संदेह है। जो ऐसे महान रहस्य से आच्छादित है (शब्दशः जो गूढ़ता में प्रविष्ट हो गया है) वही, इसके अलावा नचिकेता कोई वर नही माँगता।

इन मंत्रों के बारे में बहुत अधिक कहना अनावश्यक है । बस यही कहना चाहिए कि यदि प्रश्न व्यक्तिगत उत्तरजीविता का होता तो इन सब का अर्थ कितना दुरूह हो जाता । स्वर्गलोक के वासी देवताओं को इस बारे में क्यों संदेह हो कि मृत्यु के उपरांत मर्त्य प्राणी उनके पास आते हैं या नही? परन्तु यदि प्रश्न को परामुक्ति के बारे में माना जाए तो देवताओं के संदेह समझ में आने वाले हो जाते हैं, क्योंकि ब्रह्माण्ड की शक्तियां होने के नाते वे निश्चित रूप से उस परमपुरुष की दशा के बारे में नही जान सकते जो प्रव्यक्त विश्व के सर्वथा पार है ।[27] इस दृष्टिकोण से ही उत्तर देने में यम की आनाकानी करने का मतलब दीख पड़ता है । निश्चय ही उसे यह बताने में कोई झिझक होने की आवश्यकता नही कि मरने के बाद मनुष्य का क्या होता है । इसीलिए हमने मंत्र 25 के *मरणम्* का अनुवाद *महान मृत्यु* किया है ताकि वह मंत्र 29 के उस महाप्रयाण (*महति साम्पराये*) से मेल खा सके जिसे मध्वाचार्य ने महान आशीर्वाद यानि मुक्ति कहा है ।

अपने शिष्य को यम इस परमगति के ज्ञान की जगह इस संसार की कोई भी वस्तु देने को तैयार है, परन्तु शिष्य डटा है और सब अर्पित सुखों को अस्वीकार करता है । यह भी देखिए कि मंत्र 27 में कैसे वह इस बात का परिचय देता है कि उसे पता है कि जब तक यम रहेगा, यानि पूरे सृष्टिकाल तक, हम भी बने रहेंगे । कारण यह है कि यम उच्चतर अहंभाव है और वही हमारा मूल है । और इतना ही नही, जो इस उच्चतर अहंभाव के सामने आ गया हो, जो उसका शिष्य बन गया हो, उसे यदि आवश्यकता पड़े तो धन की कमी नही हो सकती । हमारे बटुवे और शरीर की हालत पर उस उच्चतर अहंभाव का नियंत्रण होता है जो वास्तव में कर्म का विधाता है परन्तु उस सर्वाधिपति सार्वभौमिक सुविन्यास के निर्देशन में रहता है जो उसका अपना आधार है । हम बाहर के इन्द्रिय जगत व उसकी घटनाओं को आंतरिक जगत से भिन्न समझते हैं । परन्तु ऐसा है नही । जैसे बुलबुला मनुष्य की फूंक पर, राख आग पर, और कविता कवि के हृदय पर आधारित है वैसे ही बाह्य जगत आंतरिक पर आधारित है । इस संसार में संयोग मात्र से कोई बात नही होती । वह "दुर्भाग्य" जो कुछ लोगों के पीछे पड़ा होता है, और जो कुछ भी वह करना चाहते

[27] *गीता,* 10.2 से तुलना कीजिए जहाँ श्रीकृष्ण कहते हैं : "देवगण मेरी प्रव्यक्ति को नही जानते" ।

हैं उसे बिगाड़ देता है, केवल उनके ही उच्चतर अहंभाव की अप्रसन्नता है जो टॉमसन (Thompson) के स्वर्गिक श्वान (Hound of Heaven) के समान यह कहते हैं कि "मुझे निराश करने वाले, तुझ को सब निराश करते हैं" । इसके विपरीत जो अपने उच्चतर अहंभाव की ऐसी सेवा करता है जैसा सच्चा शिष्य करता है, उसके धीमे से धीमे शब्दों को सुन उसका पालन करता है, उसे समस्त आवश्यक साधन उपलब्ध हो जाते हैं । नचिकेता के वचन गीता में श्रीकृष्ण के वचनों की प्रतिध्वनि ही हैं "जो मेरी (उच्चतर अहंभाव की) ही सेवा करते हैं, अन्य किसी का चिन्तन नही करते, उन (अपने से) सदैव युक्त रहने वालों को मैं जो कुछ उनकी आवश्यकता हो देता रहता हूँ" ।[28] यह भी ध्यान से देखिए कि मंत्र 28 में नचिकेता पूरी तरह जानता है कि अजीर्य अमर्त्य गण होते हैं और वह स्वयं उनके पास पहुँचा है । जिसने एक बार उनकी शांत अमर आँखों को देख लिया हो वह उनके जीवन के अलावा और किसी की परवाह नहीं कर सकता । वह यह भी जानता है कि पुनीत अग्नि के द्वारा वह इस अजीर्य जीवन को प्राप्त हो सकता है । इसीलिए जो और कुछ दिया जा रहा था वह उसे अस्वीकार करता है । वह उस महान, परम रहस्य को जान कर ही रहेगा जिसके बारे में लिखा गया है –

> "उसे पकड़े रहो जिसमें न सार हो न अस्तित्व ... । उसी को देखो जो बाहरी और भीतरी इंद्रियों के लिए समान रूप से अदृश्य है" ।[29]

यह है वह ज्ञान जो नचिकेता पाना चाहता है । अन्य किसी से वह संतुष्ट नही होगा क्योंकि केवल इस ही में परमज्ञान, परमार्थिक सत्य है । बाकी सब आपेक्षिक ज्ञान है, अपने दायरे के अंदर ही सच है । यही वह विद्या है जिसे जान कर सब कुछ जान जाया जाता है, उस वास्तविकता की विद्या जिसका अस्तित्व हमारे लिए इतना गूढ़ है कि उसे इंगित करने के लिए महान बौद्ध आचार्य "*शून्य*" के अलावा और कोई शब्द न पा सके और वेदान्तिन् जिसे "*तत्*" (वह) कह कर संबोधित करते हैं ।

---

[28] ***गीता*, 9.22 ।**

[29] ***लाइट ऑन दि पाथ*** ।

प्रथम अध्याय

दूसरी वल्ली

नचिकेता द्वारा परम ज्ञान प्राप्त करने का अपना दृढ़ निश्चय व्यक्त करने, व कामनाओं के आकर्षण द्वारा पथ से विचलित न होने पर अब दीक्षक उस शिक्षण को देने के लिए अग्रसर होता है जिसके द्वारा शिष्य अपने प्रश्न का उत्तर स्वयं प्राप्त कर सकेगा । एक बार फिर हम *लाइट ऑन दि पाथ* से उद्धरण देते हैं –

> "पृथ्वी, वायु, जल से पूछो कि वे तुम्हारे लिए क्या रहस्य छिपाये हुए हैं ।
>
> अपनी आन्तरिक इन्द्रियों के विकास से तुम ऐसा कर पाओगे" ।

अपने उपनिषद् की भाषा में हम कह सकते हैं कि "पृथ्वी", "वायु", और "जल" के तीन तत्त्वों नें प्रकृति को जानने के साधन, पुनीत नचिकेता अग्नि, को जन्म दिया है ।

> "पृथ्वी के महात्माओं से पूछो कि उन्होंने तुम्हारे लिए क्या रहस्य छिपाये हैं ।
>
> बाहरी इन्द्रियों की कामना पर विजय प्राप्त करने से तुम्हें ऐसा कर सकने का अधिकार मिल जायेगा" ।

यह मंज़िल भी पार हो चुकी है, क्योंकि शिष्य सफलतापूर्वक कामना के प्रलोभनों को अस्वीकार कर चुका है, और वह भी केवल इच्छाशक्ति की तपश्चर्या द्वारा कामना का कठोरता पूर्वक दमन करने से नही बल्कि विवेकात्मक ज्ञान की अधिक सुनिश्चित ज्योति द्वारा, जिसके सामने ये कामनायें प्राणरहित व विघटित हो जाती हैं । बड़ी दृढ़ता से वह अपने संकल्प को बनाये रहा है और बड़ी आश्वस्तता से वह, एकमात्र दीक्षक, उस उच्चतर अहंभाव नामी महात्मा के पास जाता है जिससे बड़ा, जैसा कि वह स्वयं मंत्र 22 में कहता है, कोई आचार्य नही है । इस उच्चतर अहंभाव से ही आगे दिया गया सब शिक्षण आता है और फिर, जैसा कि *लाइट ऑन दि पाथ* में लिखा है –

"अन्तरतम, एक, से उसका रहस्य पूछो जो वह तुम्हारे लिए युगों तक सँजोये रहता है । व्यक्तिगत जीवात्मा की कामनाओं पर प्राप्त की जाने वाली महान व दुष्कर विजय युगों के परिश्रम से मिलती है इसलिए इसके फल को पाने की आशा तब तक न रखो जब तक युगों का अनुभव संचय न हो गया हो" ।

समस्त व्यक्तिगत कामनाओं की अर्थहीनता के बारे में अन्तर्दृष्टि होना तो एक बात है परन्तु हृदय से उनका पूरी तरह नाश व उन्मूलन करना दूसरी ही बात है । शिक्षण इस महान कार्य को ही सम्पन्न करेगा ताकि कार्य की समाप्ति पर शिष्य उस परम रहस्य की सीमा पर आ खड़ा हो जिसे अपने अतिरिक्त दूसरा कोई नही बता सकता, जिसकी समाप्ति पर जीवात्मा के पंख सबल व शुद्ध हो कर अन्तिम महान उड़ान, "अकेले की अकेले की ओर उड़ान", के लिए तैयार हो जाते हैं इसलिए शिक्षा समस्त व्यक्तिगत कामना का त्याग करने की आवश्यकता से आरम्भ होती है ।

(1) *अन्यच्छ्रेयोऽन्यदुतैव प्रेयस्ते उभे नानार्थे पुरुषं सिनीतः ।*
तयोः श्रेय आददानस्य साधु भवति हीयतेऽर्थाद्य उ प्रेयो वृणीते ॥

श्रेय एक चीज़ है और प्रेय बिल्कुल दूसरी चीज़ । ये दोनो ही पुरुष (शुद्ध ज्योति) को बंधन में डालते हैं परन्तु भिन्न भिन्न विषयों (यानि मुक्ति अथवा दासता) के । इनमें से श्रेय को लेने वाले का कल्याण होता है और प्रेय का चयन करने वाला लक्ष्य प्राप्ति नही कर पाता ।

(2) *श्रेयश्च प्रेयश्च मनुष्यमेतस्तौ सम्परीत्य विविनक्ति धीरः ।*
श्रेयो हि धीरोऽभि प्रेयसो वृणीते प्रेयो मन्दो योगक्षेमाद्वृणीते ॥

श्रेय व प्रेय दोनो मनुष्य के सामने आते हैं । उनकी सब तरह से परीक्षा लेकर धीर पुरुष उनमें भेद करता है । वह प्रेय के बजाय श्रेय को चुनता है । परन्तु मन्द बुद्धि पुरुष (कामना के विषयों को) पाने व पकड़े रहने की इच्छा के कारण प्रेय को चुनता है ।

(3) *स त्वं प्रियान्प्रियरूपांश्च कामानभिध्यायन्नचिकेतोऽत्यस्राक्षीः ।*
नैतां सृङ्कां वित्तमयीमवाप्तो यस्यां मज्जन्ति बहवो मनुष्याः ॥

तुझ जैसे ने, हे नचिकेता, प्रिय व प्रियरूप कामनाओं की प्रकृति को ध्यान से समझ कर उन्हें अपने से अलग फेंक दिया है । तूने वे

सोने की ज़ंजीरें स्वीकार नही की जिनसे लद कर इतने मनुष्य डूब जाते हैं ।

पथारम्भ में ही हमें हृदय में सदा फुसफुसाने वाली दो वाणियों, कर्तव्य और कामना की वाणियों, में भेद करने की आवश्यकता का सामना करना पड़ता है । विश्व का केन्द्रबिन्दु, अथवा कीलक, होने के नाते मानव ऊपर के सुस्वर बुद्धि जगत और नीचे के बेसुरे कामना जगत के बीच स्थित होता है । यह सच है कि अवरोक्त पूर्वोक्त का प्रतिबिंब होता है, और असुर सुर का प्रतिलोम, परन्तु यहाँ प्रतिलोमन विशेष रूप से महत्त्वपूर्ण है । ऊपर तो एकदम सुव्यवस्था शांति व दैवी एकता है जिसमें –

"All things by a law divine
In one another's being mingle."

"किसी दैवी नियम से सब वस्तुएं
एक दूसरे के अस्तित्व में घुलमिल जाती हैं"।

नीचे अलगाव, संघर्ष व कलह की दुनिया है । दोनों ही हृदय के दर्पण में प्रतिबिंबित होती हैं ।

गीता भी शिष्य से कामना तत्त्व के सकारात्मक व नकारात्मक घटकों, यानि राग व द्वेष के उकसाने में न आने तथा अपने कर्मों का निदेशन स्वधर्म अथवा कर्तव्य की वाणी से करने को कहती है । यह स्वधर्म वही है जिसे यहाँ श्रेय कहा गया है । आजकल अकसर कहा जाता है कि जिसे कभी कभी सदसद्विवेक कहते हैं वह और कुछ नही केवल जातीय, सामाजिक और, सबसे बढ़ कर, माता-पिता के अनुमोदन की आवाज़ है । यह सच है कि जो अधिकतर सदसद्विवेक की वाणी के नाम से जानी जाती है वह कठिनाई से ही इस आवाज़ से कुछ अधिक होगी । परन्तु ऐसा मान कर हम सिर्फ़ यही कह रहे है कि साधारण मनुष्य में साइकी के अन्दर की अन्य बातों के समान यह सदसद्विवेक की वाणी भी घटिया वस्तुओं के नीचे दबी होती है । ठीक इसी तरह कला या प्रकृति में सुन्दरता का आभास भी जातीय और सामाजिक परिपाटी के नीचे दबा होता है । हम निरंतर देखते ही हैं कि कितने अधिक लोग किसी चित्र की प्रशंसा केवल इसलिए करते हैं क्योंकि वह किसी महान कलाकार की कृति है, और जिनके संगीत सम्मेलनों में जाने का कारण इससे अधिक कुछ नही होता कि शास्त्रीय संगीत सुनना सुसंस्कृत समझा जाता है ।

सदसद्विवेक की वाणी की दशा भी सौंदर्य की वाणी (सौंदर्यबोध क्षमता) जैसी ही है । वास्तव में दोनों भिन्न नही हैं क्योंकि दोनो ही बुद्धि के सामंजस्य से निकले सामंजस्यतत्त्व के आभास हैं, बस एक इस घटक के बारे में है और दूसरा उस घटक के । सत्यम्, शिवम् और सुन्दरम् एक त्रिभुज की तीन भुजायें हैं, त्रिमुखी बुद्धि के त्रिकोण की, और तीनों में से कोई भी अकेला खड़ा नही हो सकता ।

हाँ, यह तो सच है कि साधारण मनुष्यों में मान्यता का यह बोध बहुत कुछ घटिया धातु से मिला होता है । इसलिए आध्यात्मिक कीमियागार को पहले उन तत्त्वों को शुद्ध करना पड़ता है जिन पर वह कार्यरत हो, प्राचीन प्रतीकवाद के शब्दों में गंधक, लवण और पारे नाम की उन तीन वस्तुओं को अलग अलग करना होता है जो, मनुष्य की साइकी की काया समेत, सब वस्तुओं की काया को संघटित करती है । जैसे कोई कलाकार उत्तरोत्तर अधिक सूक्ष्मता से किसी विषय के शुद्ध सौंदर्य का परीक्षण करना सीखता है ठीक वैसे ही इस पथ के शिष्य को उत्तरोत्तर अधिक यथार्थता से किसी कर्म के उन गुणों को पहचानने में विवेकशीलता का विकास करना पड़ता है जिस क्षमता को, इससे अच्छा शब्द न मिलने के कारण, हम नैतिकता (ethical) कहेंगे ।

संक्षेप में, कोई भी कर्म "अच्छा" या "श्रेष्ठ" उस ही अनुपात में होता है जिसमें वह बुद्धि का सामंजस्य, जीवन की एकता, और समस्त वस्तुओं का अन्तःसम्बन्धित होना प्रव्यक्त करता है । कर्म "बुरा" बस उस अनुपात में ही होता है जिसमें इस एकता की उपेक्षा की जाती है और ऐसा एक पृथक केन्द्र, करने वाले के व्यक्तिगत केन्द्र, के हित में किया जाता है ।

कामना का तत्त्व हमें ऐसा ही करने के लिए सदा ललचाता रहता है । जैसा कि उपनिषद् का कहना है कामना के विषयों को अपने लिए पाने व पकड़े रहने की इच्छा से प्रेरित हो कर साधारण मनुष्य सदा अधिक सुखद, यानि स्वयं को सबसे अधिक तुष्ट करने वाला, रास्ता अपनाता है । इसके विपरीत ज्ञानी मनुष्य प्रस्तावित कर्म का सब तरफ़ से ध्यानपूर्वक परीक्षण करता है और वही काम करता है जो सबसे अधिक सामंजस्य के तत्त्व के अनुकूल होता है । परन्तु व्यवहार में क्या इन दो वाणियों में भेद कर पाना कठिन नही है? क्यों कठिन नही है, ऐसा तो कभी नही कहा गया कि यह पथ सरल है । कोई भी सच्चा शिष्य पथ की कठिनाइयों से डरेगा नहीं । उसे केवल यही

जानने की आवश्यकता होती है कि क्या करना चाहिए, आज या कल वह उसे कर ही लेगा, जैसे जैसे वह आत्मशुद्धि के कार्य में प्रगति करता जायेगा वैसे वैसे दूध से पानी को अलग कर सकना आसान होता जायेगा । परन्तु आरम्भ में भी, *यदि कोई सचमुच चाहे तो*, अकसर यह देख सकना संभव है कि दोनो में से कौन सा रास्ता अपने अंदर के उस तत्त्व को अधिक भाता है जो अभिज्ञेय रूप से अपना श्रेष्ठतर अहं है । शुरू में अपनी साइकी की अशुद्ध दशा के कारण हमें अपनी प्रेरणा की आपेक्षिक शुद्धता से ही संतुष्ट रहना पड़ेगा, श्रेष्ठतर अकसर दो बुरों में से कम बुरा ही होगा । परन्तु यह तो शुरुआत ही है और प्रत्येक निर्णय के साथ साइकीय तत्त्व अधिकाधिक शुद्ध होते जायेंगे और दिन प्रति दिन यह और अधिक स्पष्ट होता जायेगा कि श्रेय कौन सा है और निरा प्रेय कौन सा ।

यहाँ यह कहना ग़लत नहीं होगा कि सब निर्जन स्थानों की तरह इस पथ पर भी ख़तरे होते हैं । यह ज्ञानपथ है और इस पर चलने वाले को धीरे धीरे आभास होने लगता है कि अब तक जिसको वह सही या ग़लत समझता था उसमें से ऐसा अधिकतर सामाजिक रीति रिवाज़ के कारण ही था । अब तक उसे बाहरी आलम्बन का समर्थन था, बाहरी नीति का "ऐसा करो" व "ऐसा न करो" का समर्थन । एक एक कर इन आलम्बनों की असलियत उसकी समझ में आती जाएगी और एक एक कर वे गिरते चले जायेंगे । उसे अपने पैरों पर ही खड़ा होना सीखना होगा, केवल अपने इस आंतरिक अवबोधन के सहारे कि कौन सा कर्म सार्वभौमिक सामंजस्य के अनुकूल है और कौन सा नहीं । बस इस अवस्था पर ही ख़तरे सामने आते हैं । यदि विकास असंतुलित हुआ है, उसकी मेधाशक्ति आत्मानुभूति से आगे निकल गई है, तो टेकें उसके अपने पैरों पर खड़े हो सकने से पहले ही गिर पड़ेंगी क्योंकि "अज्ञान भी आत्मज्ञान के निर्देशन रहित निरी दिमाग़ी शिक्षा से अच्छा होता है"[1], और "महात्माओं के सामने खड़े हो सकने से पहले जीवात्मा के पैर हृदय के रक्त में धुले होने चाहिए"।[2]

प्रायः यह होता है कि सच्ची आंतरिक सहमतियों को पहचान सकने योग्य पर्याप्त "आत्मज्ञान" (Soul wisdom) का विकास होने से पहले ही "दिमाग़ी शिक्षा" ("head-learning") परम्परागत बाहरी सहमतियों

---

[1] *वॉयस ऑफ़ सायलेंस* ।
[2] *लाइट ऑन दि पाथ* ।

की आवश्यकता को ठुकरा देती है। तब तो शिष्य अपना कोतवाल स्वयं ही बन जाता है, अपने अहंभाव की इच्छाओं के अतिरिक्त वह अन्य किसी के बनाये नियम नही देख पाता। बात यह है कि मनस् अपनी ज्योति में चाहे कितनी ही प्रभा से क्यों न चमकता हो, वह जब तक बुद्धि का उत्सुक सेवक नही होता तब तक कामना की तरंगों का बलकृत दास होता है। रहस्यवादी समाजों व संघों में इतना अधिक प्रकट हुआ स्वेच्छाचारवाद (antinomianism) इस कथन का पक्का प्रमाण है। हमारे द्वारा मारी गई कामना बहुत अधिक बार मुर्दों के बीच से उठ कर हमारा विनाश करने के लिए चली आने की क्षमता रखती है।

ठीक जैसे अपने पुराने गुरुजनों का अर्जुन को कुरुक्षेत्र के युद्ध में संहार करना पड़ा था वैसे ही अब हमें अपने पुराने अवलम्बनों को तोड़ना पड़ेगा ताकि वह बालवृक्ष, जिसे आगे चल कर महान वृक्ष[3] बनना है, मुक्त व अबाधित रहना सीख सके। चारों ओर से बाहरीपन के अज्ञान की चहारदीवारी से घिरे जनसाधारण निःसंदेह ही दुःखी होते हैं, परन्तु उन से भी अभागे वे होते हैं जो, ईशोपनिषद् के शब्दों में, केवल दिमाग़ी शिक्षा के ही भक्त होते हैं और जिनकी टेकें अपने पैरों पर खड़ा हो सकना सीखने से पहले हट जाती हैं। वे तो "*अन्धं तमः प्रविशन्ति*– और भी अधिक अंधेरे में जा गिरते हैं", ऐसे अंधेरे में जहाँ से निकलना और भी कठिन होता है क्योंकि वह मेधाप्रकाशित स्वार्थ का अंधकार होता है।

यह विषय ईशोपनिषद् में अधिक स्पष्ट तौर पर निरूपित किया गया है। परन्तु यहाँ भी इसका ज़िक्र इस वल्ली के पहले मंत्र में यह कह कर किया गया है कि श्रेय और प्रेय दोनों के ही रास्ते पुरुष की शुद्ध चैतन्य ज्योति को बंधन में डालते हैं। हम गीता को भी स्मरण करें कि सत्त्व का निर्मल सामंजस्यपूर्ण गुण भी अपने आंतरिक आनन्द, सामंजस्य व ज्ञान के आनन्द, के प्रति आसक्ति उत्पन्न कर बंधन में डालता है[4]।

साइकी के सामंजस्यपूर्ण, अर्थात् सात्त्विक, तत्त्व में वृद्धि से शांति व ज्ञान की वृद्धि तो होती है परन्तु यह भी एक बंधन है, आत्मन् की

---

[3]कुछ प्राचीन प्रतीकवादों में दीक्षितों को वृक्ष कहते थे, लेबनान के देवदार (Cedars of Lebanon)।

[4]*गीता* 14.6.।

शुद्ध ज्योति के लिए बंधन । चाहे कैसी भी शांति क्यों न हो यदि वह "ईश्वरीय" परम शांति नहीं तो क्षणभंगुर ही होती है और जो भी ज्ञान ब्रह्म का सर्वातीत अनिर्वचनीय ज्ञान नहीं वह आपेक्षिक ही होता है । परन्तु बुद्धिमान व्यक्ति आपेक्षिक ज्योति व सामंजस्यपूर्ण सत्त्व, यानि श्रेय के पथ, को तरापा बना कामना के भयानक तूफ़ानी समुद्र के ऊपर तैरते रहते हैं । उस पार पहुँच कर यह तरापा भी त्यागना पड़ता है क्योंकि इसे रखे रहना बेकार का बोझ बढ़ाना है ।

आगे बढ़ने से पहले यहाँ यह विचारणीय है कि नचिकेता उनमें से नहीं है जो कामना की सुनहरी ज़न्जीरों को स्वीकार कर डूब जाते हैं । हम बार बार जीवन में देखते हैं कि नवयौवन की स्वर्णिम आशा और आदर्शवाद की ऊंची उड़ान कैसे धीरे धीरे रीति रिवाज़ व आदतों से समझौता कर लेती हैं । धीरे धीरे औचित्य की माँगों के बजाय स्वार्थपरायणता की माँगों को, आरम्भ में केवल अस्थायी तौर पर, स्वीकार किया जाने लगता है । जैसे जैसे समय बीतता जाता है बुलाने पर प्रेय, यानि जिसे दुनिया सफलता कहती है, आने लगता है परन्तु अपनी सोने की ज़ंजीरें इन युवाजनों के गले में डालने लगता है और वे भार से दबने लगते हैं । भौतिकता का मृत सोना सूर्य के उज्वल व प्राणमय सोने को हटा देता है और इसलिए सूर्य के पथ को छोड़ ये लोग कामना की उल्टी कीमिया के रास्ते पर उतर आते हैं और अधेड़ उम्र के निर्लज्ज आत्मपरितोष से गुज़र कर सीसे की कुरूप मृत्यु को प्राप्त होते हैं ।

ऐसा होता है प्रेय का कहना मानने वालों का कामनापथ । जो सफलता पूर्वक उस दूसरे पथ पर चलना चाहे उसे आरम्भ से ही इस कपटी वाणी से दूर रहना सीखना चाहिए, चाहे वह कितनी भी धीमी क्यों न हो । मकड़ी के जाले से महीन तागे के समान यह आत्मा में प्रवेश करता है और यदि वहीं रहने दिया जाए तो मनुष्य के शरीर से मोटा अजगर बन कर उस आत्मा का जीवन पीस डालता है । किसी निर्जन वनपथ पर चलते समय जैसे हम अपने चेहरे पर महीन मकड़ी के जालों का आभास करते हैं वैसे ही संसार के घने व अंधेरे वन में से जाते हुए कामना के सूक्ष्म धागे हमारे हृदय से सम्पर्क स्थापित करते हैं । यदि इन्हें उसी समय पोंछ लिया तो ठीक है, परन्तु यदि चिपकने दिया, अन्दर जाने दिया, तो उष्ण कटिबन्ध की कुछ परजीवी वनस्पतियों की वायुवाहित जड़ों के समान वे शीघ्र ही हृदयवृक्ष के प्राण

चूस लेते हैं, एक ऐसा भग्नावशेष छोड़ जाते हैं जो शीतकाल की प्रथम झंझा के साथ ही गिर पड़ता है।

दूसरी, ऊंची, वाणी भी हमारे पास धागे की तरह ही आती है परन्तु यह वह प्राणरक्षक धागा है जो डूबती नौका की ओर अग्निबाण से फेंका जाता है और जो क्रमशः सुतली, डोर, रस्सा और अन्त में तीनपान खीचने के काम आता है ताकि सब नाविक इसके सहारे सुरक्षा तक पहुँच सकें। जो इस धागे को पकड़ ले और बांध ले वह अंत में लहरों के पार के देश में सुरक्षित पहुँच जायेगा।

(4) *दूरमेते विपरीते विषूची अविद्या या च विद्येति ज्ञाता ।*
विद्याभीप्सिनं नचिकेतसं मन्ये न त्वा कामा बहवोऽलोलुपन्त ॥

अविद्या और जिसे विद्या कहते हैं, वे दोनों एक दूसरे से बहुत दूर, विपरीत व अलग अलग जगह ले जाने वाले हैं। क्योंकि अनेकानेक कामनायें तुझे बहा न सकी इसलिए मैं नचिकेता को विद्या की चाह रखने वाला मानता हूँ।

(5) *अविद्यायामन्तरे वर्तमानाः स्वयं धीराः पण्डितंमन्यमानाः ।*
दन्द्रम्यमाणा परियन्ति मूढा अन्धेनैव नीयमाना यथान्धाः ॥

अविद्या के बीच घूमते हुए, अपने गर्व में अपने को पण्डित समझने वाले विद्वान, ये इधर उधर फिरते मूर्ख अंधों के नेतृत्व में अंधों के समान चक्कर लगाते रहते हैं।

शायद यह कहने की कोई आवश्यकता नही है कि औपनिषदिक लेखों में अविद्या तथा विद्या शब्दों का तात्पर्य साधारण सांसारिक अज्ञान व ज्ञान से नही है। परन्तु कुछ लोगों की तरह यह मान लेना भी ठीक नही है कि विद्या का अर्थ एक पूरी तरह तात्त्विक, यानि "भारतीय दर्शनशास्त्र" के किसी सिद्धांत विशेष की सूक्ष्मताओं के, ज्ञान से है। वास्तव में विद्या व अविद्या विश्व का बोध करने अथवा जानने के दो तरीके हैं। विश्वव्यापक वास्तविकता तो केवल एक ही है, परन्तु वह विश्व ही नही, हमारा यह संसार भी जितना वैज्ञानिक व साधारण मनुष्य समझते हैं उससे बहुत विशाल है। एक संसार का कितने ही प्रकार से बोध हो सकता है और इनमें से हम सात मुख्य प्रकारों में भेद करेंगे।

बच्चों का एक खिलौना होता है, कम से कम हुआ करता था, जिसमें एक चित्र या काली सफ़ेद रेखाओं का अंकन होता था जिसे

यदि एक तरफ़ से देखें तो एक चीज़ नज़र आती थी, जैसे जंगल के बीच एक कुटीर, और दूसरी ओर से देखें तो बिल्कुल दूसरा ही दृश्य होता था, जैसे कोई आग में खाना पका रहा हो । एक तरह से कहिए तो इन दोनो ही चित्रणों में से कोई भी अस्तित्व नही रखता था क्योंकि दोनो ही रेखाओं व बिन्दुओं के एक अनूठे मेट्रिक्स के विभिन्न दृष्टिकोण थे ।

कुछ इसी प्रकार चेतना के जिन सात ढंगों का हमने ज़िक्र किया है उन से सात विशिष्ट जगत-अनुभव होते हैं जिन्हें अनुभव के सात स्तर कहा जाता है । प्रत्येक बिल्कुल अलग प्रतीत होता है परन्तु वास्तव में एक ही साइकीय मेट्रिक्स यानि सम्पूर्ण विश्व का पृथक निर्वचन होता है । यहाँ हमारा उद्देश्य इन सात स्तरों का विवरण देना नही है, बल्कि यही कहना है कि संसार साइकीय मेट्रिक्स है जिसे कोई कैसे देखता है कोई कैसे । "मूर्ख वही वृक्ष नहीं देखता जो विद्वान देखता है" । मोटे तौर पर अपनी जाग्रतावस्था की चेतना में सब मनुष्य समान ही बात देखते हैं या समझते हैं कि समान बात देख रहे हैं । परन्तु ऐसा केवल इसलिए होता है क्योंकि पूरे संसार में जाग्रतावस्था में रीत्यात्मक समानता होती है । समान बोध इस बात का बिल्कुल प्रमाण नही कि कोई साधारण सहजबुद्धि संसार अपने बूते पर स्वतंत्र रूप से विद्यमान हो ।

यहाँ हमारी दिलचस्पी संसारबोध की दो प्रमुख रीतियों में है । एक ज़ोर डालती है उसके विभिन्न अवयवों के सामंजस्य और परस्पर सम्बन्धों पर, और दूसरी उनकी पृथकता, परस्पर आश्रयहीनता और अनुवर्ती संघर्ष पर । अनुभव की इस पहली रीति को एकता की रीति कहा जा सकता है, दूसरी को अनेकता की । पहली में प्रत्येक वस्तु को सम्पूर्णता का अंग समझा जाता है जो सम्पूर्ण से सम्बन्धित और उसमें सामंजस्य के साथ स्थापित होता है । दूसरी में उसे पृथक, स्वतंत्र और अपना अस्तित्व बनाये रखने के लिए हाथ पैर मारते माना जाता है । इस स्थिति को बड़ी सफ़ाई के साथ एक वृद्ध सूफ़ी सज्जन ने, जिन्हें मिलने का लेखक को एक बार लखनऊ में सौभाग्य प्राप्त हुआ था, इन शब्दों में व्यक्त किया "सच्चाई वह है जो दो को एक बनाती है, एक को दो बनाने वाला झूठ है" ।

देखने के या संसार को अनुभव करने के इन दो ढंगों को औपनिषदिक लेखकों ने विद्या और अविद्या कहा है । जिन सात ढंगों

का उल्लेख किया जा चुका है उनके संदर्भ में कहा जा सकता है कि मोटे तौर पर विद्या में ऊपर के तीन जानने के ढंग अथवा तीन उच्च स्तर समाहित हैं और अविद्या में तीन निम्न स्तर। शुद्ध मनस् अर्थात वैयक्तिक अहंभाव इनके बीच का केन्द्र बिन्दु, सम्पूर्ण का कीलक है। वह अपना रंग दृश्यवस्तु से लेता है और इसलिए कभी उच्चस्तरीय अहं, *बुद्धि-मनस्,* और कभी निम्नस्तरीय अहं, *काम-मनस्,* बन जाता है। कभी पूर्वोक्त विद्या की रीति से देखता है और कभी अवरोक्त विद्या की।

परन्तु इस बात पर भी ध्यान दीजिये कि इन रीतियों को अभी और विभाजित किया जा सकता है। इसलिए हमारा मूलपाठ विद्या की नही "जिसे विद्या कहते हैं उसकी" बात करता है, क्योंकि परम विद्या, यानि पूरी तरह एकता की रीति से देखना, हमें प्रव्यक्ति के द्वैतवाद के पार ऐक्य अनुभव के अद्वैतवाद में ले जाता है जहाँ दर्शक, दर्शन व दृश्य अभिन्न और अविच्छेद्य हो जाते हैं। "तब हमारा रास्ता हमें जानने के पार ले जाता है। अब एकता से अलग नही हुआ जा सकता। ज्ञान और ज्ञेय सब त्याग देने पड़ते हैं। चिन्तन का सर्वोत्तम विषय भी पीछे छोड़ना होता है क्योंकि जो कुछ वास्तविक है वह इससे आगे है ... निःसंदेह हमें देखने के बारे में कुछ नही कहना चाहिए। परन्तु हम निधड़क ऐक्य प्राप्त करने के बजाय द्विविधताओं में बोलने पर विवश हैं। इस ऐक्यदर्शन में न कोई विषय होता है न विभेदीकरण, "दो" तो होता ही नही। देखने वाला बदल जाता है, अब अपने आप नही रहता, न ही किसी का रह जाता है। वह परमतत्त्व में विलीन हो जाता है, डूब जाता है, घुल जाता है ... द्विविधता तो केवल विच्छेद में होती है। इसलिए इस दर्शन का वर्णन सम्भव नही, हम परमतत्त्व को अलग कर उसकी व्याख्या नही कर सकते। यदि हमने कोई वस्तु ऐसे अलग देखी है तो वह परम नही हो सकती"।[5]

इसी कारण मूललेख केवल "जिसे विद्या कहते हैं" उसका यानि जिसे आजकल आपेक्षिक ज्ञान कहा जाता है उसका उल्लेख करता है। ऐसी विद्या उन द्वंद्वों के जोड़े में से एक है जिनसे प्रव्यक्त विश्व बना है। सच्चा ज्ञान सब प्रव्यक्तियों के पार अपने आप में सम्पूर्ण होता है।

---

[5]प्लोटाइनस (Plotinus) 6.9.4 और 10।

अधिकतर लोगों को इस सच्चे व सर्वातीत ज्ञान की चिंता नही होती । सहजबुद्धि और व्यावहारिकता के नाम पर वे वस्तुओं में भेद देखना पसन्द करते हैं । किसी पत्थर या पौधे को वे केवल पत्थर या पौधा ही देखते हैं और, जैसा कि वह वास्तव में है, विश्वनिर्माण करने वाले सम्बन्धों का एक केन्द्र बिन्दु न देख कर उसे अपने आप में पूर्ण और अपने ही बूते पर खड़ा समझते हैं । यह सच है आधुनिक भौतिकशास्त्र उस रास्ते पर कुछ बढ़ गया है जो समस्त वस्तुओं की एकता को समझ सकता है और कुछ वैज्ञानिक लेखकों की कृतियों में महान् सत्य के इक्के दुक्के वाक्य भी दिखाई पड़ सकते हैं । परन्तु ऐसा प्रबोध निरा मेधावी होता है । उनकी असली समझ, जो उनकी दैनिक विचारधारा में दीखती है, विच्छेद और इसलिए अविद्या के स्तर पर होती है । विज्ञान को छोड़ जब हम साधारण दैनिक जीवन की ओर मुड़ते हैं तो फिर यही स्थिति नज़र आती है । साधारण मनुष्य अपना पूरा जीवन कामना के विषयों की खोज में लगा देता है । ऐसी खोज ही अविद्या का सार है क्योंकि इसका आधार ही अपनी व कामना के विषयों की प्रकृति के बारे में ज्ञान का अभाव है ।

ये विषय अपने आप में कुछ ऐसी वस्तुएँ नही हैं जिन्हें "हासिल" किया जा सकता हो । इसके विपरीत वे "उसे" देखने के विभिन्न ढंग हैं जो "सदा विद्यमान" रहता है ।

> "सम्पत्ति की सबसे अधिक कामना करो" ।
>
> "परन्तु यह सम्पत्ति केवल शुद्ध आत्मा की ही होनी चाहिए और इसलिए सब शुद्ध आत्माओं की एक समान होनी चाहिए । और इसी कारण ऐक्य स्थापित होने पर ही सम्पूर्ण की विशेष सम्पत्ति हो सकती है" ।[6]

जैसा कि हम देख चुके हैं जीवात्मा वह गवाक्ष है जिसके द्वारा सर्वस्व सर्वस्व को देखता है । इसलिए वह विश्वव्याप्त सम्बन्धों के एक जाल का केन्द्र होता है । उक्तलिखित उद्धरण की सच्ची सम्पत्ति का स्वामित्व पाने के लिए व्यक्तिगत अहंभाव व उसके प्रतिबिंब, निजी अहं, का चैतन्य सम्बन्धों की सब डोरियों तक पहुँच जाना चाहिए । जब तक

---

[6] *लाइट ऑन दि पाथ* ।

वह अपने को पृथक और कामना के विषयों को पाई जा सकने वाली पृथक वस्तुए समझता रहेगा तब तक वह अविद्या के बीच वास करता हुआ इधर उधर उसकी तलाश में फिरता रहेगा, भ्रम में ही पड़ा रहेगा । चाहे वह उस रीति में कितना ही निपुण क्यों न हो जिसे विज्ञान (विद्या) कहते हैं, वह वास्तव में अविद्या के जाल में फंसा होता है, स्वयं सत्य के प्रति अंधा वह ऐसे गुरुओं का अनुसरण करता है जो, यदि सम्भव हुआ तो, उससे भी अधिक अंधे होते हैं । और इस तरह, जैसा कि यीशु ख्रीष्ट ने कहा है, दोनो ही नरक में गिरते हैं । इस कहावत का पूरा मतलब तब ही समझ में आता है जब हम यह देखते हैं कि पाश्चात्य गुप्तविद्या में इस संसार को ही वह नरक बताया जाता है जिसमें आत्माओं को फेंका जाता है । यह भी याद रहे कि आर्फ़िक (Orphic) दीक्षितों के लिए शरीर वह कृब्र थी जिसमें जीवित आत्मा को दफ़नाया जाता है ।

इसके विपरीत जिस अनुपात में निजी अहं अन्य सब वस्तुओं से अपनी संबंधितता को देखने लगता है उतना ही वह ज्ञान के क्षेत्र में प्रवेश करता जाता है और अपने संबंधों का ज्ञान संचय करने में सम्पत्ति का संचय उन अर्थों में करने लगता है जो संचय करने के एकमात्र सच्चे व वास्तविक अर्थ हैं । ऐसी दशा में संबंधितता जैसे अस्तित्त्वपूर्ण तथ्य का ज्ञान, पृथक समझी जाने वाली भ्रमात्मक वस्तुओं को प्राप्त करने के प्रयास का स्थान ले लेता है । इसलिए जैसे जैसे जीवात्मा अज्ञान क्षेत्र को छोड़ ज्ञान में प्रवेश करता है वैसे वैसे कामना की तीव्र पिपासा शांत होती जाती है । बाहर से लाई वस्तुओं के असंभव संकलन द्वारा अपनी महत्ता और अपने अस्तित्त्व की पूर्णता में वृद्धि करने की निराशोन्मत्त व वृथा चेष्टायें करने के बजाय अब जीवात्मा अपने समस्त प्रयास उस महिमा व पूर्णता को देखने में लगाएगा जो उसके अंदर पहले से ही निहित है । इसलिए कहा गया है कि "अपने अस्तित्त्व को अपने चारों ओर की वस्तुओं में मिला दो" और इसलिए यह भी माना जाता है कि जिसके हृदय में कामना की तरंगें शांत होने लगें वह ज्ञानपथ पर चलने के लिए तैयार होता है । जब तक उसके अस्तित्त्व में ये तरंगें उमड़ती व हंगामा मचाती रहेंगी तब तक वह अज्ञान के पाश में बंधा रहेगा और चाहे गुप्तविद्या के अनेक पहलुओं में से कुछ में उसकी अभिरुचि रहे तो भी वह स्वकेन्द्रित ही होगी व अपने किसी व्यक्तिगत स्वार्थ की सिद्धि की कामना होगी ।

ऐसे व्यक्ति को सच्चा गुरु न जवाब देगा न दे सकता है । यह ऐसा विषय है जिस पर हमें इस वल्ली के उत्तरवर्ती मंत्रों में आना पड़ेगा । यहाँ इतना कहना ही पर्याप्त है कि चूंकि कामनाओं की सेना भी नचिकेता के हृदय की एकता को नष्ट न कर सकी इसलिए गुरु ने उसमें गुप्तज्ञान पाने की सच्ची इच्छा रखने वाला, पवित्र विद्या में दीक्षित होने का प्रत्याशी, पहचान लिया ।

(6) *न साम्परायः प्रतिभाति बालं प्रमाद्यन्तं वित्तमोहेन मूढम् ।*
अयं लोको नास्ति पर इतिमानी पुनः पुनर्वशमापद्यते मे ॥

उस मूर्ख की समझ में प्रयाण कभी नही आ सकता जो धन के मोह में बावला हो कर बच्चों की तरह असावधानी से काम करता है । जो यह सोचता है कि केवल यही दुनिया है अन्य नहीं, वह बार बार मेरे वश में आता है ।

यहाँ बात साफ़ साफ़ कह दी गई है । जो यह समझता है कि सम्पत्ति का संचय किया जा सकता है और इसलिए उसे प्राप्त करने की चेष्टा करता है वह, चाहे इस संसार की विद्या में कितना ही निपुण क्यों न हो, गुप्तज्ञान के लिए निरा अविकसित बालक ही है । परब्रह्म में महाप्रयाण का वास्तविक स्वरूप उसके लिए कतई प्रव्यक्त नही हो सकता जो वहाँ ढूँढता है जहाँ वह है ही नही, यानि पार्थक्य के विचार पर आधारित दृश्य में । उसके सामने चाहे कितना ही महान् आचार्य व कितना ही महान् शिक्षण क्यों न रख दिया जाए वह उसके मन में झूठा हो जायेगा क्योंकि वह उसे अपने अज्ञानी तरीके से ही देखेगा । उदाहरण के लिए यदि किसी ऐसे व्यक्ति को जो यह मानता है कि बस यही दुनिया है, और भौतिक अस्तित्त्व ही एकमात्र अस्तित्त्व है, यह शिक्षण सुना दिया जाए तो वह निःसंदेह ही बिल्कुल ग़लत मतलब समझेगा । यदि उससे यह कहा जाए कि मनुष्य भौतिक मृत्यु के बाद भी बना रहता है तो वह अवश्य ऐसे अस्तित्त्व को इस हिसाब से ही समझेगा जिससे वह अस्तित्त्व को इस समय समझता है । इसलिए शरीर के मृतोत्थान (resurrection of the body) जैसे मूर्खतापूर्ण मत प्रतिपादित किए जाते हैं । वैसे है तो इस मत में भी एक गूढ़ आंतरिक अर्थ, परन्तु वह मत हमारे मंत्र के "बच्चों" जैसी समझ वालों के कारण ही मूर्खता का विषय बना है ।

जो केवल इस लोक में ही आस्था रखता है वह व्यक्ति साधारण मृत्यूपरांत दशा के अनुभव की प्रकृति भी नही समझ सकता । वह इस

दशा के बारे में चाहे कोई भी मत रखे या प्रस्तुत करे वह मत या तो अर्थहीन होगा या असत्य । जो शब्दशः अन्य किसी लोक में विश्वास नही करता उसका तो इस विषय पर कोई मत ही नही होगा । कम से कम होना तो नही चाहिए, परन्तु अक्सर उनका मत होता है, सर्वनाश का मत जिसे बौद्धों ने *उच्छेदवाद* कहा है । परन्तु हम अपना दायरा और बड़ा बनाएंगे और उसमें केवल उन्ही को नही जो यह कहते हैं कि हमारा कोई मत नही बल्कि उन्हें भी शामिल करेंगे जो उस चीज़ का दावा करते हैं जिसे बाहरी धर्म में विश्वास कहा जाता है और जिन्हें इसलिए भगवान बुद्ध ने *शाश्वतवादी* कहा था क्योंकि वे मानते थे कि जीवात्मा अपरिवर्तित दशा में सदा के लिए बना रहता है ।

जिसे साधारणतया विश्वास कहा जाता है वह निःसंदेह पूरे अविश्वास की कोरी नकारात्मक स्थिति से एक स्तर ऊपर होता है (यद्यपि अविश्वास छाया की तरह विश्वास के पीछे लगा ही रहता है), फिर भी विश्वास करने वाला हो जाने मात्र से ज्ञान की कुंजी हाथ नही आ जाती । वास्तव में उस "विश्वास" की आवश्यकता नही है जो किसी मान्यता को मात्र इच्छाशक्ति से चाहना होता है । आवश्यकता है *देखने* की, पर यह भी सच है कि आरम्भ में यह देखने की क्रिया उच्चस्तरीय अहं द्वारा की जाती है और छनती हुई नीचे मनुष्य के व्यक्तित्व तक सच्ची श्रद्धा के रूप में ही पहुँच पाती है । यह श्रद्धा वास्तविक अवबोधन का ही छिपा रूप होता है । सच तो यह है कि हम उपनिषद् का भावानुवाद यूँ कर सकते हैं ः

> "जो इस भौतिक विश्व को ही एकमात्र वास्तविकता देखता है (चाहे वह किसी भी मत में "विश्वास" करता हो), वह, जो कुछ भी इसके पार है उसे कभी नही समझ सकता । उस पार को समझने के लिए, महान् उस पार (*महति साम्पराये*) तो क्या मृत्यु के उस पार तक को समझने के लिए, यह आवश्यक है कि शिष्य विश्व के अन्य पहलुओं को देख सके और उन्हें यहाँ और अभी अपने दैनिक जीवन में देखे, भले ही वह देखना अभी केवल सच्ची श्रद्धा की ही आँखों द्वारा संभव हो । तब जा कर ही वह अपने निचले अहं का वह तत्त्वांतरण, हृदय के दर्पण को चमकाने का कार्य, आरम्भ कर सकता है जो उसे बुद्धि के आकाश में प्रदीप्त शाश्वत सत्य के तारामंडल को प्रतिबिंबित करने योग्य बना सकेगा । इन नक्षत्रों में समस्त ज्ञान निहित है, भूतकाल में हुआ

सबकुछ, वर्तमान का सर्वस्व और भविष्य का समस्त सार, इनके प्रकाश के स्वर्णाक्षरों में लिखा है । यह लिखना अज्ञानजन्य भ्रम के एक भोंडे रूप, भवितव्यवाद, से नितांत भिन्न है । हमारे "समय" के बाहर, ज्योति के उच्च लोक मे, स्थित ये अक्षर अपनी आपेक्षिक गति का प्रतिबिंब यहाँ नीचे की घटनाओं के रूप में भेजते हैं" ।[7]

शिष्य इस बात को तो पक्की तरह मान ले कि यदि ये नक्षत्र उसके हृदय के दर्पण में प्रतिबिंबित नही होते तो इसका कारण यह है कि दर्पण कामना की धूल से ढका है । यदि वह दर्पण को ध्यानपूर्वक साफ़ कर चमकाए तो तथाकथित अन्य लोकों, विश्व के अभौतिक पहलुओं, को पहले तो श्रद्धा की धुँधली दृष्टि से और बाद में खुली आखों जैसी स्पष्ट दृष्टि से देखने लगेगा ।

मानव तीन लोकों का वासी है और इन तीनों में उसका अस्तित्त्व इस समय भी बना हुआ है । जब तक वह केवल भौतिक जगत को ही देखता व समझता है तब तक बाकी दो अंधेरे व अनदेखे जगत उस पर अपना अथक घातक प्रभाव डाले रहते हैं । जब तक हम अज्ञान में रहते हैं तब तक भाग्य सचमुच हमारे जीवन का एक अंग बना रहता है, उतना ही सच्चा अंग जितना कर्मस्वातंत्र्य का दूसरा अंग होता है । जिसे हम भाग्य कहते हैं वह उन शक्तियों द्वारा हमारे जीवन का खीचा जाना व ढाला जाना है जिनके उद्‌गम स्थानों के बारे में हम अनभिज्ञ होते हैं । जहाँ चैतन्य की ज्योति होती है वहाँ स्वातंत्र्य है, जहाँ *हमारे लिए* वह ज्योति पहुँच नही पाती वहाँ भाग्य है । उस सिद्ध पुरुष के लिए जिसके चैतन्य की पहुँच समस्त प्रव्यक्त विश्व में है भाग्य कुछ भी नहीं है । परन्तु उस पत्थर के लिए जिसका चैतन्य प्रायः उसी के अंदर बंद होता है भाग्य के अतिरिक्त है ही

[7]पाठक पूछेंगे कि इसमें और भवितव्यवाद में क्या अंतर है । उत्तर उन्हें स्वयं ढूंढ निकालना होगा क्योंकि वह व्यक्त नही किया जा सकता । बस यही कहा जा सकता है कि नियतिवाद (determinism) तथा अनियतत्ववाद (indeterminism) द्वंद्वयुग्म हैं और इसलिए दोनों में से कोई भी सच नही है । यह भी कह दें कि जिन नक्षत्रों के बारे में कहा गया है वे सुपरिचित तारे हैं और नही भी ।

क्या?[8] ज्योति का पथ स्वामित्व का पथ है । जिनकी दृष्टि भौतिकता तक सीमित है, और विशेष तौर पर वे (और उनकी संख्या कम नही) जो जान बूझ कर अपनी नज़र कमज़ोर कर लेते हैं, ताकि अन्य लोकों का ध्यान आ जाने से उनके इस लोक के भोगविलास में कोई बाधा न आ पड़े, इस परिसीमन का मूल्य अनिवार्य रूप से अदृष्ट, अर्थात भाग्य, के अधिपत्य में आ कर चुकाते हैं । जैसा कि यमराज का कहना है "वे बार बार मेरे वश में आते हैं" । जो अपनी व्यक्तिगत कामनाओं के लिए निस्सीम स्वतंत्रता चाहते हैं वे भाग्य की चपेट में अवश्य ही आते हैं । जो जीवित रहते, स्वतंत्रता के साथ, रहस्यमय मृत्यु को गले नही लगाते उन्हें एक बार नही अनेक बार विवश हो कर साधारण मृत्यु के अंधेरे व विषण्ण पथ से निकलना पड़ता है । एक बार फिर हमें उस यूनानी रहस्य का स्मरण हो आता है जिसका उद्धरण पहले दिया जा चुका है "बड़े लोग बड़ी मृत्यु को प्राप्त होते हैं" ।

नचिकेता को ज्ञान पथ पर रख कर, परन्तु यह सोच कर कि कितने ही शिष्यों की तरह भासमान प्रगति के अभाव के कारण वह कही हतोत्साहित न हो जाए, यमराज अब इस पथ की महान् कठिनाइयों, ज्ञान की अलौकिकता, व आगे और बढ़ सकने के लिए समर्थ गुरु की आवश्यकता के बारे में बताते हैं ।

(7) *श्रवणायापि बहुभिर्यो न लभ्यः शृण्वन्तोऽपि बहवो यं न विद्युः ।*
आश्चर्यो वक्ता कुशलोऽस्य लब्धाऽऽश्चर्यो ज्ञाता कुशलानुशिष्टः ॥

जिस स्थिति (साम्पराय) के बारे में अधिकतर व्यक्ति सुनते तक नही और जिसे सुन कर अनेक उसे समझ नही पाते, उसको सिखाने वाला आश्चर्यमय होता है सीखने वाला कुशल । सुयोग्य गुरु से सीखा इसका ज्ञाता आश्चर्यमय होता है ।

(8) *न नरेणावरेण प्रोक्त ऐष सुविज्ञेयो बहुधा चिंत्यमानः ।*
अनन्यप्रोक्ते गतिरत्र नास्ति अणीयान् ह्यतर्क्यमणुप्रमाणात् ॥

चाहे इस पर कितने ही प्रकार से चिंतन क्यों न किया गया हो घटिया किस्म के गुरु द्वारा सिखाये जाने पर यह ठीक से समझ

---

[8]भौतिक पदार्थ की चरम सीमा पर भी, जैसा कि आधुनिक भौतिकशास्त्र पुष्ट करता है, स्वातंत्र्य अर्थात अनिर्धारिता का एक पुट है ।

में नही आता । (परन्तु) अन्य व्यक्ति द्वारा सिखाये जाने के अतिरिक्त और कोई चारा नही है क्योंकि सूक्ष्मातिसूक्ष्म (शब्दशः अणु अर्थात जीव का उच्चतर अहंभाव)[9] होने के कारण यह तर्क द्वारा प्राप्य नही है ।

(9) *नैषा तर्केणमतिरापनेया प्रोक्तान्येमैव सुज्ञानाय प्रेष्ठ ।*
यां त्वमापः सत्यधृतिर्बतासि त्वादृङ्नो भूयान्नचिकेतः प्रष्टा ॥

तू ने जो यह बुद्धि[10] प्राप्त कर ली है वह तार्किक विचार की किसी प्रक्रिया से नहीं पाई जाती (और न ही ऐसी प्रक्रिया से नष्ट की जा सकती है)[11] । फिर भी जब अन्य कोई सिखाये तो इसका सीखना सरल है । प्रिय नचिकेता तू सच्ची लगन वाला है । तेरे जैसे और हमारे प्रश्नकर्ता हों ।

ज्ञानप्राप्ति किसी तार्किक विचारधारा का अनुसरण करने से नही होती । और ऐसा न हो सकने का एक बहुत बड़ा कारण है, क्योंकि तार्किक विचारधारा मूलतः वैश्लैषिक होती है । अनुभव-समष्टि में से मानव एक बिन्दु को चुन लेता है और उस बिन्दु से संबंधित अनुभवों का जाल बनाना ही मन का विशेष लक्षण है क्योंकि स्वयं वह सम्पूर्ण में से एक ऐसा बिन्दु होता है । परन्तु दैवी ज्ञान नितांत भिन्न प्रकार का

---

[9]इस मंत्र की व्याकरण अस्पष्ट है और जिनको इस विषय में रुचि हो वे इस पुस्तक से अधिक विद्वतापूर्ण ग्रंथों में अनेक अर्थ देख सकते हैं । स्वयं शंकराचार्य चार विकल्प देते हैं । सम्भवतः अस्पष्टता जानबूझ कर डाली गई है और अनेक अर्थों के आशय से ही ऐसी संरचना की गई है । उदाहरण के लिए जिस *"अनन्यप्रोक्ते गतिरत्र नास्ति"* का यहाँ हमने अर्थ लगाया है "अन्य व्यक्ति द्वारा सिखाये जाने के अतिरिक्त और कोई चारा नही है" उसका अर्थ "जब ऐसे द्वारा सिखाया गया हो जो उस (आत्मन्) से अभिन्न है" भी हो सकता है । अर्थ यह भी हो सकता है कि "उसके द्वारा सिखाये जाने पर जो आत्मन् से अभिन्न, और इसलिए शिष्य की अपनी आत्मा से अभिन्न, है, इसमें संदेह नही" (एक जगह शंकर ने *गतिः* का यही अर्थ लगाया है) या "जन्म मरण से मुक्ति" । प्राचीन लेखक एक ही वाक्य में अनेक अर्थ भर देते थे और यह काफ़ी सम्भव है कि यहाँ दिए गए दोनों विकल्प या उनमें से एक मूलपाठ में निहित हो ।

[10]मति को बुद्धि का समानार्थक मानते हुए ।

[11]मध्वाचार्य के मतानुसार यहाँ शब्दों का श्लेष है ।

होता है । वह सांश्लेषिक ज्ञान होता है, जिसे प्रतीक रूप में वृत्त का केन्द्रबिन्दु न कह कर परिधि कहा जा सकता है और जो वस्तुओं की पूर्णता से संबंध रखता है उनकी पृथकता से नही । मानसिक रीति में हम विभिन्न तत्त्वों के पृथक्कीकरण से आरम्भ करते हैं और यदि सम्पूर्ण के ज्ञान की ओर जाने की इच्छा रखते हों तो अनुमान निकाल कर आगे बढ़ते हैं । इस दूसरी रीति में, जिसे हम बौद्धिक[12] रीति कहेंगे, सम्पूर्ण का अनुभव एक साथ होता है और अवयवों का ज्ञान इस अनुभव के द्वारा प्राप्त होता है जिसमें "सम्पूर्ण" प्रत्येक पृथक बिन्दु अथवा लघु एकता में प्रतिबिंबित होता है । इसलिए ऐसा ज्ञान अकादमिक दर्शनशास्त्र के निगमनिक ज्ञान से संबंधित है, परन्तु संबंधित भले ही हों इन्हें एक नही समझना चाहिए । बात यह है कि पंडिताऊ जगत में जिसे निगमनिक ज्ञान कहा जाता है वह पूर्णतया मानसिक आधारों द्वारा स्थापित कुछ सामान्य सिद्धान्तों से चल कर युक्तियुक्त संरचना करना है, जब कि जिस ज्ञान की हम यहाँ चर्चा कर रहे हैं वह मानसिक आधार से नही, *अनुभव* से आरम्भ होता है, और उसका आगे बढ़ना सम्पूर्ण के प्रतिरूप का उसके अवयवों में *चिंतन* न हो कर *देखना* होता है । यह स्पिनोज़ा (Spinoza) का प्रसिद्ध तृतीय ज्ञान, सम्पूर्ण के ज्ञान से अवयवों का ज्ञान प्राप्त करने का सिद्धांत है ।

इसलिए यह स्पष्ट हो गया होगा कि जब उपनिषद् यह कहता है यह ज्ञान किसी तर्कसंगत युक्ति से उपलब्ध नही हो सकता तो, जैसा कभी कभी मान लिया जाता है, यह उसे साधारण पहुँच से ऊँचा बताने के लिए ही नही किया गया है । इस कथन का एक निश्चित उद्देश्य है । जब तक हम अपने आप को पूरी तरह मानसिक रीति में ही बन्द किए रहेंगे तब तक हम जैसे अपनी दुम के पीछे ही घूमते रहेंगे । एक बिन्दु से आरम्भ हो कर हम स्वर्गीय बिंब की सतह पर चाहे कितने ही बिन्दुओं तक क्यों न घूम आएं, अंत में उस आरम्भिक बिन्दु पर ही वापस आएंगे । चाहे कितनी ही सूक्ष्म रेखाओं से क्यों न हम बिंब का मानचित्र बनाने की चेष्टा करें, वह चित्र बन न सकेगा क्योंकि बिंब का परम आधारिक गुण, एकता, इस बिन्दु से बिन्दु तक की खोज की मानसिक रीति की पकड़ में आ ही नही सकता ।

---

[12]इस पूरी पुस्तक में हम बुद्धि को अंग्रेजी की intellect से ऊपर मानते रहे हैं । Intellect का अनुवाद मेधा या मति किया गया है (अनुवादक) ।

जैसा कि एक पादटीका में कहा गया है मध्वाचार्य के अनुसार यदि मंत्र में *आपनेया* शब्द पढ़ा जाए तो उसका अर्थ है "प्राप्त" और यदि *अपनेया* पढ़ा जाए तो अर्थ है "नष्ट" । ठीक जैसे मानसिक रीति इस ज्ञान को पा नहीं सकती वैसे ही इसे नष्ट भी नही कर सकती । शत्रुतापूर्ण व खण्डनात्मक आलोचना के सामने द्रष्टाओं के अविक्षुब्ध आत्मविश्वास का कारण यही है । जो युक्ति द्वारा स्थापित नही होता वह युक्ति से उलटा भी नही जा सकता । अधिक से अधिक यही हो सकता है कि मन बिलकुल वैध रूप से शब्दों की उस संरचना पर आपत्ति करे जो सत्य को अभिव्यक्त करने के लिए उपयोग किए गए हैं । परन्तु कोई मूर्ख ही किसी नगर व उसकी ओर इंगित करने वाले सूचनापट्ट में समानता पाने की अपेक्षा रखेगा और कोई किताबी कीड़ा ही यह मानेगा कि अपर्याप्त अभिव्यंजना से किसी अनुभव की सत्यता पर प्रभाव पड़ता है । षटदर्शन, यानि भारतीय दर्शनशास्त्र की तथाकथित छः प्रणालियों, को समझने में अकसर यही भूल की गई है । वे तो विभिन्न प्रकार के मनों के लिए विभिन्न प्रकार की अभिव्यक्तियां हैं ताकि उनकी समझ में अधिक से अधिक स्पष्ट रूप से आ जाएं । जिस अनुभव की सब बात करते हैं वह एक ही है चाहे कैसी ही शब्दसज्जा से क्यों न सजाया गया हो । भारत ने भी अवश्य अपने सम्प्रदायवादियों को जन्म दिया है जो यह मानते थे कि बस उन्ही का सिद्धान्त एकमात्र सत्य है । परन्तु इन के अतिरिक्त और भी रहे हैं, भारतीय प्रतिभा की विशेषता प्रदर्शित करने वाले ऐसे व्यक्ति जो विभिन्न प्रणालियों के परस्पर एक दूसरे पर अवलंबित होने को देख सके, और जिन्होंने यद्यपि स्वयं किसी एक विशेष प्रणाली का उपयोग किया परन्तु अन्य प्रणालियों के शब्दों में अपने मत की अभिव्यंजना करने में ढील न दी ।

"यं शैवा समुपासते शिव इति ब्रह्मेति वेदान्तिनो
बौद्धा बुद्ध इति प्रमाणपटवः कर्तेति नैयायिका ।
अर्हन्नित्यथ जैनशासनरताः कर्मेति मीमांसकाः
सोऽयं नो विदधातु वांछितफलं त्रैलोक्यनाथो हरिः" ॥

"जिसको शैव शिव, वेदान्ती ब्रह्म, बौद्ध बुद्ध, जैन अर्हत, नैयायिक कर्ता, और मीमांसक सब के स्वामी कर्म के रूप में जानते हैं, वह तीनों लोकों का नाथ हरि हमें वांछित फल प्रदान करे" ।

इस प्रकार के कथन भारतीय परम्परा में आद्योपांत देखे जा सकते हैं और सुदूर वैदिक काल से ही यह घोषणा की गई है कि "*एकं सद विप्रा बहुदा वदन्ति* – वास्तविकता एक है (यद्यपि) विद्वान उसे अनेक नामों से पुकारते हैं" । आज भी यद्यपि अपने मन को साम्प्रदायिकता की संकीर्णता में फंसने देने वाले लोग हैं फिर भी भारत की सामान्य अंतरात्मा ऐसी संकीर्णता को ठुकरा कर नैसर्गिक रूप से सम्राट अशोक के समान यह अनुभव करती है कि किसी अन्य की धर्मशिक्षा की निंदा करना अपने धर्म की दुर्बलता का अनावरण करना ही है ।

अपने जिस मंत्र से हम थोड़ा भटक सा गए हैं, उसमें आगे चल कर गुरु की आवश्यकता पर बल डाला गया है । आज की एक सुविधाजनक वाक्प्रणाली के अनुसार यह ज्ञान "पहचान से पाया गया ज्ञान" है "वर्णन से पाया गया ज्ञान" नही । इसलिए यह आवश्यक है कि इस ज्ञान की दीक्षा शिष्य को कोई ऐसा व्यक्ति दे जो स्वयं इसका अनुभव कर चुका हो क्योंकि केवल ऐसा व्यक्ति ही शब्दों का ऐसा प्रयोग कर सकता है जो उनके ऊपरी अर्थ को बीध कर आंतरिक अर्थ को प्रकाशित कर सके । वास्तव में केवल ऐसा ज्ञाता ही "अधिकार के साथ बोल सकता है, मात्र धर्मशास्त्रियों जैसा नहीं" । यदि जानबूझ कर अपने हृदय को बंद न कर लें तो ऐसी वाणी को हम सहज ही पहचान लेते हैं । हमारे हृदय की गहराइयों में कुछ ऐसी वस्तु होती है जो इसकी सत्यता को जानती है, और यदि अपने अहंकार के कारण मन जानबूझ कर इसका अनुमोदन करने से इनकार करता है तो भी पूरी साइकी को अपने साथ नहीं कर पाता । चेतना की सामान्य परतों के नीचे गहराई में सत्य को स्वीकार किया जाता है ओर चाहे मन कितना ही विरोध प्रकट क्यों न करे, कितना ही हायहल्ला क्यों न मचाये, उसकी टांग मज़बूती से बंध जाती है और वह आंतरिक स्वीकृति से छुटकारा नही पा सकता । यह तो हो सकता है कि वह इस सत्य को अपनी चेतना में रहने के लिए कोई जगह न दे और उसकी वाणी को डुबो देने के लिए दूसरों के अंदर के सत्य का उत्पीड़क बन जाए । परन्तु सत्य को छोड़ नही पायेगा वह, और अंत में एक दिन अकस्मात ऐसी धर्मपरिवर्तन की घटना हो जाएगी जिसे देख निरी सतह की ही जानकारी रखने वाले इतने आश्चर्यचकित हो जाते हैं और दैवी हस्तक्षेप की बात करने लगते हैं । ईसाइयों पर अत्याचार करने से *पहले* ही पॉल की आत्मा ने अपने को ईसा की शरण कर दिया था । दमिश्क जाने वाली सड़क पर वह नाटकीय घटना

उनके अहंभाव-मनस् का अंतिम व उग्र रूप से पराजित होना था । यहाँ यह कह देना भी ठीक रहेगा कि ऐसे "अकस्मात धर्मपरिवर्तन" बहुत संतोषजनक नही होते । पहले तो मन द्वारा की गई उग्रता का और फिर इस मन को झुकाने के लिए उस पर ही की गई उग्रता का मूल्य, सब उग्रताओं के मूल्य के समान, बाद में चुकाना पड़ता है । जो बहुत रूढ़ीवादी विचारों से नही बंधे हैं उन्हें पॉलीय ईसाई परम्परा (Pauline Christian tradition) के कुछ असंतोषजनक पहलुओं के बीज संत पॉल के धर्मपरिवर्तन की आरंभिक उग्रता में मिल जायेंगे ।

मूलरूप से गुरु स्वयं आत्मा ही है । यदि और ठीक ठीक कहा जाए तो बुद्धि का दैवी जगत, प्लॉटाइनस का आंतरिक जगत, पूर्ण रूप से हम सब के हृदय में प्रतिबिंबित होता है । इस दैवी आत्मा को "अन्य" इसलिए कहा जाता है क्योंकि यह वह जन्मभूमि है जिसमें से वैयक्तिक "मैं" निकलता है, वह रंगमंच है जिस पर नाचने वाले बंदर के समान मन अपने खेल दिखाता है । यह बात कि ज्ञान आत्मा में है, आत्मा का है, और सबसे सच्ची बात तो यह है कि स्वयं ज्ञान ही आत्मा है, चाहे कितनी ही बार कही जाए कम है । आचार्य अश्वघोष ने "प्रयत्न से प्राप्त" प्रबोधन और "सदैव स्थित" प्रबोधन में भेद बताया है और कहा है कि पूर्वोक्त और कुछ नहीं अवरोक्त की ही एक प्रव्यक्ति है ।[13]

दुर्भागयवश "आँख होते हुए हम देखते नही और कान होते हुए सुनते नही" । बुद्धि, अर्थात आंतरिक गुरु, की वाणी गूंजती तो सदैव रहती है परन्तु परस्पर झगड़ती कामनाओं के कोलाहल से हमारे कान इतने बहरे हो जाते हैं कि हम सुन नही पाते । यदि हम अन्य लोकों में "विश्वास" करते भी हैं तो भी प्रवृत्ति यह मानने की होती है कि व्यावहारिक मामलों में इस लोक के हिसाब से ही चला जाए, और जब तक कोई वाणी हमारी भौतिक श्रवणेन्द्रिय के द्वारा ही न सुनी जाए तब तक उसका सुना जाना कठिन ही होता है ।

---

[13] *अवेकनिंग ऑफ़ फ़ेथ इन दि महायान* (*Awakening of Faith in the Mahayana*): सुज़ूकी (Suzuki) का अनुवाद, पृष्ठ 62 । अनुभव-निरपेक्ष प्रबोधन (Enlightenment *a priori*) और अनुभव-सापेक्ष प्रबोधन (Enlightenment *a posteriori*) में भेद दर्शाया गया है परन्तु यह ध्यान रहे कि अनुभव-सापेक्ष प्रबोधन की प्राप्ति पूर्वोक्त अनुभव-निरपेक्ष प्रबोधन से अधिक नही होती ।

यही कारण है कि असाधारण पुरुष, जो वास्तव में ऐसे व्यक्ति होते हैं जो पूर्वजन्मों में पथ पर बहुत आगे पहुँचे हुए और अब उन पूर्वप्राप्त अवस्थाओं को केवल दुहरा रहे होते हैं, कभी कभी केवल आंतरिक गुरु की सहायता से ही शिखरों का आरोहण करते प्रतीत होते हैं । परन्तु साधारण आकांक्षी को तो किसी ऐसे देहधारी गुरु की आवश्यकता होती है जो चाहे शिष्य को अपने से "अन्य" लगे परन्तु होता ऐसा है जो उस आत्मन् की वाणी को यहाँ के स्तर पर आविर्भूत कर सकता है और समस्त का आत्मन् होने के कारण कभी कभी वैश्वानर (सब नरों में विश्व यानि व्यापक) कहलाता है । सदा की तरह देहधारी गुरु की वाणी की आज्ञा का पालन भी शिष्य की मुक्त इच्छा से ही होना चाहिए क्योंकि इस पथ पर ज़बरदस्ती नही हो सकती । चूंकि यह वाणी भौतिक कानों को संबोधित करती है, कम से कम सुनाई तो अवश्य ही देती है । इसलिए वे लोग (और उनकी संख्या बहुत है) जो ऐसा गुरु ढूंढने की फ़िराक में होते हैं जो बस एक बार हाथ हिला कर उन्हें पथ पर दौड़ा दे, ऐसा कुछ ढूँढते है जो न है न हो सकती है । जैसा कि एक सद्गुरु ने कहा है : "परिचर्चा से हम झलक दिखाते हैं, जो देखना चाहते हैं उन्हें रास्ता बतलाते हैं । देखना उसका काम है जिसने देखने का निर्णय किया है" ।[14]

जिस व्यक्तिगत गुरु के द्वारा अवैयक्तिक वाणी हम से बोल सकती है वह भले ही अत्यंत लाभप्रद, और सशरीर गुरु भले ही अपरिहार्य हों इतना ही अपरिहार्य शिष्य का उस सौभाग्य से लाभ उठाने के लिए तैयार रहना भी है जो बिना सहायता पाए केवल उसके पूर्वप्रयत्नों के फलस्वरूप ही उसे प्राप्त होता है । जिनको अपना गुरु मिल गया हो वही जानते हैं कि गुरुप्राप्ति कितना बड़ा सौभाग्य होता है । बात यह है कि जो अभी गुरु की तलाश ही कर रहे हैं उनके बीच चाहे कितनी ही विचित्र धारणायें प्रचलित क्यों न हों, जैसे अक्सर होता है यहाँ भी सत्य किवदंतियों से कही अधिक आश्चर्यमयी होती है ।

---

[14] प्लोटाइनस 6.9.4 ।

"अखण्डमण्डलाकारं व्याप्तं येन चराचरम् ।
तत्पदं दर्शितं येन तस्मै श्री गुरुवे नमः" ॥

"जिस गुरु ने मुझे विभिन्न वस्तुओं[15] *में व्याप्त वह अखण्ड मण्डल दिखाया उसको मैं प्रणाम करता हूँ" ।*

सद्गुरु के चिन्हों के वर्णन से संस्कृत की पुस्तकें भरी हुई हैं, परन्तु इनका व्यवहार में कम ही उपयोग होता है । इन के समरूप परन्तु अधिक मतलब के वह गुण हैं जो शिष्य में होने चाहिए और जिनका ध्यान से अध्ययन किया जाना चाहिए । हमारे मूललेख में एक गुण दिया गया है, सच्ची लगन, और वह अत्यावश्यक है । गुरु को शांति व अंतर्दृष्टि के क्षणों में पहचाना जाता है और शिष्य के लिए ये क्षण आंतरिक सामंजस्य की पराकाष्ठा के रूप में आते हैं जब कामना का कोलाहल कुछ समय के लिए बन्द हो गया हो । ऐसे क्षणों में वह अपने आंतरिक कानों से सुन सकता है, बाहर गुरु के मुख से निकली वाणी को अपने ही हृदय की वाणी की सच्ची गूंज जान लेता है । परन्तु स्वभावतः ये क्षण अल्पकालिक होते हैं और यदि बीच की अंधकारमय अवधियों में, जो इस प्रकाश का अनुभव कर लेने के पश्चात और भी अंधेरी लगती हैं, उस तारे से अपनी मार्गदिशा बनाये रखनी है जिसकी अब केवल समृति मात्र रह गई है, तो शिष्य को अपने निश्चय की कड़ी परीक्षा देनी पड़ेगी । ऐसी स्थितियों में अनेक बार वह पीछे छूटी बन्दरगाह की रोशनियों की ओर प्रलोभित होगा, अनेक बार यात्ररंभ करने के लिए अपने को कोसेगा । जिस बन्दरगाह में बैठे बैठे कितने ही लोग काल्पनिक यात्राओं में अपना जीवन बिता देते हैं, उसकी सुरक्षा के छत्र से बाहर निकलते ही मानो "सिर मुंडाया और ओले पड़े" । जो तारा इतना स्पष्ट चमकता था वह, जैसा कि हम कह चुके हैं, बादलों से ढक जैसा जाता है । रह रह कर शिष्य के ऊपर ठंडे कोहरे के ढेर छा जाते हैं और गहराई से निकली वे विशाल लहरें, जो बन्दरगाह के तरंगरोध के पीछे अप्राकृतिक रूप से शांत कर दी गई थी अब अपने पूरे वेग से उसे निगल जाने और उसके जहाज़ के एक एक तख़्ते की यात्रायोग्यता की परीक्षा करती हैं ।

[15] *चराचरम्* का अर्थ है चल व अचल वस्तुएं । जिस गुरुस्तोत्र से यह पद लिया गया है उसमें ऐसी कितनी ही अभिव्यक्तिया हैं जिनके कारण पाश्चात्य लोग "वह परम दुर्बोध हिन्दू मूर्तिपूजा, गुरुपूजा" के बारे में कहते हैं । ऐसे लोग यह नही जानते कि जिस गुरु की ऐसी शानदार स्तुति की जाती है वह कौन या क्या है ।

उसकी "सच्ची लगन" की पूरी तौर पर आवश्यकता अब पड़ेगी और ऐसी लगन उन कामनाओं में नही मिलती जो वैयक्तिक अहंभाव का निर्माण करती हैं । यदि वह उच्चतर अहंभाव की इच्छा का प्रयोग कर पाए, उस आंतरिक दृढ़निश्चय के सशक्त हाथों में थमा हो, तो ही टिका रह सकता है । सच तो यह है कि साधारण निम्न अहंभाव जान जाता है कि उसके विनाश का समय आ गया है । इसलिए वह संत्रास में क्रोधान्ध हो जाता है और इस क्रोधान्धता का पहले मुक़ाबला और फिर दमन वही कर सकता है जो उच्चतर अहंभाव पर पूरी आस्था रखता हो और उससे अपना तादात्म्य रख सकता हो ।

एक प्रश्न पूछा जा सकता है, और इस पर बहुत से लोग उलझन में पड़ जाते हैं, कि जिसने ये सब काम, उच्च के साथ तादात्म्य स्थापन, निम्न का दमन, इत्यादि करने हैं "वह" है कौन? उत्तर यह है कि एक स्वतंत्र इकाई के रूप में तो "वह" कहलाने वाली चीज़ है ही नही, और न ही चीनी डिब्बों की तरह एक के अंदर एक बन्द "वह" का समूह है । सदैव चलायमान अनुभव की तरंगें एक तरफ़ और उन्हें प्रकाशित करने वाला सचल ज्योतिपुंज दूसरी तरफ़ होता है । कभी पुंज इस स्तर पर होता है कभी उस स्तर पर, और जहाँ भी वह रहे वही "मैं" होता है, कभी ऊपर कभी नीचे । अपना तादात्म्य उच्च से रखने का अर्थ है चैतन्य की ज्योति को साइकी के उच्च समाकलनों में समकेन्द्रित करना और उन्हें निम्न समाकलनों पर शासन करने देना । ऐसे क्षणों में शिष्य अपना उच्चतर अहंभाव होता है, या अधिक सही यह कहना होगा कि ऐसे क्षणों में वह उच्चतर अहंभाव को प्रतिबिंबित करता है क्योंकि अभी हम इस निचले स्तर पर एक आविर्भाव की ही बात कर रहे हैं । अन्य समय जब उसकी चेतना "मुझे ऐसा चाहिए", "ऐसा होता तो कितना अच्छा होता", "मुझे ऐसा नापसन्द है" से भरी होती है तो साइकी के रंगमंच के बीचोंबीच निम्न अहंभाव आसन जमाये होता है ।

मंत्र का अंत गुरु की इस कामना से होता है कि उसे पक्की लगन वाले नचिकेता जैसे और शिष्य मिलें । यदि हम सदा शिकायत न भी करते रहें तो भी इस बात का रोना तो रोते ही रहते हैं कि सद्गुरु मिलना कितना कठिन है । परन्तु ऐसा करना विषय पर उल्टी ओर से देखना है । वास्तव में गुरु को ढूँढने में कोई कठिनाई नही है क्योंकि "जब शिष्य तैयार हो तो गुरु प्रकट हो जाता है" । कठिनाई तो

अपने को शिष्य बनने योग्य बनाने में है । जैसा कि सदा होता है हम अपनी आंतरिक कठिनाइयों को बाहर के पर्यावरण पर डाल देते हैं और जिन असफलताओं के लिए पूरी तरह उत्तरदायित्व हमारा होता है उन्हें अपने युग, देश, अथवा सामाजिक स्तर के मत्थे मढ़ देते हैं । सदैव की भांति गुरुजन आज भी भगवान बुद्ध के समान तैयार हैं और प्रतीक्षा कर रहे हैं । कहा गया है कि बुद्धदेव नित्य प्रातःकाल अपने दैवी चक्षु से सारे संसार का अवलोकन यह देखने के लिए करते थे कि किसी ने कही अपना दीपक तो नही जला लिया, शिक्षा पाने के लिए तैयार तो नही हो गया । नही, गुरुजन ढूँढने कठिन नही हैं, कठिन तो हमारा अपने आप को उनके हाथों में उस पूर्णता से सौप देना है जो उनके द्वारा शिक्षण देने, बल्कि यूं कहिए कि *हमारे द्वारा शिक्षण ग्रहण करने*, के लिए अनिवार्य है । यदि एक बार हमने अपने को उनके सुपुर्द, अपनी समझ के अनुसार मानी जाने वाली पूर्णता से कर भी दिया तो भी हम अनिवार्यतः अपने ऊपर चढ़ी आने वाली प्रचंड लहरों से हार मान जाते हैं । "जो पाप नही करना चाहते वे करते हैं" और इसलिए ईसा के पट्टशिष्य की तरह कहते हैं "कौन बचायेगा मुझे इस मौत से?" इस चीत्कार का एक ही उत्तर है "मैं नही" और यही उत्तर है ईश्वरवादियों के कृपासिद्धांत व सुदूरपूर्व के बौद्धधर्म में "स्वशक्ति" के प्रतिकूल "परशक्ति"[16] का सिद्धांत । ये दोनो सिद्धांत छुरी की धार के समान सूक्ष्म और हाथ को काटने में उतने ही तेज़ हैं । उक्तलिखित "मैं नही" शब्द हमारे मूललेख के इस कथन का खुलासा भी हैं कि जब "अन्य" सिखाये तो ज्ञान सीखने में सरल होता है ।

पथ के प्रवेशद्वार पर दहकते अक्षरों में लिखा है ः "यदि तुझे जीवन से कुछ भी आसक्ति है तो मुझ पर पैर मत रखना" ।

(10) *जानाम्यहं शेवधिरित्यनित्यं न ह्यध्रुवैः प्राप्यते हि ध्रुवं तत् ।*
ततो मया नचिकेतश्चितोऽग्निरनित्यैर्द्रव्यैः प्राप्तवानस्मि नित्यम् ॥

मैं जानता हूँ कि जिसे शेवधि (कोषागार) कहते हैं वह भी अनित्य है, और सच तो यह है कि शाश्वत अनित्य से प्राप्त नही होता । इसलिए मैंने नचिकेता अग्नि की चिता बनाई है और अनित्य द्रव्यों से नित्य को प्राप्त किया है ।

---

[16] *जिरिकी* और *तारिकी* । जापानी बौद्धधर्म के अमिताभ आवाहक सम्प्रदायों की किसी भी पुस्तक को देखिए ।

कुछ विद्वानो ने इस मंत्र को नचिकेता द्वारा कहा गया ठहराया है, परन्तु परम्परागत सम्मति ऐसी नही है और इस सम्मति के समर्थन में कहा जाता है कि यह उचित नही प्रतीत होता कि नचिकेता स्वयं यह कहे कि उसने नचिकेता अग्नि की चिता बनाई है। परम्परा के पक्ष में दी गई इस युक्ति का खंडन करना बहुत कठिन नही, क्योंकि न तो अग्नि ही अनलंकृत आग है और न वास्तविक संवाद ही आधे घण्टे का है। परन्तु परम्परा से विमुख हो इस मंत्र को यम के मुख से हटाने में कोई तुक नही दीखती।

जिस *शेवधि* शब्द का अनुवाद कोषागार किया गया है उसके अन्य अर्थ भी हैं क्योंकि शेव का मतलब रत्न, मत्स्य, सर्प, शिश्न और कोई ऊंचाई या उत्थापन भी होता है। वास्तव में यहाँ तात्पर्य विश्व के महान कोषागार, ब्रह्मलोक, सार्वभौमिक परिकल्पन अथवा *महत्* के स्तर से है। इसी में सार्वभौमिक अनुभव के रत्न संजोये होते हैं, बिन्दु रूपी उच्चतर अहंभाव के रत्न, अमरत्व के मत्स्य, और ज्ञान व अनन्त चक्रों के सर्प। सर्प के नाम से उच्चतर अहंभाव के उस स्थायी सूत का विचार भी आता है जिस पर माला के दानों के समान विभिन्न व्यक्तित्व पिरोये होते हैं और जिसे *सूत्रात्मन्* भी कहा जाता है जो कुछ मतों में *महत्* का पर्यायवाची है। हमारे आधुनिक मनोवैज्ञानिकों का बहुमूल्य मुक्ता, शिश्न, जिसे पा कर वे और आगे नही बढ़ते, यहाँ अहंभाव के उस सृजनात्मक प्रतिज्ञापन का प्रतीक है जिसे हम "मैं" अथवा "उच्चतर अहंभाव" कहते आए हैं और जो अपने पिता *महत्* के अंक में वास करता है। ज्ञात हो कि *महत्* हमारे यहाँ की गहराई की तुलना में ऊंचा व उत्थापित होता है। शेवधि शब्द में यह सब इशारे हैं और यहाँ यह दिखाने के लिए स्पष्ट किए गए हैं कि पुरातन प्रतीकों में आज के कागज़ी नोटों की तुलना में कितनी अर्थ बाहुल्यता थी। आज के नोटों का आदर्श तो है एक शब्द का एक अर्थ।

इस मंत्र को समझने के लिए हमें नचिकेता अग्नि की शिक्षा और उसके द्वारा प्राप्त युगयुगान्तर के "अमरत्व" को याद रखना होगा। जिसने "तीन बार" अग्नियज्ञ कर लिया हो वह व्यक्तिगत जन्म व मृत्यु के चक्र को काट, सिद्ध बन कर, *महत्* के विशाल लोक में निवास करता है। जैसा कि हम पहले कह चुके हैं, हो सकता है कि वह निम्न स्तरों पर अपना पृथक नामरूप बनाये रखे या न भी रखे, परन्तु वह चाहे जो कुछ भी करे उसके सच्चे अस्तित्व की जड़ें, जिसे

यूनानी दीक्षित "सत्य का मैदान" कहते थे उसमें, जमी रहती है । यह विशाल मैदान सब को सार्वभौमिक एकता के आलिंगन में लिए रहता है, जो कुछ हुआ है उसकी स्मृति, जो होना है उसकी परियोजना और जो कुछ है उसका जीवन भी यही है । इसलिए इसे कोषागार कहा गया है ।

परन्तु गुरु का कहना है कि जिस कोषागार और उसकी सम्पत्ति को अपनी पुनीत अग्नि से प्राप्त किया जा सकता है वह भी स्थायी नही है । यह सच है कि कोषागार तब तक बना रहेगा जब तक वह विश्व रहेगा जिसका वह अंग है । परन्तु युगों का स्थायित्व भी सनातनत्व नही है और सार्वभौमिक रात्रि (महाप्रलय) आने पर वह भी अपने अंदर के सब कुछ के साथ एकमात्र-सनातन में विलीन हो जाता है ।

सच्चा सनातन, एकमात्र ध्रुव तारा जिसके चारों ओर समस्त विश्व घूमता है, किसी असनातन कारण के द्वारा प्राप्त नही किया जा सकता, अर्थात्, किसी ऐसे काम से नही मिल सकता जो स्वयं प्रव्यक्ति का अंग हो । प्रव्यक्त विश्व, जिसमें वे सब ऊपर वाले लोक या अनुभव के स्तर सम्मिलित हैं जिनके बारे में भौतिकवादी विज्ञान कुछ नही जानता, अनुभव का बहुविमीय सम्पूर्ण है । इसमें कितने ही नमूने बनाये जा सकते हैं या इसके द्वारा कितने ही भवन खड़े किए जा सकते हैं । कुछ भवन एक विशेष प्रकार से बनाये जाते हैं और छोटी ही अवधि तक टिकते हैं । ये मनुष्यों के निवास स्थान होते है । कोई किसी बड़ी परियोजना के अनुसार बनते हैं और अगण्य युगों तक बने रहते हैं । ये देवताओं के निवास स्थान होते हैं जहाँ से वे शांत अविक्षुब्ध आँखों से न केवल समुद्रों व पर्वत श्रृंखलाओं का बल्कि उन्हें अपने अंक में समाये रहने वाले संसारों तक का जन्म व मरण भी देखते हैं । और इन के भी पार शनि सरोवर व "चिरयुवा" सरिता के पार एक विशाल प्रासाद है, ब्रह्मा का कक्ष जिसे विभु यानि सब जगह फैला हुआ कहते हैं । इसमें अनेक विचित्र वस्तुएं हैं जिनमें से एक *विचक्षण* (दूर तक चमकता हुआ) कहलाने वाला सिंहासन है जिस पर "प्रत्येक प्राणी के आत्मा"[17] ब्रह्मा विराजमान होते हैं । यही सबसे बड़ा भवन है, सार्वभौमिक अनुभव का बृहत्तम सम्भव समाकलन, प्रव्यक्त की दूरतम सीमा, समस्त का अंतर्वेशन करने वाला अनेक हवेलियों का प्रासाद ।

[17]इन प्रतीकों के लिए *कौषीतकी उपनिषद्* 1.3-5 देखिऐ ।

जैसा कि हम अभी कह चुके हैं, इस महान् भवन में प्राण डालने वाला आत्मा, ब्रह्मा, ही समस्त प्राणियों का प्राण है और इस रूप में विपुल वैभव के साथ सार्वभौमिक दिवस के अगण्य युगों तक बना रहता है। इसके नीचे होते हैं देवता, और बहुत नीचे मनुष्य। अपने महान दिवस में वह अनेक विश्वों का उदय व अवसान देखता है। और फिर भी यह निवासस्थान, यह कोषागार जिसकी एक एक ईंट अगणित संसारों में से एक है, यह ब्रह्मलोक भी सनातन नही है, केवल प्रव्यक्त अस्तित्व की ईंटों से निर्मित महानतम और अधिक से अधिक को समा सकने वाला भवन है।

> इसके पार *कुछ-नही* है, ऐसा "कुछ-नही"जो अदृश्य दीवार के समान किसी भी प्रव्यक्त वस्तु का आगे आना रोक देता है। नचिकेता के तीसरे प्रश्न का "है" या "नही है" भी यही है और यही समस्त का उद्भव स्थान, रहस्यमय शून्य है। इस शाश्वत को पाने के लिए कोई भी ऐसी वस्तु जो "है" प्रयोग में नही लाई जा सकती। सब कुछ को त्याग कर ही यह शून्य प्राप्त हो सकता है। और न ही कोई इसे पा सकता है क्योंकि पाने से पहले पानेवाले को अपना अस्तित्व ही समाप्त कर देना होता है। "यह तुम्हारे पार है क्योंकि जब तुम वहाँ पहुँचते हो तो अपने आप को खो चुकते हो। तुम प्रकाश में प्रवेश तो करोगे परन्तु ज्योति को कभी नही छू पाओगे"।

सच्चे रहस्यवादी के लिए वह शाश्वत अंधकार जो ज्योतियों की ज्योति है निम्न जगत के क्षणभंगुर जीवन के इतना ही निकट है जितना ब्रह्मलोक के महान वैभव के। फिर भी यद्यपि प्रत्येक भवन से, कच्ची से कच्ची झोपड़ी तक से, वास्तव में एक द्वार सीधा इस शाश्वत में जाता है, तब भी इस द्वार को बहुत कम देख पाते हैं और उससे भी कम खोल पाते हैं। गुरु का कहना है कि इसलिए दीवारों को एक ही छलांग में फांद लेने की इच्छा रखना नासमझी है। इससे अच्छा यह है कि एकाकी की कैवल्य की ओर अंतिम उड़ान भरने की चेष्टा करने से पहले क्षणभंगुर का कुशलतापूर्वक उपयोग कर (याद रहे कि *योगः कर्मसु कौशलम्*) हम नचिकेता अग्नि की वेदी बनाने की इच्छा रखें और उसकी सहायता से अपने को समस्त का अंतर्वेशन करने वाले उस प्रासाद में स्थापित कर लें जिसे यम ने नित्य कह कर सम्बोधित किया है। यही है वह इतना ग़लत समझा गया क्रममुक्ति का पथ।

शंकराचार्य ने सद्योमुक्ति अर्थात अकस्मात मुक्ति की तुलना में इसका अवमूल्यन किया और अद्वैत वेदान्त को मानने वालों में से अधिकांश ने कम से कम सैद्धांतिक तौर पर तो उन्ही का अनुसरण किया है । फलस्वरूप उन्हें व्यवहार में संतोषजनक फल मिले हैं या नही, इसका निर्णय तो हम नही करेंगे परन्तु गीता का शिक्षण याद कर सकते हैं "जिनका मन अव्यक्त पर केन्द्रित हो उनकी कठिनाई बहुत अधिक होती है । अव्यक्त तक जाने का (सीधा) रास्ता सशरीर व्यक्तियों के लिए निश्चय ही कठिन है"[18] ।

एक एक कदम रख आत्मा की सीढ़ी पर चढ़ना इससे कही आसान है । जब *महत्* के विशाल जगत तक पहुँच जाएं तो वहाँ से अव्यक्त शाश्वत तक की अंतिम उड़ान सम्भव है । यही है पथ, विश्वरूप से हो कर जाने वाला पथ जिसकी श्रीकृष्ण अनुशंसा करते हैं क्योंकि अर्जुन को ग्यारहवें अध्याय में दिखाये गए विराट रूप का अर्थ यही है । बारहवें अध्याय के आरंभ में जिस विकल्प की बात श्रीकृष्ण करते हैं वह भी यही है ।

यही कारण है कि यमराज कहते हैं कि *इसलिए* मैंने नचिकेता अग्नि का उपयोग किया है । अव्यक्त के रास्ते पर इस कठिनाई के सम्मुख, जिसे प्लॉटाइनस ने समस्त ऐन्द्रिक और वैचारिक नामरूपों को त्यागने की अनिवार्यता बताया है, और यह जानते हुए कि हमारे लिए ऐसा त्याग कर सकना कितना असम्भव सा है, क्योंकि हम चाहें या न चाहें हैं तो इन्द्रिय जीवन में लिप्त, यमराज धीरे धीरे बढ़ने वाले उस रास्ते की सलाह देते हैं जिस पर जीवन के क्षणिक अनुभवों का पुनीत अग्नि द्वारा तत्त्वांतरण कर आरोहण के लिए उपयोग किया जाता है ।

बात यह है कि, जैसा गीता का कहना है, वह "एक सनातन" तो जीवन के तुच्छतम अनुभवों तक में उपस्थित होता है ः "सर्वव्यापी ब्रह्म सदैव विश्वयज्ञ में स्थित होता है" और जीवन विश्वयज्ञ ही तो है[19] । "कर्म में कौशल" से, और फिर समस्त अनुभव की आंतरिक यज्ञाग्नि में आहुति दे कर हम धीरे धीरे ऊपर उठ सकते हैं और

[18] *गीता* **12.5** । तुलना इससे भी कीजिए "जीवन के जादू का रहस्य कर्म के द्वारा अकर्म को प्राप्त करना है । बीच के चरणों को छोड़ सीधा अंदर जाने का प्रयत्न नही करना चाहिए" । *सीक्रेट ऑफ़ दि गोल्डन फ़्लावर* (*Secret of the Golden Flower*) ।

[19] *गीता* **3.15** । *सर्वगतं ब्रह्म नित्यं यज्ञे प्रतिष्ठितम्* ।

"अनित्य द्रव्यों से नित्य को प्राप्त" कर सकते हैं, अर्थात् तंत्रों के अनुसार "जिन बातों से मनुष्य गिरते हैं उन्ही से ऊपर उठते हैं" ।

जो इस पथ का और आगे अध्ययन करना चाहें उनका ध्यान गीता की ओर निर्दिष्ट किया जाता है जिसका वस्तुविषय एक विशेष दृष्टिकोण से यह पथ ही है[20] । हमारे इस उपनिषद् का सम्बन्ध यहाँ उस बात से है जिसे कीमियागारों ने "दार्शनिक कार्य" ("Philosophic Work") यानि मानसिक दृष्टिकोण का ही तत्त्वांतरण कहा है जिसके बिना "धातुकार्य" ("Metallic Work") यानि भौतिक तत्त्वांतरण सम्पन्न नही हो सकता । यहाँ तो हम बस इतना ही कहेंगे कि इस पथ पर प्रत्येक कर्म, प्रत्येक विचार, और प्रत्येक भावना को अपनी उस प्रिय मूर्ति की ओर निर्देशित करना चाहिए जो चाहे आंतरिक गुरु का प्रतीक वैयक्तिक गुरु हो अथवा दैवी अवतार की मूर्ति, वास्तव में समस्त विश्व की आत्मा ही होती है । इस तरह जीवन की छोटी से छोटी बातें भी यज्ञ का भाग बन जाती हैं । जिस स्वसम्बन्ध में उनकी बाँधने की शक्ति होती है वे प्रेमाग्नि में भस्म हो जाती हैं । "प्रेम के लिए वह कर्म करता है, प्रेम ही के लिए वह बोलता है व विचारता है और इस तरह प्रेम के ज़रिये वह शीघ्र ही लक्ष्य तक उठ जाता है । जहाँ प्रेम है वहाँ कोई भी बलिदान बहुत बड़ा नही लगता ... सब मनुष्यों के हृदय में मौजूद यही वह शक्ति है जिससे सनातन के शिखर तक पहुँचा जा सकता है"[21] ।

फिर भी इस बात का ध्यान रहे कि सार्वभौमिक आत्मन्, ब्रह्मलोक का विराट पुरुष, भी स्वयं सनातन नहीं बल्कि प्रव्यक्ति की दूरतम सीमा मात्र है । नचिकेता को तो उस "*तत्*" का ज्ञान चाहिए जो सब प्रव्यक्तियों के पार है और इसलिए धारावाह में यम का कहना है ः

(11) *कामस्याप्तिं जगतः प्रतिष्ठां क्रतोरानन्त्यमभयस्य पारम् ।*
स्तोममहदुरुगायं प्रतिष्ठां दृष्ट्वा धृत्या धीरो नचिकेतोऽत्यस्राक्षीः ॥

हे नचिकेता तू बुद्धिमान है क्योंकि समस्त कामना की तृप्ति देख कर, जगत् के आधार, सृजनात्मक इच्छाशक्ति की अनन्तता, उस

---

[20] मेरी पुस्तक *Yoga of the Bhagavatgita* (हिन्दी अनुवाद *भगवद्गीता का योग*) देखिऐ ।

[21] *Yoga of the Bhagavatgita* पृष्ठ 115 (हिन्दी अनुवाद *भगवद्गीता का योग*, द्वितीय संस्करण, अध्याय 12 भक्ति योग श्लोक 7 के पश्चात का टीका) देखिऐ ।

पार की भय रहित अवस्था, महत्, मंत्र के शरीर वाले (स्तोमम्), महान् को देखकर और जिस पर सब कुछ आधारित है उसे देखकर तू ने दृढ़ता से (इस महान उपलब्धि को) त्याग दिया है ।[22]

क्रममुक्ति के पथ पर एक ख़तरा (और ख़तरे तो सब ही पथों पर हैं), जिसके कारण शायद शंकर ने इसका अवमूल्यन किया, यह है कि आकांक्षी किसी अपेक्षाकृत उच्च अवस्था को परम लक्ष्य समझने की ग़लती कर सकते हैं और उसी से संतुष्ट हो सकते हैं । गीता में भी श्रीकृष्ण अपने शिष्य को बताते हैं कि यज्ञ, दान व सत्कर्मों से प्राप्त अवस्थाओं को जानकर सच्चा योगी इन्हें छोड़ "परम आद्य स्थान" की ओर उड़ जाता है[23] ।

इसके अतिरिक्त, वह वास्तविक शक्ति जिससे आरोहण किया जाता है, हृदय में छिपी गुप्त शक्ति, एकमात्र-सनातन की शक्ति है । इस शक्ति को वही प्राप्त कर सकता है जिसकी आकांक्षा सनातन को पाने की हो जो ऑर्फ़ियस के दीक्षितों के समान कह सके "शुद्ध होकर मैं शुद्ध की ओर जा रहा हूँ" । इससे छोटी आकांक्षायें अपने हिसाब से ठीक हैं परन्तु अधिक से अधिक वे एक धीमी व रुक रुक कर होने वाली प्रगति की ही जननी हो पाती हैं । इसी को प्राचीन भारत में *पिपीलिका मार्ग* (चीटी का ढंग) कहते थे । असली उड़ने वाला *गरुड मार्ग* तो सनातन की गुप्त शक्ति को प्राप्त करने पर ही मिल सकता

---

[22] इस मंत्र के ऊपर डा॰ कुमारस्वामी की टिप्पणिया कुछ विशेषरूप से रुचिकर हैं परन्तु मूललेख में समाहित करने के लिए बहुत देर से पहुँची । उनकी व्याख्या "*अत्यस्राक्षीः*" को एक अन्य अर्थ "निस्सरण" (emanation) देने पर आधारित है । हमने लोकप्रचलन के अनुसार "त्याग दिया" या "अलग कर दिया" का अर्थ लगाया है । भिन्न अर्थ लेने पर मंत्र (3) की व्याख्या में भी अंतर आ जायेगा, फिर भी इतना गभीर नही जितना यहाँ, क्योंकि वहाँ भी यह शब्द प्रयोग हुआ है । कुछ तो इसलिए क्योंकि टिप्पणियाँ बहुत देर से आईं और कुछ इसलिए कि मैं बदलाव की आवश्यकता का पूरी तरह कायल नहीं हुँ, मैंने अपनी व्याख्या को जैसे का तैसा ही रहने दिया है । यदि बदलाव की आवश्यकता सिद्ध हो जाए तो यह ध्यान देने योग्य है कि तब इसका कीमियागारी के "प्रक्षेपक चूर्ण" (Powder of Projection) यानि "निस्सरण" से बहुत रुचिकर सादृश्य मिलेगा ।

[23] *गीता* 8.28 ।

है, उसी शक्ति को प्राप्त कर "जो उसे लोगों की नज़रों में कुछ भी नही छोड़ती" और जो रहस्यमय "कुछ-नही", गुप्त शून्य, की शक्ति है ।

छिपा हुआ नकारात्मक अहंभाव झूठी शालीनता के वेष में शिष्य से किसी अपेक्षाकृत कम ऊँची उपलब्धि को ही अपना तत्कालिक लक्ष्य बनाने की सलाह यह कह कर दे सकता है कि जब वहाँ पहुँच जायेंगे तब आगे की सोचेंगे । परन्तु अहंभाव में उत्पन्न हुई सब वस्तुओं के समान यह भी रास्ते का फन्दा है । सनातन एकमात्र सच्चा लक्ष्य ही नही बहुत वास्तविक रूप से उस लक्ष्य तक पहुँचने का मार्ग और उस पर चलने की शक्ति भी है । जिस उड़ान को इस गुप्त शक्ति के पंख प्राप्त नही हुए वह दुनिया की सतह से थोड़ा ही ऊपर कठिनाई से उड़ सकने के अतिरिक्त और कुछ नही कर सकती । जिसे स्वर्ग तक उड़ान भरनी हो उसे स्वर्ग के ही पंखों का उपयोग करना पड़ेगा [24] ।

इसलिए किसी कम ऊँची उपलब्धि से ही संतुष्ट न रहने के लिए गुरुदेव नचिकेता की प्रशंसा करते हैं । ऐसी उपलब्धि चाहे विश्वरूप दर्शन ही क्यों न हो जिसके लिए इस मंत्र में इतने नाम दिए गए हैं ।

यह विश्वरूप, समस्त होने के कारण समस्त कामनाओं का परितोषण है । पृथकता की भावना ही कामनाओं को गति प्रदान करती है । जहाँ सब कुछ ब्रह्मलोक के समान एक सामञ्जस्यपूर्ण सम्पूर्ण हो वहाँ कामना के लिए कोई स्थान नही हो सकता, क्योंकि मूर्खतावश जो कुछ भी बाहर ढूँढा जाता है वह यहाँ उपलब्ध होता है । इस दैवी अवस्था में एक की परिधि समस्त की परिधि होती है । यह इस जगत का ही नही बल्कि सब जगतों का आधार है क्योंकि इस सम्पूर्ण से उनका सार खीच कर ही अन्य जगतों की संरचना होती है । इस गर्भाशय में इन सब का अस्तित्त्व इस समय भी है ।

सृजनात्मक इच्छाशक्ति की अनन्तता इसे इसलिए कहा जाता है क्योंकि, कम से कम जहाँ तक प्रव्यक्ति है वहाँ तक, विश्व की परम गतिकता यही है । सूर्य और चन्द्र में ध्रुवित सनातन की समस्त शक्ति इस दैवी पुत्र में ही केन्द्रित है, और वह उन दोनों को ही ग्रहण करता है । वह ऐसा प्राणमय प्रतिमान है जो निम्न लोकों में समस्त गति का

[24] इस विषय पर हमें इस वल्ली के अंत में फिर आना होगा ।

नियमन करता है । उसका स्थायी आद्यरूपी सामञ्जस्य, काल व परिवर्तन के जगतों में प्रतिबिम्बित हो कर, वह प्राणमय इच्छाशक्ति बन जाता है जो उन जगतों की समस्त गति को निर्देशित करती है । उसमें ही वह सृजनात्मक शक्ति केन्द्रित है जो तारों व ग्रहों को आकाश में और उन्हें बनाने वाले परमाणुओं व विद्युदणुओं को चलाती है ।

"It maketh and unmaketh, mending all;
What it hath wrought is better than had been;
Slow grows the splendid pattern that it plans;
Its wistful hands between."[25]

"वह सब को बनाता, बिगाड़ता, सुधारता है,
जो पहले था वह उससे अच्छा बनाता है,
उसकी योजना धीरे धीरे उभरती है,
अपने उत्कंठित हाथों के बीच" ।

वह "भयरहित उस पार" है क्योंकि प्रव्यक्त विश्व में होते हुए भी उस तक परिवर्तन के दुःखमय संसारों की पहुँच नही, जन्म और मृत्यु वाले संसारों की जो क्रीतदासों की भाँति अपने केन्द्रीय सूर्य के चारों ओर घूमते रहते हैं । प्रवाहशील सरिता के रूप में, जिसे हम काल या समय कहते हैं उसके पार, वह अभय इसलिए है क्योंकि भय की जननी पृथकता वहाँ पैर नही रख सकती । उसमें प्रत्येक, प्रत्येक में घुला मिला, और प्रत्येक में सम्पूर्ण होता है । जैसा कि अन्य स्थान पर कहा गया है "जहाँ द्वैत है वहाँ अन्य का भय होता है परन्तु जहाँ सब कुछ स्वयं हो वहाँ डर किस का?"

उसे महान् इसलिए कहा गया है क्योंकि दार्शनिक सिद्धान्तों में (विशेषकर सांख्य में) उसे *महत्* नाम दिया गया है । इसी के साथ *उरुगाय* नाम भी है यानि विशाल या दूर तक विस्तृत । इसका अर्थ बड़े बड़े डग भरने वाला भी किया जा सकता है और संकेत है विष्णु के प्रसिद्ध तीन चरणों की ओर । सर्वव्याप्त विष्णु, सबका एकमात्र प्रव्यक्त आत्मन् परिवर्तन व दुःख के तीन लोकों को पार करता, चौथे

[25] सर एडविन आर्नल्ड कृत *लाइट ऑफ एशिया* (*Light of Asia*) ।

चरण में स्थित होता है। इसको "स्वर्ग की आँख के समान फैले ऋषियों द्वारा सदा देखा जाने वाला परमधाम"[26] भी कहा गया है।

स्तोमम्, जिसका रूपान्तर हमने "मंत्र के शरीर वाला" किया है, का अर्थ सुस्पष्ट नही है। *स्तोम* शब्द का अर्थ है वैदिक ऋचा, मंत्र अथवा मंत्र संग्रह। अधिकांश पाठक "शब्द ब्रह्म" पद को तो जानते ही होंगे। इस पद को वेदों व मंत्र संग्रहों के लिए भी उपयोग किया जाता है। यह "शब्द ब्रह्म" तत्त्वतः *महत्* ही है, सृजनात्मक शब्द (creative Logos), महान शब्द (the Great Word), पायथागोरस के बिम्बों का सामञ्जस्य (Pythagorean Harmony of the Spheres)। कबाला में यह ईश्वर का चार अक्षरों का पुनीत नाम "jod-he-vav-he" है, जो सब परोपकारी जादू का आधार होता है। जिन भाग्यवान व्यक्तियों की तीक्ष्ण दृष्टि इस दैवी लोक तक पहुँच गई हो वे उस रहस्यमय व विस्मयकारी नाद को अच्छी प्रकार जानते हैं जिसका स्पन्दन सनातनत्व में अपरिवर्तनशील अस्तित्त्व द्वारा परिवर्तनों की प्रव्यक्ति में होता है। कुछ पाठकों को उन आग्नेय अक्षरों की भी स्मृति होगी जो गहराई के ऊपर कौंध जाते हैं, और जिनमें मंत्र की प्राणमय शक्तियाँ प्रतीकात्मक रूप से शरीर धारण कर दृष्टा की आँखों के सामने आ जाती हैं[27]।

वह महानाद, महामंत्र, महान सार्वभौमिक हृदय का स्पंदन है और उसकी सहमा देने वाली प्रतिध्वनि हमारे चारों ओर अब भी है और सदा रहेगी। परन्तु हमारे कान इतने बहरे हो गए हैं कि जैसा पायथागोरस ने कहा हम सुनने की क्षमता नही रखते। "कान होते हुए भी हम सुनते नही"। जो सुन सकते हैं वे जानते हैं कि हमारे द्वारा सुने जाने वाले सब नादों का मूल यही है और यहाँ के जीवन में देखी सुनी समस्त लयों की आश्चर्यमय स्वरसंगति की आधारिक लय भी यही है। वनों में वायु की गुनगुनाहट, विशाल नदियों की गहरी सरसराहट, समुद्र की लहरों की चट्टानों पर गर्जना, और हाँ, हमारे हृदयों की धड़कन, घड़ी की टिकटिक और पानी के जहाज़ के तथाकथित मृत

---

[26]एक अन्य मापदण्ड के अनुसार यह "चौथा" *महत्* से भी ऊँचा अव्यक्त है। यह प्राचीन प्रतीक अनेक स्तरों पर उपयुक्त हैं और इस कारण विद्वानों की गड़बड़ाहट का कारण रहा है।

[27]वैदिक दृष्टा जब मंत्रों को *देखने* की बात करते थे तो वह "केवल" काव्योचित अलंकार ही न था।

इंजन के स्पंदन भी उस एक महान नाद से ही निकले हैं और एक संगीतपूर्ण चित्र के ही अंग हैं । जिन किन्ही वस्तुओं को भी हम ध्वनि अथवा गति कहते हैं वह वास्तव में इस अकाल लय की ही प्रव्यक्तियाँ हैं । जैसे अन्य योगों मे सजीव कल्पना अथवा मानसिक धारणाओं की सहायता से आरोहण की सीढ़ी बनाई जाती है वैसे ही मंत्रयोग में ध्वनि का प्रयोग कर स्थूल से सूक्ष्म और सूक्ष्म से गहन दैवी अवस्था तक जाया जाता है ।

और अन्त में वह *प्रतिष्ठा*, आधार, है क्योंकि समस्त आविर्भाव, चाहे वह पदार्थ का हो चाहे आकार का, इसी से होता है और उससे वह कितना ही पृथक क्यों न लगे होता वास्तव में उसी में स्थित है ।

यदि यह ब्रह्मलोक, जिसे शंकराचार्य ने *हिरण्यगर्भ* यानि सोने का गर्भ कहा है, यह सब कुछ है तो इसे ठुकरा देने के लिए यम नचिकेता की प्रशंसा क्यों करता है? एक कारण तो हम दे चुके हैं और अब एक और दिया जा सकता है । उक्तलिखित विभिन्न नामों से देखा जा सकता है कि ब्रह्मलोक मनोकामना का देश है क्योंकि वहाँ के लिए उपयुक्त सब पद मनुष्य की स्वाभाविक कामनाओं के लिए भी इस्तेमाल किए जा सकते हैं । *स्तोम* का अर्थ है प्रशंसा, *उरुगाय* का अर्थ है लम्बा चौड़ा राज्य (1.1.23 के उन वरों से तुलना कीजिए जिन्हें देने के लिए यमराज तैयार हैं), और प्रतिष्ठा तो साँसारिक दृष्टि की स्थापना है । हृदय की इन सब कामनाओं की पूर्ति ब्रह्मलोक में होती है और इस लोक की चाह यदि इन कामनाओं के परम त्याग से सुसज्जित न हो तो कामना की ज़ंजीरों से बँधी होती है भले ही ज़ंजीरें चौबीस कैरट के सोने की हों । *हिरण्यगर्भ* वास्तव में कामनाओं को पूरा करने वाला है *(कामस्याप्तिम्)* परन्तु जो कामना की पूर्ति चाहेगा वह इसके अतीत की ओर ले जाने वाले, पदचिह्न रहित, हंसपथ को कभी न पायेगा ।

(12) *तं दुर्दर्शं गुढमनुप्रविष्टं गुहाहितं गह्वरेष्ठं पुराणम् ।*
अध्यात्मयोगाधिगमेन देवं मत्वा धीरो हर्षशोकौ जहाति ॥

उस दिव्य शक्ति को – जो कठिनाई से दीखती है, अंधकार में उपस्थित होती है, हृदय की गुफा में निवास करती है, गह्वर में रहती है, प्राचीन है – आंतरिक अहंभाव के साथ संयोग स्थापित कर लेने के कारण (अध्यात्म योग द्वारा) जानने के पश्चात धीर पुरुष हर्ष व शोक को त्याग देता है ।

(13) *एतच्छ्रुत्वा सम्परिगृ मर्त्यः प्रवृ धर्म्यमणुमेतमाप्य ।*
स मोदते मोदनीयँ हि लब्ध्वा विवृतँ सद्म नचिकेतसं मन्ये ॥

इसे सुन व अच्छी तरह समझ कर, (और) सूक्ष्म एकक (एतम् अणुम्) को अलग कर व प्राप्त कर (प्रव्यक्त) गुणों[28] वाला मर्त्य पुरुष आनन्दगृह[29] को जाता है । में नचिकेता को खुला घर[30] मानता हूँ ।

ब्रह्मलोक को जाने वाले पथ से भिन्न परन्तु उस लोक में से ही हो कर जाने वाला एक पथ है जो सनातन तक ले जाता है । उसका सिंहद्वार, जैसा कि भगवान बुद्ध ने भी सिखाया, "इस साढ़े तीन हाथ के मानव आकार के अन्दर ही है" । सामान्य जीवन *अधिभौतिक योग* होता है, उन इन्द्रिय विषयों से युक्त होना जो बाह्य जगत में हमारे चारों ओर पड़े होते हैं । उनके साथ युक्त हो कर हम उनके ही समान नाशवान हो जाते हैं । अपना सोना लिए, तली में छेद वाले जहाज़ों में जा कर, हम उनके साथ डूबते हैं और अंधकार के मार्ग पर बढ़ते हैं । इसके विपरीत होता है *अध्यात्म योग,* उसके साथ युक्त होना जो अहंभाव की प्रकृति का है यानि अन्दर चैतन्य की दीप्त ज्योति के साथ । जब हम बाहर के सुदीप्त इन्द्रिय जगत से मुँह मोड़ अपने अन्दर देखते हैं तो आरम्भ में अंधकार के अतिरिक्त कुछ नही पाते, और शायद इसी कारण बर्टरंड रसल (Bertrand Russell) ने बाहर के भरपूर जगत की अंदर के बाँझ अंधेरे से तुलना की है । परन्तु जो सामान्य मनुष्य के लिए रात होती है वह दृष्टा के लिए दिन होता है । और इस रात के अंधेरे के भीतर एक देदीप्यमान व दैवी शक्ति होती है, समस्त जगतों की ज्योति, समस्त देखने की क्रिया की एकमात्र ज्योति । केवल दृश्य की ही ओर ध्यान देने की आदत पड़ जाने से आरम्भ में उस दृष्टा की उपस्थिति से अवगत होना कठिन होता है जो पहले, प्रतीकात्मक रूप से पदार्थ कहलाने वाले, बाहर के अंधेरे में प्रवेश कर गह्वर अथवा मानव हृदय की गुफा में निवास करता है ।

---

[28] *धर्म्यम्* का अर्थ यहाँ धर्मों अर्थात गुणों के वाहक से है । ये गुण एकमात्र वास्तविकता के विभिन्न रूप हैं । तुलना कीजिए 2.1.14 से ।

[29] शब्दशः *मोदनीय* का अर्थ है जिसमें आनन्द किया जाए ।

[30] अंतिम पद का अर्थ यह भी किया जा सकता है ः "मेरे विचार में नचिकेता के लिए घर खुला है" ।

और आगे बढ़ने से पहले कुछ देर इस प्रसिद्ध गुफा के विषय पर रुक जाएं । न जाने कितनी बार हम इस आधुनिक आलोचना को सुन चुके हैं कि प्राचीन काल के लोग मस्तिष्क की कार्य प्रणाली से अनभिज्ञ होने के कारण हृदय को चैतन्य का आसन मानते थे । ऐसा नही है, असली बात बिल्कुल उल्टी है । प्राचीन ऋषि अज्ञानी नही थे आधुनिक लोग अज्ञानी हैं क्योंकि वे हृदय को रक्त पम्प कह कर और निलयों (ventricles), कपाटों (valves) तथा और न जाने किस किस के बारे में पाण्डित्यपूर्ण बातें कर यह दावा करते हैं कि वे उसके बारे में सब कुछ जानते हैं ।

यदि चैतन्य, या इससे बेहतर होगा कि साइकी क्योंकि उसमें जिसे हम चेतना समझते हैं उससे कही अधिक निहित होता है, के आसन के बारे में बात करनी है तो उसे हृदय में रखना बिल्कुल ठीक है । हृदय भौतिक स्तर पर साइकी के आधारिक केन्द्र का समरूप है और इसलिए उसे उसका वाहन कहा जा सकता है । इसके अतिरिक्त हृदय में गुफायें होती हैं, भौतिक गुफायें तक होती हैं जैसा कि प्रत्येक तीन कौड़ी की किताब लिखने वाला भी जानता है, और यह गुफायें वात-गुफायें (Caverns of the Winds) होती हैं, जिस मत की सहमति उनके अंग्रेज़ी नाम वेन्ट्रिकल्स (ventricles) से भी मिलती है । इन गुफाओं से स्वर्ग की चार वातें (four Winds of Heaven) निकलती हैं, दोनों ही प्रकार की, चीड़ के वनों में गुनगुनाने वाली ओर झंझा की तरह यूरोप में आज[31] चलने वाली भी । इसके अतिरिक्त शरीर-शास्त्री चाहे अभी उसे ढूँढ पाए हों या नही, हृदय में एक गहरा कुँआ भी है जिससे जीवन का सोता बुदबुदाता हुआ निकलता है, यही कुँआ सत्यकूप (Well of Truth) भी है, वह गहन गह्वर है जिसमें हमारे मंत्र के अनुसार ज्योति की प्राचीन आत्मा निवास करती है । नही, वह “अज्ञान” कदापि नही था जिसके कारण ऋषियों ने हृदय के बारे में यह सब कुछ कहा । मस्तिष्क और उसका चैतन्य तो नॉस्टिक इल्डाबाओथ (Gnostic Ildabaoth) के समान अनाधिकार ग्राही, बस कल का नवाब है जिसने कहा था “मैं पिता और ईश्वर हूँ और मुझ से बढ़ कर और कोई नही”, परन्तु उसकी माता प्रज्ञा (Wisdom) ने

[31] इस पुस्तक की पाण्डुलिपि द्वितीय महायुद्ध से कुछ ही पहले लिखी गई थी ।

उसे झिड़क कर कहा "झूठ न बोल इल्डाबाओथ, तेरे ऊपर परमपिता (All Father), प्रथम मानव (first Man) व मानव पुत्र मानव (Man Son of Man) है" । कहा जाता है कि इस कथन से "सब शक्तियाँ आश्चर्यचकित हो गईं", ठीक वैसे ही जैसे हमारे आज के संसार की "शक्तियाँ" आश्चर्यचकित होती हैं [32] ।

वैदिक काल के उन प्राचीनतम दृष्टाओं से लेकर, जिन्होंने यह घोषणा की कि हृदय में ढूँढने से ही उन्हें "सत्" और "असत्" के बीच का सम्बन्ध मिला, आज तक के भारतीय गुरुओं ने ठीक ही यह सिखाया है कि जो पथ पर चलना चाहे उसे द्वार हृदय के अंदर ही खोजना होगा । चार गुफाओं के मध्य मिलता है पुनीत कूप, और जिसने इसका पानी पिया "उसे फिर कभी प्यास नही लगेगी" । आरम्भ में इतना काला दीखने वाले उस गहरे पानी से एक ज्योति निकलती है जिसकी ओर पहले तो ध्यान नहीं जाता परन्तु जो गुफाओं को एक नील ज्योति से प्रकाशित किए रहती है । कभी कभी इस पानी को एक गंधर्व (Spirit) कुछ आन्दोलित सा कर देता है, वैसे ही जैसे उसने बहुत पहले सिलोअम के रोगहर सरोवर (Healing Pool of Siloam) को किया था । सतह पर एक प्रदीप्त फुहार दिखाई देती है और नीचे की गहराइयों से रहस्यमय चिह्न (Magic Emblem) लिए एक "सफ़ेद ज़रीदार रेशम (samite) में लिपटा, रहस्यमय, अद्भुत" हाथ उठता है । यह रहस्यमय चिह्न तावीज़ और कुन्जी का काम करता है । ऐसे क्षणों में यदि उनकी प्रतीक्षा न की गई तो वे हाथ से निकल जाते हैं । साहस के साथ, जादुई तावीज़ को हाथ में लिए हमें सफ़ाई से गहरी डुबकी लगाने के लिए कूद जाना चाहिए । एक बार में ही कोई गहराई तक नही पहुँचता । पर जो पहुँचा उसने हर्ष व शोक से छुट्टी पाई ।

उपनिषद् और कहता है कि जिसने यह सद्गुरु से सुन लिया, अर्थात प्राचीन जादुई शिक्षा के अनुसार जिसने "हृदय की समझ से"

---

[32] मीड कृत *एक भूले धर्म के भग्नावशेष* (*Fragments of a Faith Forgotten* by G.R.S. Mead, p. 189) से । इससे भी तुलना कीजिए "निम्न हृदय ऐसे चलता है जैसे कोई सबल शक्तिशाली सैनिक अधिकारी, जिसने सत्ता का अपहरण कर लिया हो, अपने दुर्बल राजा को तिरस्कारपूर्ण नेत्रों से देखता है" । *दि सीक्रेट ऑफ़ दि गोल्डन फ़्लावर* विल्हेल्म द्वारा अनुवादित (*The Secret of the Golden Flower* transl. by Wilhelm) ।

सुन लिया, और जो सूक्ष्म केन्द्र बिन्दु (*अणु*) को पकड़ सकता है, वस्तु कहलाये जाने वाले प्रतिबिम्बों तथा गुणों का वह वाहक, वह व्यक्ति जिसका हाथ रहस्यमय चिह्न को थाम लेता है, वह "जलाशय के अंदर स्थित गृह" को भरे रहने वाले सनातन के अनन्त आनन्द को पाता है। सच्चा शिष्य खुला घर होता है, जिसे गुरु ने खोला हो। उसके भीतर ही ब्रह्मपुर होता है, वह ब्रह्मधाम जिसके अंदर आत्मा प्रवेश करता है और जहाँ वह निवास करता है[33]।

शायद कहा जायेगा कि हमने मूललेख को और भी उलझा दिया है। जिनका विचार ऐसा हो उन्हें प्रकाश के लिए कही और जाना होगा। हम तो दुबारा यही कह सकते हैं : जीवन की जलराशि (Waters of Life) से एक हाथ उठता है और उसमें एक चिह्न होता है, उस चिह्न को पकड़ो और उसे दृढ़तापूर्वक ढूँढो जिसके हाथ में वह है, हाथ तो बहुत लम्बा है परन्तु जिसने उसका शरीर पा लिया उसे लक्ष्य मिल गया। यह आदेश उनके लिए बिल्कुल स्पष्ट हैं जिनके लिए ये बनाये गए हैं और इन्हें चेतन मानस की सस्ती कागज़ी मुद्रा में बदलने की कोई चेष्टा नही की जाएगी। इन कागज़ी नोटों की झूठी स्पष्टता प्राचीनकाल के गूढ़तम वक्तव्यों से कहीं अधिक भ्रमजनक हो सकती है।

मृतकों का केवट (Ferry-man of the Dead) आत्मा को अपनी नौका पर कागज़ी मुद्रा लेकर पार नही कराता और उस मधुकेक (honeycake) की जगह सैकरीन की गोलियाँ नही ले सकती जिसे अर्पण कर सर्बिरस (Cerberus) नामक द्वारपाल को प्रसन्न किया जाता है[34]।

---

[33] *मुण्डकोपनिषद्* 3.2.4 और *छान्दोग्य* 8.1.1 से तुलना कीजिए।

[34] यूनानी शिक्षण का शारोन (Charon), यह केवट *छान्दोग्य उपनिषद्* के उस अमानव पुरुष के समान है जो आत्माओं को देवयान तक ले जाता है। यूनानी मिथक में उसे एक सिक्का देना पड़ता था और इसलिए मित्रगण मृतक के मुँह में एक सिक्का रखते थे। इसी कारण मरे व्यक्ति के मुँह में भारत में सोना रक्खा जाता है। हर्मीस सायकोपॉम्पोस (Hermes Psychopompos), यानि आत्माओं का मार्गदर्शक हर्मीस, भी एक ऐसी ही मूर्ति थी जिस के हाथ में एक ऐसा "सुन्दर सोने का डण्डा" होता था जिससे वह "मृतकों की आँखों को मन्त्रमुग्ध करता है और फिर सचेत हो जाने वालों को नीद से उठा देता है" (नासीनी शिक्षा देखिऐ)। तीन सिर वाला

(14) *अन्यत्र धर्मादन्यत्राधर्माधन्यत्रास्मात्कृताकृतात् ।*
अन्यत्र भूताच्च भव्याच्च यत्तत्पश्यसि तद्वद ॥

जो धर्म नही, जो अधर्म नही, जो कारण व फल भी नही, भूत और भविष्य भी नही, जिसे तू देखता है मुझे वह बता ।

परम्परा के अनुसार यह प्रश्न नचिकेता का माना गया है यद्यपि स्वयं मंत्र में, सिवाय इस बात के कि यह प्रश्न है, ऐसे कोई संकेत नही जिनसे इसे नचिकेता का कथन कहा जाए । अतएव, कुछ आधुनिक अनुवादक आलंकारिक प्रश्न मान इसे यम के मुँह से बुलवाते हैं । शायद यह मानना और भी सही है कि यह प्रश्न उनमें से है जिन्हें गुरु शिष्य से पूछता है और उद्देश्य शिष्य के चित्त को उस पर तब तक एकाग्रता से रखना है जब तक उत्तर न मिल जाए । एक उदाहरण तिब्बती *महामुद्रा योग*[35] है । इसमें और जापानी ज़ेन बौद्धमत के *कोआन* में स्पष्ट समता है हालाँकि ज़ेन की अपनी अलग ही विशेषता है । ऐसे प्रश्न बहुत कारगर होते हैं, कम से कम एक विशेष प्रकार के शिष्य के लिए तो होते ही हैं । शिष्य को एक समस्या दे दी जाती है जिसे वह बार बार अपने मन में तब तक उलटता पुलटता रहता है जब तक उसकी विचारधारा उससे संतृप्त न हो जाए और वह उसके स्वप्नों में भी घर न कर ले । जब मन थक जाता है और चकरा कर पीछे गिर पड़ता है (और प्रश्न जानबूझ कर ऐसा पूछा जाता है जो मन को चकराने वाला हो या जिसका मेधावी भाषा में उत्तर सम्भव ही न हो) तब साइकी के गहरे स्तरों से उत्तर दमक उठता है

सर्बिरस जो मृत्युकक्ष की रखवाली करता है यमराज के चार आँख वाले उन दो कुत्तों के समरूप है जो पथ के रक्षक होते हैं । मिस्र का शृगालमुखी एन्यूबिस (Anubis) भी मृतात्माओं का मार्गदर्शक था और इसी को हर्मीस के साथ मिला बाद में हर्मान्युबिस (हरमानुबसि) बना ।

[35] "*अचल* (अथवा स्थिर मन) का वास्तविक स्वभाव क्या होता है?
वह अचल कैसे रहता है?
क्या *चल* अचल से भिन्न है?
चल अचल कैसे बन जाता है?"

डा॰ ऐवन्स वेन्ट्स (Dr Evans Wentz) व लामा दावा सम्दूप (Lama Dawa Samdup) द्वारा अनुवादित *टिबेटन योग एण्ड सीक्रेट डॉक्ट्रिन* (*Tibetan Yoga and Secret Doctrine*) से ।

और एक समस्या विशेष का ही हल नही हो जाता वरन इससे महत्त्व की बात यह होती है कि शिष्य उस द्वार को खोलना सीख जाता है जो ज्ञान की ओर ले जाता है ।

इस समय हमारे सामने प्रश्न उसके बारे में है जो पूरी तरह अप्रतिबन्धित, सर्वातीत है । इस विश्व में प्रत्येक वस्तु चलायमान है, वास्तव में जगत शब्द का अर्थ ही होता है चलने वाली वस्तु । भौतिक, भावनात्मक व मानसिक स्तरों पर होने वाली इन गतियों में से हम दो प्रकार को तो पहचान ही सकते हैं । एक तो सार्वभौमिक सामंजस्य (Norm or Cosmic Harmony), *ऋत*, से संगति रखती है और दूसरी उससे असंगति । इन दो को क्रमशः *धर्म* और *अधर्म* कहते हैं । सामान्य तौर पर धर्म में वे सब गतियाँ व कर्म निहित होते हैं जो "आकाश में बिछाये" *महत्* के नित्य आदर्श यानि *ऋत* को प्रतिबिम्बित करते हैं । ऐसी ही गतियों को *धर्म* कहा जाता है और सामञ्जस्यपूर्ण होने के कारण वे कही तनाव उत्पन्न नही करती ।

परन्तु विश्व कोई मशीन नही, ऐसी वस्तु नही जो पूर्वनिर्धारित खाँचों पर अटलता से ऐसे चली आती हो कि पूरी तरह उसके बारे में भविष्यवाणी की जा सके । आत्मन् की मूलभूत स्वतंत्रता लिए चैतन्य की ज्योति मुक्त होती है । जैसे जैसे हम जड़ पदार्थ में धँसते जाते हैं, इस स्वतंत्रता पर उत्तरोत्तर बड़े प्रतिबन्ध भले ही लगते जाएँ, परन्तु इसे समाप्त नही कर सकते । किसी भी स्तर पर किसी भी गति को सार्वभौमिक आदर्श के साथ सामञ्जस्य बनाये रखने के लिए बाध्य नही किया जाता और इसलिए हमें इस आधुनिक वैज्ञानिक "खोज" से आश्चर्यचकित नही होना चाहिए कि विद्युदणु तक का चलन पूरी तरह पूर्वनिर्धारित नही है ।

जीवात्मा स्वतंत्र भले ही हो परन्तु वह सामञ्जस्य के आदर्शी कर्षण से बच नही सकता । स्वेच्छापूर्वक इस सामञ्जस्य के कर्षण की रेखाओं से हटने पर साइकीय सांतत्यक (continuum) अथवा परिवेशी (Ambient) पर तनाव पड़ जाता है और यह इतना ही वास्तविक होता है जितना रबड़ की चादर को खीचने से पैदा हुआ तनाव । यह तनाव अपना प्रभाव उस मानवीय या अमानवीय केन्द्र, यानि "आत्मा", पर डालता है जिसके कर्मो ने इसे पैदा किया था और यही प्रभाव अचूक रूप से इन एकपक्षीय कर्मों की त्रुटिपूर्ति करवाता है । ऐसा स्वेच्छापूर्वक किया गया असामञ्जस्यपूर्ण कर्म *अधर्म* कहलाता है । तनाव के कारण

जो त्रुटिपूर्ति करने वाला प्रभाव उत्पन्न होता है उसे *कर्म* कहते हैं, यानि कर्मों का फल, और यही वह "नियम" है जिसके कारण "हत्यारे का छुरा स्वयं उसी को मारता है" और जिसके कारण सब कर्म "बाहर निकले मुर्गी के चूज़ों की तरह आख़िर वापस घर ही आते हैं" ।

यह स्पष्ट ही है कि इस विश्व में विद्यमान प्रत्येक गति इन दो प्रकारों में से एक प्रकार की होती है । परन्तु जहाँ द्विविधता होती है, यानि विपरीतों के दो ध्रुव होते हैं, वहाँ दोनों ध्रुवों की आधारशिला एकता भी निश्चय ही होती है । क्या है यह एकता?

ध्रुवों का एक और युगल भी है, कारण और फल का । हम प्रत्येक घटना को कारण या फल समझने के अभ्यस्त होते हैं यद्यपि स्पष्ट ही है कि जो एक दृष्टिकोण से कारण होता है वह दूसरे दृष्टिकोण से फल होता है । इसके अतिरिक्त जैसे जैसे शिष्य पथ पर अग्रसर होता जाता है वह समझने लगता है कि हमारे स्तर पर कोई असली कारण-फल-सम्बन्ध नही होता, केवल सह-सम्बन्ध (correlation) होता है । "जो वस्तुएं एक दूसरे पर क्रिया करती हैं वे किसी सुदूर आदि से फट कर अलग होने के कारण भिन्न प्रतीत होती हैं परन्तु आरम्भ में एक ही उद्गम स्थान से निकली होती हैं । समस्त परस्पर क्रिया भाइयों के परस्पर सम्बन्ध के समान होती है जो एक ही जनक-जननी युगल से जीवन प्राप्त किए होते हैं"[36] । महान अग्रिप्पा की शिक्षा भी यही है ः "इसलिए फल के लिए, प्रथम कारण (First Cause) के साथ सब वस्तुओं के सम्बन्ध के अतिरिक्त, अन्य किसी कारण की आवश्यकता नही क्योंकि इन वस्तुओं की उन दैवी आदर्शों (Divine Patterns) व सनातन परिकल्पनों (Eternal Ideas) के साथ समरूपता होती है जिन में प्रत्येक का अपना निर्धारित स्थान होता है"[37] । जो कुछ भी घटनायें हम अपने चारों ओर होती देखते हैं वे वास्तव में उन उच्च जगतों के फल हैं जिनके सहारे निम्न जगत खड़े होते हैं और जिन्हें भारतीय विचारधारा में *कारण-जगत* कहा जाता है । जो कुछ भी हो हमारी ध्रुवता तो अब भी बनी है भले ही क्षैतिज न होकर ऊर्ध्वाधर हो । क्या है वह जो कारण और फल दोनों के ही पार है?

---

[36] प्लोटाइनस 3.3.7 ।

[37] कॉर्नेलियस अग्रिप्पा (Cornelius Agrippa) कृत *थ्री बुक्स ऑन ऑकल्ट फिलासफी* (*Three Books on Occult Philosophy*) ।

एक बार फिर हम जिसे "काल" कहते हैं उसके सम्बन्ध से गतियों को देख सकते हैं । यहाँ होती है वर्तमान काल की छुरी-की-धार, केवल जिसमें ही गतियाँ विद्यमान होती हैं । यह धार उस भूतकाल को जिसमें गतियाँ *थी,* उस भविष्यकाल से जिसमें गतियां *होंगी,* अलग करती है । परन्तु एक तरह से भूत काल अब भी विद्यमान होता है क्योंकि उसकी गतियाँ हमें अभी भी प्रभावित करती हैं और जैसा कि प्लैटो ने कहा था अस्तित्त्व का अर्थ होता है क्रियाशीलता की क्षमता । और, यद्यपि यह कम स्पष्ट है, इसी तरह भविष्य भी हम पर अब ही प्रभाव डालता है । जो देखना नही चाहते उनके अतिरिक्त सब जानते हैं कि "होनी का साया होनी से पहले आ जाता है" । तो फिर क्या है वह रहस्यमय अस्तित्त्व जो भूत व भविष्य के पार नित्य वर्तमान में होता है?

ये हैं वे प्रश्न शिष्य को जिनका हल निकालना है, ताकि उत्तर उसके लिए द्वार खोल दें । शेष उपनिषद् में यही उत्तर है । इसे या तो नचिकेता के चुप रहने पर यम द्वारा घोषित माना जा सकता है या शिष्य द्वारा प्रश्न का घोर मनन किए जाने के कारण उसके हृदय में एकाएक प्रकट हुआ माना जा सकता है । ये दोनों विकल्प वास्तव में एक ही हैं क्योंकि जैसा हम देख चुके हैं शिष्य का उच्चतर अहंभाव ही यम है और उत्तर इस उच्चतर अहंभाव से ही आता है भले ही वह सशरीर गुरु के मुख से अथवा ध्वनि रहित वाणी से शिष्य के हृदय में स्थित मुख से निकले । जैसा कि उपनिषद् आगे चल कर हमें बतायेगा "जो इनमें भेद देखता है वह मृत्यु से मृत्यु को जाता है" ।

(15) *सर्वे वेदा यत्पदमामनन्ति तपाँसि सर्वाणि च यद्वदन्ति ।*
यदिच्छन्तो ब्रह्मचर्यं चरन्ति तत्ते पदं संग्रहेण ब्रवीम्योमित्येतत् ॥

जिस शब्द को सब वेद घोषित करते हैं, जिसके बारे में सब अन्तर्मुखतायें (तपाँसि) बताती हैं, जिसकी इच्छा रखने के कारण मनुष्य रहस्यमय जीवन यापन (ब्रह्मचर्य) करते हैं ः वह शब्द में तुझे संक्षेप में बताता हूँ ः ओउम् है वह ।

जिसका हमने यहाँ अनुवाद "शब्द" किया है वह है "पदम्", और इसके अनेक अन्य अर्थ भी हो सकते हैं, जैसे, पथ, लक्ष्य, धाम, और अत्यंत महत्त्वपूर्ण, प्रकाश किरण । इन सब अर्थों को ध्यान में रखना चाहिए । हमने अनुवाद में "शब्द" इसलिए कहा है क्योंकि "पदम्"

को यहाँ एक रहस्यमय शब्द के रूप में प्रस्तुत किया गया है और क्योंकि यह उसके समरूप है जिसे यूनानी-मिस्री रहस्यवादी नाद कह कर पुकारते थे और जो विश्व को रूप देने वाला दैवी उद्गार (formative divine Utterance) है। पाण्डित्यपूर्ण लेखकों ने इसका "युक्ति" के मूलतत्त्व के साथ तादात्म्य इसलिए बनाया क्योंकि जिसे हम युक्ति के नाम से जानते हैं वह मूलतः इस दुनिया में सुव्यवस्था स्थापित करना ही है। फिर भी दोनों को एक ही मान लेना अंश को सम्पूर्ण समझ लेना है और वह भी छोटे से अंश को।

तो यह शब्द या नाद एक ऐसा ध्रुव सिद्धांत है जिसके चारों ओर वेदों का विपुल प्रतीकवाद ऐसे अटल रूप से घूमता है जैसे तारामय आकाश उस ध्रुव तारे के चारों ओर घूमता है जिसको संयोग से पदम् भी कहते हैं। यहाँ वेदों का मतलब केवल उन पुस्तकों से नही लगाना चाहिए जिन्हें भारत में वेद कहा जाता है। समस्त संसार के पुण्य शिक्षण वेद हैं। *विद्* धातु से निकले वेद शब्द का अर्थ है ज्ञान, और इस प्रकार के समस्त ज्ञान का उद्देश्य उस एक ध्रुव सिद्धांत को जानना है "जिसे जानकर कुछ जानने की आवश्यकता नही रहती"[38]।

यही नाद उन सब कर्मों से भी निकलता है जिन्हें *तपस्या* कहते हैं। तपस्या को अक्सर अपने ऊपर की गई कठोरता समझा जाता है परन्तु यथार्थ में यह चिन्तन की वह तपन या गुप्त आंतरिक अग्नि होती है जो चैतन्य को अन्दर, अपने उद्गम स्थान, की ओर मोड़ने से उत्पन्न होती है, और जिसे आजकल अंतर्मुखता कहते हैं तथा एक या दूसरे रूप में जो समस्त जादुई शक्तियों की मूल है। अन्य जगह लिखा है कि ऐसी तपस्या, ऐसी आंतरिक अग्नि, द्वारा ब्राह्मिक पुरुष के चिन्तन से स्वयं विश्व फूट निकला था। ऐसी सब अंतर्मुखतायें अपनी पूरी जादुई रचनात्मक शक्ति के साथ "शब्द" का उद्घोष करती है।

जिस ब्रह्मचर्य को आज केवल यौन-संयम ही समझा जाता है उसका आरंभ में अधिक व्यापक अर्थ था। पहले यह नाम शिष्य द्वारा गुरु चरणों में यापन किए गए जीवन को दिया जाता था। और चूँकि ब्रह्म शब्द का अर्थ "महान्" और "रहस्यमय" या "पुण्य" दोनो ही होता है हमने इसे इसका आधारिक अर्थ, आंतरिक अथवा रहस्यमय जीवन यापन, दिया है। अन्य सब अर्थ देना यहाँ भी अंश को सम्पूर्ण मानना

---

[38] *गीता 7.2। यत् ज्ञात्वा न इह भूयःअन्यत् ज्ञातव्यम् अवशिष्यते।*

ही होगा । यह अन्य अर्थ कैसे जड़ पकड़ गए यह समझना सरल है क्योंकि आंतरिक पथ का सार संयम में है, और अनेक प्रकार के संयमों में से यौन-संयम साधारण मनुष्यों के मन में सबसे ऊपर होता है । कामवेग पर नियंत्रण रखना उनके लिए सर्वश्रेष्ठ नियंत्रण है (ठीक वैसे ही जैसे "दुराचरण" का अर्थ साधारणतया केवल यौन सम्बन्धित अनियमितता है) और क्रोध पर नियंत्रण करने जैसे अन्य इतने ही महत्त्वपूर्ण नियंत्रणों की बिल्कुल उपेक्षा कर दी जाती है ।

जो कुछ भी हो पुनीत शब्द का ज्ञान वह असली लक्ष्य है जिसके चारों ओर पूरा आंतरिक जीवन केन्द्रित होता है ।

(16) *एतद्ध्येवाक्षरं ब्रह्म एतद्ध्येवाक्षरं परम् ।*
एतद्ध्येवाक्षरं ज्ञात्वा यो यदिच्छति तस्य तत् ॥

यह शब्द सचमुच ही ब्रह्म है । यह शब्द सचमुच ही परम् है । जो इस शब्द को जानता है वह जिसकी इच्छा करे वह उसका है ।

(17) *एतदालम्बनँ श्रेष्ठमेतदालम्बनं परम् ।*
एतदालम्बनँ ज्ञात्वा ब्रह्मलोके महीयते ॥

यह (प्राप्ति का) सर्वश्रेष्ठ साधन है, यह सर्वश्रेष्ठ आलम्बन[39] है । इस आलम्बन को जान मनुष्य ब्रह्मलोक में महान हो जाता है ।

इन दो मंत्रों में गुरु *अद्वितीय शब्द* की प्रशस्ति करता है । पहले मंत्र का "शब्द" पूर्वानुसार *पदम्* नही *अक्षरम्* है और इससे यह सूचित होता है कि शब्द होने के अतिरिक्त यह अविनाशी भी है । इसी तरह दूसरे मंत्र में *आलम्बनम्* का अर्थ आसरा है जिससे कोई वस्तु टिकी होती है और विशेषरूप से उपयोग करने पर यह ध्यान लगाने का आसरा, यानि छलांग लगाने का वह तख़्ता, बन जाता है जिससे मनुष्य मनोतीत की जलराशि में जाता है । ऐसे आलम्बन अनेक प्रकार के हो सकते हैं, चाक्षुष रूप, ध्वनि अथवा विचार । यहाँ इन सबसे श्रेष्ठ ओ३म् को बताया गया है ।

---

[39] *आलम्बनम्* का अर्थ आसरा और प्राप्ति का साधन दोनो ही होता है इसलिए दो स्थानों पर भिन्न अर्थ लिए गए हैं । इस मंत्र की अंतिम पंक्ति में शब्द चयन पर भी ध्यान दीजिये । *महीयते* का शब्दशः अर्थ है "मान्यता प्राप्त करता है" परन्तु संकेत *महत्* की ओर भी है जिसके साथ जीवात्मा का इस स्थिति में तादात्म्य हो जाता है ।

प्रणव (ओ३म्) की व्याख्या *माण्डूक्य उपनिषद्* में की गई है । यह अपने आप में ही एक विषय है और हम इसमें विस्तारपूर्वक यहाँ नही जा सकते परन्तु ध्यान के आलम्बन के रूप में इसकी विशेष श्रेष्ठता के कारणों पर कुछ कहना आवश्यक है ।

सबसे पहले तो यह है कि उक्तलिखित तीनों प्रकार के मानसिक आलम्बनों का इसमें समिश्रण है । यह चाक्षुष रूप ओ३म् है, ध्वनि भी है और विचार या विचारराशि भी । इसकी एकाक्षर एकता के तीन तत्त्व अ, उ, म तीन लोकों के तथा अर्धमात्रा चौथे अव्यक्त की प्रतीक हैं । इससे अधिक विस्तारपूर्ण व्याख्यायें भी हैं जिनमें एक सप्तगुणी भी है परन्तु उक्तलिखित ही सबसे अधिक प्रचलित व सरल है ।

इसके अतिरिक्त ओ३म् में मौखिक उद्गार की पूरी पहुँच निहित है – आरम्भ होता है अ से जो कण्ठ के पृष्ठभाग से निकलता है और अन्त होठों के बन्द होने पर म से ।

एक और बात भी है । यदि एक विशेष प्रकार से उच्चारित किया जाए तो यह लगभग उस महानाद की नकल हो जाता है जिसके बारे में हम लिख चुके हैं और जिसका यह प्रतीक है ।

इन्ही सब कारणों से यह वैदिक परम्परा का महामंत्र रहा है और इसलिए सब मंत्रों के आरम्भ में आता है[40] । वास्तव में हम यह कह सकते हैं कि अन्य मंत्र ओ३म् के ही विस्तरण हैं और उसके अर्थ को अधिक समझने योग्य बनाने के लिए हैं । इसलिए जब शिष्य कुछ आगे बढ़ जाता है तो उसे सब वेदों के सार ओ३म् को छोड़ बाकी मंत्रों को त्यागने की अनुमति मिल जाती है ।

ओ३म् केवल द्विविध ब्रह्म – प्रव्यक्त ब्रह्म यानि विश्व और उसके पार अव्यक्त ब्रह्म – का प्रतीक ही नही उसकी अभिव्यञ्जना या प्रव्यक्ति भी है, क्योंकि सब सच्चे व प्राणमय प्रतीक उसकी प्रव्यक्ति होते हैं जिसको वह प्रतीयमान करते हैं । निरी अन्योक्तिपरकता (allegory) के नकलीपन और असली प्रतीकवाद में यही अन्तर होता है । इसलिए गुरु का कहना है कि स्वयं ओ३म् को ब्रह्म कह सकते हैं और वह ध्यान करने का सर्वश्रेष्ठ आलम्बन ही नही बल्कि "वह" है जो समस्त का आलम्बन है ।

---

[40] हमारा तात्पर्य सब वैदिक मंत्रों से है । तान्त्रिक परम्परा में भी ओ३म् की उपेक्षा नही की जाती यद्यपि अन्य ध्वनियों का उपयोग कभी ओ३म् के बिना और कभी ओ३म् के साथ किया जाता है ।

वह अपने आप में एक ही साथ परम, एकमात्र सनातन, ब्रह्मलोक का महानाद और जन्म-मृत्यु के तीन निम्न लोक भी है । ओ३म् के साथ विश्व में प्राण डाला गया, ओ३म् के द्वारा वह इस समय अस्तित्त्व बनाये है और ब्रह्मा के दिन की समाप्ति पर ओ३म् के साथ ही वह वापस खिँच जायेगा ।

ओ३म् के द्वारा अपने सब तारों व ग्रहों के साथ आकाश बिम्ब पृथ्वी के चारों ओर घूमता है[41], जिसे हम ठोस धरती कहते हैं उस सीसे के सागर में तरंगें ओ३म् के द्वारा उठती व गिरती हैं, ओ३म् के द्वारा नदियाँ समुद्र की ओर बढ़ती हैं और ओ३म् के द्वारा सागर सदा धरती पर टक्कर मारता रहता है । और ओ३म् के ही द्वारा सैन्यदल युद्ध के लिए दौड़ पड़ते हैं, ओ३म् के द्वारा वे लड़ते और ओ३म् के ही द्वारा अपना बाहरी खोल छोड़ किसी अदृश्य पथ के पथिक बन जाते हैं ।

जो ज्ञानयुक्त होकर ओ३म् का उद्घोष कर सकता है वह, जैसा कि मंत्र का कहना है, निश्चय ही जो चाहे वह पा सकता है क्योंकि इसमें सृजनात्मक नाद की समस्त शक्ति होती है ।

यहाँ हम शीघ्र ही यह कह दें कि शुद्ध उद्घोष का मतलब ऐसा उच्चारण मात्र नही है जो किसी दूसरे व्यक्ति के कण्ठ या होठों की गति का अध्ययन करने से सीखा जा सके । जैसा कि एक आगे आने वाले मंत्र में कहा गया है किसी शिक्षा से ही यह उच्चारण नही सीखा जाता और न ही कोई ज्ञात स्वर विज्ञान इसे लिख पायेगा । यदि उस सृजनात्मक शक्ति की प्रव्यक्ति होनी है जिसका हम ऊपर वर्णन कर चुके हैं, तो शब्द का उच्चारण मुख से नही बल्कि साइकी के चतुर्विध अस्तित्त्व से होना चाहिए । यह उद्घोष हृदय में होना चाहिए या यूँ कहिए कि हमें अपने को उसके नित्य उद्घोष के साथ युक्त करना चाहिए क्योंकि इसका उच्चारण कोई मानव नही "ईश्वर" ही कर सकता है । ठीक बीच में स्पंदनमय नाद का वह फ़व्वारा भरता चला आता है और गहरी कन्दराओं में उसका प्रतिवाद गूँज उठता है । कन्दराओं की दीवारों पर सहस्रों चित्रलिपिक रूपों में वह अपने चिह्न

---

[41] शांत रहिये ! हम कोपर्निकस (Copernicus) को भूले नही हैं, परन्तु सब गति आपेक्षिक होती है । आधुनिक वैज्ञानिक कहते हैं कि सूर्यकेन्द्री विवरण केवल अधिक सरल है अधिक सच्चा नही । यह सरलता भी कुछ मतलबों के लिए है अन्य के लिए नही ।

अंकित कर देता है और जो पढ़ सके उसके लिए इनमें सब दैवी व मानवीय ज्ञान होता है । हम इस संसार में अंधेरे व दयनीय अज्ञान में विचरते हैं परन्तु अपने ही वक्षःस्थल में वह गुप्त प्रस्तरांकित पुस्तकालय लिए घूमते हैं जिसमें अजर गुप्त ज्ञान निहित है । जिसे हमारे वैज्ञानिक सहस्राब्दियों बाद "खोज" निकालें या न निकालें वह तो इसी समय इन कन्दराओं की दीवारों पर लिखा है परन्तु इस लिपि की वर्णमाला जानने वाले तक बिरले ही हैं । जो इसे पूरी तरह समझ लेते हैं वे हमारे बीच मनुष्यों की तरह नही रहते ।

(18) *न जायते म्रियते वा विपश्चिन्नायं कुतश्चिन्न बभूव कश्चित् ।*
अजो नित्यः शाश्वतोऽयं पुराणो न हन्यते हन्यमाने शरीरे ॥

यह ज्ञानी न जन्म लेता है और न ही वह मरता है । न ही वह कही से कुछ बन गया है । अजन्मा, नित्य, शाश्वत, आद्य वह शरीर के हनन पर हत नही होता ।

(19) *हन्ता चेन्मन्यते हन्तुँ हतश्चेन्मन्यते हतम् ।*
उभौ तौ न विजानीतो नायँ हन्ति न हन्यते ॥

यदि मारने वाला मारने की सोचता है या मारा जाने वाला सोचता है कि वह मरा तो दोनों ही सत्य नही जानते । यह (ज्ञानी) न मारता है न मारा जाता है ।

शब्दकोश में दिए गए अर्थ व लौकिक प्रचलन के कारण मंत्र 18 में *विपश्चित* शब्द का मतलब हमने ज्ञानी लगाया है, यानि बुद्धिमान या आत्मा, वह *विप्* धातु से निकला है जिसका अर्थ है कम्पायमान होना । इसलिए यह समझ में आ जाता है कि दर्जनों सम्भव शब्दों में से आत्मा के लिए यहाँ *विपश्चित* शब्द ही क्यों चुना गया । विपश्चित वह है जिसकी चेतना अपने ज्ञात ओ३म् के कम्पन के सामञ्जस्य के साथ प्रकंपित होती है । केवल इस तरह ही हम इन दो मंत्रों (18 व 19) तथा इन से पहले वालों के साथ सम्बन्ध देख सकते हैं । हमें बताया गया है कि ओ३म् के ज्ञाता की सब मनोकामनायें पूर्ण होती हैं और वह अमर ब्राह्मिक महत् के अस्तित्त्व के साथ युक्त होता है । हमने यह भी कहा है कि ओ३म् का उच्चारण कोई नही कर सकता, केवल उसके नित्य उद्घोष के साथ अपने को जोड़ा जा सकता है । जो ऐसा करता है उसकी चेतना सार्वभौमिक लय के साथ घुल जाती है

और इसलिए कहा जा सकता है कि इस लय के साथ प्रकम्पित होती है और उस महान ब्राह्मिक अस्तित्त्व का अंग बन जाती है जो परमात्मा है और जिसकी शक्तिशाली लय उसके हृदय में अब प्रव्यक्त हो जाती है ।

उस पुरुष के साथ युक्त हो वह अब पूरी तरह जानते हुए उसके अमरत्व का भागीदार बनता है । वह जानता है कि शीतकाल और ग्रीष्मकाल, रात व दिन, मृत्यु एवं जीवन दोनो एक बराबर ही उस लय के पहलू हैं उसकी अबाध तरंगों के तल व श्रृंग हैं । उसे इस बात का बोध हो जाता है कि आवर्ती ऋतुयें कैसे ही आएं या जाएं उसके लिए कोई मृत्यु नही है । शीतकाल के भीतर खिंचे जीवन में भी वह उतना ही विद्यमान होता है जितना ग्रीष्म के प्रचुर उद्गार में । ओ३म् को जानने के कारण वह दोनों को ही अपने अस्तित्त्व के समान-पहलुओं के रूप में स्वीकार करता है । शरीरों का तो उदय और क्षय होता है परन्तु उसका न उनके साथ उदय होता है न क्षय । वह उनमें नही होता वे उसमें होते हैं । वह कही से नही आया क्योंकि सब आने जाने से अलग वह अपने ही नित्य अस्तित्त्व में सदैव विद्यमान होता है । न ही उसके जाने के लिए कोई स्थान है, क्योंकि उससे बाहर कोई भी जगह नही है । और वह कुछ बन भी नही सकता क्योंकि वह सर्वस्व है । उसकी ज्योति नामरूपों को प्रकाशित करती है और अज्ञानी जन कहते हैं कि वह अमुक नामरूप बन गया है । परन्तु वह ये नामरूप उतना ही बन जाता है जितना सूर्य की ज्योति वह वस्तुएं बन जाती है जिनको वह प्रकाशित करती है ।

उसके प्रकाश में नामरूप आते हैं और चले जाते हैं परन्तु वे "वह" उतना ही हैं जितना हमारे हाथों के इशारे और हमारे होठों से निकले शब्द "हम" हैं । ये हमारे अस्तित्त्व में घटित घटनायें होती हैं और किसी बात की अभिव्यञ्जना करने के काम आती हैं परन्तु हमें यह कभी नही लगता कि हमारे द्वारा बोले गए शब्दों का अन्त होने पर हमारा अस्तित्त्व समाप्त हो गया । *विपश्चित* के साथ ऐसा ही है । उसके शरीर उसके मुख से निकले शब्द होते हैं । माला में पिरोये दानों के समान इन पृथक शब्दों को पूरी माला का अर्थ समझ में नही आता । परन्तु जब माला पूरी हो जाती है तो अर्थ सब के लिए खुलेआम सामने आ जाता है । प्रत्येक शब्द स्वतंत्र इकाई होता है परन्तु उसका अर्थ अपने से पहले आए शब्दों और बाद में आने वाले शब्दों के साथ गुँथा होता है ।

वह सनातन, शाश्वत वक्ता, उस विश्व का समवयस्क होता है जिसका वह नाद (Logos) है । दिन और रात निरन्तर एक के बाद एक आते जाते हैं परन्तु वह उनके साथ न आता है न जाता है । सब कुछ उसके अस्तित्व के अन्दर ही है, सब कुछ उस लय के साथ चलता है जो वह स्वयं है । कैसे मर सकता है वह शरीर के हनन के साथ? न वह मारता है न कभी मारा जाता है ।

(20) *अणोरणीयान्महतो महीयानात्माऽस्य जन्तोर्निहितो गुहायाम् ।*
तमक्रतुः पश्यति वीतशोको धातुःप्रसान्महिमानमात्मनः ॥

प्राणी के गुप्त हृदय में निहित यह आत्मन् अणु से भी छोटा और महान से भी बड़ा है । वासनामुक्त व्यक्ति आत्मा[42] (Spirit) की प्रशान्त कृपा से इस आत्मन् की महानता देखता है, (और) शोकमुक्त (हो जाता है) ।

जिसने ओ३म् को जान लिया उसने यह भी जान लिया कि वह सब कुछ के अन्दर है । छोटे से छोटे परमाणुओं या विद्युदणुओं के कम्पन और विशालतम नीहारिकाओं के वेगशील चक्र एक समान ही एकमात्र महान लय की प्रव्यक्तियाँ हैं । यह वह शक्ति है जो उन्हें अपने से बाहर खीचती है, उनकी गति को बनाये रहती है और फिर वापस अपने में समेट लेती है । सच तो यह है कि उसका उनके अन्दर होना भी उतना ही सच है जितना सूर्य का उदय व अस्त होना । होते तो वे हैं उसके भीतर, वह उनके भीतर नही, परन्तु दीर्घाभ्यास के कारण हम केवल यही कह सकते हैं कि वह उनके अन्दर है । वह सचमुच उनका सारभाग ही है, उनके अस्तित्त्व का हृदय । वह ज्योति है और वे उसकी तरंगें । उसके अस्तित्त्व की थाह न तो सूक्ष्मदर्शी यंत्र ले सकता है न दूरदर्शी । सूक्ष्मातिसूक्ष्म परमाणु को काटिये और वह वहाँ भी होगा, सब तारों के पार बाह्य अंतरिक्ष में चले जाइये और हम फिर भी

[42] शंकराचार्य ने *धातुः प्रसादात्* को *धातुप्रसादात्* कहा है और इसलिए अर्थ लगाया है "इन्द्रियों की प्रशांति से" । कुछ और लोग इसका अनुवाद करते हैं "सृष्टिकर्ता की कृपा से" । परन्तु *धातु* का अर्थ आत्मा (Spirit) भी होता है, जीवात्मा तथा परमात्मा दोनों । इन औपनिषदिक लेखों में से कुछ की द्वयार्थकतायें बहुत प्राचीन हैं और शायद कुछ मे तो जानबूझ कर डाली गई हैं क्योंकि अक्सर देखा गया है कि वास्तव मे दोनों ही अर्थ सच होते हैं ।

उसकी गोद में ही रहेंगे । वह आश्चर्यमय पुरुष (Wonderous Being) है, जीवन और ज्ञान का नागदैत्य (Dragon of Life and Wisdom) । वह अपने ऐश्वर्य के साथ आकाश में उड़ता है और तारा जगत उसके फैले पंखों के नीचे जुगनुओं की तरह टिमटिमाते हैं । परन्तु इसके साथ ही वह सूक्ष्म केन्द्रीय कूप में भी रहता है जो हृदय कन्दरा के बीचों बीच है, उसकूप में जो "बाल के सौवें भाग से भी सूक्ष्म है" । वह आत्मन् है, वह साँस या फूंक जो संसार के बुलबुलों को उड़ाती है[43] ।

मूललेख में आगे चल कर यह बताया गया है कि हम उस आश्चर्यमय महानता को कैसे देख सकते हैं । सबसे पहले तो वासना का त्याग करना होगा क्योंकि वासना की शक्ति ही हमें सदा अपने से बाहर निकालती रहती है और अपने उस रहस्यमय केन्द्र से दूर रखती है जिसमें आत्मन् का निवास है । प्रलोभन देकर वासना हमें बार बार "उसे" बाहर ढूँढने के लिए उकसाती है जो केवल अपने अन्दर ही प्राप्त हो सकता है । कभी परितृप्त हो कर और कभी कुण्ठित हो कर, हम बार बार दलदल में और धँसते जाते हैं ः "असार, असार, सब कुछ निस्सार है" । परन्तु ऐसा विचार क्षण भर ही रहता है । अगली तरंग एक बार फिर हमें बाहर की जलराशि, दुःख के कटु सागर, की ओर ले चलती है ।

जो आत्मन् की महानता देखना चाहे उसे पहले इन बढ़ती तरंगों के सामने खड़ा होना सीखना होगा, और यह सीख सकने के लिए उसे पहले यह जानना होगा कि ये तरंगें उसे बहा ले जाने में कैसे सफल होती हैं । इन्द्रियाँ वे अंग हैं जिनसे ये तरंगे हमें पकड़ती हैं । "जिन इधर उधर फिरती इन्द्रियों की बात मन सुन लेता है वे उसकी अकल को ऐसे उड़ा ले जाती हैं जैसे पानी में वायु जहाज़ को"[44] ।

इसलिए, पहला कदम है इन पालों को नीचे गिराना, ताकि आत्मा की नाव उमड़ती तरंगों में सन्तुलित रह सके और तूफ़ान में शांतिपूर्वक जमी रहे । दूसरे शब्दों में चेतना को इन्द्रियों के साथ स्थापित तादात्म्य को तोड़ देना चाहिए । उसे उनसे वियुक्त हो जाना चाहिए

[43] जिस धातु से *आत्मन्* बना है उस और यूनानी शब्द *न्यूमा* (pneuma) का अर्थ साँस है ।

[44] *गीता* 2.67 ।

ताकि वे शांत व अविक्षुब्ध रहें, और "हवा के झोंके रहित कमरे में जलते दीपक" की लौ के समान स्थिर रहें। जब यह हो जाए तब ही मन वासना के प्रभाव से विचलित न होगा और, जैसा पतंजलि ने कहा है, "स्वयं अपने स्वभाव में स्थित होगा" और यह समझ सकेगा कि जिसे वह अपने से बाहर दिन का प्रकाश समझता था वह अपने ही अन्दर के आत्मन् के सच्चे सूर्यप्रकाश की प्रतिबिम्बित चन्द्रज्योति थी। इस अपने अन्दर की ज्योति की महानता को देख वह बाहर की कोई भी वस्तु पाने की इच्छा नही रखता। जो उसके पास नही उसे पाने के लिए अब वह पागलों की तरह उछल कर नही दौड़ेगा, अब उसे कुण्ठा का क्रोध और झूठी सम्पत्ति की थका देने वाली परितृप्ति नही होगी। इनकी जगह वह सर्वग्राही प्रशांत ज्योति का अनुभव करेगा। उसके ही अन्दर सब कुछ है, वह सब कुछ जिसकी बेकार ही बाहर ढूँढ हो रही थी। पोताश्रय आ पहुँचा है, पालें गिर चुकी हैं कामना लुप्त हो गई है और कामना के साथ दुःख भी।

(21) *आसीनो दूरं व्रजति शयानो याति सर्वतः।*
कस्तं मदामदं देवं मदन्यो ज्ञातुमर्हति॥

बैठे ही वह दूर की यात्रा करता है, लेटे लेटे सब दिशाओं में जाता है। मेरे अतिरिक्त और कौन उस देव को जान सकता है जो प्रसन्न होता है और प्रसन्न नही होता।

(22) *अशरीरँ शरीरेष्वनवस्थेष्ववस्थितम्।*
महान्तं विभुमात्मानं मत्वा धीरो न शोचति॥

शरीरों में अशरीर, अस्थायी वस्तुओं में स्थायी, महान और सर्वव्यापी आत्मन् को जान धीर पुरुष अब शोकग्रस्त नही होता।

पृथकता पर आधारित साधारण भाषा आत्मन् के अनोखे स्वभाव का वर्णन प्रतीक अथवा विरोधोक्ति (paradox) का उपयोग किए बिना नही कर सकती। प्रतीक सीधे मनोतीत अन्तर्ज्ञानी बुद्धि की अपेक्षा करता है और विरोधाभास भी, जिन्हें युक्तिसंगत नही कहा जा सकता ऐसी दो बातों की एकसाथ उपस्थिति पर आग्रह कर, ऐसा ही करता है। आत्मन् की अद्भुत प्राणमय सर्वव्यापिता को समझने के लिए उसका अनुभव अनिवार्य है। हमारे साधारण अनुभवों पर स्थापित रूपकालंकार यहाँ पूरे नही पड़ते। यदि हम कहें कि वह आकाश के समान है तो हमारे

मन में गलत विचार होगा क्योंकि *हमारे विचार* के अनुसार अंतरिक्ष की सर्वव्यापिता मृत अथवा अचल है और आत्मन् अचल नही । परन्तु जब हम यह कहते हैं कि वह अचल नही तब भी हम गलत होते हैं, क्योंकि वह मुख्यतः ऐसा है जो सदा स्थिर रहता है । हमारे लिए तो जब कोई वस्तु स्थिर होती है तो वह गतिहीन होती है और गतिशील वस्तु स्थिर नही होती, परन्तु आत्मन् इन द्वंद्वों के पार है । वह सदा चलायमान में अचल रहता है और प्रकाश की गति से अगणित गुणा तीव्र गति से चलता है । प्रकाश को सूर्य से हम तक आने में आठ मिनट, और सुदूर तारों से कितने ही वर्ष, लगते हैं । परन्तु आत्मन् समस्त विश्व की परिक्रमा एक क्षणिक कौंध में कर लेता है और यह सब अपने आरम्भिक स्थान से हिले बिना ही ! हमें दस्यु अंगुलीमाल द्वारा भगवान् बुद्ध का पीछा किए जाने की कथा याद आ पड़ती है । डाकू कितनी ही तेज़ी से क्यों न दौड़े उनके निकट नही आ पाता था । थक कर उसने भगवान् से रुक जाने के लिए कहा, इस पर बुद्धदेव ने कहा "मैं तो खड़ा हूँ तू भी खड़ा हो जा" ।

इसलिए विरोधोक्ति का उपयोग कर गुरु हमें बताता है कि यद्यपि आत्मन् एक स्थान पर दृढता से बैठा होता है फिर भी दूर की यात्रा करता है, यद्यपि आराम से पड़ा होता है फिर भी सब जगह घूमता है, और फिर पूछता है "मेरे अतिरिक्त और कौन" उस दिव्य पुरुष को जान सकता है । सबसे पहले तो, यह "मैं" मृत्यु का स्वामी यम है क्योंकि जिसने मृत्यु पर विजय प्राप्त नही की वह आत्मन् को नही जान सकता । दूसरे, यह नचिकेता का उच्चतर अहंभाव है जो इन्द्रियों के बाह्य जगत के लिए मर चुका है और अब गुरु के आध्यात्मिक पुत्र के रूप में उच्चतर अहंभाव में उत्पन्न हो रहा है । तीसरे, यह मंत्र 8 व 9 की विचारधारा को और आगे ले जाता है कि आत्मन् की घोषणा किसी "अन्य" द्वारा होनी चाहिए । तो कौन है यह जो आत्मन् को जान पाता है, गुरु पूछता है । केवल वही अज्ञात (*क*) जो "*मदन्यो* ", मेरे अलावा कोई और, है, अर्थात वह जानने वाली शक्ति जो अहंभाव की सीमाबद्धता के पार है [45] ।

यह भी ध्यान दीजिये कि आत्मन् को "प्रसन्न होने वाला" और "प्रसन्न न होने वाला" बताया गया है, उसका अनिर्वचनीय आनन्द

---

[45] वैदिक अज्ञात देवता "*क*" यानि कौन से भी तुलना कीजिए ।

हमारे जाने पहचाने सुख और दुःख के द्वंद्व के पार है । अशरीर प्रकाश के समान वह प्रकाशित शरीरों में स्थित होता है, वह न चलता है न बदलता है यद्यपि उसके चारों ओर गति होती है । विश्व की सब प्राकृतिक शक्तियाँ भी उसे उसके निवास स्थान से हिला नही सकती । विस्फोटकों के बल से शरीरों के टुकड़े टुकड़े हो जाएँ अथवा व्याधि और मृत्यु से उनका विघटन हो जाए, अन्य तारापुंजों से टकरा कर चाहे जगत चूर चूर क्यों न हो जाए परन्तु वह जीवन जो इन सब को प्राण दिए होता है अपनी जगह से टससे मस नही होगा और यही बना रहेगा, तूफ़ानी समुद्र में एकमात्र चट्टान की भाँति ।

जो इसके अस्तित्त्व तक पहुँचना चाहता हो उसे विरोधाभास से, चाहे वह कितना ही विचित्र क्यों न हो, डर नही होना चाहिए, क्योंकि आत्मन् वह एकता है जिससे वे सब ध्रुवीय द्वंद्व उत्पन्न होते हैं जिनसे संसार बनता है । दोनो ध्रुवों को दृढ़ता से अपनी दृष्टि में रखते हुए हम उस तक पहुँच सकते हैं जो दोनो ही है, और कोई भी नही । जिस किसी वस्तु को भी हम अलग और इंगित करते हैं उसकी विपरीत प्रतिज्योति, उसका प्रतिबिम्ब, या उल्टा भी होता है । इसलिए प्राचीन चित्रों में दीक्षित को अकसर एक हाथ में सूर्य और दूसरे में चन्द्र लिए दिखाया जाता था । अपने दाहिने हाथों से हमें सूर्य को पकड़ना चाहिए और अपने "नारीजातीय" बाँये हाथों से चन्द्र । तब दोनों को साथ लाना चाहिए ताकि नवजन्म की अग्नि भभक उठे, वैसे ही जैसे चकमक पत्थर को इस्पात से टकराने पर चिंगारी लपक उठती है । इस तरह ही हम मानसिक दृष्टि के द्वंद्वों के पार जा कर सब कुछ को एक कर देने वाले बुद्धि के प्रकाश में नए तरीके से देख सकेंगे ।

(23) *नायमात्मा प्रवचनेन लभ्यो न मेधया न बहुना श्रुतेन ।*
यमेवैष वृणुते तेन लभ्यस्तस्यैष आत्मा विवृणुते तनूँ स्वाम् ॥

यह आत्मन् प्रवचन से नही मिलता, न मेधावी चिन्तन से और न ही (परम्परागत शास्त्रों को) सुनने से । जिसे यह आत्मन् चुनता है उसे यह प्राप्त होता है । उसका यह आत्मा अपना स्वरूप दिखाता है ।

इस प्रसिद्ध व प्रायः उद्धरित मंत्र के अनेक प्रकार से अर्थ लिए जा सकते हैं । मैंने लिया तो है एक व्यापक रूप से मान्य अनुवाद, परन्तु यह कह दूँ कि वह भिन्न प्रकार से किया गया है । दृष्टांत के लिए,

यदि शंकर की व्याख्या ली जाए तो अनुवाद होगा "वह (आत्मन्) जिसे वह (शिष्य) पाना[46] चाहता है, उसी (आत्मन्) के द्वारा वह पाया जाता है" ।

सीधे सादे शब्दों में आत्मन् अपने को पाने का स्वयं ही उपकरण है । आत्मन् के प्रकाश से ही आत्मन् "उस" द्वारा देखा जाता है जिसे आत्मन् ने "चुना" हो । चाहे जो भी व्याख्या ली जाए, कोई "चुनाव" तो निश्चित रूप से होता है, और यही साधना का सार है । एक व्याख्या में तो शिष्य के अंतर्यामी स्वामी के रूप में, उसके हृदय में रहने वाला आत्मन्, शिष्य का "वरण" करता है और उसे अपना (या शिष्य का) असली रूप दिखाता है । दूसरी में "वरण" शिष्य द्वारा किया जाता है । वही उस अद्‌भुत अंतर्यामी आत्मा का वरण कर उससे लगा रहता है, उसकी भक्ति करता है, परन्तु यहाँ भी उस आत्मा के असली स्वभाव का रहस्योद्‌घाटन ऊपर से ही होता है ।

यही है आत्मा की कृपा जिसे समझना या स्वीकार करना कुछ लोगों को इतना कठिन लगा है, परन्तु जिसका अनुभव इस पथ पर चलने वाले उन सब व्यक्तियों को होता है जो थोड़ा सा भी आगे बढ़े हैं । उपनिषद् ने बार बार कहा है कि कारगर होने के लिए ज्योति को किसी ऐसे के पाससे आना चाहिए जो "*मदन्यः*", मेरे अतिरिक्त, हो । यह स्वाभाविक ही है क्योंकि अहंभाव ही सब अपने पराये के भेद का केन्द्र होता है और इसलिए हमारी खोज में किसी काम का नही । शिक्षण तो मनोतीत देश से आना चाहिए और यथार्थ में ऐसे उद्‌गमस्थल से आना चाहिए जो अहंभाव से भिन्न हो । कोई भी विचार कि "मैंने इतना तो प्राप्त कर लिया है अब और प्राप्त करूँगा" अनिवार्यतः पृथकता में वापस फेंक देता है ।

प्रेम और भक्ति पर इतना बल डालने का कारण यही है, क्योंकि एकीकरण करने वाला प्रेम होता है, विचार नही । पृथक्कारी मन को मरना पड़ेगा और आगे बढ़ने के लिए हमें उसके पार जाना होगा । प्रेम के पंख, हमें पतंगे की तरह, अंधकार के ठीक बीचोंबीच हो कर सीधे उस पार की दैवी ज्योति की ओर ले चलेंगे जो सब पृथकता को

---

[46] अथवा जिसका वरण करता है या जिसे पसन्द करता है । *वृ* धातु से बने *वृणुते* का अर्थ चुनना है, विशेषरूप से विवाह में, या माँगना, प्रेम करना, पूजा करना ।

भस्म कर देगी। लोग एक ऐसे पथ की भी बात करते सुनाई देते हैं जिसमें प्रेम भक्ति ही क्या सब प्रकार की भावना ही अनावश्यक बताई जाती है। विद्वानों की बात छोड़िये और जिन्होंने सचमुच पाया है और देखा है उन से पूछिये कि भक्ति आवश्यक है या नही। एक एक का उत्तर यही होगा कि चाहे ईश्वर हो या गुरु या प्रेमी किसी न किसी को अपनी भक्ति व पूजा अर्पित किए बिना वह स्वयं जो कुछ इस समय है वह न होता।

कृपा के सिद्धांत पर आपत्ति प्रकट करने वालों का कहना है कि इससे कर्म विधान भंग हो जाता है, इसपर कारण-फल सम्बन्ध लागू नही होता और चाहे कुछ भी कहिए यह सनातन आत्मा द्वारा प्रयोग करने लायक तो नहीं लगता। इन लोगों की बातें सुनकर तो लगता है जैसे किसी यंत्रवत् कारण-फल सिद्धांत का विकल्प ओछी स्वेच्छाचारिता ही हो ! इतिहास साक्षी है कि प्रेम कभी किसी "विधि" के अधीन नहीं रहा, परन्तु वह इस बात की पुष्टि भी करता है कि यद्यपि प्रेम की देन नितांत मुक्त होती हैं वे अनुत्तरदायी स्वेच्छा से नही बाँटी जाती। यदि आप यह नही देख सकते कि किसी "विधि" की निरर्थक बाध्यता और स्वेच्छाचारिता के इतने ही निरर्थक अनुत्तरदायित्व के अतिरिक्त भी कुछ और हो सकता है तो इस पुस्तक को बन्द कर फेंक दीजिये। यदि सनातन आत्मा के "लायक" प्रेम नही तो उसके लायक इस या अन्य लोक में कुछ भी नही।

इसलिए वरण तो होगा ही, चाहे खोजने वाले द्वारा चाहे खोजे जाने वाले द्वारा और चाहे एकसाथ दोनों के ही द्वारा – बात एक ही है। वरण न केवल होता ही है वह मुक्त वरण होता है। मुक्त रूप से प्रेमी अर्पण करता है और मुक्त रूप से ही प्रियतम उत्तर देता है, वही प्रियतम जो, *बृहदारण्यक उपनिषद्*[47] के अनुसार, किसी भी व्यक्ति अथवा वस्तु को प्रेम करने का कारण है। जैसा कि हर्मीस ने कहा था "मैं कहानी नही सुना रहा, जो निश्चित और परम सत्य है वह कह रहा हूँ"। यही है प्राप्ति का रास्ता।

---

[47] *बृहदारण्यक उपनिषद्* 4.5।

(24) *नाविरतो दुश्चरितान्नाशान्तो नासमाहितः ।*
नाशान्तमानसो वाऽपि प्रज्ञानेनैनमाप्नुयात् ।

जिसने अपने को दुश्चरित्र से विरत नही किया, (जिसकी इन्द्रियां) शांत नही, जिसकी (साइकी) एकीकृत नही, जिसका मन शांत नही है वह इस (आत्मन्) को किसी ज्ञान से नही जान सकता ।

पिछले मंत्र में आत्मन् का ज्ञान किससे प्राप्त हो सकता है और किससे नही बताने के बाद इस मंत्र में कुछ अवरोधों का उल्लेख है, और निहितार्थ हैं आकांक्षी के कुछ अनिवार्य गुण ।

सबसे पहले, यह खोज तब तक बेकार है जब तक शिष्य निश्चित रूप से दुश्चरित्र से मुँह न मोड़ ले । यह वह बात नही कि "अगर अच्छे बच्चे नही बनोगे तो मिठाई नही मिलेगी" । केवल किसी आचार-संहिता के उल्लंघन, अथवा केवल किसी वैयक्तिक ईश्वर के प्रति किए गए अपराध की बात नही है यह, बल्कि निश्चित दार्शनिक सिद्धांतों पर आधारित वक्तव्य है । दुश्चरित्र वह कर्म (विचार व भावनायें भी) हैं जो पृथकता की भावना को बढ़ाते हैं । अन्ततः सब दुश्चरितत्रों का विश्लेषण यही पहुँचाता है । अन्य को दुःख देना इसलिए "बुरा" है क्योंकि वह इस मिथ्या धारणा पर आधारित है, और उसे पुष्ट करने वाला है, कि "दूसरा" "मुझ" से भिन्न है और उसे हानि पहुँचा कर मुझे लाभ होता है हानि नही । आत्मकृत हानि अथवा आत्महत्या, जो अधिकतर किसी पर नाराज़गी के कारण और यह सोच कर कि "कोई परवाह नही मुझे क्या होता है" या "अमुक को इस दुर्व्यवहार का ऐसा मज़ा चखाऊँगा", की जाती है वह भी इसी प्रकार की होती है । इस तथ्य की उपेक्षा कर दी जाती है कि "मैं" सम्पूर्ण से भिन्न नही और अपने को हानि पहुँचा कर में सम्पूर्ण को हानि पहुँचाता हूँ ।

उक्तलिखित कसौटी नकारात्मक प्रश्न का उत्तर भी देती है । जो पृथकता की भावना को न बढ़ाये वह "बुरी" बात नही भले ही आचार-संहिता में कुछ और क्यों न लिखा हो । परन्तु सुस्थापित आचार-संहिता की अवज्ञा करने का निर्णय करने से पहले ज़रा ठहर जाना बुद्धिमानी है । इनमें अक्सर युगों की सूझबूझ निहित होती है और जब तक हमारे हृदय में पृथकता की कामना होती है तब तक हम किसी भी टेढ़ी मेढ़ी दलील से अपने को धोखा देकर सामाजिक बन्धनों की

उपेक्षा करने को तैयार रहते हैं। शिष्य को चौराहे पर लगी लाल हरी बत्तियों की सहायता को छोड़ पाना तो चाहिए, परन्तु निरापद रूप से ऐसा कर सकने के पहले उसे अपनी गाड़ी पर पूरी तरह नियंत्रण करना आना चाहिए।

जो कुछ भी हो, यह तो निश्चित, और स्वयंसिद्ध भी है कि जब तक कोई ऐसे कर्म करता है या विचार सोचता है जिनसे पृथकता की भावना बढ़ती है, तब तक वह आत्मन् के दर्शन तक कतई नही पहुँच सकता, क्योंकि आत्मदर्शन अनुभव की दूसरी रीति, संयोजक रीति पर निर्भर है।

"जिसकी इन्द्रियां शांत नही हैं"। हम पहले कह चुके हैं कि इन्द्रियां कैसे उन पालों के समान हैं जिनके द्वारा कामना-वात आत्मा की नाव को उड़ा ले जाती हैं। यदि वे शांत नही हैं तो ज्ञानप्राप्ति नितांत असम्भव है, क्योंकि वे साइकी को सदैव बाहर की ओर बाह्य विषयों में ले जाती हैं और उस केन्द्रीय कूप में डुबकी नही लगाने देती जिसमें आत्मन् का निवास है। चूँकि यह मंत्र केवल आरम्भिक व नकारात्मक वक्तव्य है, हम यहाँ इन्द्रियों को शांत करने के ढंग के बारे में कुछ नही कहेंगे।

अगला कथन है कि जो "समाहित" नही वह ज्ञान प्राप्त नही कर सकता। इस शब्द का अर्थ है "साथ बनाये रखना", "संघटित करना", "एकीकृत करना"। अकसर इसका अर्थ लगाया जाता है "ध्यान में घनीभूत करना", परन्तु वास्तव में इस विषय को इसके बाद वाले कथन में दिया गया है और यहाँ अर्थ अधिक व्यापक है – सफल ध्यान की पूर्वापेक्षा। अधिकांश लोगों के स्वभाव के दो घटकों में, उनमें जिन्हें हम विचार व भावना घटक कहते हैं, बहुत गम्भीर विच्छेद होता है। कुछ में विचारशक्ति का अतिमूल्यन व विकास भावनाशक्ति को दबा कर हुआ होता है और शेष में इसका उलटा। परन्तु साइकी तो एक होती है और किसी अंग को बढ़ावा देने का अर्थ होता है दूसरे का दब जाना या अर्धविकसित रह जाना और इसलिए विकसित अंग के साथ सामञ्जस्यहीनता में रहना। यही नही यह अविकसित अंग प्रभुत्वशाली अंग के प्रति बदले की भावना से भरा रहेगा क्योंकि वह उसे पीछे अँधेरे में डाले रहता है। इस तरह आत्मा के भवन में एक युद्ध की स्थिति बनी रहती है, कभी खुल्लमखुल्ला परन्तु अधिकतर छिपे छिपे।

(यदि वह कमज़ोर हो तो) भावना घटक पराधीन जाति के समान चुपचाप प्रभुत्वशाली विचारशील मन के उद्देश्यों को असफल करने में प्रसन्न होता रहता है, यद्यपि ऐसा करने में वह स्वयं भी हानि उठाता है । हमारे अन्दर सूर्य और चन्द्र हैं, और यदि वे एक दूसरे के प्रति मित्रभाव नही रखते, या जैसा ज्योतिषि कहते हैं "शत्रुभाव" में हैं, तो आंतरिक कलह अनिवार्य है । "जिस घर में कलह हो वह टिक नही सकता" । जब तक विचार के सूर्य और भावना के चन्द्र का समान मूल्यन, और इसलिए समान विकास, न हो तब तक साइकी में सामञ्जस्य नही हो सकता । तब जा कर ही पुनीत परिणय सम्भव होगा ओर दैवी जन्म यानि ज्ञान का जन्म होगा ।

बाह्य जगत में भी यही असामञ्जस्य दिखाई पड़ता है । अधिकांश मानव जाति का अभिशाप, स्त्री की पराधीनता, ही आजकल के जगत की दुर्दशा का कारण है, चाहे वह पूर्व के आलसी "पिछड़ेपन" में हो या पश्चिम की क्रियाशील आसुरिक दुष्टता में [48] । यह बात मोटे तौर पर पिछले कुछ वर्षो में लोगों की समझ में आने लगी है परन्तु जो व्यापक रूप से अभी भी समझ में नही आयी है वह यह बात है कि इसका कारण "पुंजातीय" विचारशक्ति का अतिमूल्यन (कम से कम उनके द्वारा तो अवश्य ही जो राष्ट्रों के कर्णधार हैं) और इसलिए "स्त्रीजातीय" भावनाशक्ति का अवमूल्यन है । इसलिए आश्चर्य नही होना चाहिए कि जब भावनाशक्ति बाहर निकलने में समर्थ हो जाती है (नात्सियों के नेता [49] ने तो अनेक बार कहा है कि मैं अपने सिर से नही "खून" से सोचता हूँ) तो ऐसे प्रचण्ड रूप से फूट पड़ती है कि वैचारिक मन की सैकड़ों सालों से सँजोयी दुनिया को उजाड़ने को तत्पर होती है ।

हम बाहरी दुनिया के मामलों में केवल इसलिए चले आए ताकि औसत और विभाजित साइकी की दशा का अधिक सजीव चित्रण कर सकें, यह दशा है भयानक व प्रलय के समान युद्ध की दशा । यह बात बिल्कुल सत्य है क्योंकि जो युद्ध आज यूरोप में भड़का हुआ है वह आंतरिक साइकीय दशा का ही बाह्य प्रक्षेपण है और राष्ट्र न

[48] ध्यान दीजिये कि बर्मा वासियो की "सुख-शाति" के बारे मे बहुतो ने लिखा है । यह संयोगवश नही कि इन सुखी जनो में स्त्रियों को ससार के किसी भी देश से अधिक स्वतंत्रता और मान प्राप्त है ।

[49] यह लिखा तो 1940 में गया था परन्तु दृष्टांत के लिए बना रह सकता है ।

केवल ऐसी सरकार बल्कि ऐसे युद्ध भी प्राप्त करते हैं जिनके वे उचित पात्र होते हैं। इतना कह कर हम बाहर को छोड़ फिर अन्दर चले आते हैं, अपने विषय पर। आंतरिक जगत में यह पूर्णतया निश्चित है कि जिसकी साइकी सामञ्जस्य के साथ एकीकृत नही वह *आत्मन्* की देवभूमि (Kingdom of Heaven) में कभी प्रवेश नहीं करेगा। शायद यीशु का अपने अनुयायियों से यह कहने का, कि वे छोटे बच्चों के समान बनें, यही एक कारण था। बालकों में अभी वह असामञ्जस्यता अपनी जड़ें नही फैला पाई होती है जिससे अधिकांश वयस्क इतना पीड़ित होते हैं। जैसा कि अंग्रेज़ी कवि वर्डस्वर्थ (Wordsworth) ने कहा "बचपन में हमारे चारों ओर स्वर्ग फैला होता है"। वृद्धावस्था अवश्य ही दूसरा बचपन और मृत्यु दूसरा जन्म होता है। परन्तु हम में से अधिकांश के लिए यह दूसरा बचपन अपने वयस्क जीवन के संघर्षों व मूर्खताओं से ही भरा रहता है। जिस प्रशांत सामञ्जस्य को साधारण बचपन में विद्यमान बताया जाता है, परन्तु वास्तव में बचपन जिसका प्रतीक मात्र होता है, वह केवल रहस्यमय बचपन और रहस्यमय मृत्यु में ही पाया जाता है।

इसके बाद जिस मन की शांति के बारे में कहा गया है वह तब तक बिल्कुल प्राप्त नही हो सकती जब तक साइकी समाहित यानि सामञ्जस्यपूर्ण ढंग से एकीकृत न हो गई हो। कितने ही लोग "ध्यान" के समय अपने मन को शांत करने के असफल प्रयास में वर्षों लगा देते हैं और अन्त में हताश हो कर अर्जुन की तरह पुकार उठते हैं "हे मधुसूदन, मन की चंचलता के कारण मैं इस योग का स्थिर आधार नहीं देखता"[50]। मेरा मन तो इतना अस्थिर है, मैं इसे एकीकृत करना कैसे सीख सकता हूँ? जिन्होंने इस पथ पर हमारे विचार में हमसे अधिक यात्रा कर ली है उनसे बार बार हम ऐसे ही प्रश्न पूछते हैं। हमारी समझ में यह नही आता कि स्वामी अपने ही दास के हाथों बिका हुआ है और जब तक हम अपनी ही साइकी के एक भाग को दबाते रहेंगे तब तक हम ध्यान नही लगा सकते। दासत्व थोपे जाने के कारण भावना शत्रुवत् हो जाती है और हज़ारों तरीके से चोरी छुपे हमारे गर्वीले मन के निश्चय को विफल कर देती है। जब हमारी भावनायें अनुकूल रूप से जाग्रत की जाती हैं तो हम

[50] ***गीता* 6.33** ।

बड़ी कुशलतापूर्वक मन को एकाग्र कर लेते हैं । क्या एक प्रेमी अपनी प्रियतमा पर या व्यापारी अपनी बही पर अपने मन को एकीकृत नही करता? परन्तु जब हम अपना मन योग में एकीकृत करना चाहते हैं तो भावनायें एकाएक प्रयास विफल कर देती हैं, और अनेक वासनाजात चित्र व कल्पनायें ठीक उसी समय मन में भर आती हैं जब हम उन्हें शांत रखना चाहते हैं ।

एक बार फिर समझ में आ जाता है कि भक्ति क्यों इतनी महत्त्वपूर्ण है, एक विशिष्ट मार्ग के रूप में नही बल्कि उस एकमात्र पथ के एक अंग के रूप में जिस पर हम सबको चलना है । जब तक आंतरिक साइकीय एकता नही होगी तब तक मन एकाग्र नही होगा । जैसा कि श्रीकृष्ण का शिक्षण है ः "असामञ्जस्यशील के लिए बुद्धि नही है और न ही असामञ्जस्यशील के लिए एकाग्रता है । एकाग्रता रहित के लिए शांति नही और अशांत के लिए सुख कहाँ"[51] । पहले तो हमें ऐसे कर्मों से बचना चाहिए जो पृथकता बढ़ाते हैं । दूसरे, हमें अपनी इन्द्रियों को शांत करना चाहिए । तीसरे, हमें अपने अन्दर के विपरीत पक्षों में सामञ्जस्य उत्पन्न करना चाहिए । तब जा कर ही हम शांति से ध्यानावस्थित हो सकेंगे, तब जा कर ही हमारे हृदयों में ज्ञानोदय हो सकेगा । इससे पहले जानने की कोई भी प्रक्रिया हमें वहाँ नही ले जा सकेगी जहाँ हमें जाना है, उस मानसिक दर्शन के पार जो संसार को द्वंद्वों के अनन्त संघर्ष का रंगमंच ही देखता है ।

ध्यान दीजिए कि मूललेख यह नही कहता कि ये ज्ञानप्राप्ति के साधन हैं । जैसा पिछले मंत्र ने कहा है, ज्ञान तो सतत् विद्यमान है और उस तक जाने का उसके अतिरिक्त और कोई साधन नही । आत्मन् की ज्योति से ही आत्मन् देखा जाता है । इस मंत्र में दी गई शर्तें केवल अनिवार्य पूर्वापेक्षायें ही हैं । जब तक वे पूरी नही होती तब तक संयोजक ज्योति का ज्ञान नही हो सकता । परन्तु ज्योति विद्यमान तो सदैव रहती है, अन्धकार में भी, और एक बार फिर "जब शिष्य तैयार हो तो गुरु उपस्थित हो जायेगा" ।

---

[51] *गीता* **2.66** ।

(25) *यस्य ब्रह्म च क्षत्रं च उभे भवत ओदनः ।*
मृत्युर्यस्योपसेचनं क इत्था वेद यत्र सः ॥

जिसके लिए ब्राह्मण और क्षत्रिय दोनों भोजन हैं और जिसके लिए मृत्यु केवल चटनी है – इसलिए कौन जान सकता है वह कहाँ है ।

इस वल्ली का अंत इस कठिन से मंत्र के साथ होता है । दोनों प्रमुख जातियाँ, ब्राह्मण और क्षत्रिय, मन के दो घटकों का प्रतिनिधित्व करती हैं । ब्राह्मण है अन्तर्मुखी मन, जो मनन करता है और इसलिए मनुष्यों व देवताओं के बीच मध्यस्थता करने वाला होता है । क्षत्रिय बहिर्मुखी मन होता है जो कर्म की ओर मुखान्वित होने के कारण राजा व योद्धा होता है । ये दोनों मन के दो ध्रुव होते हैं और इसलिए दोनों भोजन के समान हैं यानि अपने पार के एकक आत्मन् के तत्त्व हैं । मृत्यु भी बहिर्मुखता से अंतर्मुखता में परिवर्तन है और इसलिए चटनी बताई गई है क्योंकि वह स्वाद बदल देती है । जैसा कि अंग्रेज़ी मुहावरे में कहा जाता है ः "Change is the spice of life" (परिवर्तन जीवन का मसाला है) और जिस परिवर्तन को हम मृत्यु के नाम से जानते हैं वह महासागर के जल को स्वच्छ रखने वाला ज्वार-भाटा ही है ।

कौन सच्चाई के साथ कह सकता है कि यह रहस्यमय एकता कहाँ मिलेगी? यद्यपि यहाँ नही दिया गया है परन्तु उपलक्षित उत्तर एक बार फिर यही हो सकता है "मैं नही" ।

प्रथम अध्याय

तीसरी वल्ली

हम पिछली वल्लियों में देख चुके हैं कि आत्मन् का स्वरूप (= प्रकृति) ही सबकुछ का मर्म है । आत्मन् ही हमें अज्ञान के बन्धन में डालता है और आत्मन् में ही हम ज्ञान प्राप्त करते हैं । इस तीसरी वल्ली में इसलिए मानव प्रकृति का पूरा प्रश्न और उसके अस्तित्त्व के विभिन्न स्तर या सिद्धांत लिए गए हैं ।

(1) *ऋतं पिबन्तौ सुकृतस्य लोके गुहां प्रविष्टौ परमे परार्धे ।*
छायातपौ ब्रह्मविदो वदन्ति पंचाग्नयो ये च त्रिणाचिकेतः ॥

सुकृत्यों के लोक की सार्वभौमिक सुव्यवस्था को ग्रहण करने वाले दो हैं । प्राणियों के उच्च लोकों में दोनो (हृदय की) गुप्त कन्दरा में प्रविष्ट हो गए हैं । जो गुप्त शिक्षण को जानते हैं (ब्रह्मविदाः) और वे पंचाग्नि वाले जिन्होंने त्रिविध नचिकेता अग्नि को सुलगाया है, इन्हें प्रकाश और छाया की तरह जानते हैं ।

ब्रह्माण्ड दो अर्धभागों में विभाजित है, एक ऊपर और एक नीचे, जिनके बीच मानसिक बिन्दु अर्थात वैयक्तिक अहंभाव स्थित है । उच्च अर्धभाग, लाक्षणिक रूप से, वैयक्तिक अहंभाव के नाभि केन्द्रों के द्वारा निम्न अर्धभाग में प्रतिबिम्बित होता है । कभी कभी इन दो को अधिदैविक व अधिभौतिक कहा जाता है और सुप्रसिद्ध अन्तर्ग्रथित त्रिकोणों के प्रतीक से प्रतीयमान किया जाता है जिनके केन्द्र में एक बिन्दु होता है । कभी कभी प्रतीक में परिवर्तन हो जाता है और त्रिकोण एक शिखर को दूसरे पर रख शिव के डमरू, ब्रह्मा के कमण्डलु, शनि की रेतघड़ी (Hour-Glass of Saturn) और क्रीट के रहस्यों (Cretan mysteries) के दो फल वाले पुनीत परशु जैसा रूप बन जाता है । उच्च गोलार्ध को दार्शनिकों का पर्वत (*Mons Philosophorum*) भी कहा गया है जिसे भारत में मेरु या कैलाश पर्वत से प्रतीयमान किया गया है ।

यथार्थ में हमें इन सार्वभौमिक गोलार्धों के लिए *अधिदैव* व *अधिभूत* पदों का प्रयोग सोच समझ कर करना चाहिए क्योंकि अधिदैव और

अधिभूत तो अस्तित्त्व के दो ध्रुवों के चरमोत्कर्ष हैं। स्वयं अपने में तो वे उस सब कुछ के पार हैं जो सही तौर पर "प्रव्यक्त" कहलाया जा सकता है, अर्थात, वे ब्रह्मलोक या ब्रह्माण्ड (Cosmic Egg) के पार हैं। इस अण्डे में जो कुछ भी है वह इनके पारस्पारिक प्रभाव के कारण है और इसलिए उच्च गोलार्ध को अधिदैविक कहने का मंतव्य यही है कि उसमें अधिदैव की प्रव्यक्ति प्रमुख और निम्न गोलार्ध में अधिभूत की प्रमुख है।

इन दोनों में से प्रत्येक त्रिभाजित है (त्रिकोण के तीन शिखर) और उच्च त्रयी औंधे रूप से निम्न में प्रतिबिम्बित होती है। जैसा कि कबाला सिखाता है "*Demon est Deus inversus*" (असुर सुर का प्रतिलोम है)।

दोनों त्रयी और केन्द्रीय बिन्दु मिल कर सुप्रसिद्ध सप्तलोक (Seven Worlds) बनाते है जो प्रव्यक्त अस्तित्त्व के सात ढंग हैं और भारतीय शिक्षण में *भूर, भुवस, स्वर, महस, जन, तपस* और *सत्य* कहलाते हैं।

इस प्रसंग में हम यह भी ध्यान में रखें कि इन दो गोलार्धों के प्रतिबिम्ब यहाँ इस पार्थिव स्तर पर भी हैं, यद्यपि ऐसा होने में ऊर्ध्वाधर क्षैतिज में बदल गया है, ⧖ बदल कर ⋈ बन गया है। अतएव, हमारे मस्तिष्क का दाहिना और बाँया गोलार्ध होता है जो क्रमशः बाँये और दाहिने हाथ को नियंत्रण में रखता है। इस विषय पर हम और अधिक नही कहेंगे यद्यपि जो देख सकते हैं उनके लिए यह तथ्य बहुत सार्थकता से भरा है। इसी तरह पृथ्वी के पूर्वी व पश्चिमी गोलार्ध हैं और इस में भी सार्थकता है भले ही गोलीय ज्यामिति इन विभाजनों की आपेक्षिकता के बारे में कुछ कहती रहे। भौगोलिकों को विभाजन रेखा खीचने में जो कुछ भी कठिनाई होती रहे, पूर्व और पश्चिम का अन्तर गहन साइकीय महत्त्व का है। और अज्ञानी लोग चाहे हम पर कितनी ही हँसी हँसें, पूर्व और पश्चिम क्रमशः अधिदेव और अधिभूत के प्रतिनिधि तथा घर हैं – कम से कम इस युग में तो हैं ही।

ख़ैर, हम इन गौण प्रव्यक्तियों या प्रतिबिम्बों को और आगे नही खीचेंगे और अपने मुख्य विषय, प्रव्यक्त विश्व के दो गोलार्धों मे अनुलम्बी विभाजन, पर आ जायेंगे जिसमें तीन अधिदैविक और तीन अधिभौतिक लोक हैं। जिन लोगों को तथाकथित दार्शनिक शब्द पसन्द हैं वे इनके स्थान पर इनसे कठिन पद "आत्मिकता" और

"अनात्मिकता" रख लें । ये भी सही होंगे परन्तु अधिक सही नही, वेदों में इन्हें *ध्यावापृथिवी,* आकाश और पृथ्वी, सार्वभौमिक जनक-जननी, कहा गया है ।

हमें यहाँ सप्तलोकों के ब्योरेवार वर्णन में पड़ने की आवश्यकता नही है क्योंकि उपनिषद् केवल दो गोलार्धों की ही बात करता है जिनमें से उच्च, आत्मिक, आध्यात्मिक अथवा आकाश कहलाने वाले में द्वय का निवास है । कौन या क्या हैं यह दो? एक अन्य उपनिषद् में यह दो हमें "दो सुपर्ण, परम सखा, एक ही वृक्ष में रहने वाले"[1] के रूप में मिलते हैं, और गीता में इन्हें दो पुरुष बताया गया है, *क्षर* यानि नाशवान और *अक्षर* यानि अविनाशी[2] । वास्तव में ये स्वर्गिक युगल हैं, दो अहंभाव, और अन्य प्रतीकों के समान इनके भी एक से अधिक अर्थ हैं, या यूँ कहिये कि इनका प्रयोग अस्तित्त्व के एक से अधिक सप्तक पर किया जा सकता है ।

एक तो यह है कि हम जाग्रतावस्था के साधारण अहंभाव को प्रकाश कह सकते हैं और फिर छाया "अवर अहं" हुई, हमारी साइकी का वह भाग जिसकी ओर हम ध्यान नही देते जिसके अस्तित्त्व को नही मानते ओर जिसे मनोवैज्ञानिक "दमित" कहते हैं । कार्ल युंग (Carl Jung) ने तो सचमुच कही इस छिपे व अवर अहंभाव को छाया कह कर सम्बोधित किया है । यहाँ हम यह कह दें कि चाहे हम स्वयं इस छाया के अस्तित्त्व को मानने के लिए तैयार न हों दूसरों को यह अकसर दुःखास्पद रूप से हमारे कर्मों मे प्रत्यक्ष दिखाई देता है । जब लोगों की इस छाया की प्रव्यक्ति से मुठभेड़ होती है तो वे कह बैठते हैं "कभी कभी हमारे स्वभाव में एक अप्रिय पहलू होता है", या "उस दिन हम अपने आप न थे" या "आज तो पलंग से उलटा पैर नीचे रखा" ।

परन्तु हमारा उपनिषद् इस स्तर की बात नही कर रहा है, और इसलिए अत्यंत रुचिकर एवं महत्त्वपूर्ण विषय होते हुए भी हम इसे छोड़ आगे बढ़ेंगे । यहाँ ज़िक्र केवल पूर्णता के लिए किया गया है ।

इससे ऊँचे स्तर पर हम इन्हें क्रमशः निजी और व्यक्तिगत अहंभाव कह सकते हैं और वास्तव में ये इसी रूप में पहले पहल हमें मिलते

---

[1] *मुण्डकोपनिषद्* 3.1.1 ।

[2] *गीता* 15.16 ।

हैं । इस हिसाब से प्रकाश स्थायी नाभिकेन्द्र, उच्च अथवा निजी अहंभाव है जो अपने अस्तित्त्व के स्तर पर पूरे कल्प तक बना रहता है और एक के पश्चात एक छाया, या क्षणभंगुर व्यक्तिगत अहंभाव, भेजता है जो हमारे इस जन्म और मृत्यु के लोक मे प्रव्यक्त होते हैं । इस स्तर पर छाया जाग्रतावस्था का आनुभविक अहंभाव है, हमारा चेतन व्यक्तित्त्व, दैनिक जीवन का अज्ञानी व ओछा अहंभाव, जिसका आविर्भाव जन्म या उसके कुछ ही बाद होता है और विघटन शारीरिक मृत्यु के कुछ बाद । इसके द्वारा अर्जित अनुभव, या वह अनुभव जो कुछ काम का हो, उस प्रकाश के पास वापस चला जाता है जिसने उसे यहाँ भेजा था ।

यह स्तर भी वह नही जिसके बारे में हमारा उपनिषद् मुख्य रूप से बात कर रहा है, क्योंकि मंत्र का कहना है कि प्रकाश और छाया दोनों ही का वास उच्च गोलार्ध में है और यह तो कठिनाई से ही कहा जा सकता है कि साधारण जाग्रत व्यक्तिगत अहंभाव उच्च गोलार्ध में है । अपवाद केवल उस उच्च आकांक्षी का ही होगा जिसके निम्न अहंभाव ने इस समय ही अपने उच्चतर अहंभाव के साथ संयोग कर लिया हो । नचिकेता है तो ऐसा ही परन्तु उपनिषद् का लेख किसी अधिक व्यापक विनियोग के बारे में प्रतीत होता है ।

अतएव, हमें अर्थ और भी ऊँचे स्तर पर लेनें होंगे, *महत्-बुद्धि* के स्तर पर । इन दो को तेरहवें मंत्र में *महत् आत्मन्* और *ज्ञान आत्मन्* कहा गया है और ये महान् ब्रह्मलोक यानि महत् के सम्पूर्ण लोक की दो महान् गतियाँ हैं । हमें इन पर फिर बाद में (अध्याय 2, वल्ली 3, मंत्र 5) लौट कर आना होगा परन्तु यहाँ थोड़ा पूर्वज्ञान कर लेते हैं । वैदिक ऋचाओं में इन्हें मित्र-वरुण युगल के नाम से जाना जाता है, मित्र दिन के आकाश का और वरुण रात्रि के आकाश का स्वामी । ब्रह्मदिवस व ब्रह्मरात्रि के रूप में वे ब्रह्मा के अस्तित्त्व के महान् वृत्त के दो गोलार्ध हैं । उसपार के अव्यक्त युगल[3] की प्रथम प्रव्यक्ति स्वयं हो कर वे उन सब द्विविधताओं के आदर्श जनक-जननी होते हैं जो उनसे "कम" या "छोटे" होते हैं । इन द्विविधताओं में से एक उच्च व निम्न मनस् की भी है । इसलिए मुख्य रूप से यही दो *ऋत* अथवा सार्वभौमिक सुविन्यास को ग्रहण करने वाले होते हैं । यह *ऋत* ही

[3] अर्थात *शांत आत्मन्* और *अव्यक्त* अथवा *मूलप्रकृति* ।

ब्रह्मलोक का पूर्णत्व और वह लोक होता है जिसमें समस्त प्रव्यक्त विश्व एक सामञ्जस्यपूर्ण सम्पूर्णता के रूप में विद्यमान होता है।

इन दो में से प्रकाश तो *महत्* कहलाने वाला कान्तिमय सर्जनात्मक सूर्य है जो छिपे *शांत आत्मन्* का प्रव्यक्त प्रक्षेपण है। और छाया है बुद्धि, शीतल रात्रिदेवी, सूर्य की वधू और उसपार की *मूलप्रकृति* [4] की पुत्री। इसलिए चन्द्रमा को प्रज्ञा की पुत्री (Wisdom's Daughter), अनुभवातीत प्रज्ञा की प्रव्यक्त देह (manifest Body of the transcendent Wisdom), कहा जाता है और जब कॉर्नेलियस अग्रिप्पा (Cornelius Agrippa) ने यह लिखा कि "इन अट्ठाईस (चान्द्र) भवनों में ही प्राचीन काल के ज्ञानियों के वे अनेक रहस्य छिपे हैं जिनके द्वारा वे चन्द्रवृत्त के अन्दर की सब वस्तुओं पर अद्भुत प्रभाव डाल सकते थे" तो उनके शब्दों में साधारण ज्योतिष शास्त्र और जादू से कही अधिक गहराई का अर्थ था। जिसने पूरी तरह चन्द्रमा की कलाओं को जान लिया वह प्रज्ञा में निपुण हो गया।

> जैसे सूर्य और चन्द्र हमारे ऊपर आकाश में घूमते हुए दिन और रात, सर्दी और गर्मी, का संगीत बुनते जाते हैं वैसे ही "दो" भी मूललेख के अनुसार अस्तित्त्व के उच्च जगतों में हमारे ऊपर घूमते रहते हैं और सार्वभौमिक संगीत का जाल बुनते रहते हैं। ब्रह्मज्ञानी उन्हें ठीक ही प्रकाश व छाया कहते हैं क्योंकि यहाँ नीचे प्रकाश व छाया के रहस्यों पर मनन कर ही हम भी ब्रह्मविद बन सकते हैं। जो प्रकाश व छाया को, और उनकी परस्पर क्रिया को (जिसके द्वारा ही हम इनकी एकता को देख सकते हैं), जानता है वह समस्त विश्व और उसके वस्तुविषय को जानता है। वह केवल यही नही जानता कि "असुर सुर का प्रतिलोम है" बल्कि, जैसा और भी गहन शब्दों में नागार्जुन ने कहा, "निर्वाण और संसार एक ही हैं"। उसे

---

[4] यह स्मरण रहे कि उष्ण प्रधान देश में "छाया" के स्वगुणार्थ शीत प्रधान देश से भिन्न होते हैं। भारत में यह शब्द घर व जल की ठंडी छाँव, दिन की गर्मी के पश्चात रात की ठंड, माँ की आश्रय देने वाली गोद, और अमरत्व की शीतल घूँट की ओर संकेत करता है। बौद्ध ग्रंथ प्राणदात्री प्रज्ञा यानि बोधि (= बुद्धि) की "शीतलता" की प्रशंसा से भरे पड़े हैं, और जैसा कि कुमारस्वामी ने बताया है ऋग्वेद में अग्नि (जिसकी प्रकृति द्विविध है) के पास ऐसे जाने के बारे में कहा गया है "जैसे भीषण उष्णता से छाया की ओर"। *ऋग्वेद* 6.16.38।

सामञ्जस्य प्राप्त हो जाता है और दैवी जनक-जननी के नवजात शिशु के रूप वह अपने में उस "तृतीय" अथवा "पुत्र" की प्रव्यक्ति करता है जो दैवी ऋत होने के नाते सदा ऊपर के दो द्वारा ग्रहण[5] किया जाता है। अब जाकर ही वह वास्तव में हर्मीस के शब्दों में "उस प्रज्ञा से" सचमुच नवजन्म प्राप्त करता है "जो नीरवता (छाया) से सत्यशिव (प्रकाश) में सब कुछ समझ सकने" से होता है। आर्फ़िक (Orphic) दीक्षित के शब्दों में वह "पृथ्वी और ताराभ मय आकाश का पुत्र" होता है। ईसाई शब्दों में "स्वयं ईश्वर और स्वयं मानव" होता है[6]।

जहाँ तक दैवी द्वय, जनक-जननी, का प्रश्न है मूललेख के अनुसार उनकी खोज तो हृदय की गुप्त कन्दरा में की जानी चाहिए क्योंकि रहस्यमय केन्द्र वही है और वे केवल वही पाए जा सकते हैं। उन्हें बाहरी व निम्न जगतों में खोजना समय व परिश्रम की सरासर बर्बादी करना है।

परन्तु "सुकृत्यों के लोक" (*सुकृतस्य लोके*) के अन्य ऐसे कितने ही वाक्यांशों के समान दो अर्थ हैं, और इन पर हमे कुछ देर रुकना ही चाहिए। एक दृष्टिकोण से संकेत उन लोकों की ओर है जिनका भोग मरणोपरांत किया जाता है और जिन अवस्थाओं में व्यक्तिगत अहंभाव गीता के "*स्वर्ग लोकं विशाल*" में अपने सुकर्मों के फल भोगता है। जैसा कि हम देख चुके हैं, सुकर्म सामञ्जस्यशील कर्म होते हैं और शरीर के मरणोपरांत अहंभाव महान् सामञ्जस्य के उन अंशों का

---

[5] ध्यान दीजिये कि "पिबन्तौ" का शब्दार्थ "(दो) पीते हैं" है, और यह अमृत की ठंडी घूँट की ओर स्पष्ट संकेत है।

[6] ओडेसी (Odyssey) से उद्धरण देते और इस दैवी जन्म से पुनर्जन्म पाने वाले जीवात्माओं के बारे में बताते हुए नासीनी लेख (The Naasene document) का कहना है : "वे समुद्र की धाराओं (=*वरुण*) व श्वेत शैल (=*मित्र*); सूर्यद्वार (=*प्रकाश*) व स्वप्न के जीवों (=*छाया*) से आगे गए। समुद्र देवताओं व मनुष्यों को जन्म देता है, सदैव चढ़ता उतरता रहता है, अभी ऊपर अभी नीचे। जब समुद्र नीचे बहता है तो मनुष्यों का जन्म होता है; और वह जब ऊपर दीवार व घेरे (Wall and Palisade) की तरफ़ जाता है (यानि *प्रव्यक्ति की उच्चतम सीमा* की तरफ़), और श्वेत शैल (*स्वर्गीय सूर्य*) की ओर बढ़ता है तो देवताओं को जन्म देता है"। अनुवाद जी. आर. एस. मीड का है और तिरछे शब्द मैंने जोड़े हैं।

सुस्वादन करता है जिनसे इस दुनिया में किए गए उसके कर्मों ने सम्बन्ध बना लिया हो । यह सुखों का भोग ऐसी अवस्था में होता है जो हमें आत्मिक या स्वप्नवत् प्रतीत होती है परन्तु भोगने वाले के लिए पूरी तरह अनात्मिक होती है और वास्तव मे बाह्य धर्म जिसे स्वर्ग कहता है वही है । जहाँ तक दैवी अहंभाव का सवाल है वह तो सदा ही सामंजस्य में विद्यमान रहता है और उसे ग्रहण करता है ।

लेकिन इस अर्थ के पीछे एक और अर्थ भी है । बाह्य धर्म के विपरीत, गुप्त शिक्षण कभी भी उन मामलों के बारे में नही होते जो केवल मरणोपरांत अनुभव किए जा सकते हों । वे तो यहाँ और अभी प्राप्त करने योग्य अनुभवों के बारे में होते हैं । इस दृष्टिकोण से, जैसा कि शंकर और मध्वाचार्य दोनों ने ही कहा है, "लोक"(अस्तित्त्व का जगत या स्तर) का अर्थ पूर्वकालीन सुकृत्यों के फलस्वरूप प्राप्त यह मानव देह है[7] । इस पार्थिव शरीर में, इसी के गहनतम हृदय व गह्वरों में "दो" को खोजा व पाया जा सकता है । जैसा कि पैरासेल्सस ने कहा "जो भी व्यावहारिक दार्शनिक बनना चाहे उसे पिण्डाण्ड यानि "क्षुद्र ब्रह्माण्ड" मे स्वर्ग और नरक इंगित कर सकने चाहिए और मनुष्य में वह सबकुछ ढूँढ पाना चाहिए जो आकाश और पृथ्वी पर विद्यमान है" ।

जिस *ब्रह्मविदाः* का अनुवाद हमने गुप्त शिक्षण जानने वाले किया है उसका शब्दार्थ "एकमात्र वास्तविकता – ब्रह्म – को जानने वाले" है । क्योंकि ब्रह्म का अर्थ "पुण्य मंत्र" भी होता है हमने यहाँ के संदर्भ में उक्तलिखित अनुवाद ही ठीक समझा ।

पंचाग्नि वाले वे हैं जो पाँच यज्ञ की अग्नियों को बनाये रहते हैं यानि, तपस्वी अथवा अनुमानित ब्रह्मज्ञानी न हो कर, गृहस्थी । वास्तव में ये पंचाग्नियाँ महान सार्वभौमिक पंचभौतिक अग्नियाँ हैं जो विश्व के पाँच प्रव्यक्त स्तरों पर जलती हैं और इस हमारे लोक में पंचेन्द्रियों की अग्नियों के रूप में प्रतिबिम्बित होती हैं । सब आगों के समान ये इन्द्रियां भी उत्तम सेविकायें परन्तु बुरी स्वामिनियां होती हैं, और शिष्य

---

[7] हमें इसका मतलब वह लोकप्रचलित धारणा लेने की आवश्यकता नही है जिसके अनुसार एक मानव जन्म अनेक पशु योनियों में लिए गए जन्मों के बीच घिरा होता है । कहने का तात्पर्य यह है कि आत्मचेतन व विचारशील प्राणी के रूप में हमारा वर्तमान स्तर अनेक युगों के क्रमविकास के कारण प्राप्त हुआ है और इस विकास में "सु"-कृत्य लाभकर व "कु"-कृत्य हानिकर हुए हैं ।

का कर्तव्य है कि इन्हें जलाये रखे, सब जगह नही, परन्तु नियमित ढंग से केवल यज्ञ की वेदियों पर जहाँ विभिन्न इंद्रिय विषयों की आहुति दी जाती है ।

"कुछ लोग नाद और अन्य चार इन्द्रियों के विषयों की इन्द्रियों की अग्नि में आहुति चढ़ा देते हैं"[8] । सब जीवित प्राणियों में ये पाँच आग होती हैं परन्तु जो पुनीत गुप्त अग्नि को जानते हैं, त्रिविध नचिकेता अग्नि को पहचानते हैं, वे आहुतियों का तत्त्वांतरण कर सकते हैं और उन्हें शाश्वत के आरोहण के साधन बना सकते हैं । इसलिए इस पुनीत अग्नि पर शिक्षण फिर लौट आता है ।

(2) *यः सेतुरीजानानामक्षरं ब्रह्म यत्परम् ।*
अभयं तितीर्षतां पारं नाचिकेतँ शकेमहि ॥

हम उस नचिकेता अग्नि को अच्छी तरह जान सकते हैं जो यज्ञ करने वालों का सेतु है, और जो पार जाने के आकांक्षियों के लिए भयरहित "उस पार", सर्वोच्च अक्षर ब्रह्म (की ओर ले जाता[9]) है ।

"नचिकेता अग्नि" इस उपनिषद् का परम रहस्य है । अधिकांश अनुवादकों ने इस बात पर पर्याप्त बल नही डाला है क्योंकि शायद उन्होंने सोचा हो कि यह भी प्राचीन भारत में मानी जाने वाली अनेक आनुष्ठानिक अग्नियों में से एक थी । फलस्वरूप, उनमें से बहुतों ने अनुवाद भिन्न रूप से किए और इस अग्नि को अक्षर परब्रह्म से पृथक, केवल ज्ञान द्वारा प्राप्य, ब्रह्मलोक अथवा स्वर्ग ले जाने वाले सेतु के रूप में लिया । परन्तु यदि सचमुच ऐसा होता तो यमराज का यहाँ ठीक इस समय पुनीत अग्नि के विषय पर आना निरर्थक होता ।

जैसा कि हम पहले देख चुके हैं यह सच है कि कोई भी ऐसी अनित्य वस्तु शाश्वत[10] को प्राप्त करने का साधन नही हो सकती, परन्तु यह भी सत्य है कि वह प्रवचन से प्राप्य नही, और जैसा कि इस प्रथम अध्याय की दूसरी वल्ली के मंत्र 24 में दर्शाया गया है, न ही

---

[8] *गीता* 4, 26 ।

[9] केवल उस ओर ले जाने वाली ही नही, यह अग्नि एक बहुत महत्त्वपूर्ण अर्थ में स्वयं परमब्रह्म भी है, और यदि मंत्र का शब्दार्थ किया जाए तो वह यही कहता है ।

[10] *कठोपनिषद्* 1.2.10 ।

अपने को पूरी तरह तत्त्वांतरित किए बिना ज्ञान पाने की कोई रीति काम आ सकती है । मात्र आनुष्ठानिक अग्नियां इस काम के लिए कतई बेकार होंगी परन्तु नचिकेता अग्नि केवल आनुष्ठानिक नही है, वह तो गुप्त कीमियागारी अग्नि है जिससे तत्त्वांतरण किया जाता है । अतएव यह वह सेतु है जो ब्रह्मलोक के महान् पुरुष तक पहुँचाता है और क्रममुक्ति के पथ का पथिक इस ब्रह्मलोक से ही बिना सहायता के अपनी अंतिम "अकेले की अकेले तक की उड़ान" भरता है । और यह अग्नि केवल ब्रह्म तक पहुँचाने वाला सेतु ही नही है । जैसा कि अभी एक पिछली पादटीका में कहा गया, एक बहुत महत्त्वपूर्ण रूप से वह स्वयं परब्रह्म है, वह एकमात्र अव्यक्त-परन्तु-प्राणमय-शक्ति है जो इस परब्रह्म का अंतरतम रहस्य है । परन्तु ऐसे वक्तव्यों को मन से समझना असंभव है और इसलिए इसे विश्व में प्रव्यक्त हुई शक्ति के रूप में समझना ही सरल है । परन्तु अपने आप में यह सब अग्नियों से अधिक रहस्यमय, ज़ोहार (Zohar) में बताया गया गुप्त श्यामानल है – वह अग्नि जिसके विभिन्न रूप ही प्रव्यक्ति की नाना प्रकार के रंगों की अग्नियां हैं ।

जो इस उपनिषद् को केवल सद्योमुक्ति से ही मतलब रखने वाला मानना चाहें वे मानें, परन्तु ऐसा करने में उन्हें गीता के ही समान इसके अर्थों को भी तोड़ना मरोड़ना पड़ेगा । अन्य पाठकों से निवेदन है कि समीक्षा और प्रवचन से वह ज्ञान नही मिल सकता जिसके लिए तत्त्वांतरण आवश्यक है और तत्त्वांतरण केवल नचिकेता अग्नि से ही मिल सकता है । निरी सैद्धांतिक समीक्षा तो आग की लौ के चित्र के समान होती है, ऐसी ही बेकार जैसे मृतप्रसव से प्राप्त शिशु । केवल वास्तविक आग ही पुल बन सकती है और वह पुल भी ऐसा होता है कि उसकी डाटें पार जाने वाले के कूदते कदमों के पीछे ही धूल बन कर गिर जाती हैं ।

> "On either hand as far as eye could see,
> A great black swamp and an evil smell,
> Part black part whitened with the bones of men,
> Not to be crost, save that some ancient king
> Had built a way, where, linked with many a bridge,
> A thousand piers ran into the great Sea.
> And Galahead fled along them bridge by bridge,

And every bridge as quickly as he crost
Sprang into fire and vanished, tho' I yearned to follow."[11]

"जहाँ तक नज़र उठी जहाँ तक भी देखा,
महान काला दलदल दुर्गंध से भरा पड़ा था ।
कही काला कही मनुष्यों की हड्डियों से उजला,
पार तो हो न सकता था, पर किसी प्राचीन राजा ने
रास्ता बनाया था, अनेक पुलों वाला और
इस महान सागर में हजारों खम्बे खड़े थे ।
और इन पुलों पर गैलाहॅड सरपट दौड़ा,
पर जैसे ही वह पार होता था
पुल आग की लपटों में ख़ाक होता था,
पर पार जाने को तो मैं अब भी खड़ा था" ।

यदि इस काले दुर्गंधपूर्ण दलदल को पार करना है तो अग्नि का रहस्य जानना ही पड़ेगा । यदि यह न जाना तो निरे मेधावी अध्ययन से, चाहे उसे वेदान्त जैसा ऊँचा या ऐसा ही अन्य नाम क्यों न दिया गया हो, केवल मानसिक "बाबुल की लाट" (mental tower of Babel) ही बनेगी जिसकी शाब्दिक और वैचारिक ईंटें आकाश तक कभी नही पहुँचा पाएंगी और जिसके बेकार भग्नावशेष एक और "दार्शनिक की भूल" ("Philosopher's Folly") बन कर रह जायेंगे ।

कितने नही हैं ऐसे जो जीवन भर वेदान्त व अन्य ऐसे दर्शनशास्त्र पढ़ते रहते हैं परन्तु जिन्हें अंत में यह मानना ही पड़ता है कि हाथ कुछ नही आया । यह संसार वही पुराना संसार बना रहा है, अपनी इन्द्रियाँ वही दुर्दम्य ओर अनियंद्रित घोड़े रहे हैं, जो ज्योति चमकनी थी वह छिपी ही रही है, और जिस एकात्मक ज्ञान के बारे में इतना पढ़ा और जिस पर इतनी बहसें करी वह सैद्धांतिक ही रहा और उसके अनुभव के लिए मृत्यु तक रुकना ही पड़ेगा ।

यह सब उस अग्नि के बारे में अनभिज्ञता के कारण होता है जिसे हमारे मंत्र में यज्ञ करने वालों का सेतु कहा गया है । यहाँ यह याद रहे कि यज्ञ करने वाले वे नही जो बाहरी आनुष्ठानिक आहुतियाँ आग में डालते हैं, बल्कि वे हैं जो आंतरिक यज्ञ पथ पर चलन करते हैं ।

[11] टेनीसन (Tennyson) कृत होली ग्रेल (*Holy Grail*) ।

यह सेतु उनके लिए अपरिहार्य है जिन्होंने सचमुच यह यात्रा करनी है । जैसा कि हम पहले उद्धृत कर चुके हैं "बीच के चरणों के छोड़ सीधा प्रवेश करने की इच्छा नही करनी चाहिए" । इस सेतु को पार कर ही हम पृथ्वी से आकाश, मृत्यु से अमरत्व तक की यात्रा कर सकते हैं ।

गुप्त अग्नि वह अग्नि है जो सूर्य के हृदय में, मनुष्य के हृदय में और संसार के हृदय में जलती है । ज्योति के एक महान पाटल (a great Rose of Light) की भाँति वह सदा जलती रहती है "समस्त पाटलों का पाटल, सारे संसार का पाटल" ("Rose of all Roses, Rose of all the World") ः उसके आठ अग्निशिखा-दल निःशब्दता से महानाद का उद्घोष करते हैं । जो इसकी ज्वाला में नग्न स्नान कर सका उसे अमरत्व प्राप्त हो गया । यह वही अद्भुत ज्वाला है जिसे अर्जुन ने देखा था और जिस यज्ञ की अग्नि की दीप्ति विश्व का भक्षण कर रही थी [12] ।

यही वैश्वानर, जीवन की अग्नि (the Fire of Life), भी है जो समस्त प्राणियों के शरीर में स्थित, प्राण से युक्त हो कर चार प्रकार के भक्ष्य पदार्थों का, अर्थात अन्य चार महाभूतों का, तत्त्वांतरण करती है[13] ।

> यही वे पाटलपत्र (गुलाब की पत्तियाँ) भी हैं जिन्हें खा कर दीक्षा का आकांक्षी अपने पाशविक नामरूप को "दैवी मानव नामरूप"[14] में पतिवर्तित करता था । इसी अग्नि के बारे में हेराक्लाइटस (Heracleitus) ने कहा था "सब प्राणियों के लिए समान, इस जगत व्यवस्था को न किसी देवता ने बनाया है न मनुष्य ने; यह तो वह अग्नि है जो सदा थी, है और रहेगी, मात्रा में प्रज्वलित, मात्रा में शमित"[15] । वेद और अन्य रहस्यमय साहित्य इससे भरे पड़े हैं । हम बस एक और उद्धरण देंगे, शायद इसे बहुत व्यापकता से नही जाना जाता है । एक पुरानी पाटलक्रूसीय (Rosicrucian) पाण्डुलिपि में लिखा है ः

[12] *गीता* अध्याय 11, श्लोक 19 तथा अन्य ।

[13] *गीता* 15.14 ।

[14] अप्युलाइयस कृत *दि गोल्डन ऐस* (Apuleius. *The Golden Ass*) ।

[15] हेराक्लाइटस फ्रैग्मेंट डी. 30 (Heracleitus Fragment D. 30) ।

"Strive for the fire,
Seek the fire:
So thou wilt find the fire.
Light a fire.
Put fire to fire.
Boil fire in fire.
Throw body soul and spirit into fire.
So shalt thou get dead and living fire,
Out of which will come black, yellow, white and red fire[16].
Bear thy children in fire,
Feed, give them to drink, nourish them in fire,
So will they live and die in fire,
And be fire and stay in fire.
Their silver and gold will become fire.
Heaven and Earth will perish in fire,
And become finally a philosopher's fire."

"आग प्राप्त करने का प्रयत्न कर,
आग ढूँढ :
ताकि तुझे आग मिल जाए ।
आग सुलगा ।
आग पर आग लगा ।
आग में आग उबाल ।
तन मन और आत्मा आग में डाल,
फिर तू मृत और जीवित आग पाएगा,
और इससे काली, पीली, सफ़ेद और लाल आग निकलेगी,
अपने बच्चों को आग में जन्म दे,

---

[16] याद कीजिए उस आग को जिसमें एल्यूसिनियन रहस्यों की देवी डेमेटर (Demeter, Goddess of the Eleusinian Mysteries) ने अपने आतिथेय के बच्चे को अमर बनाने के लिए स्नान कराया था ।

उन्हें आग, खिला, पिला, आग में पाल,
तो वे आग में जीयेंगे और आग में मरेंगे,
और आग बन जायेंगे और आग में रहेंगे ।
उनका चाँदी और सोना आग बन जायेगा,
आकाश और पृथ्वी आग में नष्ट हो जायेंगे,
और अंत में दार्शनिक की आग बन जायेंगे" ।

और फिर ः

"Whoever seeks it, suffers.
Whoever finds it be silent.
Whoever holds it hide it.
Whoever may use it, do so unbeknown.
Whoever is a true Philosopher,
Remains nameless,
Trust no one but God.
For loyalty flew from earth heavenwards and
left all men whose mind is upon earthly matter." [17]

"जो भी इसे पाना चाहे, कष्ट उठाये,
जो भी इसे पाए चुप्पी साधे ।
जो इसे लिए हो इसे छिपाए,
जो इसका उपयोग करे, बिना अपने को बताये ।
जो सच्चा दार्शनिक है,
नाम रहित रहता है,
ईश्वर के अतिरिक्त किसी पर विश्वास न करे ।
क्योंकि निष्ठा पृथ्वी से आकाश की और उड़ चली ओर
उन सब मनुष्यों को छोड़ गई जिनका मन साँसारिक
वस्तुओं में था ।

[17] *सीक्रेट सिम्बल्स ऑफ दि रोज़िक्रूशियन्स* (*Secret Symbols of the Rosicrucions*) ।

(3) *आत्मानँ रथिनं विद्धि शरीरँ रथमेव तु ।*
बुद्धिं तु सारथिं विद्धि मनः प्रग्रहमेव च ॥

आत्मन् को रथी जान, शरीर को रथ, बुद्धि को सारथी जान और मन को लगाम ।

(4) *इन्द्रियाणि हयानाहुर्विषयाँ स्तेषु गोचरान् ।*
आत्मेन्द्रियमनोयुक्तं भोक्तेत्याहुर्मनीषिणः ॥

कहते हैं कि इन्द्रियां घोड़े हैं, और इन्द्रिय विषय उनके दौड़ने की सड़कें । इन्द्रियों व मन से युक्त आत्मन् को मनीषिगण भोक्ता कहते हैं ।

(5) *यस्त्वविज्ञानवान्भवत्ययुक्तेन मनसा सदा ।*
तस्येन्द्रियाण्यवश्यानि दुष्टाश्वा इव सारथेः ॥

जो विवेक[18] रहित हो और जिसका मनस् सदा नियंत्रित न रहता हो, उसकी इन्द्रियाँ किसी सारथी के दुष्ट घोड़ों के समान बस के बाहर हो जाती हैं ।

(6) *यस्तु विज्ञानवान्भवति युक्तेन मनसा सदा ।*
तस्येन्द्रियाणि वश्यानि सदश्वा इव सारथेः ॥

परन्तु जो विवेकशील हो, जिसका मन सदा नियंत्रित रहता हो, उसकी इन्द्रियाँ सारथी के अच्छे घोड़ों के समान बस में रहती हैं ।

---

[18] मंत्र में विज्ञान शब्द का प्रयोग किया गया है जो बुद्धि का पर्यायवाची है । इसका खुला अनुवाद "समझ" भी किया जा सकता है । *गीता* 9.1 से तुलना कीजिए जहाँ ज्ञान और विज्ञान के अर्थ, श्रीधर के अनुसार, क्रमशः "परम ज्ञान" और "परम अनुभव" हैं । *तैत्तिरीय उपनिषद्* के विज्ञानमय पुरुष पर भी ध्यान दीजिये जो बुद्धि के समानक (equivalent) है । यदि वह मनस् के पृथक्कारी वैश्लेशिक विवेक की ओर इशारा न करता तो शायद "विवेचनकारी ज्ञान" इसका एक अच्छा रूपांतर होता । परन्तु यहाँ विवेक का मतलब उस मानसिक शक्ति से है जो प्रत्येक कर्म अथवा घटना को सम्पूर्ण के दृष्टिकोण से देख सकता है ।

(7) *यस्त्वविज्ञानवान्भवत्यमनस्कः सदाऽशुचिः ।*
न स तत्पदमाप्नोति संसारं चाधिगच्छति ॥

जो विवेकरहित, अनियंत्रित मन वाला, सदा अशुद्ध रहता है वह उस पद को प्राप्त नही होता, संसार सागर में भटकता रहता है ।

(8) *यस्तु विज्ञानवान्भवति समनसकः सदा शुचिः ।*
स तु तत्पदमाप्नोति यस्माद्भूयो न जायते ॥

परन्तु जो विवेकशील, नियंत्रित मन वाला, सदा शुद्ध रहता है वह उस पद को प्राप्त हो फिर जन्म नही लेता ।

(9) *विज्ञानसारथिर्यस्तु मनःप्रग्रहवान्नरः ।*
सोऽध्वनः पारमाप्नोति तद्विष्णोः परमं पदम् ॥

जिसका विवेक उसका सारथी हो और मन लगाम हो वह मार्ग के अंत को प्राप्त कर लेता है । यही सर्वव्यापी आत्मन् (विष्णु) का परमधाम है ।

जिस साधन से पथ पर चलना होता है उसे, यानि पुनीत अग्नि को, बता कर गुरुदेव अब पथ के लक्षण बताने चलते हैं, उस पथ के जो शिष्य के हृदय से आरम्भ होता है ओर जिसके बारे में कहा गया है "स्वयं पथ बन जाने से पहले तू पथ पर नही चल सकता"[19] । अब आगे का शिक्षण उसके लिए है जो अग्नि को जानता है और लोगों के लिए, चाहे वे उसे समझते प्रतीत क्यों न होते हों, यह शिक्षण कम ही मतलब का है; वे मानसिक धारणाओं के दलदल में ही फँसे रहेंगे ओर कोई वास्तविक यात्रा नही कर रहे होंगे । कोई तत्त्वांतरण नही होगा । इस प्रतिबन्ध के अतिरिक्त व्याख्या स्पष्ट ही है । परन्तु यह ऐसा ही कहना है जैसे कोई कहे – चावल धोओ, पतीली में रखो और तब तक उबालो जब तक पक न जाए – यह सब बहुत सरल है लेकिन तब ही जब पकाने वाले को आग जलानी आती हो, वर्ना बेकार है ।

सबसे बड़ी बात तो यह है कि रथ के प्राचीन प्रतीक को उस सम्पूर्ण मनोवैज्ञानिक-भौतिक (psycho-physical) अस्तित्त्व के द्योतक के रूप में प्रस्तुत किया गया है जिसे हम मनुष्य कहते हैं । स्वयं शरीर को इन्द्रियों के अश्वों द्वारा खीचा जाने वाला रथ बताया गया है । इन

[19] *वायस ऑफ़ सायलेंस (नीरवता की वाणी)* ।

अश्वों का नियंत्रण सारथी बुद्धि के हाथों से पकड़ी मनस् की लगाम द्वारा होता है । आत्मन् स्वयं ही चुपचाप रथ के अंदर बैठा रथी है । इन्द्रिय विषयों का जगत तो वह सड़क है जिस पर रथ चलता है ।

सिवाय यह कहने के कि इन्द्रियाँ वास्तव में दोहरी होती हैं, बाहरी कर्मेन्द्रियाँ और भीतरी ज्ञानेन्द्रियाँ, इस गणना पर और कोई विवेचना करने की आवश्यकता नही है । जिन्हें हम एन्द्रिक कल्पना या मन के लड्डू कहते हैं वे आंतरिक अनुभूतियाँ भी वैसे ही घोड़े हैं जैसे बाहरी दुनिया के घोड़े । यदि नियंत्रण में न रखे जाएँ तो दोनो ही प्रकार के घोड़े रथ को बेतहाशा सरपट दौड़ा ले जाते हैं और इन दोनों में से अन्दर वाले अधिक भयानक होते हैं । गीता में बाहर वालों को काबू रखने परन्तु अन्दर वालों को ढीली लगाम देने की प्रवृत्ति के प्रति चेतावनी दी गई है[20] ।

आगे बढ़ने से पहले हम इस रथ प्रतीकवाद की सार्वभौमिकता पर कुछ विचार करें । कबाला (Kabala) में मरकबा यानि पुण्य रथ (Mercabah or Sacred Chariot), के बारे में बहुत कुछ लिखा है जो तारो के एक तुर्प के पत्ते (one of Tarot Trumps) पर बना होता है, । और जो सिकन्दरिया के यहूदी फ़िलो (Philo the Alexandrian Jew) का इस बारे में लिखना है वह तो लगभग हमारा मूललेख ही लगता है । बस अन्तर इतना ही है कि वह सार्वभौमिक, यानि ब्रह्माण्ड के, रथ के बारे में है और हमारा लेख पिण्डाण्ड के रथ के बारे में । "ऐसा कि जो शक्तियों के रथ को चलाता है वह नाद है और जो रथ में सवारी करता है वह नाद का उद्घोष करने वाला है और सारथी को विश्व के सुचालन के लिए ठीक आदेश देता है"[21] ।

प्लेटो ने इस प्रतीक का उपयोग पिण्डाण्ड के हिसाब से ठीक हमारे मूललेख के समान किया है । उन्होंने जीवात्मा के रथ के घोड़ों को युगल बताया है, एक सुशील और दूसरा दुष्ट । और कहा है "जैसा कि अनुमान लगाया जा सकता है इन्हें संभालने में बहुत कठिनाई आती है" ।

---

[20] *गीता* 3.6 ।

[21] *थ्राइस ग्रेट हर्मीस* 1.238 में । जी. आर. एस. मीड द्वारा अनुवादित ।

"जो जीवात्मा ईश्वर का अनुसरण करता है, और सबसे अधिक उस जैसा बनाया जा रहा है, वह अपने सारथी का सिर ऊपर उस अन्तरिक्ष में उठाये रहता है जिसका व्योम नही होता (दैवी जगत का आंतरिक आकाश) और इसलिए रथ के चक्कर के साथ स्वयं भी घूमता है, परन्तु क्योंकि घोड़े अभी तंग करते होते हैं और उसकी दृष्टि उन वस्तुओं पर नही होती जिन्हें "*यथाभूतम्*" कहा गया है (Things-which-are), वह कभी ऊपर उठता है कभी नीचे गिरता है और घोड़ों के दबाव के कारण कुछ उन वस्तुओं को "जो होती हैं" देखता और कुछ को नही देखता" ।

"और यह जानो कि शेष जीवात्मा (यानि घटिया जीवात्मा) जो ऊपर है उसे पाने की चेष्टा करते हुए भी उसे नहीं पा सकते और इसलिए सब एक साथ घूमते रहते हैं पानी में डूबते जाते हैं, एक दूसरे को कुचलते हैं, आपस में टकराते हैं, होड़ लगाते हैं और भारी कोलाहल मचाते व पसीना बहाते एक दूसरे से आगे निकलने की कोशिश में रहते हैं" ।

"यहाँ सारथियों के अनाड़ीपन के कारण कितने ही जीवात्मा आहत हो जाते हैं और कितनों के ही (घोड़ों के) डैनों के पर टूट जाते हैं और बहुत परिश्रम करने पर भी सत्-दर्शन (Vision of That-which-is) में दीक्षा पाए बिना चले जाते हैं और निरे राय रखने वाले बन जाते हैं"[22] ।

और हम यहाँ गीता को भी याद रखें – जिसकी पूरी शिक्षा रथ के प्रतीकवाद की भूमिका में दी गई है ।

आइये अब अपने मूललेख पर आए । हम देख ही चुके हैं कि शरीर रथ है, इन्द्रियाँ (बाहरी व भीतरी) घोड़े और इन्द्रिय विषय उनके चलने के मार्ग । इन घोड़ों पर सारथी *बुद्धि* को *मनस्* रूपी लगाम से नियंत्रण करना होता है और रथीश *आत्मन्*, समस्त में व्याप्त एकमात्र ज्योति है । अन्य ऐसे पदों के समान ये पद "*आत्मा, बुद्धि* और *मनस्*" अनेक स्तरों पर उपयुक्त किए जा सकते हैं और इसलिए इनके अनेक अर्थ लगाये जा सकते हैं । इस प्रयोग की तरलता को सदा ध्यान में रखना चाहिए, अन्यथा, यदि हम एक-शब्द-एक-अर्थ की भ्रामकता में पड़े तो

[22] *प्लेटो कृत फ़ीड्रस* (Phaedrus) । स्टुअर्ट के अनुवाद का जी. आर. एस. मीड द्वारा एक पूर्वोक्त लेखन में उद्धरण ।

गड़बड़झाला के अतिरिक्त और कुछ हाथ नही आयेगा । अतएव हम इन पदों की बहुत व्यापक परिभाषा देंगे और तब यह बतायेंगे कि इन की प्रयुक्ति अनेक प्रकार कैसे की जाती है ।

आरम्भ में लीजिये *आत्मा* ः यह चैतन्य की ज्योति है, अस्तित्त्व के प्रत्येक स्तर पर प्राणमय अपनेपन का चरम निष्कर्श । परम तत्त्वात्मक रूप से वह एकमात्र जगज्योति है जिसे गीता में क्षेत्रज्ञ यानि क्षेत्र को जानने वाला कहा गया है । वह अस्तित्त्व के सब स्तरों और सोपानों में व्याप्त है और इसलिए प्रत्येक इकाई का चरम अहं है भले ही वह इकाई कोई विश्व हो, कोई जगत, कोई मनुष्य अथवा परमाणु । यही वह ज्योति है जो इन रचनाओं को बनाये रहती है और जिसमें उनका अस्तित्त्व होता है । यह समझना महत्त्व की बात है कि वह मनुष्य के शरीर (या पत्थर) में भी उतना ही विद्‍यमान होता है जितना जीवात्मा या किसी देवता की गहराइयों में ।

> *मनस्* और *बुद्धि* इस ज्योति की दो शक्तियाँ हैं । *मनस्* तो है वस्तुओं को पृथक देखने (और इस प्रकार उनके प्रतीयमान अलगाव को लाने) की शक्ति और *बुद्धि* उन्हें इकाई के रूप में देखने की, जहाँ सबका सबसे सम्बन्ध होता है । इसलिए जब हम वस्तुओं को विभिन्न इकाइयों अथवा घटनाओं के रूप में देखते हैं, जैसा कि वैज्ञानिक अध्ययनों और सामान्य जीवन में होता है, तो वह मानसिक रीति से देखना होता है । परन्तु जब हम यह देखते हैं कि
>
> Nothing in the world is single,
> All things by a law divine,
> In one another's being mingle.[23]
>
> दुनिया में अकेला कुछ भी नही,
> सब वस्तुएं किसी दैवी विधि से,
> एक दूसरे के अस्तित्त्व में घुली होती हैं ।

तो हम रहस्यवादियों व कवियों की दृष्टि से देखते है और यह बौद्धिक रीति से देखना होता है ।

---

[23] शेली (Shelley) । *लव्ज़ फिलोसफी* (*Love's Philosophy*) ।

यदि प्रबोधन या "देखने" की इन दो रीतियों को ठीक से समझ लिया गया हो तो किसी भी स्तर पर अनुभव में क्रमशः *मनस्* और *बुद्धि* के तत्त्व पहचाने जा सकते हैं चाहे वे किसी भी प्रकार से प्रबंधित क्यों न हों । इसके बिना तो हम एकदम खोये होते हैं । *मनस्* तो बस वह अस्पष्ट व प्रशंसनीय वस्तु "दिमाग़" बन जाता है और *बुद्धि* किसी "ऊपरी स्तर" पर कुछ अतिमानसिक सी चीज़ हो जाती है । और इस तरह हम फिर बाह्यधर्म के बाँझपन में आ गिरते हैं जहाँ सब महत्त्वपूर्ण बातें मरणोपरांत काल तक के लिए स्थगित कर दी जाती हैं । इसके विपरीत आंतरिक शिक्षा में सब कुछ *यहाँ और अभी* होता है और हमें उसे अपने वर्तमान अनुभव की समग्रता में से चुनना पड़ता है । जब हमने ऐसा कर लिया हो तब जा कर ही यह अनुभव और बढ़ कर कही अधिक विस्तृत व विशालतर हो पाता है ।

तो, *यहाँ और अभी, आत्मा* प्रबोधन की ज्योति है, "हमारे देखने की प्रमुख ज्योति", *बुद्धि* अपने अनुभव में एकता देखना है और *मनस्* पृथकता व वैयक्तिकता को देखना है ।

अतएव हम देख सकते हैं कि जिसे हम अहंभाव कहते हैं, चाहे वह दैनिक जीवनचर्या का निजी अहंभाव ही क्यों न हो (जिसे कभी *निम्न मनस्* भी कहते हैं) या व्यक्तिगत और स्थायी अहंकार (*उच्च मनस्*), वह अन्ततः *मनस्* का ही प्रव्यक्तिकरण है । इसके विपरीत अहंभाव के उस पार की *आत्मा* जो सब वस्तुओं को परस्पर सम्बन्धित देखती है किसी भी स्तर पर *बुद्धि* का प्रव्यक्तिकरण है ।

उदाहरण के लिए साधारण जीवन में *मनस्* उस अहंभाव की चेतना के रूप में विद्यमान होता है जो कहता है मैं, मैं, मैं; मैं तुम से पृथक हूँ, मैं चाहता हूँ, मैं इच्छा रखता हूँ और मैं करूँगा । परन्तु ऐसा कहते कहते भी हमें उस अभी तक धीमी वाणी की चेतना होती है या हो सकती है जिसे हम सदसद्विवेक की वाणी कहते हैं, जो कहती है "तू नही, सब" और हमें अपने विचारों की स्वार्थपरायणता से सतर्क करती हैं । यह वाणी, जिसे कुछ विचारधाराओं में अन्तःकरण[24] कहा जाता है, वास्तव में वह सेतु है जिसके द्वारा निम्न अहंभाव से उच्चतर अहंभाव तक जाया जाता है, छाया से प्रकाश तक । परन्तु

---

[24] *वायस ऑफ़ सायलेंस* देखिए । परन्तु शास्त्रीय वेदान्त में अन्तःकरण का अर्थ भिन्न है ।

जैसा कि हमने देखा था छाया व प्रकाश अनेक स्तरों पर पाए जाते हैं और यही बात इस वाणी के साथ भी है । वह निजी और व्यक्तिगत अहं के बीच का पुल हो सकता है या उच्च स्थायी अहंभाव और उस पार के सबकुछ के एकमात्र अहं के बीच का पुल भी हो सकता है । परन्तु प्रत्येक दशा में वह *बुद्धि* के तत्त्व की प्रव्यक्ति होता है । दृष्टांत के लिए गीता में दो सारथी हैं, स्थायी उच्च अहं अर्जुन के सारथी तो स्वयं श्रीकृष्ण हैं और निम्न निजी अहं धृतराष्ट्र के सारथी संजय[25] । ये दोनो एक ही तत्त्व के प्रव्यक्तिकरण हैं परन्तु विभिन्न सोपानों पर । मोटे तौर पर कह सकते हैं कि जो एक के दो बनाता है वह है *मनस्* और जो दो का एक बनाती है वह है *बुद्धि* । विश्लेषण मानसिक होता है और संश्लेषण बौद्धिक ।

तो *बुद्धि* वह दृष्टि हुई जो सम्पूर्ण का विन्यास देखती है और इसलिए सम्पूर्ण को देख सकने के कारण प्रमुख रूप से साइकी की सारथी है । जब रथ *बुद्धि* की इच्छानुसार चलाया जाता है तो उसका अहित नही हो सकता क्योंकि वह सार्वभौमिक सामञ्जस्य की अनुमति से चलता है और इस में न दुर्घटनायें होती हैं न हो सकती हैं । सदसद्विवेक की वाणी (यदि वह सचमुच ऐसी वाणी हो), यानि सब अहंभाव के पार की वाणी, को सुनने और उसका पालन करने वाले के रथ की कभी हानि नही हुई । एक प्रसिद्ध यूनानी मूर्ति है जिसे कांस्य सारथी कहा जाता है । उसके परिधान की परतें सीधी और आडम्बरहीन गिरती हैं परन्तु उनका सौन्दर्य इन्द्रियों के लहराते घुमावों के प्राचुर्य से कही बढ़ कर है, और उन्हें देख अटल दृष्टि से आँखें उनपर गढ़ जाती हैं और साँसारिक आकृतियों की पृथकता को छेद तारों की सनातन एकता को देखती हैं, उस दृश्य को जिसे प्लेटो ने "जो हैं वे वस्तुएं" कहा है । जिसका अपने अश्वों पर नियंत्रण है वह जलराशि में नही डूबेगा ओर न ही अपने बन्धुगणों को रथ के नीचे दबायेगा या उन से टकरायेगा ।

परन्तु इस दैवी सारथी को भी घोड़ों को काबू करने के लिए लगाम चाहिए । यह लगाम *मनस्* के तत्त्व से निर्मित होती है । अस्तित्व के उच्च गोलार्ध की निवासी *बुद्धि* के आध्यात्मिक तत्त्व और निम्न गोलार्ध के निवासी "इन्द्रियों के अश्व" के बीच इतनी असमानता है कि वह

---

[25] लेखक कृत *भगवद्गीता का योग* देखिए – पृष्ठ xxiii।

उनपर प्रत्यक्ष रूप से क्रिया नही कर सकता । एक समय तो था जब निम्न गोलार्ध उच्च गोलार्ध को सही प्रकार से प्रतिबिम्बित करता था और जब सबकुछ एक सामञ्जस्य था । परन्तु ऐसा युगों पहले उस सत्ययुग में था जिसे आधुनिक यूरोप व उसके नकलची बन्दर केवल किवदन्ति इसलिए मानते हैं क्योंकि वह उस समय से भी सहस्रों वर्ष पहले था जब "इतिहास" का आरम्भ हुआ । परन्तु इस पुस्तक में हमारा उद्देश्य इस विषय को आघात पहुँचाना नही है । हम केवल यही कहेंगे कि यह युग *मनस्* के अवतरण से पहले था यानि मानवीय अहंभाव के पृथक्कीकरण व उसके फलस्वरूप उत्पन्न होने वाले कलहकारी दृश्य की प्रव्यक्ति से पहले था और इसलिए आज की परिस्थितियों से कोई समरूपता नही रखता ।

बुद्धि के आध्यात्मिक अवगम और इन्द्रियों के भौतिक अवगम में इस समय की स्थिति में, बीच के *मनस्* रूपी द्वार के अतिरिक्त और किसी मार्ग से परस्पर संचार नही होता । यह नाभिकेन्द्र बुद्धि और इन्द्रियों के बीच स्थित दो मुख वाला जैनस (Janus) है जो आगे और पीछे, ऊपर और नीचे देखता है और इसलिए दोनों ही गोलार्धो को प्रतिबिम्बित कर सकने वाला दर्पण है ।

इस प्रकार अहं की तुलना उस खगोलशास्त्री से की जा सकती है जो अपने ऊपर आकाश के तारों का चार्ट बनाना चाहता है । इस उपमा में ऊपर का अपरिवर्तनशील आकाश बुद्धि में दिखाई गई ऊपरी आकाश की आदर्श रचना है, दूरदर्शक यंत्र *मनस्* है और चार्ट है इन्द्रिय जगत । अपने दूरदर्शक यंत्र को संकेन्द्रित कर वह अहं आकाश पर अपनी दृष्टि जमा लेता है और तब उनकी रचना को अपने चार्ट पर उतारने की चेष्टा करता है । कुछ तारों को सफलतापूर्वक अंकित कर वह फिर ऊपर देखता है और पुनः उन्हें चार्ट पर अंकित करता है ।

ऐसे ही हमारे जीवन में भी अन्दर और बाहर देखने की लय होती है या होनी चाहिए । मनोवैज्ञानिकों की भाषा में अन्तर्मुखता की उस अवधि के पश्चात, जिसमें हम अस्तित्त्व के आंतरिक आद्यरूपों को देखते हैं, एक समरूप बहिर्मुखता की अवधि आती है जिसमें हम इन आद्यरूपों को बाह्य जगत में प्रव्यक्त देखते हैं । इन अवधियों को एक के पश्चात एक ऐसे ही आना चाहिए जैसे श्वास के पीछे प्रश्वास आती है । इस बात को हम प्रायः भूल जाते हैं और अपने निजी स्वभाव की अभिरुचि के अनुसार एक या दूसरी रीति को अधिक महत्त्व

दे कर दोनों में से केवल एक ही लोक पर ध्यान देते हैं; या तो भौतिक लोक को ही या कभी कभी केवल आध्यात्मिक लोक को, यदि साइकीय स्वास्थ्य बनाये रखना है तो दोनों की परस्पर लीला आवश्यक है। इन दो रीतियों को हम सिद्धान्त व प्रयोग अथवा दर्शन और कर्म कह सकते हैं। यदि ठीक कर्म किए जाने हैं तो पहले दर्शन होना चाहिए, परन्तु जो दर्शन कर्म में परिणित नही होता वह वक्षःस्थल में बहुत देर तक बन्द हुई साँस की तरह ख़राब व बेकार हो जाता है।

परन्तु हमने उपकरण, *मनस्,* का प्रश्न तो अभी उठाया ही नही। इस *मनस्* का अपना ही स्वतंत्र जीवन होता है और यह हमारे खगोलशास्त्रियों को बहुत कष्ट देता है। सबसे पहले तो यह कि इस दूरदर्शक यंत्र के तालों पर धूल और आर्द्रता जम जाते हैं और उन्हें बड़ी सावधानी से साफ़ करना पड़ता है। "क्योंकि मन दर्पण के समान होता है, जब वह प्रतिबिम्ब बनाता है तो उस पर धूल जम जाती है। उसे आत्मज्ञान का मन्द समीर चाहिए ताकि हमारे भ्रमों की धूल उड़ जाए"। दूसरी बात यह है कि अपना अलग ही जीवन होने के कारण वह उसी जगह नही बना रहता जहाँ खगोलशास्त्री उसे लक्ष्य कर छोड़ता है और अपना चार्ट बनाने लगता है। इस बीच मन अपने ही ध्येयों को ढूँढता हुआ कही और निकल जाता है और जब दुबारा यंत्र के द्वारा देखने का समय आता है तो निर्धारित समय का बहुत सा भाग फिर से केन्द्रीकरण में लग जाता है और उसके पश्चात ही आगे बढ़ा जा सकता है।

इसलिए उपकरण होने के नाते *मनस्* का कर्तव्य है कि अपने जीवन को अपने स्वामी के हाथों सौंप दे "हे प्रभु मैं अपनी आत्मा को तेरे हवाले करता हूँ"। उसे वह गवाक्ष बनना चाहिए जिसके द्वारा नीचे का तत्त्व ऊपर वाले को देख सके और ऊपरवाला नीचे अपने को आविर्भूत कर सके। यही कारण है कि समस्त योग में शुद्धि, यानि *मनस्* को शांत व एकाग्र करने, पर इतना बल डाला गया है।

मनस् सचमुच वह आंतरिक द्वार है जो उच्च लोकों में खुलता है। यह सच है कि इन लोकों की जानकारी प्राप्त करने के अन्य साधन भी हैं – उदाहरण के लिए स्वापक औषधि और माध्यमवाद की सम्मोहिनी आत्मविस्मृति। परन्तु इन साधनों का इस्तेमाल करना द्वार में प्रवेश करना नही है, जबरन दीवार तोड़ कर अन्दर घुस जाना है, और यीशु का इशारा ऐसे कार्यों की तरफ़ ही था जब उन्होंने कहा "जो भेड़ों के

बाड़े में दरवाज़े से नही बल्कि कही और से चढ़ कर आता है वह चोर डाकू होता है । परन्तु जो दरवाज़े से आता है वह भेड़ों का गड़रिया होता है ... मैं तुम से सच कहता हूँ मैं भेड़ों का गड़रिया हूँ । जो मुझ से पहले आये वे सब चोर डाकू हैं, परन्तु भेड़ों ने उन्हें नही सुना । मैं हूँ द्वार, मेरे द्वारा जो मनुष्य प्रवेश करेगा उसका उद्धार हो जायेगा, वह बाहर और भीतर जा सकेगा और चरागाह में पहुँचेगा । चोर केवल चोरी, हत्या व विनाश के लिए आता है । मैं इसलिए आया हूँ ताकि जीवन प्राप्त हो और अधिक पूरी तरह प्राप्त हो"[26] ।

जैसा कि बिल्कुल स्पष्ट होना चाहिए, इस लेखांश का बहुत गहरा आंतरिक अर्थ है । परन्तु उन "साइकिकोइ" (psychikoi) ने, जिनके हाथ यह पड़ा, और जिन्हें इस उपनिषद् मे *बालाः*[27] अर्थात बच्चे कहा गया है, अपने स्वभाव के अनुसार इसका सहारा लेकर अपने आचार्य के अतिरिक्त अन्य सब आचार्यों को "दरवाज़े से आने वाला" नही माना और उनकी आलोचना अपने साम्प्रदायिक दृष्टिकोण से की ।

जैसा कि सबको ज्ञात होना चाहिए ख्रीष्ट ईश्वरत्व का "अवतरण" और "यज्ञ" होता है, यानि ईश्वर द्वारा मानवीय परिसीमनों का इसलिए ग्रहण किया जाना ताकि वह "द्वार" अर्थात् उच्च व निम्न लोकों के बीच का मध्यस्थ बन सके[28] । इसलिए ख्रीष्ट का सूली पर चढ़ाया जाना सार्वभौमिक क्रूस (Cosmic Cross) पर हुआ क्योंकि दो रेखाओं का उभयनिष्ठ बिन्दु *मनस्* ही है । यीशु ने अपनी तुलना व्यक्तिगत आचार्य के रूप मे "पहले आये" आचार्यों से नही की थी बल्कि उच्च *मनस्* के एकमात्र द्वार के प्रतीक के रूप में तुलना की थी । यदि जीवन की स्वस्थ और "पूरी तरह" प्राप्ति चाहिए तो यह मार्ग ही बाहर और भीतर जाने का एकमात्र सुरक्षित मार्ग है । आन्तरिक और बाह्य के बीच संवाद की अन्य सब रीतियाँ आत्मा के लिए हानिकारक होती हैं और अन्त में दुःख और विनाश ही लाती हैं । इस द्वार के रूप में ही ख्रीष्ट ने घोषणा की थी कि उन्हें "अपने पिता का काम करना है" और कहा था "मेरी इच्छा नही तेरी इच्छा पूरी हो" ।

---

[26] *संत योहन्ना का सुसमाचार,* अध्याय 10 (*St. John's Gospel,* Chapter 10) ।

[27] द्वितीय अध्याय, पहली वल्ली का मंत्र 2 देखिए (अनुवादक) ।

[28] *गीता* के अधियज्ञ से तुलना कीजिए । 8.4 ।

परन्तु अब हम अपने मूललेख पर वापस आते हैं। बहुधा यह प्रश्न पूछा जाता है कि जीवन का वास्तविक अनुभव करने वाला कौन है, या उपनिषद् के शब्दों में, भले व बुरे कर्मों से बंधा "भोक्ता" कौन है? इन्द्रियों के घोड़े यद्यपि प्राणमय होते हैं फिर भी वे मेधाशक्ति शून्य होते हैं, और *आत्मन्* को तो सर्वतः चिरस्वतंत्र व आनदमय माना जाता है – तो कौन या क्या है वह जो जीवन के अनुभवों में फँस जाता है? उत्तर यह है कि वह न तो *आत्मन्* है न इन्द्रियाँ, बस *मनस्* और इन्द्रियों में प्रतिबिम्बित *आत्मन्* की ज्योति है। जैसे दर्पण में सूर्य का प्रतिबिम्ब अपना ही व्यक्तित्व ले लेता है और दर्पण की विषमताओं से विरूपित हो जाता है वैसे ही *आत्मन्* की ज्योति *मनस्* मे प्रतिबिम्बित हो पृथक अहं या प्राणी बन जाती है। यदि इस दर्पण का नियंत्रण *बुद्धि* के सामञ्जस्यपूर्ण सुविन्यास द्वारा होता है तो सब ठीक रहता है परन्तु दुर्भाग्यवश यह दर्पण अपने आप को अधिकतर "आत्मज्ञान के मन्द समीर" के सामने न रख कर इन्द्रिय वासना की भीषण व विकृत कर देने वाली आँधियों के सामने डाल देता है। इसलिए प्रतिबिम्ब विकृत हो जाता है, और चूंकि जो सामञ्जस्यपूर्ण हो केवल वही स्वतंत्र रह सकता है, यह प्रतिबिम्ब इस विकृति से ही बँध जाता है और इससे उत्पन्न होने वाली प्रतिक्रियाओं में फँस जाता है।

समस्त ज्योति व समस्त जीवन *आत्मन्* ही की ज्योति व जीवन होता है। अन्य कुछ तो है ही नही। परन्तु यदि *मनस्* इसे केवल इन्द्रिय जगत में प्रतिबिम्बित करे और *बुद्धि* के आकाश में नही, तो इसके फलस्वरूप जो जीवन मिलेगा वह वही होगा जिसे हम निजी या निम्न अहं कहते हैं, अर्थात् कर्मों का अनुभव करने वाला जो अपने फलों में अनिवार्य ही फँसा रहता है। इसलिए इस मंत्र की शिक्षा है कि *मनस्* और इन्द्रियों समेत, परन्तु *बुद्धि* की सुव्यवस्थाकारी शक्ति से विहीन, आत्मज्योति ही यहाँ नीचे जीवन का अनुभव करने वाली है, यह आत्मा ही बन्धन में पड़ी है और इसे ही "मुक्ति" की आवश्यकता है।

यह आत्मा वास्तव में एकमात्र सामञ्जस्यपूर्ण *आत्मन्* की केवल आंशिक प्रव्यक्ति होती है और आंशिक होने के कारण इसे "*असत्*" कहा जाता है। अवास्तविक यह भले ही हो परन्तु दुःख बहुत पहुँचा सकती है। अपनी अपूर्णता के कारण यह निश्चित ही है कि जब तक बनी रहेगी तब तक वह भगवान बुद्ध के शब्दानुसार "बोझा ढोनेवाली"

या अप्पुलाइयस का स्वर्णिम खर (the Golden Ass of Apuleius) ही रहेगी, जिसके लिए जीवन अनन्त दुःखों का भण्डार होता है ।

तो फिर मुक्ति मिल कैसे सकती है और मुक्त होता कौन है? *आत्मन्* तो सदा मुक्त होता है और हम, यानि जीवात्मा, सदा बन्धन में रहते हैं । कहाँ हैं वे पाटलपत्र जिन्हें खाने से हम पुनः अपनी मानवीय आकृति व मुक्ति पा सकते हैं? एक बार फिर हम *मनस्* पर आ रुकते हैं जो जीवन का मर्म है । "हम" तत्त्वतः सर्जनात्मक ज्योति के *मनस्* में प्रतिबिम्बित बिन्दु समान कण हैं और हम में ऊपर या नीचे दृष्टिपात करने का दैवी स्वातंत्र्य है । यदि इन्द्रियों के लावण्य पर आसक्त हो गए तो हम नीचे देखते होते हैं और अपने अस्तित्त्व का उच्च दैवी अर्धभाग भूल जाते हैं । *बुद्धि* का तारामय सामञ्जस्य अंधेरे में छिप जाता है और "हम" चेतन आत्मायें अपने अस्तित्त्व के आधे, और वह भी नीचे के, भाग के साथ ही रह जाते हैं । हम निम्न अहं बन, घर से भागे बच्चों की तरह, उस बाह्य सूर्यप्रकाश में बे-लगाम उछल कूद मचाने लगते हैं जो द्रष्टा के लिए अंधकार होता है । परन्तु यदि ऊपर तारों की ओर नज़र उठायें – और न भी उठायें तो तारों की मार्गदर्शक ज्योति की अवहेलना करने के कारण ऐसे दारुण दुःखों का अनुभव करते हैं कि अंत में स्वयं जीवन ही हमें ऊपर देखने को विवश कर देता है – तो अपने विभाजित अस्तित्त्व की एकता को पुनः प्राप्त कर सकते हैं और "निम्न" अथवा "बोझा ढोनेवाली" आत्मायें न रह कर एक बार फिर अपनी वही उच्च आत्मायें बन सकते हैं जो इस झूठे नाटक के बावजूद हम सदा ही हैं ।

वास्तव में *आत्मन्* तो एक ही है और वह भी अव्यक्त । परन्तु उसकी प्रव्यक्तियाँ या तो आंशिक, एकपक्षीय और इसलिए "निम्न" आत्मायें अथवा एकीकृत, सामञ्जस्यपूर्ण उच्च आत्मायें हो सकती हैं । निम्न आत्मायें कहलाने वाली कोई ऐसी इकाइयाँ नही होती जो विकसित हो कर उच्च बन सकें । जैसा कि भगवान बुद्ध ने सिखाया था निजी अहं एकदम अवास्तविक वस्तु है और कभी भी अन्य किसी वस्तु में विकसित नही हो सकता और न ही निर्वाण प्राप्त कर सकता है । परन्तु, हाँ, विकृत प्रव्यक्तियाँ होती हैं और सामञ्जस्यपूर्ण प्रव्यक्ति भी होती है । एक के समाप्त होने पर दूसरी प्रकट हो जाती है । हमें गीता की युगल परिभाषा याद रखनी चाहिए – योग कर्म में कुशलता है (*योगः कर्मसु कौशलम्*) : समत्व को योग कहते हैं (*समत्वं योग उच्यते*) ।

उस *मनस्* को योगारूढ़ कहा जा सकता है जो अपने आप अपनी इच्छा को कार्यान्वित करने का प्रयास न करता हो, बल्कि इसके विपरीत, उच्च और निम्न गोलार्ध के बीच पूरी तरह केन्द्र बिन्दु अथवा संतोलन बिन्दु हो और जिसके द्वारा, किसी सच्चे ताल की भाँति, उच्च की ज्योति निम्न में प्रदीप्त हो सके। इस प्रकार निम्न को अपनी खोई हुई दैवी सामञ्जस्यता मिल सकती है और एक बार फिर सत्ययुग का उदय हो सकता है – इस बार आत्म चेतन के सौन्दर्य के साथ। निश्चय ही योग वह स्वार्थी निजी मोक्ष की बात नही है जो कुछ लोग इसे भ्रमवश समझते हैं।

सच्चे योग का उद्देश्य अपनी व्यक्तिगत "मुक्ति" नही, "ईश्वर के राज्य" (God's Kingdom) में प्रवेश करना है। योग में मन वह हीरक बिन्दु होता है जिसमें उपर का आकाश और नीचे की पृथ्वी दोनो ही समान रूप से प्रतिबिम्बित होते हैं[29]। इनके परिणय से नया आकाश और नई पृथ्वी उत्पन्न होते हैं "क्योंकि पुराने आकाश व पृथ्वी समाप्त हो चुके हैं" और प्रतिबिम्बित करने वाला मन का दर्पण निस्सीम की सीमा तक विस्तृत हो अपने को जन्म देने वाला सम्पूर्ण बन जाता है।

इसलिए मूललेख में दो प्रकार के मनुष्यों का विवरण है। पहला वह है जो बुद्धि की संश्लेषक, एकीकरक दृष्टि से विहीन होता है क्योंकि वह अपने को बुद्धि विमुख कर केवल नीचे इन्द्रिय जगत के लुभावने चित्रों को ही देखता है, और इनकी चमक दमक से अपने मन को पूरी तरह आसक्त होने देता है। जैसा कि हम देख चुके हैं ऐसा मनुष्य अर्धमानव ही होता है। अपने अस्तित्त्व के अर्धभाग से विहीन वह सीधा खड़ा नही रह सकता और सदा इन्द्रियों के आकर्षण से एक ओर झुका रहता है। इसलिए, धड़ाम गिरने से बचने के लिए उसके लिए आवश्यक होता है कि हमेशा दौड़ता ही रहे। यह निरंतर भागता रहने वाला पुरुष ही वासना शक्ति कहलाता है और इस तरह अपने उस अर्धभाग को अपने से बाहर ढूँढता रहता है जिसे वह अपने ही अन्दर या पीछे खोये हुए है। अपनी अपूर्णता से अवगत वह पूर्णता को कंचन की दीप्ति, कीर्ति के खोखले जयकार, निजी शक्ति की मदान्धता अथवा कामिनी के बाहुपाश जैसे अनुभवों में ढूँढता है, जहाँ

[29] बौद्ध वज्रबिम्बोपना समाधि से तुलना कीजिए। इस पद का अर्थ है हीरक बिन्दु के समान सन्तुलन। अभिधर्म कोश देखिए।

वह होती ही नही । मृगतृष्णा के समान इच्छित लक्ष्य सुदूर क्षितिज से बुलाता है और जैसे ही निराश पथिक उस स्थान पर पहुँचता है जहाँ वह लक्ष्य को स्थित समझता है, वैसे ही लक्ष्य वहाँ से लोप हो जाता है ।

परन्तु यही सबकुछ नही है और न ही यह पर्याप्त है कि मनुष्य बाहरीपन के धक्का देने वाले रास्ते पर रोता मरता चलता ही रहे । ऐसी दशा में, गीता के अनुसार, *आत्मन्* आत्मा का शत्रु होता है । अपने ही अस्तित्त्व का वह उच्च अर्धभाग जिसकी ओर से उसने अपना मुख मोड़ लिया है, तिरस्कृत स्त्री के समान प्रकोप से भरा उसका पीछा करता है । दैवी आखेटिका आर्टेमिस (Artemis the Divine Huntress) के समान भाग्य का शीतचन्द्र (the cold Moon of Fate) उसका पीछा अपने उन अचूक बाणों से करता है जो उसके असुरक्षित पृष्ठभाग को अपनी तीखी नोकों से छेदते रहते हैं और रह रह कर उसके शिकारी कुत्ते अपने शिकार की गन्ध पा कर भौंक उठते हैं । जब भी वह सफलता के निकट आ पहुँचता है तो बीमारी आ घेरती है, सत्ता हाथ में आने ही वाली होती है कि बीच में एक रोड़ा आ खड़ा होता है, यौवन में की गई कोई अकीर्तिकर घटना "अचानक" उसके अतीत से निकल कर सामने आ जाती है और इस तरह जनता का उस पर से विश्वास उठ जाता है और उसका उनपर अपना अधिपत्य जमाने का अवसर समाप्त हो जाता है । जिसे वह प्रेम समझता है उसकी बाहों में भी वह सुरक्षित नही रह पाता क्योंकि आने वाले सुख से पहले ही कुछ न कुछ गड़बड़ हो जाती है । "तू जो मुझे धोखा देता है, सबसे धोखा खाता है" । और दिन प्रतिदिन मृत्यु के कुत्तों की "हाँउ-हाँउ" अधिकाधिक ज़ोर से सुनाई देने लगती है जब कि थकते पाँव निरंतर धीमे होते चले जाते हैं । धीरे धीरे जैसे बाणों के घावों से रक्तस्राव होता रहता है उसकी शक्ति क्षीण होती चली जाती है । अब उसके बहिर्मुखी अभियान की रणभेरी के विजयघोष नही सुनाई देते – रणसंगीत के वे स्वर जिनका "तुमुलनाद आकाश में गूँज जाता था" । अब तो एक ही स्वर गूँजता है और वह भी "मरते, मरते, मरते" । अब उसकी दृष्टि क्षीण हो जाती है और वह उन इन्द्रियों की ज्वालाओं को नही देख पाता जो उसे अपनी ओर खींचती थी – शाश्वत तारों की नकल करते दलदल के जुगनुओं की तरह । थक कर वह ज़मीन पर गिर पड़ता है और स्वयं अपने आप भाग्य के कुत्तों के रूप में निजी

आकृति को भयानक दांतों से नष्ट कर उसे बलपूर्वक अस्तित्त्व की उस एकता में पहुँचा देता है जिसे वह इतनी देर से मान नही रहा था ।

परन्तु इस नकारात्मक और बलपूर्वक रीति से सच्ची एकता प्राप्त नही होती । कुछ समय के लिए उसकी चेष्टायें समाप्त तो अवश्य हो जाती हैं परन्तु वह अपने बाहर वह वस्तु छोड़े होता है जो उसे देर तक चुप नही बैठने देती । बाह्य जगत उसकी वासनाओं के भूतों से अभी भी भरा होता है और ये भूत न तो स्वयं आराम से रह सकते हैं न उसे आराम करने देते हैं । अतीत में अपनी वासना के प्रत्येक विषय में उसने जीवन फूँका होता है और ये विषय अब भूतों के समान उसके सिर में भटकते रहते हैं और उसे यह जीवन वापस लेने को कहते हैं । जो जादूगर प्रेतात्माओं का आह्वान कर उनसे अपनी इच्छा के अनुसार काम करवाता है वह मृत्यु के समय उनका दास बन जाता है और वे बड़ी कठोरता से उससे काम लेती हैं । अब उनका नही इसका आह्वान किया जाता है, वे आज्ञा देती हैं और इसे पालन करना होता है ।

इसलिए पीछे छोड़ी वासना की आत्मायें अब उसे उस शक्ति से बुलाती हैं जो एक बार उस ही की थी । जादुई शब्द बोले जाते हैं और यद्यपि वह सोया होता है तो भी सुप्तावस्था में उसे अपनी पुरानी कामनाओं की आज्ञा का पालन करने जाना पड़ता है । इस तरह एक बार फिर वह आंतरिक शांति को त्याग, एक अशुभ औंधे पुनर्जीवन के साथ, उस द्वार को प्राप्त करता है जिसे लोग जन्मद्वार कहते हैं परन्तु जिसे ज्ञानी कब्र[30] में प्रवेश करना कहते हैं ।

इस तरह जो बुद्धि की वाणी की अवज्ञा करता है, उसके एकता के संदेश से मुँह मोड़ता है, और फलस्वरूप जिसका मन अनियंत्रित वासना की शक्तियों से अशुद्ध होता है वह "लक्ष्य प्रप्ति नही करता और भवसागर में भटकता रहता है" – बार बार जन्म और मृत्यु के सागर में – और उसकी लहरों के खारे पानी को पी और भी अधिक प्यासा होता चला जाता है ।

इस वर्णन के विपरीत दूसरी प्रकार का मनुष्य वह होता है जिसका *मनस्* सामञ्जस्यपूर्णता से उच्च व निम्न गोलार्धों के बीच संतुलित (*युक्त*) रहता है । ऐसे व्यक्ति के मानसिक दर्पण में इन्द्रियों का बाह्य

[30] ओर्फिक (Orphic) दीक्षित पार्थिव शरीर को कब्र कहते थे ।

जगत ऊपर के शाश्वत तारों का प्रतिबिम्ब स्वरूप दिखाई देता है । उसके अन्दर और बाहर सबकुछ एक ही होता है । वह जब अन्दर देखता है तो उसे अन्धकार नही दैवी सामञ्जस्य की मार्गदर्शक ज्योति (Guiding Light of Divine Harmony) दिखलाई पड़ती है, और जब बाहर देखता है तो यही व्यञ्जना उसे अपने पैरों के नीचे की शांत जलराशि में प्रतिबिम्बित नज़र आती है । इस कारण उसके लिए मन में कोई असंतुलन नही होता, कोई झुकाव नही होता, और न ही कोई उन्मत्त दौड़ आवश्यक होती है । उसके लिए "समस्त" ही एक सामञ्जस्य होता है और वह स्वयं उसका एक अंग । उसके रथ के घोड़े भले ही उस स्वतंत्र प्राण से चलते हों जिसे स्वयं उस ही ने अतीत में उनमें डाला था, परन्तु एक सामञ्जस्यपूर्ण *मनस्* की लगाम उनके मुंह में पड़ी होती है और इस लगाम का दूसरा छोर *बुद्धि* के सुदृढ़ हाथों में होता है । घोड़ों को चलना तो चाहिए, और वे चलेंगे भी, परन्तु दैवी सारथी की अविक्षुब्ध दूरदृष्टि द्वारा निर्धारित मार्ग पर ही । सड़क के किनारे की घास और भागती हुई घोड़ियों के प्रलोभन न तो उन्हें "सारथी" द्वारा चुने गए "पथ" से हटा सकते हैं और न ही उस फ़ौलादी पकड़ से जिससे वह उनके सिरों को संभाले हुए होता है ।

ऐसा होता है मार्ग के अन्त तक पहुँचने वाला रथ, जिसके घोड़े *बुद्धि* के दैवी हाथों में थमी शुद्ध *मनस्* की लगाम से नियंत्रित होते हैं । सीधी सादी भाषा में, जो लक्ष्य तक पहुँचना चाहे उसे अपनी इन्द्रियों को *मनस्* अथवा आत्मचेतन मन द्वारा नियंत्रित रखना चाहिए । उसे सदा उस बात का अभ्यास करना चाहिए जिसे बौद्धजन *सम्यक स्मृति* यानि जो कुछ हो रहा है उस पर ध्यान रखना कहते हैं । अपनी इन्द्रियों की गतिविधि पर उसे कड़ी निगरानी रखनी चाहिए, उनकी जटिल व्यञ्जनाओं का उपयोगी, अनुपयोगी या हानिकर गतियों में विश्लेषण करना चाहिए और उपयोगियों को उत्साहित तथा अन्य को हतोत्साहित करना चाहिए । *मनस्* इस काम के लिए सुसज्जित है, आत्मचेतन अहं के रूप में उसकी केन्द्रीय स्थिति यह सुनिश्चित कर देती है कि इन्द्रियज्ञान के विभिन्न तन्तु एक ही नाभि बिन्दु पर आयें जहाँ उसकी तीव्र व वैश्लेषिक दृष्टि उन्हें सुलझा कर उनका परीक्षण कर सकें, विशेष तौर पर यह देखने के लिए कि उनके कारण क्या हैं और उनके फल क्या होते हैं ।

परन्तु मन अपने से ऊपर वाले तत्त्व का सहारा लिए बिना, केवल अपने ही बूते इस कार्य को सम्पादित करने की चेष्टा करे तो इसे बिलकुल नहीं कर सकता । ऐसा करने में उसका निर्णय इन्द्रियों की निम्न शक्तियों से प्रभावित हो जायेगा कयोंकि, जैसा हम देख चुके हैं, उच्च गोलार्ध को भूलने पर वह अनिवार्यतः इन्द्रियों की ओर झुक जाता है । जिसने अपने मन को ध्यान से देखा हो और उसकी कार्यप्रणाली को समझा हो केवल वही जान सकता है कि उसके स्वतंत्र प्रतीत होने वाले और स्वोत्पादित निर्णय किस हद तक वासना की अदृष्य डोरों द्वारा नचायी कठपुतलियों के नाच हैं । यही है वह भाग्य जिसके हाथ हम अपने अस्तित्त्व के दैवी स्तरों की अवहेलना कर अपने आप को सौप देते हैं ।

इसलिए, यदि *मनस्* को इन्द्रिय दमन का अपना सही काम करना है तो पहले स्वयं उसे ही ऊपर *बुद्धि* के आकाश में बिछा आदर्श सुविन्यास प्रतिबिम्बित करना चाहिए । जब उसके दर्पण में ऊपर की यह व्यञ्जना प्रतिबिम्बित हो तब ही उसके पास वह मानदण्ड होता है जिसके द्वारा वह नीचे से प्रतिबिम्बित पृथक कर्मों व इन्द्रियज्ञानों को माप सकता है । बुद्धियुक्त होने और अन्तःप्रेरणात्मक निर्णय वाला अर्थात "विज्ञानवान" होने से गुरु का अर्थ यही है ।

हमें यह भी नही सोचना चाहिए कि ऐसे दैवी मानदण्ड की प्राप्ति हमारे लिए बहुत कठिन है और जिसकी आशा हमें किसी सुदूर भविष्य में ही करनी चाहिए । आदर्श तो यहाँ और अभी हमारे अन्दर है, हम सबके अन्दर, प्रत्येक विद्यमान वस्तु, मानव, पशु, वनस्पति और पत्थर के अन्दर ।

वास्तव में यदि उसे देख सकने की आँखें हमारे पास होती तो वह हमें विश्व के प्रत्येक परमाणु में दिखाई देता । और कमी दरअसल आँखों की नहीं है । आँख होते हुए भी हम देखते नही । वह तो सदा हमारे सामने चमकता रहता है परन्तु उसकी ओर ध्यान देने की आदत नही है हमें । हम उसे *भूल* गए हैं और सब भूलों के समान यह भी जानबूझ कर भूली बात है । वासना के उकसावे में आने के कारण भूले हैं हम और यह वासना है बिना किसी नियंत्रण के स्वतंत्र होकर स्वेच्छा से चलने की । यहाँ यह सुस्पष्ट कर दिया जाए कि उच्च दैवी तत्त्व में, या जिसे सामान्यतः "ईश्वर" कहा जाता है उसमें, अविश्वास चाहे कैसे ही युक्तिसंगत तर्क पर आधारित क्यों न लगता हो, होता

उत्पन्न ठीक इसलिए है ताकि हम अपनी मरज़ी से चलने के लिए मुक्त भावना का अनुभव कर सकें और आँख बन्द कर अपनी वासनाओं का अनुसरण कर सकें । "ईश्वर" तो सदा हमारे सामने खड़ा होता है । हम उसे इसलिए नही देख पाते क्योंकि अपनी आँखें बन्द किए रहते हैं । जो वास्तव में इन्द्रियों का दासत्व है उस तथाकथित स्वतंत्रता को हम एकमात्र दैवी सामञ्जस्य की सेवा रूपी वास्तविक स्वतंत्रता से अधिक पसन्द करते हैं । हम "ईश्वर" को अपने सामने देखने को तैयार नही होते और इसलिए अपने पीछे एक "शैतान" की उपस्थिति का आभास करने पर विवश हो जाते हैं । ऐसा आजकल सब जगह देखा जा सकता है क्योंकि तथाकथित आधुनिक सभ्यता वाले इस युग की प्रधानता *मनस्* ही है । सब ओर मनुष्य भूतकाल के प्रतिबन्धों से मुक्ति चाहता है परन्तु यह नही देख पाता कि यह भूतकाल वह स्वयं ही है । सब ओर वह अपने आप चयन करने की स्वतंत्रता की माँग करता है जिसका अर्थ होता है अधिदैविक तत्त्व से मुक्ति किन्तु कामना यानि अवहेलना किए गए अधिदैव के अमंगलकारी आविर्भाव "भाग्य" की बेड़ियों से जकड़ जाना । कामना में कोई स्वाातंत्र्य नही है, बिल्कुल भी नही, लेशमात्र नही । मनुष्य धन की कामना करते हैं और भाग्य उन्हें दारिद्रता देता है, आरोग्य चाहते हैं तो वह उन्हें रोग देता है, एकता की इच्छा रखते हैं और वह पृथकता देता है, शांति चाहते हैं – अपनी स्वच्छंदता बनाये रखने की स्वार्थी शांति – और दैव "शांति नही तलवार" देता है, वही तलवार जो इस क्षण राष्ट्रों की गर्दनों पर रखी है ।

अधिदैव के साथ एकता बनाये रखने वाले जीवन में ही मुक्ति, सुख व शांति हो सकती है । जब तक भी हम व्यक्तिगत रूप से अथवा राष्ट्रीय रूप से इस अधिदैव व उसके दैवी सामञ्जस्य की अवहेलना करने की चेष्टा करते रहेंगे तब तक आत्मा का वह प्रशांत संतुलन प्राप्त नही कर सकते केवल जिसमें ही सच्ची स्वतंत्रता और सच्ची शांति होती है ।

यह कहना बिल्कुल बेकार है कि हम इस दैवी विधान को देख नही पाते । हम इसलिए देख नही पाते क्योंकि हम देखना नही चाहते । किसी छोटे से तारे को लक्षित करने के लिए जैसे गुरु पहले ठीक उसके पास वाले एक बड़े तारे को इंगित करता है वैसे ही *बुद्धि* के सूक्ष्म सामञ्जस्य को दर्शाने के लिए वह पहले सदसद्विवेक की वाणी

की ओर ध्यान ले जाता है । जैसा कि हम देख चुके हैं यह वाणी इस सामञ्जस्य की एक निचले स्तर पर प्रव्यक्ति है और हमे बड़े तारे के समान चमकती इसलिए लगती है क्योंकि वह उसमें विद्यमान है जो हमारे लिए दिन है, हालाँकि गुरु के लिए रात । मानवजीवशास्त्री व फ्रॉयड (Freud) के अनुयायी मनोवैज्ञानिक भले ही कुछ कहते रहें, सदसद्विवेक की वाणी "ईश्वर" की वाणी होती है, कम से कम उसकी प्रतिध्वनि तो होती ही है, भले ही धीमी हो । इन्द्रियज्ञान की व्यञ्जनाओं को इस वाणी के व्यवस्थापक नियंत्रण में रख हम निम्न से उस उच्च *मनस्* में उठ जाते हैं जो अलौकिक दिन व रात की सन्ध्या में स्थित स्वयं ध्वनिरहित वाणी को सुन सकता है और तारारूपी देवताओं का दैवी सामञ्जस्य अपनी शांत व निर्मल गहराइयों में प्रतिबिम्बित देख सकता है, ठीक वैसे ही जैसे दिन दहाड़े भी आकाश के तारे किसी सचमुच गहरे कुयें के पानी की गहराइयों में दिख जाते हैं । आइये सदसद्विवेक की सीढ़ियों से इस कुयें में उतरें, हृदय के उस केन्द्रीय कुयें में जिसके बारे में हम पहले भी एक से अधिक बार कुछ कह चुके हैं । इसमें सदैव वह सुविन्यास चमकता रहता है जिसकी सहायता से हम इस समय भी परमज्ञान प्राप्त कर सकते हैं, और जिसे पा कर और कुछ पाने की आवश्यकता नहीं रहती । उस अविक्षुब्ध देवतुल्य मुक्त जीवन, उस दैवी स्मृति जिसके बारे में प्लेटो ने लिखा है और जिसकी घोषणा[31] गीता के अन्त में अर्जुन विजयोल्लास से करता है, उस पारस पत्थर, उस सर्व प्रयोजन औषधि, उस एकमात्र वस्तु की जो "सब बलों का बल है" और "संसार भर में उत्कृष्ठता का कारण है"[32], उसकी कुञ्जी यही है ।

इस एकमात्र वस्तु को गुरु ने उस विष्णु का परमपद बताया है जो सर्वव्यापी प्राणमय आत्मा है और जो एक वैदिक मंत्र के अनुसार ज्ञानी पुरुषों द्वारा दिवालोक (Light of Day) के समान सबकुछ में व्याप्त दिखता है । यह वर्णन विशेष रूप से महत्त्व का है क्योंकि एकीकरक, बुद्धि की सर्वग्राही दृष्टि, के साथ एकता स्थापित कर ही यह पद प्राप्त होता है । जब इसकी सहायता से विश्व अनेक आत्माओं और अनेक वस्तुओं की अस्तव्यस्तता प्रतीत होने के बजाय सर्वसमाहित करने वाला

---

[31] *गीता* 18.73 । *नष्टो मोहः स्मृतिर्लब्धा* ।

[32] *दि एमरल्ड टॅब्लेटस आफ हर्मीस* (*The Emerald Tablets of Hermes*) ।

ऐसा सामञ्जस्य प्रतीत होने लगता है जिसमें "प्रत्येक में समस्त निहित होता है और अन्य में भी समस्त देखता है", जिसमें "सूर्य सब तारे होता है और प्रत्येक तारा अन्य सब तारे और सूर्य होता है"[33], तब जा कर ही रथ अपनी यात्रा के अंत पर पहुँचता है । अब केवल अंतिम उड़ान शेष रह जाती है, उच्चतर वायु में हंसपथ पर अकेली उड़ान जिसके लिए बेकार रथ अब पीछे छूट जाता है और दिगम्बर आत्मा सूर्य, चन्द्र और तारों के पार सर्वातीत अव्यक्त की ओर उड़ निकलता है ।

(10) *इन्द्रियेभ्यः परा ह्यर्था अर्थेभ्यश्च परं मनः ।*
मनस्तु परा बुद्धिर्बुद्धेरात्मा महान्परः ॥

इन्द्रियों से ऊँचे इन्द्रियों के (सूक्ष्म) विषय हैं, इन विषयों से ऊँचा मनस् है, मनस् से ऊँची बुद्धि है, बुद्धि से ऊँचा महान– आत्मा है ।

(11) *महतः परमव्यक्तमव्यक्तात्पुरुषः परः ।*
पुरुषान्न परं किंचित्सा काष्ठा सा परा गतिः ॥

महत से ऊँची अव्यक्त है, अव्यक्त से ऊँचा पुरुष, पुरुष से ऊँचा कुछ भी नहीं है । वह अन्त[34] है परमलक्ष्य है ।

इन मंत्रों में गुरु शिष्य को तत्त्वों की क्रम परम्परा बताता है यानि उस सत्-सोपान को बताता है जो पृथ्वी से आकाश तक जाता है और जिस पर याकूब के स्वप्नों के देवदूतों (angels in Jacob's Dream) के समान आत्मायें चढ़ती उतरती हैं ।

इस सोपान की सबसे नीचे की अरगला इन्द्रियों से बनी होती है जो चैतन्य की सामान्य जाग्रतावस्था का प्रतिनिधित्व करती हैं और जिनका अनात्मिक पक्ष है साधारण तौर पर अपने चारों ओर दिखने वाला इन्द्रिय जगत । इसके ऊपर हमें *अर्थाः* का स्तर बताया जा रहा है जिसका अनुवाद प्रायः "इन्द्रिय विषय" किया जाता है । एकदम प्रश्न उठता है कि विषय अपना बोध करने वाली इन्द्रियों से ऊपर क्यों माने गए हैं । निश्चय ही दोनो को एक स्तर पर होना चाहिए और यदि एक को ऊपर रखना ही है तो इन्द्रियाँ ऊपर होनी चाहिए । जैसा शंकराचार्य

[33] प्लोटाइनस 5.8 ।

[34] *काष्ठा* का शब्दार्थ है सीमांकन करने वाला स्तंभ । इसके पार केवल "अ-वस्तु" ही है – महाशून्य ।

ने कहा है, बात यह है कि यहाँ *अर्थाः* शब्द का प्रयोग वृक्ष, पत्थर इत्यदि दिखाई देने वाले इन्द्रिय विषय नही हैं बल्कि वे सूक्ष्म आकृतियाँ हैं जिन्हें इन के साइकीय प्रतिरूप कहा जा सकता है और जिनके कारण सामान्य इन्द्रियज्ञान के विषय हमें वैसे दिखते हैं जैसा कि हम समझते हैं हमें दिख रहे हैं । उदाहरण के लिए, यदि साइकी के अन्दर एक सूक्ष्म लालिमा न होती तो बाह्य जगत में हमें लाल रंग दिख ही न पाता । अपने से "बाहर" हम कोई भी ऐसी वस्तु नही देख सकते जो पहले ही हमारे "अन्दर" उपस्थित न हो । बाह्य जगत तो सूक्ष्म आन्तरिक जगत का आविर्भाव मात्र है । जैसा कि हर्मीस का कहना है "यह सच, निश्चित और झूठरहित है कि जो नीचे है वह ऊपर जैसा है" । ऊपर जैसा इसलिए क्योंकि नीचे उसका प्रतिबिम्ब या आविर्भाव ही होता है । कुछ लोगों को चाहे यह कितना ही अजीब क्यों न लगे यह एक सीधा सादा तथ्य है कि जो भी चाहे वह स्वयं इस बात का अनुभव कर सकता है कि यह कष्टकर बाह्य जगत, यह "बहुत, बहुत ठोस पृथ्वी" मायाजाल ही है, सूक्ष्म आन्तरिक जगत का उतना ही सच्चा प्रक्षेपण जितना चित्रक्षेपी लालटेन में रखी स्लाइड का प्रक्षेपण पर्दे पर होता है । जिस धरती पर हम चलते हैं वह ठोस व प्रतिरोधी अपने किसी गुण के कारण नही होती, और न ही जल इसलिए प्रवाहित होता है क्योंकि उसमें "तरलता" होती है । जैसा कि हम कह चुके हैं यह सच, निश्चित और झूठरहित है कि पृथ्वी इसलिए ठोस है क्योंकि वह साइकी में स्थित ठोसपन के तत्त्व को प्रतिबिम्बित करती है और ठीक इस ही कारण जल तरल है और आकाश नीला । यदि आदर्श इन्द्रिय तत्त्वों का आन्तरिक जगत न होता तो बाह्यबोध का जगत भी न होता, न हो सकता था ।

इसके अतिरिक्त, इस आन्तरिक सूक्ष्म व्यवस्था का अस्तित्त्व ही प्रकृति की उस नियमित व्यवस्था का कारण है, कम से कम तात्कालिक कारण तो है ही, जिसके बारे में वैज्ञानिक इतना शोर मचाते हैं – यानि इस तथ्य का कारण कि हम सबको लगभग एक ही बाह्य जगत का बोध होता है । यह सच है कि बाहरी से आन्तरिक की ओर मुड़ हम केवल एक ही चरण गहराई में गए हैं परन्तु वह चरण कम से कम है तो सही दिशा में, और यदि हम अपने दो मंत्रों के अनुसार चलते रहे तो *ऋत* अर्थात् दैवी सामञ्जस्य में सार्वभौमिक सुविन्यास के परम स्रोत तक पहुँच जायेंगे । अन्ततः सार्वभौमिक सुविन्यास एक कल्पित और इच्छाशक्ति द्वारा निर्मित व्यवस्था है जो चैतन्य में स्थित है ।

किसी निर्धारित स्तर पर यह सब मनुष्यों के लिए लगभग एक ही होती है क्योंकि "सब मनुष्य" इस चैतन्य के ही कण होते हैं, और यद्यपि प्रत्येक इस सुविन्यास को अपने दृष्टिकोण से देखता है इन दृश्यों में से प्रत्येक अन्य सब दृश्यों से सम्बन्धित होता है । जैसा कि हमने कहा है, मोटे तौर पर बाह्य जगत हमारे मूललेख के *अर्थाः* कहलाये जाने वाले इन्द्रियों के सूक्ष्म तत्त्वों से उत्पन्न होता है और उन्हें प्रतिबिम्बित करता है । और हाँ, ये आन्तरिक इन्द्रिय तत्त्व केवल दार्शनिकों की अटकलबाज़ियाँ नही हैं । इन्हें उन आन्तरिक इन्द्रियों से प्रत्यक्ष देखा जा सकता है जो होती तो सबके पास हैं परन्तु जिन्हें कुछ ही समझ पाते हैं व उनपर ध्यान देते हैं । वास्तव में वे उसमें चमकती हैं जिसे पैरासेल्सस ने "प्रत्येक मनुष्य की आँखों के सामने दीप्त प्रकृति की ज्योति" कहा "परन्तु जिसे कुछ ही मर्त्यलोक वासी देखते हैं" ।

> हम यहाँ अतीन्द्रियदर्शी कहलाने वाले उन थोड़े से अनोखी बनावट वाले व्यक्तियों की बात नही कर रहे हैं । सब मनुष्यों की आन्तरिक इन्द्रियाँ यहाँ और इसी समय काम कर रही हैं, यदि ऐसा न होता तो हमें इस जगत का बोध ही न होता । तथाकथित सभ्य लोग लगभग जानबूझ कर *बुद्धि* के समान इनकी ओर ध्यान देना भी भूल गए हैं । आदिमजाति और असभ्य कहलाने वाले लोगों में आज भी इनका उपयोग सुप्रचलित है । "आदिम" जातियों और उन्हें "समझने" की इच्छा रखने वाले मानवजीव शास्त्रियों के बीच इससे बड़ी दीवार और कुछ नही कि ये जातियाँ तो दो प्रकार की इन्द्रियों का प्रयोग करती हैं परन्तु उनका अध्ययन करने वाले केवल एक ही प्रकार की । है तो यह सब हास्यास्पद परन्तु सत्य ।
>
> "I am the Master of Balliol College
> What I don't know isn't knowledge!"
>
> "मैं पण्डित, मुझ जैसा मिले न कही,
> जो मैं न जानूँ वह ज्ञान नही"

यूरोपीय "सभ्य" मनुष्य जितनी ही जल्दी अपना घमण्ड छोड़ सके उतनी ही अच्छी दूसरों के बारे में उसकी समझ होगी और उतनी ही जल्दी उसे आन्तरिक आरोग्यलाभ होगा ।

ख़ैर, इन्ही कारणों से *अर्थाः* को बाहरी इन्द्रियों व उनके जगत से "ऊँचा" कहा गया है । उन्हें कभी कभी तारकस्तर (astral plane) कहा

जाता है, हिन्दू परम्परा की स्वप्नावस्था, अन्तःस्थ अथवा *भुवर्लोक* जिसको हम यहाँ कामना जगत कहेंगे। स्मरण रहे कि हम अनुभव के स्तरों की बात कर रहे हैं और हमने देखा है कि जिस स्तर को हम साधारण भौतिक जगत कहते हैं उसके ऊपर एक सूक्ष्म आन्तरिक जगत होता है, आन्तरिक इन्द्रिय विषयों का जगत, कामना जगत।

और इसके भी ऊपर होता है मानसिक अनुभव का स्तर जो हमारे अन्दर *मनस्* के अनुरूप होता है। इस स्तर पर अनुभव का वस्तु विषय, बाहरी और भीतरी तथाकथित इन्द्रिय न्यास, अहं के केन्द्रीय बिन्दु के पास भेजा जाता है और इस बिन्दु के चारों ओर विशेष प्रकार से व्यवस्थित हो जाता है। इस तरह "मुझ" से सम्बन्धित होने के कारण वह "मेरा" हो जाता है और मेरा अपना वस्तु विषय बन जाता है। इसी कारण हमारे चारों ओर की वस्तुएं हम में से हो कर उसी तरह नही बहती रहती जैसे स्पंज में से हो कर पानी बहता है, बल्कि रुक जाती हैं और हमारी "सम्पत्ति" बन जाती हैं। यह प्रक्रिया वस्तुतः कुर्सी, मेज़, मकान इत्यदि के साथ भी वैसे ही रहती है जैसी हमारे भौतिक शरीर के साथ। वास्तव में कुर्सी, मेज़ जैसी वस्तुएं हमारे शरीर का फैलाव बन जाती हैं और प्रायः हमारा उनके साथ लगाव शरीर के लगाव से कम नही होता। सम्पत्ति को खोने से मिली वेदना शरीर को गँवाने से प्राप्त दुःख से कुछ ही कम होती है और पहले ज़माने में सम्पत्ति के साथ किए गए अपराध के साथ वही व्यवहार किया जाता था जो किसी व्यक्ति के प्रति किए गए के साथ[35]।

यह सब *मनस्* की केन्द्रीकरण व समाकलन करने की क्रिया के कारण होता है। यद्यपि दुर्भाग्यवश यह इसका सामान्य पक्ष है तथापि यह मानना पड़ेगा कि हमने अब तक इस तत्त्व पर केवल असंतोषजनक और नकारात्मक पक्ष से ही दृष्टि डाली है। परन्तु *मनस्* तत्त्वतः द्विविध होता है और इसलिए उसका एक अन्य पहलू भी है।

"*मनस्* को द्विविध कहा जाता है, कामना के सम्पर्क में अशुद्ध और उससे मुक्त होने पर शुद्ध। *मनस्* सचमुच मनुष्यों के बन्धन और मुक्ति दोनों का ही कारण होता है। जब विषयों से युक्त हो तो बन्धन का और जब युक्त न हो तो मुक्ति का"[36]।

---

[35] सौ से थोड़ा ही अधिक वर्ष पहले इग्लैंड में भेड़ चुराने के लिए अपराधी को फाँसी दी जा सकती थी।

[36] *मैत्रि उपनिषद्* 6.34।

यह दो पहलू तो ख़ैर हमारे निम्न और उच्च *मनस्* हैं यानि समाकलन करने वाले एक ही तत्त्व की दो रीतियाँ । "निम्न" *मनस्* की वास्तविक ख़राबी यह नही कि वह कोई समाकलन या अहं बनाता है बल्कि यह है कि वह एक असंतुलित, अपूर्ण, और इसलिए झूठा, अहं बनाता है । जैसा कि हम देख चुके हैं अस्तित्त्व का उच्च अर्धभाग भूल कर वह एक ओर झुक जाता है और सकल विश्व के विपुल वैभव से केवल कुछ ही भाग अपने समाकलन के लिए चुनता है । इससे एक ऐसा अहं बनता है जो अस्तित्त्व का सच्चा केन्द्र नही होता, सच्चे से हट कर होता है । इसे हम इस प्रकार चित्रित कर सकते हैं जेसा अगले पृष्ठ पर किया गया है ।

इस असंतुलित समाकलन का फल तो बस यह होता हे कि एक ऐसा तनाव पैदा हो जाता है जो अहं को खीचता रहता है और अहं जिसका प्रतिरोध करता है । इस खिंचाव को ही भाग्य का ज़ोर कहते हैं और प्रतिरोध को स्वाग्रह व आत्मपरिक्षण की "मूल प्रवृत्ति" यानि समाकलन को हर कीमत पर बनाये रहने की प्रबल इच्छा । इसलिए झूठी अहंता बाहर दौड़ पड़ना चाहती है, अपने अस्तित्त्व के उस सच्चे केन्द्र से दूर जो उसके लिए भयास्पद बन जाता है, उसके अस्तित्त्व को घोर संकट में डाल देता है, और इसलिए जिसके खिंचाव का प्रत्येक सम्भव तरीके से विरोध किया जाना ही उचित लगता है । आंतरिक जीवन के प्रति उस भय का कारण यही है जो हम में प्रायः पाया जाता है । यही कारण है कि साँसारिक मनुष्य, यानि जो अपने पूरे ज़ोर के साथ बाहरी परिधि से चिपके होते हैं वे, समस्त अन्तर्मुखता को रुग्णता कहने की प्रवृत्ति रखते हैं । ठीक ही तो कहते हैं वे, रुग्णता मृत्यु की ओर ले जाती है और केन्द्र की ओर का खिंचाव उनके लिए मृत्यु का खिंचाव होता है । जब तक अहं केन्द्रीय खिंचाव के प्रति अपने विरोध को बनाये रहता है तब तक वह अपना पृथक जीवन यापन करता रहता है । परन्तु एक न एक दिन उसकी शक्ति क्षीण होने लगती है और अस्तित्त्व की परिधि पर उसकी पकड़ ढीली पड़ जाती है वह केन्द्र की ओर खिंचता चला जाता है और मृत्यु को प्राप्त होता है[37] ।

---

[37] कहने का तात्पर्य यह नही है कि मृत्यूपरात वह केन्द्र में रहता है । वह केन्द्र से हो कर निकलता तो अवश्य है और इसलिए मृत्यु के

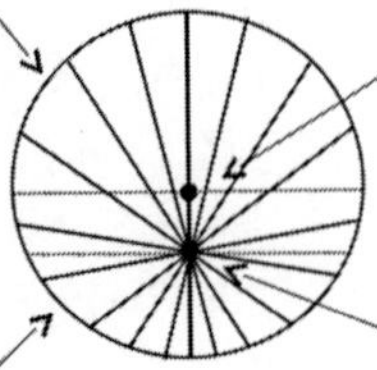

अस्तित्त्व का वृत्त

परन्तु हम देख चुके हैं कि योग का पथ स्वेच्छा से मृत्यु को बुलाना है । अब समझ में आता है कि ऐसा क्यों होता है और ख्रीष्ट ने क्यों कहा था कि "तुम्हें फिर से जन्म लेना होगा" । जब तक विकृत और आंशिक अहं शेष रहता है तब तक भाग्य के ज़ोर से छुट्टी नहीं मिल सकती ओर आंतरिक सुख नहीं मिल सकता । बाहरी दुनिया पर अपनी पकड़ स्वेच्छा से छोड़नी पड़ती है और क्षुद्र अहं को अस्तित्त्व के अंधेरे केन्द्र में विलय होना पड़ता है ताकि नवजन्म का सच्चा और संतुलित समाकलन हो सके । इस तरह उच्च अहं के उत्पन्न होने से पहले निम्न अहं को मरना होता है ।

यह जन्म उच्च *मनस्* में अपने अस्तित्त्व के असली केन्द्र में होता है । मिस्र में इसे होरस (Horus) के जन्म से और भारत में उस चिरयुवा अग्निपुत्र कार्तिकेय के जन्म से प्रतीयमान किया गया है जो क्षुद्र ब्रह्माण्डीय सप्तक (microcosmic Seven) कृत्तिका नक्षत्र (Pleiades) द्वारा पोषित, तारामय आकाश के मयूर पर आरूढ़, अपने बारह हाथों से भाग्य के द्वादशविध चक्र का स्वामी होता है । दाओ-वाद (Taoism) में इसे स्वर्ण पुष्प का खिलना कहा जाता था और *लाइट ऑन दि पाथ* में इसे वह कुसुम बताया गया है जो झंझावत के पश्चात खिलता है ।

क्षण की इतनी परम्परागत व वास्तविक महत्ता है, परन्तु दोलक के समान वह झूलता हुआ दूसरी ओर निकल जाता है, अस्तित्त्व के वृत्त के अँधेरे अर्धभाग में । उक्तलिखित वर्णन अत्याधिक संक्षिप्त है ।

अस्तित्त्व के सच्चे केन्द्र में कुसुमित होने के कारण उस पर कोई विकृतिकारक शक्तियाँ प्रभाव नही डालती । उसकी कमल पंखुड़ियाँ सामञ्जस्य के साथ जीवन की जलराशि के दूरतम छोर तक फैल जाती हैं और दिवासूर्य व निशाचन्द्र दोनों के ही लिए समान रूप से खिली रहती हैं । वह इसलिए जलराशि में तैरता, अविक्षुब्ध, बलपूर्वक किसी जगह पर न रखा हुआ क्योंकि असली केन्द्र में होने के कारण उसका संतुलन भंग करने वाली कोई वस्तु नही, "पृथ्वी के समान स्थिर (व निरालम्ब) और गिरि सरोवर के समान प्रशांत"[38] होता है । "सम्पत्ति" से उसे अब कोई अनुरक्ति नही क्योंकि सम्पत्ति का अर्थ तो तब ही था जब कोई ऐसी वस्तु भी हो जो "मेरी नही" और अब तो विश्व की प्रत्येक वस्तु उसके हृदय के दीप्त दर्पण में शांतिपूर्वक सँजोई हुई है । सचमुच उसने सब सम्पत्ति प्राप्त कर ली है परन्तु यह सम्पत्ति ऐसी है जो "केवल शुद्ध आत्मा की ही होती है और इसलिए सब शुद्ध आत्माओं की समान रूप से होती है" । इसीलिए इसको "वह पुनीत शांति प्राप्त होती है जिसे कुछ भी भंग नही कर सकता, जिसमें आत्मा का विकास ऐसे होता है जैसे पुण्यपुष्प शांत सरोवर में विकसित होता है"[39] ।

ऐसा होता है उच्च *मनस्,* उस शिष्य का जीवात्मा जो मृत्यु को पार कर जीवन में आ पहुँचता है और अब फिर नहीं मरता ।

परन्तु यह स्वेच्छा मृत्यु और नवजन्म, किसी ऐसी चीज़ की सहायता के बिना जो निरे *मनस्* से ऊँची हो, प्राप्त नही हो सकते । अपने ही बूते पर *मनस्* अपनी विकृत व आंशिक व्यवस्था के अतिरिक्त कोई सुव्यवस्था और सामञ्जस्य नही जानता । इस व्यवस्था के बाहर उसे सबकुछ अस्तव्यस्तता का अँधेरा लगता है और इसलिए वह अपने ही समाकलन को पकड़े रहता है । चाहे कितना ही दुःखदायी क्यों न हो यह उस राक्षस के उदर में जाने से तो अच्छा ही लगता है जिसे स्वयं अपनी एकपक्षीयता ने अँधेरी जलराशि में जन्म दिया है । इसलिए पथ पर असली ख़तरे होते हैं, क्योंकि यदि नया समाकलन किए बिना अपना इस समय का समाकलन खो दिया तो उसका विघटन वह प्रलयकारी निगले जाना होगा जिसे हम विक्षिप्ति कहते हैं । इस परिणाम से केवल

---

[38] *धम्मपद* ।

[39] *लाइट ऑन दि पाथ* ।

गुरु यानि *बुद्धि* का दैवी सामञ्जस्य ही बचा सकता है क्योंकि केवल उसी में जीवात्मा पर उस समय निगरानी रखने की क्षमता है जब असहाय दशा में वह निम्न अहं से उच्च अहं में परिणित होता है।

इसलिए आन्तरिक अथवा बाह्य गुरु, या यूँ कहिये कि दोनों, में श्रद्धा इतनी आवश्यक है क्योंकि जैसा हम देख चुके हैं असली विश्वास विश्व सुविन्यास का प्रतिबिम्बित ज्ञान ही है। ऐसी श्रद्धा गुरु की जगह काम कर सकती है क्योंकि उसके द्वारा प्रतिबिम्बित दैवी सामञ्जस्य जलराशि के ऊपर मँडराता रहता है और इस तरह नवजन्म को उस अँधेरी अस्तव्यस्तता के बाहर रास्ता दिखा सकता है जिसमें गुप्त अग्नि की क्रिया से पुराना अहं पिघला दिया जाता है। इसलिए गुप्त अग्नि की सदा इतनी सावधानी से रखवाली की गई है और उसके बारे में यह सर्वव्यापक नियम रहा है कि उसे सुयोग्य शिष्य के अतिरिक्त अन्य किसी पर उद्घाटित न किया जाए, क्योंकि यदि गुरु में श्रद्धा न रखने वाला विघटन की चेष्टा करेगा तो उसका अन्त घोर विपत्ति में होगा। अपनी पुरानी एकपक्षीयता से उसने जिन अमंगलकारी शक्तियों का आह्वान किया था वे उतावले दुःसाहसी पथिक का पूरी तरह भक्षण कर जायेंगी और "कृत्तिका के मधुर प्रभाव" में कार्तिकेय के दैवी जन्म के बजाय विपरीत नक्षत्र वृश्चिक में अनेक राक्षसी बच्चों का जन्म होगा जो भूखों के समान किसी समय अहं कहलाने वाली वस्तु के अंग प्रत्यंगों के लिए लड़ते रहेंगे। इसी दशा को लोग विक्षिप्ति के नाम से जानते हैं और यही पथ का सबसे विकट संकट है। अग्रिप्पा का कहना है "जो अशुद्ध दशा में आगे जाता है वह अपने ऊपर आफ़त बुलाता है और राक्षस (evil spirit) द्वारा भक्षण किया जाता है"[40]। इसलिए द्वार पर एक और चेतावनी लिखी होती है : "जिसको गुरु में सच्ची श्रद्धा हो वही यहाँ पैर रखे"। इस समय गुरु में ही मुक्ति है और इसलिए मूललेख का कहना है "*मनस्* से ऊँची *बुद्धि* है"।

हमने देखा है कि श्रद्धा दैवी सामञ्जस्य का प्रतिबिम्ब है और *बुद्धि* उसका स्पष्ट रूप से अवगम। इसलिए सामञ्जस्य के अवगम से भी ऊपर स्वयं सामञ्जस्य है और इसलिए लिखा गया है : *बुद्धि* से ऊँचा महान-आत्मा है। यह महान-आत्मा या *महत्* ही सार्वभौमिक सुविन्यास है, महान् ब्रह्मलोक, प्रव्यक्त विश्व की आत्मा।

---

[40] **अग्रिप्पा** (Agrippa)। ***थ्री बुक्स ऑन ऑकल्ट फ़िलासफ़ी*** (*Three Books on Occult Philosophy*)।

शास्त्रीय और पांडित्यपूर्ण सांख्य जैसे उत्तरकालीन लेखनों में *बुद्धि* और *महत्* को मिला कर एक ही तत्त्व माना गया है । परन्तु हमारे उपनिषद् में उस पूर्वकालीन परम्परा को बनाये रखा गया है जिसमें *महत्* वास्तविक सार्वभौमिक सुविन्यास है और *बुद्धि* इस सुविन्यास का *मनस्* द्वारा अवगम ।

बुद्धि निश्चय ही ज्ञान की चन्द्रमा (Moon of Wisdom), दैवी ऑसिरिस (divine Osiris) की वधू वह माता आइसिस (Mother Isis) है जो पुत्र होरस (Horus) को जन्म देती है । हिन्दू प्रतीकवाद में वह सामञ्जस्य की देवी सरस्वती है जिसका पति स्वयं ब्रह्मा है । वह सनातन कुमारी (Eternal Virgin) देवकी है "जिसमें सब देवता निवास करते हैं"[41] और जिसके गर्भ से ईश्वर का पुत्र (Son of God) उत्पन्न होता है, जो निम्न अहं कंस द्वारा निर्मित अँधेरे कारागार में दैवी कृष्ण को जन्म देती है । इतना ही वह स्वर्ग की कुमारी रानी मरियम (Mary, the Virgin Queen of Heaven) भी है जो ख्रीष्ट को पाशविकता के अँधेरे अस्तबल में जन्म देती है । इस तरह *बुद्धि* की दो भूमिकायें हैं जो नारी की दो भूमिकाओं, मातृत्व और पत्नीत्व में प्रतीयमान और प्रव्यक्त होती हैं । नीचे से देखने पर वह नवजात देवता की माँ होती है परन्तु ऊपर से वह पिता की वधू (Bride of the Father) होती है जो उस ब्रह्मलोक में नित्य उसके साथ पुनीत मिलन में रहती है जिसका "निम्न" अर्धभाग वह स्वयं ही है । इसलिए जब मध्ययुगीन कैथोलिक चर्च ने यह सिखाया कि कुमारी मनुष्य और ईश्वर के बीच मध्यस्थता करती है और उसे वह नीला तारामय परिधान पहनाया जो मिस्र में आइसिस की घूँघट कहलाता था तो उसने ऐसा बिना कारण नही किया । प्रत्येक देश और काल में सनातन ज्ञान एक ही है ।

कम से कम यह तो अब समझ में आ ही जाता है कि कुछ सिद्धान्तों में पिता की वधू के रूप में *बुद्धि* को उस ही का अंग मान *महत्-तत्त्व* या *महत्-आत्मन्* में क्यों शामिल किया जाता था जब कि अन्य में, विशेषकर उनमें जो दैवी जन्म की बात करते हैं, उसे पुत्र की जननी के रूप में पृथक स्थान दिया गया है – "*बुद्धि* से ऊँचा महान-आत्मा है" ।

[41] *श्रीमद्भागवत* ।

"महान-आत्मा", विशाल ब्रह्मलोक या ब्रह्माण्ड है जिसके कोष के अन्दर प्रव्यक्त अस्तित्त्व का साकल्य है। परम मौलिक रूप से यही सार्वभौम है क्योंकि सब निचले लोक आंशिक दृश्य ही होते हैं, इस सर्वाग्रही सम्पूर्ण के अमूर्त रूप मात्र। इस दृष्टिकोण से यह सबका पिता या, जैसा हिन्दू परम्परा कहती है, पितामह होता है क्योंकि हम अपने उच्चतर अहंभावों के पुत्र होते हैं और ये उच्चतर अहंभाव महान् ब्रह्मा के पुत्र। परन्तु स्वयं वह उस पार के अनामी पुरुष का पुत्र होता है, अव्यक्त सूर्य और चन्द्र, पुरुष और प्रकृति, के संयोग से उत्पन्न हुआ दैवी पुत्र उन दो ध्रुवों का पुत्र जिनमें परम अद्वय विभाजित होता है और जो गीता के अनुसार उसके सनातन पहलू हैं[42]।

हमारे उपनिषद् का उद्देश्य महान सार्वभौमिक उद्भव का विवरण देना नही है, इसलिए हम यहाँ जितना संक्षेप में सम्भव है उतना ही इस विषय का वर्णन करेंगे।

सबका मूल कृष्णवर्ण अकथनीय *परब्रह्म* का अस्तित्त्व (या अनास्तित्त्व) है जिस तक शब्द नही पहुँच सकते। परन्तु द्रष्टाओं के कथनों से हम जानते हैं कि प्रलय की रात्रि में भी "वह एक, श्वासहीन, अपने ही स्वभाव से सप्राण था"[43]। यह सब लोकों की परम प्राण श्वास अपनी एकता के दो ध्रुवों, आत्मिकता के ध्रुव *पुरुष* और अनात्मिकता के ध्रुव *प्रकृति*, को बाहर निकलते हुए प्रव्यक्त और भीतर आते समय लुप्त कर देती है।

इन दो ध्रुवों की द्विविधता विश्व की परम द्विविधता है, परन्तु एक सम्पूर्ण के खंडित पहलुओं के रूप में वे एक बार फिर बाह्यता में जुड़ जाते हैं और इस पुनीत परिणय का फल होता है पुत्र, अथवा *महत्*, जो दोनों के अस्तित्त्व का भागीदार होता है। अपनी जननी *प्रकृति* से वह कल्पनातीत समृद्धिपूर्ण अन्तर्वस्तु पाता है, वह अन्तर्वस्तु जिसके कारण उसे विश्व का कोष या *निधान* कहा गया है, और अपने जनक *आत्मन्* या *पुरुष* से वह सुवर्ण ज्योति जिससे वह दीप्तिमान होता है और जिसके कारण वह *हिरण्यगर्भ* यानि सोने का भ्रूण कहलाता है। इसके अतिरिक्त, एक एकात्मक अस्तित्त्व रखने के कारण वह परब्रह्म की परम अन्धकारमय एकता का उज्जवल बाहरी प्रतिबिम्ब होता है। वही

---

42 *गीता* 13.19।

43 *ऋग्वेद* 10.129.2।

तो इस अँधेरी एकता का ऐसा थोड़ा बहुत ज्ञान देता है जो हमें प्राप्त होता है, क्योंकि जैसा ख्रीष्ट ने कहा "जिसने पुत्र को देख लिया उसने पिता को देख लिया"[44] और जिसने दिव्य *हिरण्यगर्भ* देख लिया उसने तो एक हिसाब से वह देख लिया जिसे कभी देखा ही नही जा सकता, *परब्रह्म* का वह श्यामानल जो सदा विश्व की सीमा के उस पार दहकता रहता है ।

हिरण्यगर्भ के उत्पन्न होने पर प्रव्यक्त विश्व का आविर्भाव हो जाता है । हम यह भी कह सकते हैं कि एक दृष्टिकोण से उसकी संरचना इस अवस्था पर सम्पन्न हो चुकी होती है क्योंकि जो कुछ भी आविर्भूत है या कभी होगा वह उसमें पहले से ही निहित है और समस्त "निचले" लोक तथा तदोपरांत अनुभव कोई नई प्रव्यक्तियाँ अथवा "सृजन" न हो कर उसके अपार वैभव के विभेदीकरण और स्तरण ही होते हैं । जहाँ तक उसकी स्वर्ण ज्योति का प्रश्न है वह ब्रह्माण्ड में नामरूप प्राप्त करने वाली वस्तुओं देवता, मनुष्य, चीटी, वनस्पति और पत्थर सभी पर चमकती है ।

ब्रह्माण्ड विज्ञान में इस छोटे से भ्रमण के पश्चात अब हम अपने मूललेख पर फिर वापस आ सकते हैं जो कहता है कि "*महत्* से ऊँची" *अव्यक्त* है । यद्यपि *अव्यक्त* शब्द का एक हिसाब से अर्थ होता है "वह सबकुछ जो *महत्* के पार है" परन्तु विशेष तौर पर इसका मतलब उस सार्वभौमिक गर्भाशय से होता है जो *प्रकृति* या *मूलप्रकृति* के नाम से विख्यात है और वह महान अव्यक्त जननी है जिसके अन्दर से ज्योति के प्रकाश द्वारा समस्त नामरूप और विषयवस्तु प्रव्यक्ति में बाहर निकलते हैं । जैसे *बुद्धि* वह आविर्भूत जननी है जो उच्च अहं को जन्म देती है वैसे ही *प्रकृति* वह अव्यक्त अम्बा है जिसके अँधेरे व बहुप्रज गर्भाशय से सार्वभौमिक पुत्र का जन्म होता है ।

जैसे पृथ्वी के अंक में शीतकाल में ऐसे असंख्य बीज सोये होते हैं जो उत्तरापथ पर अग्रसर सूर्य की किरणों के साथ वनस्पति जगत की

---

[44] ख्रीष्ट के इस कथन का अर्थ एक से अधिक स्तर पर है । निजी अहं उच्च अहं का "पुत्र" है और उच्च अहं *महत्* का "पुत्र" । इसलिए ख्रीष्ट के शब्द हमें साधारण जाग्रतावस्था के अहं से परब्रह्म तक ले जाने वाली सीढ़ी को इंगित करते हैं । अपोल्लो की देववाणी (Oracle of Apollo) में की गई घोषणा "अपने को जान" समस्त ज्ञान का सिंहद्वार है ।

समृद्ध विविधता के रूप में प्रकट होते हैं वैसे ही उस अँधेरे गर्भाशय में उन असंख्य प्राणियों के बीज संभाव्य (*in potentio*) रूप में पड़े होते हैं जो *पुरुष* के सूर्य के नीचे सार्वभौमिक दिन की उष्णता में नाना प्रकार के नामरूपों के साथ उत्पन्न होते हैं । इसी लिए कहा गया है कि पुत्र के पार माता है, वह महासागर है जिसकी अँधेरी गहराइयों में इस समय भी "बाहर निकली सब मछलियों से विचित्र मछलियाँ भरी हैं", जो पूरे विश्व के पोषण का भण्डार है, समृद्धि का शंख (the Horn of Plenty) है, जो अटूट धारा में अपने उपहार देता रहता है ।

अपने को शंकराचार्य के मत का समर्थन प्राप्त मानने वाले कुछ सम्प्रदायों ने महामाता का अवमान किया है और उसे "केवल माया या अविद्या", यानि अज्ञान, कहा है । माया तो वह अवश्य है क्योंकि माँ की माया जैसी और होती कहाँ है, और उसके लिए जब अविद्या शब्द का प्रयोग किया जाता है तो प्रधानतः उसका तात्पर्य होता है असत्[45] की अँधेरी खाई से और दूसरा अव्यक्तता के उस रहस्यमय अँधेरे से जो साधारण मनुष्य को रात भले ही प्रतीत हो द्रष्टा के लिए दिन होता है । यह भी याद रहे कि जब तक शंकराचार्य ने जगदम्बा की स्तुति में अपनी प्रसिद्ध व उत्कृष्ट "*आनन्द लहरी*" की रचना नही कर ली थी तब तक उन्हें अपने आगे के पथ पर चलने की स्वतंत्रता नही मिली थी ।

यह आगे का पथ *पुरुष* है, वह जो पुर में यानि माता के नगर में निवास करता है । माँ जैसे रात व गुप्त प्रज्ञा की चन्द्रमा है वैसे ही *पुरुष* दिन व प्रकट ज्ञान का सूर्य है । सार्वभौमिक रात्रि में जब वे "एक साथ" होते हैं तो अमावस्या की चन्द्रमा के रूप में वह सूर्य के ग्रहण का कारण होती है, और दिन में जब वे "अलग" होते हैं तो विपरीत दिशा में सूर्य की किरणों से अपने पूरे अस्तित्त्व को दीप्त कर वह पूर्णिमा होती है । परन्तु कभी कभी उसके पुत्र पृथ्वी की छाया बीच में आ जाती है और कभी कभी वह सूर्य को ढक कर हमारे लिए झूठी रात बना देती है[46] ।

---

[45] *विद्* का अर्थ "होना" और "जानना" दोनों ही है ।

[46] एक हाथ में अपनी परिशुद्ध गणना की लेखनी और दूसरे में मूढ़ाग्रह का शंख लिए रहने वाले "प्राच्य ज्योतिषी" की प्रायः उड़ाई गई खिल्ली की परवाह न करते हुए हम यहाँ यह कह दें कि सूर्य व चन्द्र ग्रहणों में ऐसी गहन सार्थकता होती है जिसका आधुनिक

पुरुष ज्ञान का प्रकाश है, *प्रकृति* प्रज्ञा की अँधेरी गहराइयाँ । पिता एकता का स्रोत है, माता अनेकता की अँधेरी समृद्धि – वह उर्वर सागर जो जीवन का अद्‌भुत गर्भाशय है ।

एक दृष्टिकोण से ये दोनों ही अव्यक्त महान् तत्त्व अस्तित्त्व के अनुक्रम में एक ही स्तर पर हैं और सूर्य व चन्द्र के समान आकाश में एक ही कान्तिवृत्त (Ecliptic) पर अपनी लयबद्ध व्यञ्जना को बुनते रहते हैं । परन्तु दूसरे दृष्टिकोण से सूर्य या *पुरुष* को "ऊँचा" माना जाता है क्योंकि एक तो जिस ज्योति को इतना महत्त्व दिया जाता है वह उसका स्रोत है और दूसरे, द्वयता की विभिन्नता की तुलना में उसकी अद्वयता परम एकता (Ultimate One) के अधिक निकट लगती है । परन्तु कुछ हद तक यह भ्रम भी हो सकता है क्योंकि हम एकता को अनेकता से बढ़ कर मानते हैं । परब्रह्म तो स्वयं एक नही 0 है, रहस्यमय शून्य, बौद्ध सिद्धान्तों का महाशून्य । ऐसा शून्य वास्तव में सब संख्याओं से एक बराबर और अपार दूरी पर होता है । वह 1 से 2 के मुकाबले अधिक "निकट" नही और स्मरण रहे कि अद्वैत, जिसका अंग्रेज़ी अनुवाद प्रायः ढीलेढाले तौर पर monism किया जाता है एकवादिता नही है, non-dualism है ।

जो कुछ भी हो हमारे दृष्टिकोण से तो जनक-ज्योति (Father-Light) की एकता, यानि *पुरुष*, को कुछ प्राथमिकता देनी ही होगी क्योंकि विश्व के विभिन्न स्तरों पर प्रतिबिम्बित यह ज्योति ही उस मार्ग का निर्माण करती है जो लक्ष्य तक पहुँचाता है । ज्योति के इस इन्द्रधनुष सेतु (Rainbow Bridge of Light) पर ही हमें अपने कदम रखने होंगे । ऊँचे नीचे समस्त प्राणियों में प्रतिबिम्बित इस ज्योति को ढूँढते हुए ही हमें पहले स्थूल प्रतिबिम्बों से हो कर कम स्थूल प्रतिबिम्बों में, कम स्थूल से सूक्ष्म में और सूक्ष्म से दैवी गहन में जाना है । बात यह है कि हम *चेतन* मुक्ति की तलाश में हैं । श्यामवर्ण जननी (dark Mother) को प्राप्त होना वास्तव में परम गति को प्राप्त होना है और जिसे हिन्दू दर्शन में *प्रकृति-लय* कहा गया है उस आन्दमय अवस्था में कितने ही पहुँचे हैं और इस अवस्था का

मनस् को कुछ भी आभास नही है । इसके अतिरिक्त उनका राहु से सचमुच सम्बन्ध होता है परन्तु हम यहाँ इस विषय पर और कुछ नही कहेंगे ।

प्रतिबिम्ब स्वप्न रहित निद्रा के आनन्द व स्वातंत्र्य में देखा जा सकता है । परन्तु यदि हम चेतन और प्रकाशित मुक्ति चाहते हैं, ऐसी मुक्ति जो विश्व प्रक्रिया को समझने के हमारे अभियान की चरम सीमा है, तो हम माँ की गोद में निश्चिंत नही पड़े रह सकते और ज्योति के उस सूत को पकड़ हमें आगे बढ़ते ही रहना पड़ेगा जिसने हमें अस्तित्त्व की भूलभुलैया में रास्ता दिखाया है । और, इस सूत्र के साथ साथ हमें माँ के भी "पार" उस सूर्य तक जाना होगा जहाँ से वह निकलता है । यह सूर्य ही वह *पुरुष* है जिससे ऊँचा, गुरु के शब्दानुसार, कुछ भी नही है । एक बार फिर इन शब्दों में एक छिपा अर्थ है ।

जहाँ तक प्राप्त किए जा सकने वाले, नाम दिए जा सकने वाले, लक्ष्य का प्रश्न है वह है *पुरुष,* जिसे मंत्र 13 में *शांत आत्मन्* कहा गया है । यह विश्व की वह अविक्षुब्ध व प्रशांत आँख है जो सूर्य के समान न्याय व अन्याय, अच्छे व बुरे, विश्व के सब पहलुओं को देखती रहती है । रास्ता तय कर लेना इस तक पहुँचना – अस्तित्त्व के दूर तट पर अभय और शोकरहित अवस्था में शांति से विराजना – ही होता है । यह गिरि शिखर है, परन्तु शिखर तो *हिरण्यगर्भ* है इसलिए यूँ कहिये कि यह इस शिखर के ऊपर परम शांति से चिन्तन करने वाली स्वर्ग की ज्योति है । इसके पार कुछ नही है, कुछ भी नही, बिल्कुल नही, और इसके अनन्त मण्डल की कोई परिक्रमा करना चाहे तो तत्काल अपने आरम्भ करने के स्थान पर वापस आ जाता है । इसलिए इसे परम लक्ष्य, चरम सीमा, कहा गया है ।

परन्तु जैसा हम कह चुके हैं, जो शब्द यह कहते हैं कि उस पार कुछ भी नही है उनमें एक छिपा अर्थ है । यह सच है कि उस पार कुछ नही है, कोई "चीज़" नही है, यहाँ तक कि कोई "उस पार" भी नही है जिसमें कोई चीज़ ढूँढी जाए । फिर भी रहस्यमय शून्य (mystic Zero, Shunya या Nothing) तो है ही जिसके अन्दर एकता की ज्योति और द्विविधता का अन्धकार समान रूप से स्थित है, वह श्यामानल जिसमें प्रकाश व अन्धकार दोनों ही हैं, वह नितान्त अकथनीय *तत्,* वह 0 जिसके रहस्यमय "केन्द्र" से ब्राह्मिक दिवस में सब संख्याओं की श्रेणी उमड़ आती है जिसमें 2 किसी भी तरह 1 से कम नही होता ।

इस कृष्णवर्ण शून्य (Dark Zero) के बारे में कुछ नही कहा जा सकता और न ही कोई ब्राह्मिक दिन में वहाँ पहुँच सकता है । जो लक्ष्य तक पहुँचते हैं वे *शांत आत्मन्* कहलाने वाले जनक-सूर्य (Father-Sun) को प्राप्त होते हैं । उससे आगे न कोई गए हैं न रात्रि के आने तक जायेंगे । यही लक्ष्य है अन्य किसी के बारे में कहने की आवश्यकता नही । इसके पार ऐसा कुछ नहीं है जिसे हम या कोई देवता भी कुछ नाम दे सके । जैसा कि लाओ-त्से (Lao-Tse) ने कहा है "जिस दाओ को नाम दिया जा सके वह सच्चा दाओ नही" ।

(12) *एष सर्वेषु भूतेषु गूढोऽऽत्मा न प्रकाशते ।*
दृश्यते त्वग्रया बुद्ध्या सूक्ष्मया सूक्ष्मदर्शिभि ॥

सर्वभूतों में छिपा होने पर भी यह आत्मन् दिखाई नही देता । परन्तु सूक्ष्मदृष्टि वालों की एकाग्र व सूक्ष्म बुद्धि से वह देखा जाता है ।

पिछले मंत्र का *पुरुष*, सर्वातीत (यानि अव्यक्त *प्रकृति* के भी पार का) *आत्मन्* स्वयं तो प्रकट नही होता परन्तु फिर भी सर्वभूतों, यानि परमाणु और विद्युदणु तक, के हृदय में छिपा होता है । जो कुछ भी विद्यमान है उसका छिपा हुआ प्राण यही होता है । जिन्हें हम जीवित प्राणी कहते हैं उनका तथा हमारे पाण्डित्यपूर्ण अज्ञान द्वारा जिसे मृत पदार्थ कहा जाता है उसका भी प्राण यही है । अपने प्रतीक प्रकाश के समान वह स्वयं अदृश्य होता है परन्तु जब उसका प्रकाश किसी नामरूप पर पड़ प्रतिबिम्बित होता है तब वह उस प्रकार दृष्टिगोचर होता है जैसे किसी अँधेरे कमरे में प्रकाश की रश्मिमाला तब ही नज़र आती है जब वहाँ हवा में धूल अथवा अन्य पदार्थ के कण हों । इस बात पर ध्यान दीजिये कि यद्यपि स्थूलाकार विषय स्वयं प्रदीप्त हो उठते हैं परन्तु वे अपने को प्रकाशित करने वाली रश्मिमाला को दिखाने की क्षमता नही रखते । ऐसा तो अपेक्षाकृत सूक्ष्म धूल या धुआँ ही कर पाते हैं जिनके कण ज्योति को प्रव्यक्त तो कर देते हैं परन्तु उसकी गति में अवरोध उत्पन्न नही करते । इसी तरह भौतिक स्तर के स्थूल विषय (भले ही वे छोटे से छोटे हों) स्वयं तो उस आत्मिक ज्योति द्वारा प्रकाशित होते हैं जो उनका अन्धकार की अव्यक्त दशा में आह्वान करती है, परन्तु अत्याधिक अवरोधी अथवा तामसिक होने के कारण ज्योति किरण का मार्ग प्रकट नही कर पाते । यह किरण

तो *महत्* के उन सूक्ष्म और पूर्णतया सात्त्विक विषयों में ही दिख सकती है जो ज्योति को प्रतिबिम्बित तो करते हैं परन्तु उसके पारण का अवरोध नहीं करते और उसे उन लोगों पर प्रकट कर देते हैं जो बुद्धि की दूरदर्शी और सूक्ष्म दृष्टि का उपयोग कर सकते हैं – जिन्होंने अपनी चेतना का स्तर उस सत्-सोपान की उच्चतर अरगलाओं तक उठा लिया है जिसका वर्णन पिछले दो मंत्रों में किया गया है ।

(13) *यच्छेद्वाङ्मनसी प्राज्ञस्तद्यच्छेज्ज्ञान आत्मनि ।*
ज्ञानमात्मनि महति नियच्छेत्तद्यच्छेच्छान्त आत्मनि ॥

प्राज्ञ व्यक्ति को चाहिए कि वाक् को मनस् में और उस (मनस्) को ज्ञानात्मन् (यानि बुद्धि) में विलय करे । उस ज्ञानात्मन् को महतात्मन् में और इसे शांतात्मन् में विलय करना चाहिए ।

उस सीढ़ी व उसकी विभिन्न अरगलाओं की प्रकृति को समझने के पश्चात, यानि उस पथ को समझने के बाद "जिसका एक छोर दलदल में और दूसरा छोर निर्वाण की तेजस्वी ऊँचाइयों में"[47] है, शिष्य को अब एक एक कर उनपर चढ़ना होगा । सीढ़ी का आरम्भ तो अवश्य ही इन्द्रियों यानि उस दलदल में है जहाँ उसका एक छोर रखा है । जैसा कि शंकराचार्य ने कहा है यहाँ *वाक्* शब्द का प्रयोग "लाक्षणिक रूप से सब इन्द्रियों के लिए" किया गया है क्योंकि ध्वनि, और इसलिए आकाश, का प्रतिरूप होने के कारण वह सर्वोच्च और सूक्ष्मतम है ।

हम पहले कह ही चुके हैं कि *आत्मन्* की ज्योति सबकुछ में विद्यमान है, इन्द्रिय जगत में भी, और वास्तव में इस ज्योति के द्वारा ही सब इन्द्रिय विषय देखे जाते हैं । इसलिए समझदार शिष्य का पहला कदम अपविर्त्य ज्योति और उसके द्वारा प्रदीप्त तथा परिवर्तनशील इन्द्रिय विषयों में भेद करना सीखना है । वेदान्त द्वारा सिखाई गयी *आत्मानात्मा विवेक* की प्रक्रिया अर्थात् आत्मिक और अनात्मिक में भेद करना यही है । कीमियागारी की आसवन या परिष्करण क्रिया भी यही है जिसके द्वारा बक-यंत्र में रखे पदार्थ के सूक्ष्म भाग को ताप द्वारा बाहर निकाल कर शुद्धतर दशा में उपलब्ध किया जाता है । इन्द्रिय विषयों में खो कर और अधिकांश लोगों की

---

[47] *वायस ऑफ़ सायलेंस ।*

तरह ज्योति को भूल जाने या उसकी उपस्थिति को आँख मूँद कर मान लेने के बजाय शिष्य को ज्योति की ओर ध्यान देना सीखना चाहिए, भले ही अभी वह उसे केवल महसूस कर पाता हो और देख न सकता हो । अपनी दिनचर्या के प्रत्येक प्रबोधन में उसकी ओर अपना ध्यान रख उसे शनैः शनैः अपना तादात्म्य उसके साथ स्थापित करना चाहिए, न कि अब तक की तरह उस शरीर से जो अभी तक उसके लिए सबसे महत्वपूर्ण इन्द्रिय विषय था । वास्तव में यह शरीर भी अनेक प्रकाशित वस्तुओं में से एक है परन्तु अपने अनुभव में अन्य नामरूपों के आने जाने पर भी सदा उपस्थित रहने के कारण वह इन्द्रिय जगत का एक ऐसा भाग बन जाता है जिसके साथ हमारा विशेषरूप से तादात्म्य बना होता है ।

इस तादात्म्य को तोड़ना ही होगा । उसे पहले तो बाहरी चिषयों से और फिर "स्वयं अपने" शरीर से ज्योति को अलग करना होगा । अपने को शरीर न समझ कर ज्योति समझना होगा । इसी को इन्द्रियों का *मनस्* में घुल जाना कहते हैं क्योंकि जैसा हम देख चुके हैं निजी और व्यक्तिगत अहं का आसन *मनस्* ही है । जिस किसी वस्तु के साथ *मनस्* अपना तादात्म्य बना लेता है उसी को हम अपना अहं मान बैठते हैं । वास्तव में इस प्रक्रिया के दो चरण होते हैं, एक तो स्थूल भौतिक इन्द्रियों व उनके विषयों का और दूसरा मंत्र 10 की सूक्ष्म इन्द्रियों का । बाह्य विषयों के जगत से आने वाले स्थूल इन्द्रियज्ञान पर काम पूरा करने के पश्चात उसे आन्तरिक, अथवा "astral", इन्द्रियों के जगत के सूक्ष्म कामना रंजित मानसिक कल्पनाचित्रों पर दोहराना पड़ता है । ज्योति को इन से भी खीच लेना होता है ताकि न तो ये, न इनके बाहरी प्रतिरूप, हम पर (पूर्वकाल में अपने ही द्वारा दिया गया) वह अधिकार रख सकें जिसके कारण हम उनके आने पर अपने को समृद्ध और जाने पर दरिद्र समझते हैं । अपनी राजधानी को आग की लपटों में भस्म होते देख राजा जनक ने कहा था "वहाँ मेरा अपना कुछ नही जल रहा है" ।

इस अनुशासन का थोड़ा सा अभ्यास करने पर ही शिष्य को अपनी चेतना में अन्तर का आभास हो जायेगा । जैसा कि श्रीकृष्ण ने कहा है "इस धर्म का थोड़ा सा अंश भी महान भय से रक्षा करता है"[48] ।

[48] *गीता* 2.40 ।

इन्द्रिय जगत के बाहरी और भीतरी नामरूप तो अब भी उसके साथ रहेंगे परन्तु उनकी तरफ़ उसका रवैया अब बदल जायेगा । अब वे ज़बरदस्ती उसके अस्तित्त्व मे नही घुसा करेंगे । पता लगेगा कि अब उनके ज़हरीले दाँत उखड़ गए हैं, चेतना को चोट पहुँचाने और उसे वशीभूत कर लेने की उनकी शक्ति समाप्त हो गई है । चेतना अब उन्हें आता जाता तो देखेगी परन्तु उसी अनासक्त रुचि से जिससे कोई व्यक्ति अपनी खिड़की के नीचे से निकलती भीड़ को देखता है । भीड़ के रूप और गुण तो रुचिपूर्वक मन में अंकित किए जाते हैं पर न तो इनके आने की आशा की जाती है न इनके चले जाने की आशंका रहती है ।

संसार पर इस तरह दृष्टि डालने से शिष्य की आत्मा पर वह शांति छा जाए जो अपने को नामरूप से बाँधे रखने वाली "मैं यह हूँ" की रस्सियों को "अनासक्ति के कुठार से" काट डालने पर प्राप्त होती है । प्रत्येक आने जाने वाले द्वारा अपने हृदय की डोरों पर दिए गए झटके को खाने के बजाय वह अविक्षुब्ध अपने आप में स्थित रह पाएगा और इसे कहते हैं इन्द्रियों को *मनस्* में घोल देना । इसे *मनस्* को शरीर से अलग करना भी कहते हैं । यदि यह पूछा जाए कि इन दो बिल्कुल विभिन्न वक्तव्यों का एक ही अर्थ कैसे हो सकता है तो उत्तर यह है कि अहं के उस अंश को इन्द्रिय विषयों से अलग किया जाता है जो उनसे अपना तादात्म्य स्थापित कर उनमें खो जाता है, और इसे ही *मनस्* में विलय किया जाता है ।

इसके साथ ही उसे पता चलेगा कि बाहरी दुनिया के साथ सम्बन्ध रखने की उसकी शक्ति में ह्रास नही वृद्धि हो गई है । निश्चय ही उसे ऐसा अन्तर्मुखी व सपने देखने वाला बनने की न तो आवश्यकता है, और न उसे ऐसा बनना ही चाहिए, जो जीवन की व्यावहारिक समस्याओं के सामने असहाय हो । "*योगः कर्मसु कौशलम्*" और उसकी कर्म कुशलता वस्तुओं को *यथाभूतम्* देख सकने के कारण, घटनी नही, बढ़नी चाहिए क्योंकि अब तक रागद्वेष के चश्मों के द्वारा वह विकृत रूपों को देखता था ।

भगवान बुद्ध ने इस पथ को "*एहि पस्सिक*" यानि "आओ और देखो" पथ और गीता ने प्रत्यक्ष ज्ञान[49] का पथ कहा है । जो इसपर

---

[49] *गीता* 9.2 । प्रत्यक्ष अवगम ।

ठीक से चलता है वह प्रारम्भ से ही स्वयं इसके फलों की वास्तविकता का अनुभव कर लेता है और धीरे धीरे पुस्तकों व आचार्यों के बाहरी प्रमाण से मुक्त होने लगता है । उसका अपना गुरु तो अलग बात है क्योंकि वह उसके बाहर नही अन्दर होता है और उसके साथ अन्त तक रहेगा ।

इन्द्रिय विषयों से अपने स्वप्रक्षेपण को खीच और उन्हें अपने अस्तित्त्व के मानसिक केन्द्र में पुनः एकीकृत कर उसे यह प्रक्रिया दोहरानी होगी और अधिक ऊपर उठना होगा । उसे अपने आप से यह प्रश्न पूछना होगा कि यह अहं, यह *मनस्*, यह "मैं" जो अन्य सबकुछ से इतना भिन्न प्रतीत होता है कौन है । इसी सूत्र पर चलते हुये, आरम्भ में ध्यानावस्थित दशा की अविक्षुब्ध अवधियों में, और फिर सामान्य रूप से काम करते हुए भी, शिष्य देखेगा कि जिसे वह अपना अहं कहता है वह वास्तव में केवल इन्द्रिय और मानसिक न्यास की एक विशेष व्यञ्जना ही है – इन्द्रिय संवेदन व कामना का समर्थन प्राप्त किए कुछ विचारों की आदतें – परन्तु सब उस एकमात्र ज्योति से दीप्त जिसे वह अब पहचानने लगा है । वास्तव में उसका अहं तो एक दृष्टिकोण से संसार को देखना व विचारना है और इसे भी दृश्य जगत व देखने वाली ज्योति में विभाजित किया जा सकता है । उसे फिर से इस ज्योति का पृथक्कीकरण या आसवन करना होगा और तब पता लगेगा कि यह ज्योति किसी भी हिसाब से "उसकी" अपनी ज्योति नही है बल्कि सब मनुष्यों में सार्वभौमिक है, "औरों" की भी उतनी ही है जितनी "स्वयं उस" की ।

परन्तु यह आसवन पहले से कठिनतर और सूक्ष्मतर है । "उसे" "अपने" पार जाना होगा और ऐसा वह करे तो कैसे करे? अपने नीचे के अंगों को उस दलदल से, जिसमें वे फँसे हैं, उठाते समय वह अपने हाथों से किसे पकड़े? अब तक का काम तो सरल था । अहं के दुर्ग में बैठे अपने को सबल बनाने के लिए उसे केवल दुर्बल करने वाले व उलझा देने वाले तत्त्वों को ही काटना पड़ा था । अपने ऊपर अधिक नियंत्रण कर सकने के लालच से ही वह यह करता रहा है । अब आगे कैसे बढ़ा जाए?

विशेष तौर पर पाश्चात्य देशों में, आज कल ऐसे बहुत से लोग हैं जो योग में रुचि रखते हैं और उसका अभ्यास भी करते हैं, ठीक इस ही अवस्था तक और इस ही उपलब्धि के लिए । उन्हें यहाँ तक खीच

लाने वाला लालच श्रेष्ठतर अहंभाव बनाने और अधिक कल्याण प्राप्ति का होता है। इसका उपसाध्य होता हे बाहरी जगत पर अपना अधिक प्रभुत्व स्थापित करना। इसलिए यहाँ तक पहुँचने पर वे रुक जाते हैं। अब आगे जाने की आवश्यकता क्या है? इसके आगे तो पुरातन कालीन प्राच्य देशों की पारलौकिक बातें हैं और उस परलोक का साधारण आधुनिक मनुष्य के लिए यदि कुछ उपयोग है भी तो बहुत कम है। वह किसी प्राच्य गुरु के चरणों में अपनी अहंता व जीवन की कार्यक्षमता को बढ़ाने के उद्देश्य से बैठने को तैयार तो हो जायेगा, परन्तु इसके आगे नही बढ़ेगा। इतना ही नही वह इस बेमनी को एक सद्‌गुण सा बना देता है और ज़ोर ज़ोर से अपनी इस धारणा का ऐलान करता है कि अहंता पर आधारित पाश्चात्य जीवन शैली में स्वप्निल प्राच्य परा-व्यक्तिवादिता से अधिक उत्कृष्ठ कुछ तत्त्व है। वैसे योग की ओर सहृदयता रखने वाले पाश्चात्य लेखकों की कृतियों में भी रह रह कर यह रवैया झलक उठता है, उदाहरणार्थ, युंग (Jung) जैसे मनोवैज्ञानिक और तथाकथित विशुद्ध पश्चिमी तांत्रिक परम्परा का अनुसरण करने वालों के लेखनों में। युंग का कहना है कि हमें साफ़ साफ़ मान लेना चाहिए कि हमारी समझ में इस (*कठोपनिषद्*) जैसी पुस्तक की एकदम परलोक-परायणता नही आती, यही नहीं *हम उसे समझना भी नही चाहते*[50]।

कुछ ऐसे पश्चिमी तांत्रिक भी हैं जो मेटलैंड (Maitland) के इस कथन का समर्थन करते हैं कि पश्चिमी प्रणाली में "अवबोधन के ऐसे परिसर हैं जिन तक प्राच्य प्रणाली को अभी पहुँचना है"। एक अन्य सुप्रसिद्ध पश्चिमी तांत्रिक लेखक इस बात का बड़ा ज़ोरदार समर्थन करते हैं कि अहंभाव को व्यावहारिक कारणों के लिए अवश्य ही बनाये रहना चाहिए और किसी ऐसे विघटन को स्वीकार करने के लिए तैयार नही होना चाहिए जो "अहंभाव की कीमत पर होता हो"।

ये वक्तव्य उस कठिनाई को दिखा रहे हैं जिसके बारे में हमने ऊपर लिखा, अर्थात्, अहंभाव के ठीक केन्द्र में से हो कर निकल जाना। जब तक किसी योगिक प्रणाली या अनुशासन की उपयोगिता

---

[50] *दि सीक्रेट ऑफ़ दि गोल्डन फ़्लावर* (*The Secret of the Golden Flower*) के विल्हेल्म (Wilhelm) के अनुवाद का प्राक्कथन। तिरछा टाइप मैंने डाला है।

अहंता की पुष्टि और विवर्धन के लिए समझ में आ जाए तब तक आधुनिक मनुष्य (जो अपनी अहंता के लिए और उस पर ही जीता है) उसका अभ्यास कर लेगा । परन्तु अहंभाव के उस पार जाने की बात बिल्कुल अलग है ः आधुनिक आविष्कारों का पूरा भानुमती का पिटारा इस बात की गवाही देने के लिए खोल दिया जायेगा कि उस पार जाना तो कुछ ज़रूरत से ज़्यादा ही अच्छी बात हो जायेगी ।

परन्तु यही पर रुक जाना योग में असफलता है और योग को उस स्तर पर घसीट लाना है जहाँ अहंभाव के आजकल के सुख साधन, विमान, बेतार, बीमारी का नया टीका, या मनोवैज्ञानिक विश्लेषण की औषधियाँ हैं ।

ऐसे लोगों से हम कहेंगे "यदि आपको फल नही चाहिए तो उन्हें बिगाड़िये तो नही" । आप अपनी अहंता को गले लगाये रहिये और हमें शांतिपूर्वक हमारे योग के साथ छोड़ दीजिये । योग आधुनिक सुख साधनों व मनोवैज्ञानिक समायोजनों से बहुत आगे पहुँचाने वाला एक पुनीत विज्ञान है । जो लोग किसी महिमान्वित अहंता की अवस्था पर ही रुक जाना चाहते हैं वह पथ की प्रकृति को समझने में पूर्णतया विफल रहे हैं । इस पथ पर किसी लाभ की आशा से नही चला जाता बल्कि शाश्वत के प्रेम के लिए, बस उस ही की ख़ातिर, चला जाता है । जो इस राजविद्या का साँसारिक व अहंता केन्द्रित उद्देश्यों की प्राप्ति के लिए दुरुपयोग करता है उसके लिए अपना भयानक मुख खोले प्रतिशोध-देवी प्रतीक्षा करती है । यह पथ मृत्युपथ है ।

मनस् की पृथकता के उस पार *बुद्धि* की एकता है और इसलिए हमें ज्योति का अनुसरण *मनस्* से हो कर *बुद्धि* तक करना होता है । हर्मीस का अपने शिष्य से कहना है "काश, तू अपने भी परे हो जाता", परन्तु जब तक हम अहं के लिए काम कर रहे हैं ऐसा होना असम्भव है । हमारे उपनिषद् में इस कार्य को सम्पन्न करने की कोई विधि नही बताई गई है परन्तु गीता से इसके शिक्षण को पूरा कर हम कह सकते हैं कि मानव को अहंता के संकीर्ण स्थान से पार करा कर उस ओर के विशाल क्षेत्र में पहुँचा सकने वाली एक शक्ति है, प्रेम या भक्ति की शक्ति, विश्व की वह एकमात्र शक्ति जो अहं के सब विचारों को भगा देने की क्षमता रखती है । पथ का आगे का भाग आत्मसमर्पण के पंखों पर ही तय किया जा सकता है ।

आरम्भिक चरण तो विचारों और विचार प्रणालियों द्वारा बने मानसिक अहं को इन विचारों के चिंतन करने वाले अहं से अलग करना है, यानि उस ज्योति से अलग करना जिसके कारण उनका अस्तित्त्व बना होता है और उसकी तरंगों पर तैरता है । और तब यह पता लगता है कि यह ज्योति सार्वभौमिक ज्योति है, सब में एक जैसी ही और एक बराबर । "मैं" मे यह ज्योति "तुम" से कुछ अधिक नही होती । इस ज्योति के दृष्टिकोण से वह अहं, जिसे हम इतने प्यार से पकड़े रहे हैं, विचार विन्यास का अन्तर्सम्बन्ध मात्र है, वह प्रसिद्ध *हृदयग्रंथि*[51] है जिसे खोलना पड़ेगा, ऐसी मृत वस्तु है जो वास्तव में हमारे अतिशय मूल्यांकन के बावजूद मुक्त ज्योति प्रवाह में एक अवरोध है ।

यह ज्योति ही एकमात्र जीवन है और यदि हम आत्मा की बात करें भी (बौद्ध परम्परा ऐसी बात करने से इनकार करती है) तो इस ज्योति में ही सच्ची आत्मा का वास है, ऐसी अहंता है जो आप में, मुझ में और उसमें अभिन्न है । अपना असली अस्तित्त्व हमें इस ज्योति में ही स्थानान्तरित करना चाहिए और इस तरह *बुद्धि* की सर्वव्यापी ज्योति में मिला या विलीन कर देना चाहिए ।

इस कार्य को करने के साधन पहले बताये ही जा चुके हैं । *बुद्धि* की दैवी और सार्वभौमिक व्यवस्था को अपने सब कर्मों, भावनाओं और विचारों की मार्गदर्शिका मानना चाहिए । सब कर्म, भावना और विचार अहंता के लिए नही बल्कि "सम्पूर्ण" के लिए होने चाहिए । वह आंतरिक वाणी जो अब ऊँचे व स्पष्ट स्वरों में सुनाई देती है सबकुछ में मार्गदर्शिका मानी जानी चाहिए ताकि जीवन की अभिव्यञ्जना दैवी सामञ्जस्य का सुसंगत प्रतिबिम्ब बन सके और अब तक की तरह उस सम्पूर्ण से केवल अपने अहं के लिए चुना गया अंश ही न रहे । यह कार्य तब ही सम्पन्न हो सकता है जब हम अपनी सहायता के लिए प्रेम की महान शक्ति का किसी न किसी रूप में, प्रायः गुरु की परम भक्ति के रूप में, आह्वान न करें । स्वाभाविक ही है कि अहं अपने विघटन का विरोध करता है और, जैसा कि गुरु हमें बता ही चुका है, किसी "अन्य" की सहायता द्वारा और "अन्य" के लिए ही कार्य का अगला चरण पूरी तरह सम्पन्न किया जा सकता है । "मैं सब में वही एक हूँ", एकमात्र गुरु *बुद्धि* के रूप में श्रीकृष्ण कहते है, और "जो मेरी

---

[51] *मुण्डक उपनिषद्* **2.2.8** ।

भक्तिपूर्ण सेवा करते हैं मैं उनमें प्रकट होता हूँ और उनका अस्तित्व मुझ से युक्त हो जाता है"[52] ।

जो पूरी तरह अपने जीवन की व्यवस्था दैवी गुरु को सौंप देता है उसमें गुरु आविर्भूत हो जाता है । धीरे धीरे परन्तु निश्चित रूप से एकपक्षीय व्यवस्था नष्ट हो जाती है और उसकी जगह नई सर्वग्राही व्यवस्था आ जाती है । मानस सरोवर की अब शांत हुई जलराशि में सनातन तारागण अपने प्राणमय वैभव के साथ दीप्त हो उठते हैं । इन तारों की रश्मियों के प्रभाव में तत्त्वांतरण होता है और इसलिए पैरासेल्सस (Paracelsus) ने सिखाया था कि जो अमृत (Elixir of Life) पाना चाहे उसे पहले तारों का पुनीत विज्ञान (*sacred* science of the Stars) जानना चाहिए । बात यह है कि उनकी ज्योति से तत्त्वांतरण होता है और अमृत का स्वच्छ रस हृदय के रिक्त कलश में ओस के समान संचित होता है ।

इस प्रकार *मनस्,* अथवा सम्मति की आत्मा (self of opinion), का *बुद्धि,* अथवा ज्ञान की आत्मा (Self of Knowledge), में विलय होने का कार्य सम्पन्न किया जाता है ।

अगले दो चरणों के बारे में हम कम ही कहेंगे क्योंकि जो यहाँ तक चल कर पहुँच चुका है उसके अन्दर निश्चय ही किन्ही भी लिखित शब्दों से अधिक पक्का मार्गदर्शन उपलब्ध है । हम यहाँ कुछ पंक्तियाँ केवल उस बौद्धिक निष्पत्ति के लिए लिखे देते हैं जो मन को इतनी प्यारी होती है ।

> *बुद्धि* का *महत्* में विलय कर देने का उपान्तिम चरण, अब तक जो कुछ हुआ है उससे नही के बराबर ही भिन्न है । जो तारागण मानस सरोवर में प्रतिबिम्बित हो चमके थे उन्होंने इस सरोवर को अपना ही आकाश बना लेने का काम पूरा कर लिया होता है और इसलिए उसका जल अब विष्णु के पदचिह्नों से उमड़ आने वाला जीवित स्वर्गिक जल (Living Heavenly Waters) बन जाता है । जैसा मिस्र में पाए किसी प्रचीन शिलालेख में लिखा बताया जाता है –
>
> Heaven above, Heaven beneath;
> Stars above, Stars beneath;

[52] *गीता* 9.29 ।

All that is above is also beneath;
Understand this and be happy.[53]

ऊपर स्वर्ग, नीचे स्वर्ग;
ऊपर तारे, नीचे तारे;
जो कुछ ऊपर है नीचे भी है;
इसे समझो और प्रसन्न रहो।

सागर की कटु गहराइयों में स्वयं निकाले हुए रत्नों से सज्जित, स्वर्ग की वधू *बुद्धि,* अपने स्वामी *आत्मन्* से मिलने के लिए अपने आप ही जल्दी करती है। उनके पुनीत समागम (Sacred Union) से ही *महतात्मन्* का अदभुत अस्तित्त्व बनता है।

"जिन्हें यह अनुभव अटपटा लगता है वे अपनी मनोवांछित वस्तु पाने की साँसारिक लालसा व सुख से कुछ समझ सकते हैं – बस सदा यह याद रहे कि यहाँ हम जिस भी वस्तु से आसक्ति रखते हैं वह होती है अनित्य, कष्टदायक ...। वहाँ तो केवल हमारी सच्ची प्यारी चीज़ होती है, हम उसे पकड़ सकते हैं उसके साथ रह सकते हैं और उसे पूरी तरह अपना सकते हैं, उसके अनात्मिक पार्थिव शरीर में डूबे बिना। जिन्होंने देखा है वे जानते हैं कि मैं किस बात के बारे में कह रहा हूँ ...। इस तरह हम उसका व अपना पूरा दर्शन करते हैं और यह दर्शन दीप्तिमान होता है, आध्यात्मिक ज्योति से भरपूर। शुद्ध, विशाल, निर्लिप्त बन ईश्वरत्व तक उठ यही ज्योति बनो"[54]।

उस पार सर्वातीत *शांत आत्मन्* का महान अविक्षुब्ध चिन्तन है जिसके बारे में प्लॉटाइनस का कहना है कि यदि इसे हम महामानस या ईश्वर कहें तो यह "ओछे विचार से सोचना" होगा। उस तक जाने के दो मार्ग हैं। पहला वह जिसमें सब ज्ञान और ज्ञेय जानबूझ कर पीछे छोड़ दिए जाते हैं "विचार का प्रत्येक विषय, उच्चतम भी छोड़ देना पड़ता है ... संक्षेप में सबकुछ जो बाहरी है उससे अपने को खीचना, पूर्णरूपेण अन्तर्मुखी होना, बाहरी पर आलम्बित न होना,

---

[53] **मैजिया अडैमिका** (*Magia Adamica*) **में यूजेनिस फ़िलाल्लेटिस** (Eugenius Philalethis) **द्वारा उद्धरित।**

[54] **प्लोटाइनस 6.9।**

सबकुछ की उपेक्षा करना, पहले उनसे अपने सम्बन्ध के हिसाब से और फिर विचार तक में"[55] ।

जैसा स्पष्ट ही है उक्तलिखित "सबकुछ" तो सच्चे या दैवी-विश्व – ब्रह्मलोक – का महान् पूर्णत्व है । इस दैवी व अद्भुत अस्तित्त्व को भी इस मार्ग पर पीछे छोड़ देना या विलय कर देना होता है । दिगम्बर *आत्मन्* अकथनीय ढंग से "अकेले की अकेले तक" उड़ान भरता है । जिसकी आत्मा इस मार्ग से यात्रा करती है उसके लिए किसी भी प्रकार की वापसी नही होती और न ही इस बात की सम्भावना कि वह नीचे की कड़ुवी तरंगों में डूबती उतरती आत्माओं की सहायता कर सके । शुभ्रानल (Bright Fire) अव्यक्त के श्यामानल (Black Fire) में बुझ जाता है । ज्योति उस ज्योति में विलीन हो जाती है जो सब ज्योतियों की ज्योति होते हुए भी हमारे लिए अन्धकार होती है ।

"वह उस सौंदर्य का अंश हो गया जिसे किसी समय वह और सुन्दर बनाता था", और यद्यपि एक रहस्यमय रूप से पूरा महासागर उसकी उड़ान के कारण कुछ मीठा हो गया है तथापि व्यक्तियों के रूप में यहाँ रहने वाले हमारे लिए उसकी किसी सहायता की कोई सम्भावना नही रह गई है । यही अन्त है ।

दूसरे मार्ग पर अन्तिम उड़ान की इच्छा नही की जाती । *महतात्मन्* के सूर्य और *बुद्धि* के चन्द्रमा के विवाह द्वारा एक ऐसे दैवी पुत्र का ऊर्ध्वमुखी जन्म होता है जिसका अस्तित्त्व उस पार *शांत आत्मन्* में होता है, जो अपने जनक जननी से बड़ा होता है परन्तु प्रेम के कारण उन्हें छोड़ता नहीं, उस पार से उनपर नज़र रखता है । दूसरे शब्दों में पुनीत युगल के प्रेमालिंगन से प्राणमय *आत्मन्* का पक्षी मुक्त हो जाता है और उनके ऊपर आकाश में उड़ जाता है । तत्पश्चात दैवी संरक्षक आत्मा (Divine Genius) की तरह अदृश्य रूप से वह नीचे के युगल की नियति पर अपनी आँख रखे रहता है । इस तरह उसका सारभूत हृदय तो सर्वातीत के परम स्वातंत्र्य में विराजता है जब कि यहाँ नीचे का दैवी कार्य करने के लिए एक बाहरी अस्तित्त्व भी बनाये रखा जाता है । यह है गुप्त पथ, प्रेम का पथ ।

इससे अधिक हम कुछ नही कह सकते । जो कुछ भी हमनें कहा है वह शब्दों का पुल मात्र है जो छूते ही ढह जायेगा । परन्तु जिसके

[55] प्लोटाइनस 6.9 ।

पैरों में हर्मीस की पंख वाली पादुकायें हों, और जिसमें छलांग लगाने और पीछे न देखने की पर्याप्त निर्भीकता हो, उसका काम इस पुल से चल जायेगा । इसके बाद फिर ढह भी गया तो क्या हुआ? जिस मतलब से बना था वह पूरा हो ही गया ।

(14) *उत्तिष्ठत जागृत प्राप्य वरान्निबोधत ।*
क्षुरस्य धारा निशिता दुरत्यया दुर्गं पथस्तत्कवयो वदन्ति ॥

उठो ! जागो ! महात्माओं को पा कर (पथ को) समझो । कविजन कहते हैं कि तेज़ छुरी की धार के समान यह पथ पार करना कठिन है, दुर्गम है ।

इस तरह पथ के शिक्षण को बताने के बाद गुरु अपने शिष्य को उठने और "शिविर उखाड़ने" के लिए आग्रह करता है । विश्व के निचले स्तरों पर राज्य करने वाली अज्ञान की रात्रि से उठो और प्लेटो के अनुसार अपनी "प्यारी पितृभूमि की ओर भागो" ।

उसे उन महात्माओं या गुरुजनों के दर्शन हो चुके हैं जो सब वास्तव में एक ही गुरु है, और जिन्हें वह आमने सामने मिल चुका है । अब वह ऐसा हो गया है जो "खड़ा हो सकता है, सुन सकता है, देख सकता है, बोल सकता है, जिसने कामना पर विजय प्राप्त कर ली है और आत्मज्ञान प्राप्त कर लिया है, जिसने अपनी आत्मा के खिले फूल देख लिए हैं और नीरवता की वाणी सुन ली है"[56] ।

अब भरोसे के साथ आत्मा अपने पैरों पर खड़ी होती है, उसकी आँखें ऐसी होती हैं जो दैवी तारों को देख सकने के लिए खुली होती हैं, कान ऐसे जो मण्डलों के ध्वनिरहित संगीत को सुन सकते हैं । इस बात की बहुत सम्भावना है कि आजकल के दिनों में, जिनमें बाहरी सूर्य के आँखों को चुँधिया देने वाले प्रकाश में, ज्ञानतरु की छाया में बैठने वाले बहुत कठिनाई से पहचाने जाते है, प्रत्येक ऐसे व्यक्ति को जो पथ के इस स्तर तक का ज्ञान प्राप्त कर चुका हो जिसका विवरण अभी दिया जा चुका है, उसके आसपास रहने वाले भाग्यशाली लोग उसे "महात्मा" मानने लगेंगे व कहने लगेंगे । यदि वह स्वयं इस जयघोष से अप्रभावित रहा तो बहुत भाग्यवान होगा । प्राचीनकाल में उसकी दशा का अधिक सही मूल्यांकन होता । वास्तव में उसने आधा ही रास्ता

---

[56] *लाइट ऑन दि पाथ ।*

तय किया है क्योंकि गुरु को आमने सामने मिल जाना स्वयं गुरु बनना नही है । आधा काम पूरा हो चुका है, आधा अभी बाकी है ।

इसलिए गुरु शिष्य से कहता है कि अब तक जो कुछ प्राप्त हुआ है वह उससे सन्तुष्ट न हो जाए और वापस मुड़ कर अन्धों के बीच काना राजा बन कर न रह जाए । जो अवसर मिला है उसका पूरा लाभ उठा कर शिष्य को अब शिक्षण के अन्तरतम हृदय में जाना चाहिए । उसे अब हृदय की जादुई "समझ" से उस पथ को *समझना* चाहिए जो उसके सामने खुला पड़ा है और समझ कर मज़बूत कदमों से उस पर अन्त तक चलना है ।

निश्चय ही यह पथ छुरी की धार के समान तेज़ और कठिन है, दो ध्रुवों के बीच से हो कर अस्तित्त्व के हृदय तक ले जाने वाला यह *मध्यम मार्ग* लगभग कल्पनातीत सूक्ष्म है ।

जिस सिर को चकरा देने वाली ऊँचाई पर शिष्य स्थित है वहाँ सन्तुलन में ज़रा सी कमी होने पर ऐसा महान अनर्थ हो सकता है जिसके बारे में निचले स्तरों पर सोचा भी नही जाता था । यही नही, इन महान ऊँचाइयों पर एक निरंतर बहने वाली हवा चलती रहती है और यद्यपि वह नीचे की एकाएक आने वाली झंझावत जैसी नही है फिर भी इसका दबाव सतत् बना रहता है । इसलिए संतुलन खो छुरी की धार से नीचे गिर वहाँ पहुँचना नितान्त सम्भव है जहाँ से फिर परम कष्ट उठा कर ऊपर चढ़ना पड़ेगा ।

तनाव खूब और लगातार होता है । क्रोध का एक छोटा सा प्रस्फोटन जो नीचे के घने वायुमण्डल में शायद ध्यान देने योग्य भी न होता यहाँ ऊपर के विरलित वातावरण में ऐसा विस्फोट उत्पन्न कर सकता है जो शिष्य के अस्तित्त्व की जड़ें ही हिला देगा ओर महीनों या वर्षों के परिश्रम को कुछ क्षणों में ही ध्वंस कर देगा । नीचे की घाटियों की सुरक्षा की ओर एक लालसा भरी दृष्टि ही उसके सिर को इतना चकरा देगी कि वह सीधा उन घाटियों की ओर गिरता नज़र आयेगा । "अपने अन्दर पूर्वानुभव की समस्त स्मृतियों को समाप्त कर । पीछे मत देख नही तो तू गया"[57] ।

---

[57] *वायस ऑफ़ सायलेंस* ।

नीचे जनाकीर्ण घाटियों के लिए पर्याप्त वे साधारण नीति के नियम, जो शब्दों का ढेर मात्र हैं, इन निर्जन ऊँचाइयों पर बेकार या हानिकर होते हैं । शिष्य को अपने अन्दर वह सामञ्जस्य ढूँढना होगा केवल जिसमें ही उसका मार्गदर्शन करने की क्षमता है और यदि गलती की तो उसका मूल्य वही और उसी समय चुकाना पड़ेगा । उसे इस बात को ध्यान से सोचना चाहिए कि यदि उसके पास छह सद्गुण हैं तो उनका संतुलन करने के लिए छह अवगुण भी होंगे[58], और यदि इस खरी खरी बात से उसके मन में कुछ गड़बड़ाहट पैदा होती है तो वह यहाँ भीड़ में ही रहे वर्ना निश्चय ही नष्ट हो जायेगा ।

इन ऊँचाइयों पर जो वस्तुएं दृष्टिगोचर होती हैं शुक्र है कि वे नीचे नज़र नही आती । यक्ष और किन्नर अब किस्से कहानियों के प्राणी न हो कर सदा उपस्थित रहने वाली वास्तविकतायें होती हैं और यद्यपि वे उन से न डरने वालों का कुछ नही बिगाड़ सकती, डरपोक आत्मा का संतुलन तो वे सदा के लिए भंग कर सकती हैं ।

> "सावधान ! कही अहं के हवाले तेरी आत्मा का पैर देव-ज्ञान की भूमि पर फिसल न जाए" ।
>
> "सावधान ! कही अपने आप को भूलने में काँपते हुए तेरी आत्मा मानसिक नियंत्रण को खो अपनी विजय के फलों को गँवा न दे" ।
>
> "परिवर्तन से सावधान ! क्योंकि परिवर्तन तेरा महान शत्रु है । यह परिवर्तन तुझसे लड़ेगा, तुझे पीछे धकेलेगा, तेरे रास्ते से हटा तुझे संशय के गहरे दलदल में फेंकेगा" ।
>
> "... तैयार हो जा और पहले से ही चेतावनी सुन ले । (परन्तु) हे मनुष्य की मुक्ति के लिए लड़ने वाले, (यह भी) याद रख कि तेरी प्रत्येक असफलता सफलता है, और प्रत्येक निष्कपट प्रयास समय आने पर फल देता है"[59] ।

जैसा कि द्रष्टाओं ने सिखाया है यह पथ कठिन है और जोखिम भरा है, अनेकों ने इसे ढूँढा है परन्तु पाया नही, अनेकों ने पाया है पर इस पर चलन नही किया, और कुछ ने सफलतापूर्वक इसके भव्य

---

[58] एच. पी. बी. द्वारा अपने एक शिष्य से कहा गया ।

[59] *दि सेवन पोर्टल्स* (*The Seven Portals*) ।

अन्त तक यात्रा की है । हम कम से कम श्रीकृष्ण के शब्द तो स्मरण कर सकते हैं :

> "न इस जगत में न किसी अन्य में उसके लिए (जो इस पथ पर चलता है) विनाश है"[60] ।

(15) *अशब्दमस्पर्शमरूपमव्ययं तथाऽरसं नित्यमगन्धवच्च यत् ।*
अनाद्यनन्तं महतः परं ध्रुवं निचाय्य तन्मृत्युमुखात् प्रमुच्यते ॥

उस ध्वनि रहित, स्पर्श रहित, आकृति रहित, स्वाद रहित और गन्ध रहित, नित्य, अनादि, अनन्त, महत् से बड़े, स्थिर (आत्मन्) को प्राप्त हो मनुष्य मृत्यु के मुख से बच जाता है ।

पिछले मंत्र के विचार को जारी रखते हुए इस मंत्र में हमें बताया जा रहा है कि यह पथ इतना कठिन क्यों है । *शांत आत्मन्* नितान्त सर्वातीत है, उन सब एन्द्रिक गुणों से मुक्त है जिनके कारण हम विषयों को पहचानते हैं । तो फिर कैसे हम उसे पहचानें जिसकी पहचान के कोई चिन्ह ही नही हैं? ऐसा तो केवल *नेति-नेति* से ही किया जा सकता है, समस्त अनुभवों में इन्द्रियों द्वारा प्रबोधित प्रत्येक गुण की उपेक्षा कर, और यही नही, मन द्वारा विचारणीय प्रत्येक गुण को भी त्याग कर । ऐसा करने के बाद जो बचता है वह इन सबको आलम्बन देने वाले *आत्मन्* की ज्योति होती है । आकाश में बादल भरे पड़े हैं पर हमारा ध्यान उनपर नही होना चाहिए । हमें तो यह समझने का प्रयत्न करना चाहिए कि वह क्या है जिसमें बादल तैर रहे हैं । परन्तु जैसा प्लॉटाइनस ने कहा है हमारा यह तरीका हमें ज्ञान के पार ले जाता है । *आत्मन्* कोई ऐसा विषय नही जिसे कोई जानने वाला "जान" सके । वह तो स्वयं नित्य जानने वाला है और इसलिए कोई भी ज्ञेय वस्तु *आत्मन्* नहीं बल्कि अधिक से अधिक किसी और वस्तु में उसका प्रतिबिम्ब है । जिस आकाश में बादल उड़ते हैं उसे तब ही "जाना" जा सकता है जब हम अपने अस्तित्त्व में बादलों को उड़ते प्रतीत कर सकें, अर्थात्, जब हम स्वयं आकाश बन जाएँ । जब हम अपने आप को वह रहस्यमय और लक्षणहीन सी प्रतीत होने वाली सत्ता महसूस कर सकें जिसमें विश्व का निर्माण करने वाले समस्त इन्द्रियज्ञान व विचार तैरते हैं, तब और केवल तब ही कहा जा सकता

---

[60] *गीता 6.40* ।

है कि हम उसे "जानते" हैं। किसी अन्य प्रकार का ज्ञान सम्भव नही है। जैसा कि एक अन्य उपनिषद् का कहना है स्वयं ज्ञाता बनने के अलावा "कैसे ज्ञाता को जाना जाए"। और न ही इसे "जान" कर इसका कोई ऐसा शब्दचित्र बनाया जा सकता है जिस पर आपत्ति प्रकट न की जा सके। मूलपाठ में दिए गए शब्द केवल अनुभव को व्यक्त करने की चेष्टा ही हैं और इन्हें इतना ही समझना चाहिए।

यह नही भूलना चाहिए कि *आत्मन्* कही दूर किसी "महान् शिखर पर" स्थित नहीं है।

वह "कही ऐसी जगह नही रहता कि बाकी सबको रिक्त कर दे, जिनमें शक्ति है उनके लिए वह उपस्थित है, अनुपयुक्त के लिए अनुपस्थित। अपनी दिनचर्या में, यदि कोई वस्तु विषय सामने न हो तो हम उस पर अपना ध्यान नही रख पाते, पूरी तरह ध्यान में रहने के लिए वस्तु का सामने होना आवश्यक होता है। यहाँ भी ऐसा ही है, अन्य बातों के प्रभाव में हम एकता को नही देख पाते, किसी वस्तु पर टिका मन उसके विपरीत को नही देख पाता"[61]।

वे "अन्य बातें" जो हमें *आत्मन्* का दर्शन नही करने देती अनुभव की वस्तु विषय हैं, इन्द्रियों के ही नही बल्कि विचारों तक के बनाये सजीव चित्रण। हम इन्ही पर ध्यान देते हैं और इनकी सेवा करते हैं। इसलिए अपने अन्दर *आत्मन्* का स्पर्श नही कर पाते, या अधिक सत्य कथन यह है कि उससे अपना तादात्म्य स्थापित करना भूल जाते हैं।

बात यह है कि *आत्मन्* प्रत्येक अनुभव में यहाँ और अभी है, क्षुद्रातिक्षुद्र में भी। उसका पूर्ण बोध हम समय के प्रभाव में रहने वालों के लिए कोई "सुदूर दैवी घटना" भले ही हो परन्तु विद्यमान वह इस समय भी है, उसके बिना न तो ये शब्द न अन्य कोई लिखे, पढ़े या समझे जा सकते हैं। हमारे अस्तित्त्व के पीछे, इसी क्षण, उसकी ज्योति चमक रही है और इसी ज्योति से हम देखते, चखते, छूते, महसूस करते और सोचते हैं। यह परमावश्यक बात है कि हम अभी वापस मुड़ उसकी ओर देखें जिसे हम भूल गए हैं, केवल उसमें ही हमारा वास्तविक अस्तित्त्व है, ऐसा अस्तित्त्व जो इस व अन्य सब विश्वों से बड़ा है (*महत्* से बड़ा) और जो पाए जाने पर पूर्ण निश्चय

---

[61] प्लोटाइनस 6.9.7।

से जाना जा सकता है । यह अस्तित्त्व है हमारी समझ के सब ज्ञान से अधिक, अविनाशी, अनादि, अनन्त, सम्पूर्ण सृष्टि में एकमात्र अटल ।

"वह पृथ्वी से गगन की ओर आरोहण करता है और फिर अवरोहण, पृथ्वी पर नवजात वह ऊपर और नीचे की शक्तियाँ ग्रहण करता है । इस प्रकार पूरे जगत का वैभव तेरा होगा और तुझ से समस्त अन्धकार भाग खड़ा होगा ।

यह सबसे बड़ी शक्ति है, सब बलों का बल, क्योंकि यह सब सूक्ष्म विषयों पर विजय प्राप्त कर सकता है, सब ठोस वस्तुओं को छेद सकता है । और इसी तरह सृष्टि निर्मित हुई थी"[62] ।

और फिर ः "आदि सिद्धान्त (The First Principle) किसी एकता में ही होता है और प्रकृति के चमत्कारों की सब शक्ति इससे नही बल्कि इसके द्वारा ही कार्यान्वित होती है ... जो इस सिद्धांत को नही जानते ... उन्होंने चाहे विद्वानों की सब पुस्तकें कंठस्थ कर ली हों, नक्षत्रों का ज्ञान प्राप्त कर लिया हो, अपने सब गुण, शक्तियाँ, प्रक्रियायें, जाति, प्रजातियाँ और गुप्ततम बातें क्यों न जान ली हों, इस सिद्धांत को जाने बिना उनके कुछ भी करने से कोई चमत्कार नही हो सकता"[63] ।

जिसने इसे जान लिया अमृत पा लिया, वह मृत्यु के मुख से बच गया ।

(16) *नाचिकेतमुपाख्यानं मृत्युप्रोक्तँ सनातनम् ।*
उक्त्वा श्रुत्वा च मेधावी ब्रह्मलोके महीयते ॥

स्वयं मृत्यु द्वारा सिखाई गई नचिकेता अग्नि[64] की इस प्राचीन कथा को सुन व सुना कर मेधावी व्यक्ति महान् ब्रह्मलोक में महान हो जाता है ।

---

[62] हर्मीस की *ऐमरल्ड टैब्लैट्स* (*Emerald Tablets* of Hermes) ।

[63] वॉन (Vaughan) द्वारा *ऐनिमा मैजिका ऐन्सकॉन्डिटा* (*Anima Magica Anscondita*) में स्पैनहाइम के ट्रिथेमियस (Trithemius of Spanheim) का उद्धरण ।

[64] अधिकतर अनुवाद किया जाता है "नचिकेता की इस प्राचीन कथा" परन्तु "मृत्यु द्वारा सिखाई गई" कथा तो नचिकेता के बारे में नही नचिकेता अग्नि के बारे में है । इसी प्रकार अगले मंत्र की "*ब्रह्मसंसदि*" का अनुवाद "ब्राह्मणों की सभा" किया जाता है । शायद *सच्चे* ब्राह्मणों की सभा हो, परन्तु ब्रह्म का अर्थ महान् भी

(17) *य इमं परमं गुह्यं श्रावयेद् ब्रह्म संसदि ।*
प्रयतः श्राद्धकाले वा तदानन्त्याय कल्पते ॥

जो शुद्ध हृदय से इस परम गोपनीय को महासभा (अथवा विद्वानों की सभा) में सुनवाता है या श्राद्ध के समय सुनता है वह अवश्य अनन्त को प्राप्त होता है ।

इन दो मंत्रों के साथ उपनिषद् का प्रथम अर्धभाग समाप्त होता है, और हो सकता हे कि पहले पूरा उपनिषद् ही यहाँ समाप्त हो जाता हो । जो कुछ भी हो अगली तीन वल्लियाँ सम्पूरक जैसी ही हैं ।

उस समय यह प्रथा थी कि ग्रंथ की इति एक या दो ऐसे छंदों से की जाती थी जिनमें शिक्षण के महत्त्व की अभिव्यञ्जना हो और प्रायः उनमें शिक्षण के पात्र को गोपनीयता का आदेश दिया जाता था । परन्तु यह मान लेना गलती होगी कि जो व्यक्ति इस उपनिषद् को लिख सकता था वह इस निरी औपचारिक प्रशस्ति से ही संतुष्ट रहता । "सुनना" और "सुनवाना" पथ के बारे में हैं और इस बात का संकेत हैं कि सुनने वाला इस पथ पर है और यह मंत्र अनुष्ठान समाप्ति की रूढ़िवादी घोषणा ही नही है । "सुनना" किसी अधिकारी गुरु से होता है और वह तब ही होता है जब शिष्य तैयार हो और "सुनवाना" शिष्य के अपने जीवन में इस सुने गए सत्य की प्रव्यक्ति को कहते है । विद्वानों की सभा उनकी संसद है जो इस पथ पर पहले चल चुके हैं और जिनकी संगति में शिष्य अब नौसिखिये के रूप में जाता है । अन्य सब सम्बन्ध अब कट चुके हैं और अपनी आत्मा की गहराइयों में वह उस अमर "कभी न सिखाई जाने वाली जाति" का ही सदस्य रह जाता है । इसलिए उसकी भावी गति के बारे में यह भविष्यवाणी की गई है[65] ।

अंत्येष्ठि क्रिया के बारे में कुछ कहना आसानी से तब समझ में आ जाता है जब हम यह स्मरण करते हैं कि यह शिक्षा मृत्यु के द्वार से हो कर जाने वाले पथ के बारे में है । श्राद्ध के अनुष्ठान सदा वह

होता है और हमने उक्तलिखित अनुवाद किया है । *तुर्बा फिलोसोफोरम* (*Turba Philosophorum*) से भी तुलना कीजिए ।

[65] बौद्ध परम्परा में अनेक युगों के पश्चात गौतम बुद्ध बनने वाले व्यक्ति के बारे में दीपांकर बुद्ध की भविष्यवाणी से तुलना कीजिए । *जातकों की प्रस्तावना* (*Introduction to the Jatakas*) देखिए ।

औपचारिक समारोह नही थे जो वे आजकल प्रायः हो गए हैं । जिन्हें ज्ञान था वे प्रेतात्माओं को आन्तरिक लोकों की यात्रा में सहायता दे सकते थे । इस संदर्भ में यह उपनिषद् जब किसी "जीवित" पाठक के मनस् से इस समय विद्यमान परन्तु अदृश्य "मृतक" तक पहुँचाया जाए तो, प्राचीन "मिस्री मृत्यु ग्रंथ" (*Egyptian Book of the Dead*) और अभी तक उपयोग होने वाले तिब्बती "बार्दो थोडोल" (Bardo Thodol) के समान, प्रेतात्मा को उसकी भटकन समाप्त करने में मदद करता है और उन अनजानी परिस्थितियों से निकलना यथासंभव सरल बनाता है जिनमें प्रेतात्मा अपने को पाता है ।

द्वितीय अध्याय

पहली वल्ली

अब हम उपनिषद् का दूसरा अध्याय आरम्भ करते हैं और जैसा कि कहा जा चुका है यह शायद प्रथम अध्याय में बाद में जोड़ा गया या उसका सम्पूरक भाग है । इसका अर्थ यह नही कि यह भाग कुछ कम सत्य है, या इसके लिए वह अत्यंत दुरुपयुक्त पद "कम प्रामाणिक" इस्तेमाल किया जा सके । इस अध्याय का प्रमाण भी एकदम वही है जो प्रथम अध्याय का है, यानि सत्य का प्रमाण जिसे अज्ञात लेखक ने अनुभव किया व प्राप्त किया । जैसा पहली तीन वल्लियों ने हमें पथ, उसकी कठिनाइयों, व उसपर चलने के बारे में शिक्षण दिया, ठीक वैसे ही ये अन्तिम तीन निष्ठापूर्वक पथ पर चलने वाले के हृदय में उत्पन्न हुआ ज्ञान उस हद तक देते हैं जहां तक संभव है । ऐसे शिष्य के लिए ही यह ज्ञान किसी मतलब का है, या हो सकता है । निरे मेधावी दार्शनिक यदि चाहें तो इसकी चीर फाड़ कर लें और अपने विद्वतापूर्ण विचार-विनिमयों का विषय बना लें परन्तु उनके हाथ इससे कुछ आने वाला नही, क्योंकि अधिक से अधिक अमूर्त (व दार्शनिक) शब्द भी केवल प्रतीक ही होते हैं और केवल किताबी दार्शनिकों की पहुँच के पार के अनुभवों की ओर संकेत करते हैं । ऐसे अनुभव केवल पथ के यात्रियों और उसपर चल चुकने वालों को ही ज्ञात होते हैं और उन ही की समझ में आते हैं ।

(1) *पराञ्चि खानि व्यतृणत् स्वयम्भूस्तस्मात्पराङ्पश्यित नान्तरात्मन् ।*
कश्चिद्धीरः प्रत्यगात्मानमैक्षदावृत्तचक्षुरमृतत्वमिच्छन् ॥

स्वयंभू ने इन्द्रियों को बाहर की ओर छेदा, इसलिए मनुष्य अपने से बाहर की वस्तुएं देखता है, अन्दर की नही । (कभी कभी) किसी धीर पुरुष ने, अमरत्व ढूँढते हुए, आँखें पलट कर देखने पर अन्दर रहने वाले आत्मा को देखा है ।

(2) *पराचः कामाननुयन्ति बालास्ते मृत्योर्यन्ति विततस्य पाशम् ।*
अथ धीरा अमृतत्वं विदित्वा ध्रुवमध्रुवेष्विह न प्रार्थयन्ते ॥

बचकाने लोग कामना के बाह्य विषयों के पीछे जाते हैं और इस तरह मृत्यु के सब जगह फैले जाल में फँसते हैं । परन्तु अमरत्व को जान कर समझदार लोग अस्तित्त्व के ध्रुव को इस संसार की अनित्य वस्तुओं में नही ढूँढते ।

कहा गया है कि जिस स्वयंभू महान् पुरुष ब्रह्मा का निवास स्थान वह सार्वभौमिक कमल है जो कृष्णवर्ण अव्यक्त नारायण की नाभि से निकलता है उसने इन्द्रियों के छेद बाहर की ओर बनाये हैं । यह किसी ब्राह्मिक ऑपरेशन की मेज़ पर अभागे जीवात्माओं पर की गई शल्यक्रिया नही है, केवल इस तथ्य की पुष्टि करना ही है कि समस्त सार्वभौमिक प्रव्यक्ति बहिर्मुखी दृष्टि से देखना ही है, अस्तित्त्व के केन्द्र की विपरीत दिशा में देखना है । सर्वभूतों के एकमात्र प्राण के रूप में ब्रह्मा बाहर की ओर देखते हैं और अपने अस्तित्त्व के प्रत्येक बिन्दु से ऐसा करते हैं । इस तरह प्रत्येक बिन्दु एक व्यक्तिगत आत्मा बन जाता है, एकात्मक अस्तित्त्व में ऐसा व्यक्तिगत केन्द्र जो बाहर देखता हुआ अपने सह जीवात्माओं को अपने से बाहर और अलग समझता है । "जैसा ऊपर वैसा नीचे" । यह बहिर्मुखी दृष्टि भौतिक स्तर पर इस तरह प्रव्यक्त होती है कि सब सामान्य इन्द्रियाँ हमारी त्वचा की एकता में बने छेद होते हैं जो हमें उस एकता से बाहर का ज्ञान देते हैं । केवल वह आन्तरिक इन्द्रियज्ञान, जिसे कभी कभी अन्तःप्रेरणा कहा जाता है, और जो एकता का ज्ञान देने वाली मनोशक्ति है, वही इस तरह किसी बाहर की ओर खुले छिद्र में प्रकट नही होती और "मस्तिष्क की खोखल में छिपी होती है", उसके अस्तित्त्व तक का बहिर्मुखी दृष्टि वाले जनसमूह को ज्ञान नही होता ।

यद्यपि इन्द्रियाँ स्वयं इन्द्रियज्ञान नही होती क्योंकि इन्द्रियज्ञान तो प्राणमय आध्यात्मिक शक्तियाँ होती हैं, वास्तव में देवता; तथापि उनमें समरूपता होती है और त्वचा के बहिर्मुखी छिद्र इन देवताओं की, यानि वास्तविक इन्द्रियज्ञानों की, बहिर्गमिता की अभिव्यंजना होते हैं[1] ।

---

[1] अधिक तापसी मत वाले शायद आनाकानी करेंगे और कहेंगे कि इन्द्रियज्ञान देवता नही राक्षस हैं, परन्तु "सुर असुर का प्रतिलोम है", और देवता सदा मूर्खों का उपकार करने वाले नही होते ।

इस बहिर्मुखता का फल यह होता है कि हमें केवल उसका ही प्रबोधन होता है जो हम से बाहर और अलग हो । एक अबोधनीय रूप से हम अपने को पृथक जीवात्माओं और वस्तुओं के जगत के बीच में रखा पाते हैं । आन्तरिक दैवी विश्व की विपुलता के आनन्द सागर से मुँह मोड़े हम निष्फल ही बाहर उस सुख को पाने की चेष्टा करते हैं जो केवल अन्दर ही होता है और जिसकी धुँधली सी स्मृति या आभास ही हमारी खोज को तीक्ष्णता प्रदान करता है ।

जिसे भौतिक आँख से देखा उसे वास्तविक समझना : जिसे भौतिक हाथों से पकड़ पाया केवल उसे ही सच्ची प्राप्ति समझना । ऐसा होता है जीवन के प्रति हमारा रवैया और हमारा ज्ञान, जो चाहे वास्तविक हो चाहे "निरा काल्पनिक", परखा इन भौतिक इन्द्रियज्ञानों की कसौटी पर ही जाता है । इस वास्तविकता को समझना कठिन हो जाता है कि बाह्य जगत में हम जो कुछ भी देखते हैं वह अन्दर के दैवी परिकल्पित विश्व का प्रक्षेपण मात्र ही है । ब्रह्मा के दिवस के लिए उपयुक्त "कल्प" शब्द का अर्थ है "कल्पना की गई वस्तु" और इससे भी हमें सीखना चाहिए कि जो बाहर दिखता है उसकी सच्ची वास्तविकता कहाँ ढूँढनी चाहिए ।

योग पर जिस चीनी पुस्तक के बारे में पहले कहा गया था उसमें लिखा है "यदि एक दिन तुम ध्यानाभ्यास न करो तो यह ज्योति बाहर बह जाती है, न जाने कहाँ? (और तब) आद्यात्मा बिखर जाती है, उसका ह्रास हो जाता है । जब वह क्षीण हो जाती है तो शरीर मर जाता है....अमृत का अर्थ एकदम उलटी ओर बहने वाली प्रणाली पर निर्भर है" ।

इसी प्रकार हमारा उपनिषद् भी कहता है कि कभी कभी कोई धीर व्यक्ति, उस मृत्युविहीन दशा की खोज में, जिसके कही न कही विद्यमान होने के बारे में वे सब लोग जानते हैं जिन्होंने अपना जन्मसिद्ध अधिकार बेच कर बकवास नही ख़रीद लिया है, बाहर बहने वाली ज्योति के रास्ते में बाँध बना उसे अन्दर उसके उद्‌गम स्थान की ओर मोड़ देते हैं । यही है वह उलटी ओर बहने वाली प्रणाली जिसके बारे में चीनी आचार्य ने इंगित किया है और कहा है "इसका सचमुच अन्दर देखने से कोई मतलब नही" । दूसरे शब्दों में यह चैतन्य प्रवाह की धारा को उलटाना है और कुछ हठयोगियों के समान भेंगी आँखों से देखना नही है । हमारा चैतन्य साधारणतया इन्द्रियों के रास्ते बाहर

उन विषयों की ओर बहता है जिन्हे वह पहले प्रदीप्त करता है और फिर जिनमें वह अपने को खोने लगता है । इस तरह वह अपने ही अस्तित्त्व को भूल जाता है और हमें वह विचित्र दृश्य देखने को मिलते हैं जिनमें बड़े विद्वान विचारक सचमुच यह मत प्रकट करते हैं कि चैतन्य नाम की कोई वस्तु है ही नही ।

यदि अमरत्व पाना है तो यह बहिर्मुखी प्रवाह रोकना होगा और ज्योति की धारा को उस ओर निर्देशित करना होगा जहाँ से वह निकलती है और जो आरम्भ में अँधेरी खाई के समान प्रतीत होती है ।

जब तक हम अपनी ज्योति को कामना के विषयों में प्रवाहित होने देते हैं और रागभद्वेष के बन्धनों द्वारा अपने को उनसे बाँध लेते हैं, तब तक उस ज्योति का तादात्म्य उन विषयों से बना रहता है और वह उनकी क्षणभंगुरता की भागीदार प्रतीत होती है । जब समय के साथ विषय बदलते हैं और चले जाते हैं, सब विषयों के समान कभी न कभी नष्ट हो जाते हैं, तो उनके साथ तादात्म्य होने के कारण बँधी ज्योति भी लुप्त होती सी नज़र आती है, और, जैसा कि मूललेख कहता है, हम मृत्यु के सब जगह फैले जाल में अपना पैर डालते हैं ।

परन्तु बुद्धिमान व्यक्ति, अपने अन्दर अमर अस्तित्त्व को जानते हुए, अब अपने अस्तित्त्व के ध्रुव बाहर के उस चलायमान पर्यावरण में नही ढूँढते जहाँ न तो कुछ स्थिर है न हो सकता है । वे अपने को विषयों से बाँधने वाले स्व-प्रक्षेपण को वापस खीच, जैसा कि कहा जा चुका है, अस्तित्त्व की आंतरिक अँधेरी कन्दरा में प्रवेश करते है । आरम्भ में तो वहां अँधेरे के अतिरिक्त और कुछ नही होता और ऐसे कितने ही लोग होते हैं जो अपनी एक जल्दबाज़ी की नज़र के बाद यह निर्णय कर लेते हैं कि वहाँ एकदम रिक्तता व उदासी है और इसलिए झटपट बाहर की भ्रामक धूप में चले आते हैं ।

परन्तु शिष्य यदि अपने प्रयत्नों में लगा रहे, बाहर के उजाले की अवहेलना करे, अँधेरे को अपना नित्य निवास बनाये, तो उसकी अंतर्मुखी दृष्टि अँधेरे की अभ्यस्त हो जाएगी और उसके बीचों बीच दूर एक प्रकाश बिन्दु, उसके अस्तित्त्व का ध्रुव तारा, चमकने लगेगा और उसका पथ प्रकाशित करेगा । यह तारा जो उसकी आन्तरिक आत्मा का तारा है, आगे बढ़ने पर और अधिक चमकदार होता जाएगा और इसके किरणपुंज से वह सच और झूठ का अन्तर देख पाएगा । जब

तक वह चन्द्रमण्डल के प्रभाव में रहेगा तब तक चन्द्रमा से उठा कोहरा इस प्रकाश को अनिश्चित रूप से टिमटिमाने पर विवश करेगा, परन्तु जब वह आगे निकल जाएगा तो प्रकाश स्थिर हो कर आकार व चमक में तब तक बढ़ता ही चला जाएगा जब तक वह उसके अस्तित्त्व का सूर्य न बन जाए, वह अमर ज्योति जो उसका सच्चा अहं है ।

यह ज्योति तो सचमुच सदैव विद्यमान रही है । इसी ने समस्त बाह्य जगत को प्रदीप्त किया है, क्योंकि जैसा अगला मंत्र कहता है –

(3) *येन रूपं रसं गन्धं शब्दान् स्पर्शाँश्च मैथुनान् ।*
एतेनैव विजानाति किमत्र परिशिष्ते । एतद्वै तत् ॥

जिसके द्वारा मनुष्य रूप, स्वाद, गन्ध, ध्वनि और परस्पर सम्पर्क जानता है, जो (इन सब अनुभूतियों को हटाने के पश्चात) यहाँ शेष रहता है, यही वह (सर्वातीत अमर पुरुष, आत्मन्, जिसके बारे में तूने पूछा) है ।

(4) *स्वप्नान्तं जागरितान्तं चोभौ येनानुपश्यति ।*
महान्तं विभुमात्मानं मत्वा धीरो न शोचति ॥

उस महान् व सर्वव्यापी आत्मन् को पहचान कर, जिसके द्वारा मनुष्य जाग्रत और स्वप्न अवस्थाओं में देखता है, ज्ञानी व्यक्ति दुःखी नही होता ।

इस आंतरिक सूर्य के बिना संसार में कोई भी प्रकाश न होता । विद्युत-चुम्बकीय तरंगों व न जाने क्या क्या की बातें इसके पहले नही बाद में आती हैं, ताल, दृकतंत्रिका (optic nerves) और मस्तिष्क की संरचना इसके पहले नही बाद में आती हैं । इस ज्योति से ही मनुष्य देखता है, सुनता है, स्पर्श करता है, इस ज्योति से ही सोचता है और इसी के अस्तित्त्व के बारे में प्रश्न भी इस ही की किरणों के द्वारा करता है । “मूर्ख अपने हृदय में कहता है कि ईश्वर नहीं है” परन्तु ईश्वर की शक्ति से ही ऐसा विचार बन पाता है ।

इस ज्योति के कारण हम जाग्रतावस्था के सब अनुभव प्राप्त करते हैं और इस ज्योति से ही अपनी स्वप्नावस्था के सब विषय । चाहे जगे में चाहे सपने में, हम जो कुछ भी देखते हैं वे ज्योति के सागर में तैरते चित्र ही हैं, ऐसे चित्र जिनमें कोई ठोसपन नही होता । बाहरी अथवा भीतरी इन्द्रिय जगत में कहीं भी कोई सच्चा ठोसपन नही होता । जो जगत हमारे सामने आता है वह साबुन के सबसे पतले बुलबुले की

सतह से भी पतला होता है । उसका प्रतीयमान ठोसपन केवल आत्मा से उधार माँगा होता है । उसकी मज़बूती तो वह मज़बूती है जिससे हमने अपनी आत्माओं को नामरूप से जोड़ा हुआ है । बाँधने वाली ज़ंजीरों को काटिये और पैरों के तले की ठोस ज़मीन ग़ायब हो जाती है, सनातन चट्टानें अपनी आँखों के सामने पिघल जाती हैं और पत्थर व इस्पात की दीवारें हमारे लिए कोहरे के बादलों से अधिक अवरोध नही रहती । महात्माओं के लिए कोई अवरोध नही हो सकता । बन्द दरवाज़ों के बीच अकस्मात ख्रीष्ट प्रकट हो गए थे । तियाना के अपोलोनियस (Appolonius of Tyana) ने अपने शक करने वाले शिष्य को यह दिखाने के लिए कि वे डोमीटियन (Domitian) के कारागार मे स्वेच्छा से बन्द हैं अपने अंगों को बेड़ियों से अलग कर दिखाया था, और आधुनिक काल में भी ऐसी घटनायें हुई हैं[2] । जो आंतरिक पथ पर पर्याप्त बढ़ चुके हैं वे प्रत्येक संशय के पार निश्चित रूप से जानते हैं कि यह "अति अति ठोस पृथ्वी पिघल कर ओस" बन जाती है और इसमें ऐसी कोई भी वस्तु नही जो एक क्षण के लिए भी मुक्त आत्मा का रास्ता रोक सके ।

इसलिए जिस किसी ने भी उस महान सर्वव्यापी *आत्मन्* की ज्योति को स्पष्ट रूप से देखा है वह न तो कभी शोकग्रस्त हो सकता है न अपने को शत्रुवत् पार्थिव जगत में बन्दी समझ सकता है । उसने प्रशान्त अमर नेत्रों से पदार्थ की दीवारों को ग्रीष्म के बादलों के समान आते व जाते देखा है और वह परम नैश्चित्य से जानता है कि स्वयं उसी के द्वारा प्रदत्त शक्ति के अतिरिक्त अन्य कुछ भी उसे कभी नही बाँध सकता । यह निरा रूपकालंकार या कविता नही है, निरा "आध्यात्मिक" या मरणोपरांत कुछ प्राप्त होने का वचन नही है, यह तो सीधासादा तथ्य है और आज भी हमारे बीच ऐसे लोग रहते हैं जो इस बात को जानते हैं और इस बात की पुष्टि करेंगे कि उक्तलिखित बात सीधीसादी सच है ।

(5) *य इमं मध्वदं वेद आत्मानं जीवमन्तिकात् ।*
ईशानं भूतभव्यस्य न ततो विजुगुप्सते । एतद्वै तत् ॥
जो इस मधुभक्षक, आत्मन्, को सदैव निकट, (एकमात्र) महाप्राण, भूत व भविष्य के स्वामी के रूप में जानता है, वह फिर पीछे नही हटता । यही वह है ।

---

[2]दृष्टात के लिए जीवन्त स्मृति मे वाराणसी के त्रैलग स्वामी ।

यहाँ *आत्मन्* को मधुभक्षक कहा गया है, जिस शब्द का अर्थ सामान्यतः कर्मों के फलों के सुख को भोगने वाला लगाया जाता है। निःसंदेह अर्थ यह तो है ही परन्तु इसके अतिरिक्त और भी बहुत कुछ है, जैसा कि वे सब जानते हैं जिन्हें अनेक प्राचीन रहस्यों में आनुष्ठानिक पेय के रूप में मधु के प्रयोग किए जाने के बारे मे पता है। मधुमक्खियों द्वारा प्रयुक्त बनमेथी (honey-clover) का मिस्र के ऑसिरिस से सम्बन्ध था और *बृहदारण्यक उपनिषद्*[3] में उस मधुविद्या का वर्णन है जिसे अश्विनकुमारों ने बड़ी कठिनाई से पाया था और जिसका अन्तिम शिक्षण यह था –

> "यह *आत्मन्* सर्वभूतों के लिए मधु है और सर्वभूत इस *आत्मन्* के लिए मधु हैं। यह दिव्य अमर पुरुष जो इस *आत्मन्* में है, जो वास्तव में यह *आत्मन्* है, वह यही *आत्मन्* है, यह अमर है, ब्रह्म है, सर्वस्व है"।

हम यह भी स्मरण करें कि गीता[4] में कैसे जीवात्मा अथवा उच्च अहं को मृत्यु के समय शरीर छोड़ अपने साथ इन्द्रियों के सूक्ष्म सार को इस प्रकार ले जाते बताया गया है जैसा वायु पुष्पगंध को ले जाती है। मधुमक्खियों व तितलियों को प्रायः आत्मा का प्रतीक बनाने का एक कारण यह भी है, और इससे सैमसन (Samson) की उस प्रसिद्ध पहेली पर भी कुछ प्रकाश पड़ता है "बलवान से मिठास निकला" (Out of the strong came forth sweetness)।

आत्मन् वास्तव में समस्त अनुभव का परम अहं है, और निजी अहं तो स्थूल इन्द्रियज्ञान पर निर्वाह करता है परन्तु *आत्मन्* अपने में केवल उनके मधु, यानि सूक्ष्म सार, का ही समावेशन करता है। अतएव मनुष्य को अपने अन्दर उस अधिक गहरे अस्तित्त्व को ढूँढना चाहिए जिसके षटकोण कोशों में समस्त अनुभव का मधु संचित होता है। ग्रीष्म दिवस के क्षणभंगुर निजी अहं के भीतर असंख्य युगों का मधु प्रत्याहार के अँधेरे शीतकाल का खाद्य बनने के लिए संचित होता है। परन्तु कौन या क्या है वह जो इस भाण्डार को किसी सम्पूर्ण में समाकलित करता है, जो इसकी कोशराशि को एकता में परिवर्तित

---

[3] **1.2.5** ।
[4] **15.8** ।

करता है? वह मधुभक्षक हमारे अन्दर एकता का गहरा सिद्धान्त है, हम सबके प्राणों का एकमात्र महाप्राण है, "सदैव निकट" (*अन्तिकात्*) रहने वाला क्योंकि वह सब अनुभव का आधार और पृष्ठभूमि है । यह एक महाप्राण अथवा *आत्मन्* मधुमक्खियों की छत्ते में छिपी रानी है जिसकी उपस्थिति इधर उधर बिखरी मक्खियों को एकता प्रदान करती है । आत्मन् को भूत व भविष्य का स्वामी इसलिए कहा जाता है क्योंकि जो कुछ था और जो कुछ होगा वह नमूने के तौर पर उसकी सर्वग्राही ज्योति में रखा होता है ।

जिसने यह *आत्मन्* देख लिया उसने एकता का "वह" परम सिद्धान्त पहचान लिया और वह फिर किसी बात से पीछे नही हटता (नहीं झिझकता) क्योंकि वह जानता है कि उसकी शांति व आनन्द में कोई विघ्न नही डाल सकता । बाह्य जीवन की प्रतीयमान अस्तव्यस्तता उसके लिए दैव निर्मित विश्व हो जाता है और वह किसी बात से नही झिझकता क्योंकि वह जानता है कि हर चीज़ का अपना महत्व होता है । उसके अन्दर, उसके प्राणों का प्राण, उसकी आत्मा की आत्मा, अनन्त कालों तक फैली दृष्टि वाला वह अमर पुरुष, वह निर्मल अमर्त्य, दैवी स्फ़िन्क्स (Sphinx) है जिसकी अविक्षुब्ध आँखें सदैव काल-रेती को देखती रहती हैं । वही आँखें जिन्होंने लुप्त ऐटलान्टिस (Atlantis) का पतन देखा था इस समय भी हमारी आँखों के द्वारा वर्तमान घटनायें देख रही हैं, जिन कानों ने कुरुक्षेत्र मे रथों का गर्जन सुना था वे हमारे कानों द्वारा इस समय भी सुन रहे हैं ।

अपने पृथक अस्तित्त्व की चाह रखने वाले हमारे झूठे अहं ही अपनी पृथकता के कारण न देखते हैं न सुनते हैं । अहं के कारागार की कोठरी में खुशी से स्वयं बन्द हो कर हम शिकायत करते हैं कि वर्तमान की सीखचों वाली खिड़की के अतिरिक्त और कही से भी हम नही देख पाते । यदि हम अपने पृथक अहं को "उस" मे विलय कर, इस कोठरी के बाहर, अहं की सच्ची वास्तविकता और मूलभूमि में निकलें तो विशाल पृथ्वी और आकाश की सब नील असीमतायें हमारे सामने आ खुलती है । अब हमें अपने मित्र का चेहरा देखने के लिए खिड़की के सामने से उसके गुज़र जाने की आस लगाये रहने की आवश्यकता नही, और न ही तब दुःखी होने की जब वह आँखों से ओझल हो जाए । वह कही भी जाए हमारी मुक्त दृष्टि अब उसके साथ रह सकती है क्योंकि कभी भी वह या अन्य कोई वस्तु उस

"सत्य के क्षेत्र" की सीमा के बाहर नही निकल सकती जो हमारी आँखों के सामने अखण्ड फैला होता है, वह क्षेत्र जो मध्य एशिया के पठार के समान स्वतंत्र आत्मा के रास्ते में कोई रोड़े नही रखता।

ऐसी है हमारे अन्दर वाले अमर पुरुष की दृष्टि जो स्वयं अपना ही अहं है। जैसे जैसे हम उसके अस्तित्त्व के पास पहुँचते जाते हैं उसे इस बात से पहचान पाते हैं कि कारागार की दीवारें पतली और क्षीण होने लगती हैं। जैसे फटते हुए कोहरे में से भू-दृश्य दिखता है वैसे ही समय के कोहरे में से सुदूर काल के मृत युग और अभी उत्पन्न न हुए भविष्य के युग उस विन्यास में घुल जाते हैं जिसका नाभिकेन्द्र ही वर्तमान कहलाता है। *आत्मन्* की दृष्टि में "सहस्र वर्ष एक दिन ही है" और इस गुण से हम उसकी निकटता को पहचान सकते हैं। यही है वह।

इस मंत्र को छोड़ने से पहले हम यह नोट कर लें कि इसके अंतिम शब्दों "*ततो न विजुगुप्सते*", जिनका अनुवाद शंकराचार्य के अनुसार "वह फिर पीछे नही हटता" किया है, का एक अन्य व गहरा मतलब भी हो सकता है। इतना ही सही अनुवाद यह भी किया जा सकता है "उस (अधिष्ठात्री शक्ति) से फिर वह मुँह नही मोड़ता"। आरम्भ में ऐसा अर्थ बहुत अटपटा लग सकता है, लगभग बेमतलब सा। हम इस विचार के अभ्यस्त होते हैं कि लोग, विशेष कर वे लोग जो ऐसे ग्रंथों को पढ़ते हैं, वे "ईश्वर" अथवा "आत्मन्" की खोज में अपनी सामर्थ्य के अनुसार परिश्रम से लगे होते हैं। और इसलिए मन में यह विचार लाने में भी आश्चर्य होता है कि कही ऐसा लिखा हो कि कोई ऐसी दशा होती है जिसे प्राप्त होने पर शिष्य "उस" से पीछे नही हटता।

परन्तु बात ऐसी नही है। "ईश्वर" ढूँढना तो दूर, अधिकतर लोग, यहाँ तक कि अधिकतर "धार्मिक" लोग भी, अपना समय "उस" से बचने और छिपने में खर्च करते हैं। बाइबल में ईश्वर को एक "भस्म कर देने वाली आग" यूँ ही नही कहा गया है और इस विचार को हमारे ग्रंथ के अगले कुछ मंत्रों में लिया जाएगा। हमारे इस मंत्र ने *आत्मन्* को भूत व भविष्य का स्वामी, यानि भाग्यविधाता, तो बता ही दिया है और हम देख चुके हैं कि जिसे हम भाग्य कहते हैं वह साइकी के उन भागों से निकलने वाली विवशतायें होती हैं जो अहं की चेतना से छिपे होते हैं। अतएव, स्वर्गिक श्वान के रूप में वह स्वयं

आत्मन् ही होता है जो हमारा पीछा "काल कालान्तर तक" में करता रहता है और अपने सँजोये अहं को इस भस्म कर देने वाली आग से बचाने के लिए ही हम अपने अहं के चारों ओर विभिन्न प्रकार के अवरोध खड़े करते हैं, सामाजिक मान्यताओं के अवरोध, विज्ञान व दर्शनशास्त्र के अवरोध, मज़हब[5] के अवरोध, वास्तव में कोई भी अवरोध जो विश्व की बाहरी और भीतरी (और दोनों एक ही हैं) राक्षसी व प्राकृतिक शक्तियों, या संक्षेप में भाग्य की शक्तियों को तक तब अहं के पास न फटकने दें जब तक उनकी प्रचण्डता जाने पहचाने रूप में प्रस्तुत किए जाने के बहाने ठण्डी न हो गई हो । यही कारण है कि दफ़्तर का बाबू अपने चारों ओर लाल फीते की बाड़, समाज मान्यताओं की दीवार, भौतिकवादी व्यक्ति विज्ञान के नियमों की दीवार और बाह्य रूप से धार्मिक व्यक्ति ऐसे रक्षात्मक विश्वासों की दीवार बना लेता है जो रूढ़िवादिता के प्रवेशपत्र वाले आगन्तुकों के अतिरिक्त अन्य सब भयास्पद आगन्तुकों को बाहर ही रखती है ।

जैसा कि हम कह चुके हैं *आत्मन्* का रास्ता मौत का रास्ता है, ऐसा रास्ता जिसका आरम्भ अग्नि से और अन्त भी अग्नि में ही होता है । कोई विचित्र बात नही कि अहं अपने पूरे बचकाने बल के साथ उससे पीछे हटना चाहता है और अपना सिर व्यावहारिकता व आवश्यकताओं के कपड़े के नीचे छिपाना चाहता है ।

यह सच तो है कि *आत्मन्* सब भूतप्राणियों का मित्र होता है, परन्तु गीता[6] के प्रमाण और नित्य जीवन की साक्षी के अनुसार वह निष्ठुर भाग्य की प्रचण्डता के साथ हमारा पीछा कर सकता है और करता है । वैसे ही जैसे आखेटिका आर्टेमिस (Artemis the Huntress) अपने कुत्तों को उस दुःसाहसी मर्त्य व्यक्ति के पीछे छोड़ती है जो शुद्ध हुए बिना उसके अँधेरे व पुनीत वन में प्रवेश कर बैठता है । इसलिए हमारे व उस वन के बीच वह दीवार खड़ी कर दी गई है जिसे पार करने की हम हिम्मत नही रखते हालाँकि उसमें हम वह मन्दिर बनाये रहते हैं जिसमें उस शक्ति की पूजा करते हैं जिसका सामना करने से डरते हैं । अपने "करुणाशील व वात्सल्यपूर्ण स्वर्गिक पिता" की अधिकतर बात ऐसी ही होती है क्योंकि प्राचीनकाल के समान आज

---

[5]हमने religious creed का अनुवाद इस शब्द से किया है और इसे बाह्य धर्म माना है । (अनुवादक) ।

[6]*गीता* 6.5-6 ।

भी नामों से बड़ी सान्त्वना मिलती है और प्रियोक्तियों के कम्बल हमारे सिरों को उन रूपों से छिपा लेते हैं जिन्हें देखने से हम डरते हैं। इस तरह ही प्रचण्ड एरिन्य गण (Erinyes) कृपालु यूमेनाइडिस (Eumenides) बन गए थे।

सच तो यह है कि अशुद्ध अहंभाव के लिए *ब्रह्म* अथवा *आत्मन्* भयंकर ही होता है और *केनोपनिषद्* में देवगण उसे ऐसे भीषण यक्ष के रूप में ही देखते हैं। हम में से अधिकांश अपना पूरा जीवन नगर की चहारदीवारी के अन्दर की सुरक्षा में बिताते हैं और प्रत्येक उस अद्भुत चीज़ से अपने को बचाने के लिए नाना प्रकार के द्वारपालों पर निर्भर रहते हैं जो नगरप्राचीर के बाहर वन में निवास करने वाले भयानक नागदैत्य (Dragon) का ही कोई रूप हो सकती है। दीक्षित ऐसा व्यक्ति ही होता है जो इस प्राचीर को पीछे छोड़ अज्ञात से जूझने का साहस करता है, जिसने इस सर्प का सामना किया है और उसपर विजय प्राप्त कर व उसके रक्त में स्नान कर स्वयं को ही ऐसा सर्प बना लिया है।

क्योंकि, यदि यह सर्प शैतान है तो ईश्वर भी है। उसके नथुनों से निकलने वाली अग्निशिखायें कायर अहंभाव के लिए मृत्यु परन्तु पुनर्जन्म की पुनीत अग्नि भी हैं, वीर जीवात्मा के लिए नचिकेतस् अग्नि। इसलिए प्राचीन लेखनों में दीक्षितों को ज्ञान के नागदैत्य (Dragons of Wisdom) कहा गया है और यूनान में दीक्षा के द्वार पर यह लिखना भी कि "अरे अपवित्रों, यहां से दूर भागो" (*Procul este profani*) कतिपय दीक्षितों की ईर्ष्या के फलस्वरूप नही हुआ बल्कि बहुसंख्यक अदीक्षितों की भलाई में किया गया ऐसा कार्य था जिसका कारण भी यही है।

इस द्वार में प्रवेश करना उस अशुद्ध अहंभाव के लिए मृत्यु ही है जो अपनी सीमितता को पकड़े रहता है और सदा अपनी वर्तमान एकपक्षीयता से चिपका रहना चाहता है। जो अपना जीवन पाने के लिए जीवन खोने को तैयार हो, इस अहंता के खोल का विलयन हो जाने में सन्तुष्ट हो ताकि उसकी राख से अमरपक्षी (Phoenix) अपनी चमक के साथ उठ खड़ा हो, केवल उसे ही इस द्वार में प्रवेश करने का दुस्साहस करना चाहिए। जब वह इस बात की पुष्टि करता है कि साधक फिर उस भयोत्पादक व अद्भुत शक्ति से पीछे नही हटता जिसे अब तक भाग्य कहा जाता था तो मूललेख ऐसे ही व्यक्ति के बारे में

कह रहा है । जो *द्विविध* नागदैत्य अब तक सर्वभूतों का प्राण, समस्त प्रव्यक्ति के हृदय में स्थित शक्ति और उस वस्तु के रूप में जाना जाता रहा है जो प्रत्येक प्राणी की सबसे प्यारी वस्तु होती है, यही है वह ।

(6) *यः पूर्वं तपसो जातमद्भ्यः पूर्वमजायत ।*
गुहां प्रविश्य तिष्ठन्तं यो भूतेभिर्व्यपश्यत । एतद्वै तत् ॥

जो आरम्भ में आन्तरिक ताप से उत्पन्न हुआ, जो जल[7] *में पहले उत्पन्न हुआ, जो गुफा में प्रविष्ठ हो वहाँ स्थित है, जिसने प्राणियों के द्वारा देखा– यही है वह ।*

(7) *या प्राणेन संभवत्यदितिर्देवतामयी ।*
गुहां प्रविश्य तिष्ठन्ती या भूतेभिर्व्यपश्यत । एतद्वै तत् ॥

जो प्राण[8] *के साथ प्रव्यक्त हुई वह अदिति, जो देवतामय है, जो गुफा में प्रविष्ठ हो वहाँ स्थित है, जो प्राणियों के माध्यम से बिखरे हुए रूप में उत्पन्न हुई– यही है वह ।*

(8) *अरण्योर्निहितो जातवेदा गर्भ इव सुभृतो गर्भिणीभिः ।*
दिवे दिवे ईड्यो जागृवद्भिर्मनुष्येभिरग्निः । एतद्वै तत् ॥

जन्मों को जानने वाला, अरणी में छिपा अग्नि, गर्भवती स्त्री द्वारा सुपोषित गर्भ के समान, यज्ञ करने वाले जागृत मनुष्यों द्वारा नित्य पूजा के योग्य– यही है वह ।

(9) *यतश्चोदेति सूर्योऽस्तं यत्र न गच्छति ।*
तं देवा सर्वे अर्पितास्तदु नात्येति कश्चन । एतद्वै तत् ॥

जहाँ से सूर्योदय होता है और जहाँ वह अस्त होता है– सब देवता उसी पर स्थापित होते हैं । सचमुच कोई उसके पार नही जा सकता– यही है वह ।

इन मंत्रों में उस एकमात्र वास्तविकता का वर्णन है जो ब्रह्माण्ड विज्ञान के तीन महातत्त्वों, पिता, माता व पुत्र की त्रिमूर्ति में विभाजित हो किसी न किसी रूप में अधिकतर धर्मों में पूजी गई है ।

---

[7]इसका अनुवाद यह भी हो सकता है "आरम्भ में जल से उत्पन्न हुआ" ।

[8]हम "प्राण के द्वारा" भी अनुवादित कर सकते हैं । इन दोनों मंत्रों में अशुद्धि होने का अनुमान किया गया है ।

मंत्र 6 में उस पिता या पुरुष, यानि सर्वातीत अहं *शांत आत्मन्* का वर्णन है जो प्रव्यक्ति का सूत्रपात होता है या यूँ कहिये कि सब प्रव्यक्तियों से पहले स्वपरिमितता के आन्तरिक ताप से उत्पन्न हुआ। हम कह चुके हैं कि परब्रह्म की परम कृष्णता में दो महान ध्रुव हैं जिनके बीच सदा वह निरंतर रहस्यमयी साँस चलती है जो प्रलय तक में निरंतर बनी रहती है। उषा का आगमन निकट आता है तो जैसे *आत्मन्* की ज्योति या शुद्ध चैतन्य, जो अभी तक समस्त में बिखरा था अब अपने को उस केन्द्रीय ध्रुव पर घनीभूत कर लेता है जिसे पुरुष अथवा सूर्य कहते हैं। इस सकेन्द्रीकरण को ही *तपस्* कहते हैं और यह योगी के हृदय में होने वाली उस क्रिया का ही सार्वभौमिक अनुरूप है जिसका नाम भी *तपस्* है। ऐसे होता है जैसे ज्योति को सम्पूर्ण से खीच एक रहस्यमय केन्द्र पर एकत्रित कर लिया गया हो जहाँ यह समस्त आत्मिकता का आधार सर्वातीत *आत्मन्* के रूप में चमकता है।

जल के बारे में कुछ अस्पष्टता है क्योंकि, जैसा एक पादटीका में कहा गया है, अनुवाद यह भी हो सकता है "आरम्भ में जल से उत्पन्न हुआ"। परन्तु वास्तव में अन्तर इतना अधिक नही पड़ता क्योंकि जल का अर्थ इन दोनो अर्थों में भिन्न भिन्न होगा। दूसरे विकल्प में जल वह काला जलाशय है जिसमें आद्यावस्था में प्रकाश बिखरा था और जिससे बाहर खिंच कर वह केन्द्र में घनीभूत होता है। हमारे पहले विकल्प के अनुसार जल महामातृका अर्थात परब्रह्म का वह घटक मूलप्रकृति है जो ज्योति को केन्द्र में खीच लेने के पश्चात बच रहता है। कम से कम तार्किक रूप से तो इस दृष्टिकोण में ज्योति का जन्म जल की प्रव्यक्ति से पूर्व होता है। जो कुछ भी हो, इस सर्वातीत क्षेत्र में हमें बहुत बारीक तर्क का उपयोग करने की चेष्टा नही करनी चाहिए। प्रतीकों को मानसिक वर्गो में ज़बरदस्ती ठूँसने के बजाय उन्हें सहज रूप से अपने अर्थ प्रदर्शित करने देना चाहिए।

मंत्र 7 अन्तरिक्ष की असीम जलराशि उस महामातृका के बारे में है जो उन समस्त दिव्य शक्तियों को प्रव्यक्त करती है जिन्हें मनुष्य देवता[9] कहते हैं। अदिति, अर्थात अनन्ता, उस दूसरे ध्रुव मूलप्रकृति

---

[9] अग्रिप्पा के शब्दो से तुलना कीजिए : "उन्होने (ऑर्फ़ियस व पायथागोरस ने) उन दिव्य शक्तियो का आह्वान किया था जो सब देवताओं में बिखरी है"। *थ्री बुक्स ऑन ऑकल्ट फ़िलॉसफ़ी* (*Three Books on Occult Philosophy*)।

की प्रतिनिधि है जो समस्त अनात्मिकता की सर्वातीत मूल है, सूर्य का प्रतिरूप चन्द्रमा, वह गर्भाशय जिससे सब अनात्मिक प्रव्यक्ति बाहर निकलती है । यही वह जलराशि है जिसके मुख पर बाइबिल के सृष्टि वर्णन[10] के अनुसार ईश्वर की आत्मा चली थी । उसका जन्म प्राण के साथ हुआ बताया गया है क्योंकि उसकी प्रव्यक्ति उस पुरुष के साथ हुई है जो ज्योति और प्राण है, वह "ज्योति जो मनुष्यों का प्राण है"[11] । इन दो प्रव्यक्तियों को अलग नही किया जा सकता । ज्योति के घनीभूत होने का अर्थ है जल का प्रव्यक्त होना और जल की प्रव्यक्ति का अर्थ है ज्योति का एकपुंज होना । विचार में हम इन दो को अलग भले ही कर लें परन्तु वास्तव में हम किसी प्रक्रिया के दो चरणों की बात नही कर रहे, केवल उसके दो पहलुओं की बात कर रहे हैं ।

इन दो को गीता में अनादि युगल[12] कहा गया है और इनके समागम से तीसरा, पुत्र अग्नि, उत्पन्न होता है । परन्तु पहले इस बात पर ध्यान दीजिये कि दोनो पिता और माता के बारे में कहा गया है कि वे गुफा में प्रविष्ठ हो वहाँ रहते हैं । मूलतः यह गुफा बाह्यता की वह महान कन्दरा है जिसमें सार्वभौमिक प्रव्यक्ति होती है, परन्तु जैसा ऊपर वैसा नीचे, और हमारे औंधे दृष्टिकोण से, जिसमें बाह्य वास्तविक लगता है, यह आन्तरिकता की कन्दरा है, हृदय की गुफा, जिसका ज़िक्र हम कई बार कर चुके हैं और जिसमें दैवी युगल अनन्त युगों से स्थित है । इस बात पर भी ध्यान दीजिये कि पुरुष या सूर्य के बारे में तो कहा गया है कि वह सब प्राणियों के द्वारा देखता है परन्तु प्रकृति या चन्द्रमा प्राणियों के माध्यम से प्रव्यक्त होती है । शब्दों का यह अन्तर इन दो की भूमिका के अनुरूप है क्योंकि पुरुष चैतन्य का, उसका मूल है जो सब कुछ की चेतना रखता है, उसका जो हमारी आँखों के पीछे से देखता है; और प्रकृति है समस्त प्रव्यक्त वस्तुओं की अव्यक्त मूल, जिस चीज़ से नामरूप बनते हैं उसका सार । यह कहने की कम ही आवश्यकता है कि उसे कोई "चीज़" कह कर हमारा मतलब वह नही जो आधुनिक दार्शनिकों का "पदार्थ" से होता है, सूक्ष्मतम कणों से भी नही । हमने यहाँ चीज़ और पदार्थ जैसे शब्दों का प्रयोग इस ही लिए किया है क्योंकि उन पर साइकी (और प्राचीन ज्ञान) का अधिकार

---

[10] *जेनेसिस (Genesis)* **1.2** ।

[11] *योहन्ना की इंजील (John) 1.4* ।

[12] *गीता* **13.19** ।

आधुनिक "वैज्ञानिक" युग से कही पुराना है । सनातन साइकी में ही शब्दों के असली अर्थ ढूँढने होंगे, क्षणभंगुर वैज्ञानिक पुस्तकों में नही । मूलप्रकृति का वृक्ष व उसकी शाखायें एकदम असली मायनों में "वह चीज़ हैं जिनसे स्वप्न निर्मित होते हैं" और इस शब्द का अर्थ इस ही रूप में लगाया जा रहा है । जो इसके गुण जानना चाहें वे उसे ढूँढें जिससे क्षणिक स्वप्न बनते हैं क्योंकि स्वप्नावस्था को ठीक ही "ज्ञान कक्ष" कहा गया है ।

हमें इस बात पर भी ध्यान देना चाहिए कि ये दोनो तत्त्व, पुरुष व प्रकृति, सनातन पिता व माता को उस एकमात्र वास्तविकता से समीकृत किया गया है जो परब्रह्म है और जिसे मूलपाठ ने *तत्* कह कर सम्बोधित किया है । वे अभिन्न हैं उससे क्योंकि वे उसके अस्तित्त्व के दो ध्रुव ही हैं । उससे अलग व एक दूसरे से अलग किसी का भी वास्तविक या स्वतंत्र अस्तित्त्व नही है ।

अब हम उस तीसरे तत्त्व पर आते हैं जिसे मंत्र 8 में अग्नि कहा गया है, दो का दिव्य पुत्र, और उन दो में ऐसा छिपा हुआ जैसे अरणी की दो लकड़ियों में आग छिपी होती है । ठीक वैसे ही जैसे ऊपर और नीचे की लकड़ियों के घर्षण से आग पैदा होती है वैसे ही दैवी युगल की परस्पर प्रक्रिया से दिव्य अग्नि प्रज्वलित होता है । वह "दो का दिव्य शिशु, अद्वितीय वैभव, श्यामाकाश का पुत्र दिव्याकाश, जो महान श्याम जलराशि की गहराइयों से उत्पन्न होता है ... वह सूर्य के समान चमकता है, ज्ञान का नागदैत्य है"[13] । ऋग्वेद की कम से कम दो सौ ऋचायें उसका प्रशस्ति गान करती हैं क्योंकि विभिन्न रूप से वह प्रत्येक स्तर पर प्रव्यक्त होता है और अपने गहनतम अस्तित्त्व में एकमात्र वास्तविकता के अव्यक्त श्यामानल से अभिन्न है । वह वास्तव में हेराक्लाइटस का अमर अग्नि, सूर्य व मनुष्य के हृदय में जलने वाला अग्नि है । वही गार्ह्यपत्य (घर का मालिक) अग्नि, प्रत्येक मानव गृह (शरीर) में अतिथि, निकटतम सम्बन्धी, ज्ञानी द्रष्टा, ज्ञानदाता, और पृथ्वी व स्वर्ग के बीच की सीढ़ी के रूप में देवदूत[14] है । उसके वैभवों और किताबी विद्वानों की व्याख्याओं के थोथेपन पर क्षोभ व्यक्त करने में शब्द अशक्त हैं ।

---

[13] *स्टैन्ज़ाज़ ऑफ़ ज़्यान* (*Stanzas of Dzyan*) ।

[14] ये सब अग्नि के वैदिक नाम हैं ।

यही है वह जो "सब बलों का बल है और पृथ्वी से स्वर्ग को आरोहित हो पुनः जन्म लेकर अवरोहण करता है"[15] । "हे दैवी पोषक, एकर्षि (एकमात्र द्रष्टा), नियंत्रक शक्ति, हे सूर्य, हे प्रजापति के पुत्र, अपनी रश्मियों का विस्तार कर और अपने हृदय का तेज सघन कर । तेरा वह रूप जो सब रूपों से अधिक कल्याणकारी है, मैं वह देखता हूँ"[16] ।

वह पृथ्वी, वायु और जल में दहकता है, मनुष्य और पशु के हृदय में जलता है, सूर्य और तारागण में जलता है, और सबसे बड़ी बात तो यह है कि वह सब तारों के पार श्यामाकाश में जलता है । जन्म के समय वह अन्धकारमय जलराशि से बिजली की तरह कौंध उठता है परन्तु इस जलराशि को अपनी पकड़ में रखे रहने वाली शक्ति भी वही है । वह अपने माता पिता का पुत्र और जनक दोनों ही है, उषा का दिव्य शिशु और गुप्त रजनीश है । वह जन्मों को जानने वाला है क्योंकि विभिन्न रूपों में सबकुछ में वही तो जन्म लेता है । इसके अतिरिक्त, जो अग्नि को जानता है वह जो कुछ है उसे जानता है, समस्त अस्तित्त्व का रहस्य जानता है, और कोई भी ऐसा नामरूप नही जिसे अपनी इच्छानुसार वह किसी दूसरे नामरूप में परिवर्तित न कर सके क्योंकि वह स्वयं ही जातवेद बन जाता है, सब नामरूपों का निर्माता । जहाँ कही भी नामरूप है वहाँ उसके गुप्त हृदय में दैवी अग्नि प्रज्वलित रहता है । वह सबकुछ को भस्म कर देता है परन्तु अपनी सुनहरी लपटों में सबका नवनिर्माण भी करता है । सब देवता उसके नामरूप हैं । परन्तु वह शून्य का नामरूप है । निश्चय ही "जागृत मनुष्यों द्वारा नित्य पूजा के योग्य" इससे अधिक कोई नही है ।

"जो दिव्य है, सूक्ष्म से सूक्ष्मतर है, जिसमें समस्त लोक अपने निवासियों सहित निहित हैं, वही यह अक्षर ब्रह्म है"[17] ।

उस ही से प्रातःकाल सूर्योदय होता है, उस ही से सूर्य का रथ मध्याकाश में उड़ता है और उस ही में रात्रि को अस्त होता है । सब जगत अग्नि के ही व्यतिक्रम हैं, उसके पार शून्य है । "तुम ज्योति में

---

[15] *दि स्मैरैग्डाइन टैबलेट* (*The Smagragdine Tablet*) ।

[16] *ईशोपनिषद्* 16 । यह स्तुति निसंदेह वैसे तो सूर्य को सम्बोधित है परन्तु सूर्य अनुभव के इस भौतिक स्तर पर अग्नि का सर्वोच्च रूप ही तो है ।

[17] *मुण्डकोपनिषद्* 2.2.2 ।

प्रवेश करोगे परन्तु अग्निशिखा को कभी छू नही पाओगे" । यही है वह ।

(10) *यदेवेहे तदमुत्र यदमुत्र तदन्विह ।*
मृत्योः स मृत्युमाप्नोति य इह नानेव पश्यति ॥

जो यहाँ है वह वहाँ है,
जो कुछ वहाँ है वह यहाँ भी है ।
मृत्यु से मृत्यु को जाता है वह,
जो यहाँ अन्तर देखता है ।

(11) *मनसैवेदमाप्तव्यं नेह नानाऽस्ति किंचन ।*
मृत्योः स मृत्युं गच्छति य इह नानेव पश्यति ॥

यह मनस् से ही प्राप्त होता है, यहाँ थोड़ा सा भी अन्तर नहीं ।
मृत्यु से मृत्यु को जाता है वह, जो यहाँ अन्तर देखता है ।

अब हम उन प्रमुख शिक्षणों में से एक पर आते हैं जो आन्तरिक सिंहद्वार पर अंकित होते हैं और पश्चिम में "हर्मीस की सूक्ति" नाम से विख्यात हो प्रसिद्ध रत्न पटल (Emerald Tablet) पर इस प्रकार दी हुई है –

> "यह सत्य, निश्चय, और मिथ्यारहित है कि उस एक विलक्षण साधना के लिए नीचे जो कुछ भी है वह ऊपर जैसा है, और ऊपर जो है वह नीचे जैसा है" ।

यह शिक्षण सब रहस्यमय परम्पराओं में पाया जाता है । इसलिए प्लॉटाइनस का कहना है "जो वहाँ है वह यहाँ भी है", और ज़ोहार (Zohar) की कबाला (Kabala) परम्परा में घोषणा है "गोपनीय रूप से नीचे वाला मानव ऊपर वाले मानव के एकदम समरूप है"[18] ।

ऐसे लोग भी होंगे जिन्होंने अभी आन्तरिक सिंहद्वार को नही देखा है और जो इस शिक्षण को स्वयंसिद्धि (Axiom) कहने पर आपत्ति करेंगे । कुछ इसे केवल उपमा कहेंगे (और वह भी अस्पष्ट सी) और कुछ का

---

[18] *विश्वसार तंत्र* मे कहा गया है "जो यहाँ है वह और कही भी है, जो यहाँ नही वह कही भी नही" । यहाँ यह भी कह दिया जाए कि प्रभु की प्रार्थना (Lord's Prayer) के इस वाक्य "तेरी आज्ञा का पालन स्वर्ग और पृथ्वी पर होगा" का अर्थ भी यही है ।

विचार होगा कि इसे गुप्तविद्या का सिद्धांत कहना स्वयंसिद्धि कहने से अधिक उचित होगा । परन्तु सत्य यह है कि जिन्हें यह सिंहद्वार मिल गया है उनके लिए यह स्वयंसिद्धि है, वह स्वयंसिद्धि जिसपर गुप्त विज्ञान का निर्माण हुआ है । जो इस द्वार तक पहुँच जाता है उसे इस कथन की सत्यता ऐसे ही स्वतःप्रमाणित लगती है जैसे इस कथन की कि दो और दो चार होते हैं ।

हम इस बात का ज़िक्र पहले ही कर चुके हैं कि प्रव्यक्त विश्व दो महान मण्डलों या अर्धगोलार्धों में विभाजित किया जा सकता है जिन्हें "ऊपर' और "नीचे" कहा जा सकता है और जिन्हें खगोल व पृथ्वी मण्डलों से प्रतीयमान किया जाता है । इन दो मण्डलों में पूर्ण समरूपता है और वह इसलिए क्योंकि नीचे वाला ऊपर वाले का प्रतिबिम्ब है । तारों की प्रत्येक गति यहाँ पृथ्वी पर प्रतिबिम्बित होती है और "यहाँ" के अनुभवों के द्वारा ही हम "वहाँ" के महा-आदर्शों के अनुभव का अनुमान लगा सकते हैं ।

विश्व के प्रत्येक स्तर व उपस्तर पर यह स्वयंसिद्धि लागू होती है । सब तालों को खोलने वाली सर्वकुंजी यही है सामान्य बौद्धिक उपकरण के रूप में ही इसका अपने पास होना केवल ऐसे अनेक प्रकार के सादृश्यवादी तर्क में ही उलझाये रहेगा जो प्रश्नकर्ता को किसी विशेष जगह नही जाने देता । परन्तु किसी पुस्तक के पृष्ठों पर बना कुंजी का चित्र कुंजी नही होता और हमारा कथन केवल उस व्यक्ति पर ही लागू होता है जिसने असली कुंजी को पा लिया हो । ऐसे मनुष्य के लिए दीक्षा की कन्दरा के दिग्बिन्दुओं पर स्थित वे चारों द्वार खुल जाते हैं जो भारत के सब मन्दिरों में प्रतीयमान होते हैं और जिनमें प्रवेश कर वह उन अद्भुत व गुप्त रास्तों पर आ सकता है जो विश्व की प्रत्येक दिशा में पहुँचाते हैं । कहा जाता है कि हिमालय में एक ऐसी गुप्त कन्दरा है जहाँ से सुरंगें वाराणसी व प्रयाग जैसे दूर स्थानों तक जाती हैं । सचमुच की पार्थिव सुरंगें तो शायद मिथक ही हैं परन्तु प्रतीकवाद सच है । भले ही वे रहस्यमय नगर वही न हों जो रेल द्वारा पहुँचे जा सकने वाले इसी नाम के नगर हैं ।

"यह *मनस्* से ही प्राप्त होता है" । इस कथन का कारण तब स्पष्ट हो जाता है जब हम ऊपर और नीचे के त्रिकोणों के प्रतिच्छेदन बिन्दु पर *मनस्* की केन्द्रीय स्थिति देखते हैं । यह वह बिन्दु समान गवाक्ष है जिसके द्वारा "ऊपर" "नीचे" के रूप में प्रतिबिम्बित होता है

और जो एक गोलार्ध से दूसरे में जाने का रास्ता है । *मनस्* को अंग्रेज़ी शब्द mind में अनुवादित करना गड़बड़ी में पड़ने का बहुत बड़ा ख़तरा मोल लेना है और गुप्त रास्तों का ताला खोलने वाली असली कुंजी को कुंजी के आकार में कटे उस गत्ते में बदल देना है जो पहली बारिश में ही गल कर लुग्धी बन जाएगा ।

इस शिक्षण का अर्थ कि स्वयंसिद्धि को *मनस्* द्वारा प्राप्त किया जाता है, यह बिल्कुल नही है कि इसके बारे में केवल सोचना ही चाहिए और इसे बहुत सारी अटकलबाज़ियों का केन्द्र बनना चाहिए । स्वयंसिद्धि को *मनस्* द्वारा प्राप्त किया जाता है, परन्तु मतलब यह बिल्कुल नही है कि इसके बारे में केवल सोचना ही चाहिए । स्वयंसिद्धि को प्राप्त करना एक वास्तविक प्रक्रिया है और यह है हृदय के चैतन्य को वैयक्तिक अहं के झूठे व एकपक्षीय केन्द्र से, सच्चे केन्द्र यानि उच्चतर में स्थानान्तरित करना ।

ऊपर दिए हुए चित्र से यह बात स्पष्ट हो जानी चाहिए । प्रत्येक दशा में मानसिक नाभिकेन्द द्वारा "ऊपर" "नीचे" में प्रतिबिम्बित होता है । परन्तु यदि नाभि निम्न *मनस्* में हो तो फल, जैसा कि बिन्दु रेखाओं से प्रदर्शित किया गया है, यह होता है कि प्रतिबिम्ब असन्तुलित होता है और यहाँ "नीचे" अनुभव का जो पूर्ण परिसर हो सकता था उसका एक अंश ही मानसिक चेतना को उपलब्ध होता है । इसलिए हम जितना अनुभव कर सकने की क्षमता रखते हैं उसका एक छोटा सा अंश ही अनुभव करते हैं, बाकी सब जागृत वैयक्तिक अहं के फ़ोकस के बाहर होता है । यह भी आसानी से देखा जा सकता है कि "निम्न" जितना ही अधिक एकपक्षीय होता है यानि हमारे सामान्य अहं का समाकलन सच्चे केन्द्र से जितना ही दूर होता है हमारा दृष्टिक्षेत्र उतना ही संकुचित होता है । अपनी एकपक्षीयता के कारण

हम सचमुच ही अंधे हो जाते है । इसलिए "मूर्ख को वही वृक्ष नही दिखता जो ज्ञानी को[19] ।

जब हम अपने अस्तित्त्व को उच्च *मनस्* के सच्चे केन्द्र में फ़ोकस करना सीख जाते हैं तब यहाँ "नीचे" अवबोधन का परिसर बहुत विस्तृत हो जाता है । पहले हम से छिपा हुआ बहुत सा अवबोधन अब प्रकट हो जाता है । अब जाकर ही यह दिख पड़ता है कि जो यहाँ "नीचे" है वह "ऊपर" को पूर्णतया प्रतिबिम्बित करता है । यह है स्वयंसिद्धि की प्राप्ति ।

जिसे यह प्राप्ति हो गई उसके मन में मरणोपरांत दशाओं के बारे में अब कोई प्रश्न नही रह सकता । अब अलौकिक चेतनावस्थाओं की सहायता से अस्तित्त्व के परिसर की खोज की आवश्यकता नही रहती क्योंकि उसके लिए तो सब वस्तुएं यहाँ और अभी खुली रखी होती हैं । मानस सरोवर की अविक्षुब्ध स्वच्छ जलराशि में ऊपर के तारागण स्पष्ट रूप से नीचे के खेतों की घास के रूप में प्रतिबिम्बित होते हैं और ऐसे देखने वालों की आँख के लिए कही भी कोई अन्तर नही होता । वह ऊपर देखे या नीचे उसे वही दैवी सामञ्जस्य, "स्वर्ग ऊपर और स्वर्ग नीचे" का सामञ्जस्य दिखता है और देखकर वह मुदित रहता है । और कोई यह न समझे कि उसकी यह नई दृष्टि निरी "आध्यात्मिक" है जबकि आध्यात्मिक होने का अर्थ साधारण व्यक्ति के लिए होता है काव्यात्मक होना, यानि अति सुन्दर परन्तु पूरी तरह "वास्तविक" न होना । यह अनुभव तो पूरी तरह वास्तविक, पूरी तरह व्यावहारिक होता है । गुप्त विद्या का पूरा महान ढाँचा इस ही पर आधारित होता है, उस विद्या का जो आज के विज्ञान से असंख्य गुना अधिक शक्तिशाली और व्यापक है और जो हर्मीस के शब्दों में "अनेक विरल चमत्कार कर सकती है" । सच्ची श्रद्धा भी, जैसा कि ईसा मसीह ने कहा है, पहाड़ को हिला सकती है और हम कह ही चुके हैं कि श्रद्धा तो उस ज्ञान का प्रतिबिम्ब मात्र है जो अभी पूरी तरह प्रकट या प्राप्त न हुआ हो । तो फिर अपनी पूर्णता में ज्ञान का क्या कहना? जिसे स्वयंसिद्धि प्राप्त हो गई उसे सब तत्त्वांतरणों की कुंजी मिल गई । यदि वह चाहे तो सीसे को सोने में इतनी ही

---

[19] **ब्लेक** (Blake): ***स्वर्ग और नरक का परिणय*** (*The Marriage of Heaven and Hell*) ।

आसानी से बदल सकता है जैसे परखनली वाला साधारण रसायनज्ञ नीले थोथे से ताँबा बना सकता है। "वह इनसे कितनी ही बड़ी बातें कर सकता है "क्योंकि", एक बार फिर ख्रीष्ट के शब्दों में "मैं अपने पिता के पास जाता हूँ"[20]।

ऐसा मनुष्य सचमुच सिद्ध कहलाने योग्य होता है, ज्ञान का नागदैत्य, अमरत्व का स्वामी, दुधारे परशु का नाथ।

जहाँ तक उस साधारण मनुष्य का प्रश्न है जो अभी "नीचे" और "ऊपर", "यहाँ" और "वहाँ", अधिभौतिक और आध्यात्मिक में अन्तर देखता है वह, मूललेख के शब्दों में, मृत्यु से मृत्यु को प्राप्त होता रहता है। ऐसा होना अनिवार्य ही है क्योंकि ऐसी असंतुलित दृष्टि निचले या झूठे अहं की ही होती है और हम इस बात को इंगित कर ही चुके हैं कि प्रत्येक एकपक्षीय समाकलन का फल मृत्यु, और फिर मृत्यु, ही होता है। जब तक हम ऊपर और नीचे को अभिन्न नहीं देखते तब तक हम अपने सच्चे केन्द्र से दूर होते हैं और तब तक जन्म, मृत्यु व पुनर्जन्म का चक्र हमारे लिए अवश्यम्भावी है। जैसा कि बुद्धदेव ने सिखाया, जब तक हम अपने अस्तित्त्व का तादात्म्य *अत्ता* यानि झूठे अहं से बनाये रहते हैं तब तक सदा घूमने वाले चक्र पर बँधे रहते हैं। जब हम वस्तुओं को *यथाभूतम्* यानि जैसी वे हैं वैसी देख पाते हैं तब ही मुक्त होते हैं, क्योंकि तब जाकर ही हम सच्चे केन्द्र में स्थित होते हैं।

और अब हम उस केन्द्र के स्वभाव पर आते हैं जिसके बारे कुछ अगले मंत्रों में कहा गया है।

(12) *अङ्गुष्ठमात्रः पुरुषो मध्य आत्मानि तिष्ठति।*
ईशानं भूतभव्यस्य न ततो विजुगुप्सते। एतद्वै तत्॥

हमारे अस्तित्त्व (आत्मानि) के बीच अँगूठे के परिमाण का निवासी, भूत व भविष्य का स्वामी, रहता है। (जिसे प्राप्ति हो गई वह) अब इससे पीछे नही हटता। यही वह है।

---

[20]संत योहन्ना की इंजील 14,12। इन अंतिम शब्दों का तो, ख़ैर, एक रहस्यमय अर्थ है जो उनकी समझ में आ जाएगा जो उपनिषद् को अब तब तक समझे हैं।

(13) *अङ्गुष्ठमात्रः पुरुषो ज्योतिरिवाधूमकः ।*
ईशानो भूतभव्यस्य स एवाद्य स उ श्वः । एतद्वै तत् ॥
अँगूठे के परिमाण का निवासी धूम्र रहित ज्योति के समान है, भूत व भविष्य का स्वामी, केवल वही आज है और वही कल है ।

जिस आत्मानि शब्द का अनुवाद यहाँ "अस्तित्त्व" किया गया है वह शब्दशः तो "अहं" ही है परन्तु शंकराचार्य ने इसका अर्थ शरीर बताया है । यह ठीक तो है परन्तु आधा ही ठीक है क्योंकि जिसके केन्द्र की बात हो रही है वह हमारा सम्पूर्ण साइकीय अस्तित्त्व है जिसमें शरीर भी शामिल है, परन्तु जो केवल शरीर ही तक सीमित नही है । इस शरीर के स्तर पर केन्द्र हृदय तो अवश्य है परन्तु हृदय वह मांस का लोथड़ा ही तो नही जिसे इस नाम से जाना जाता है । हृदय का विस्तार तो अन्दर की ओर उन आयामों में भी होता है जिनका आधुनिक वैज्ञानिक विचारधारा को कुछ पता नही । हृदय वास्तव में हमारे अस्तित्त्व का सच्चा केन्द्र है और यह हमारे आधुनिक एकतर्फ़ापन का चिह्न है कि आजकल अधिकांश व्यक्ति अपने को सिर में केन्द्रित समझते हैं । हम बल दे कर कहते हैं कि सिर सच्चा केन्द्र नही है, प्राचीन काल के लोगों को केन्द्र नही लगता था और आज भी योगियों को ऐसा नही लगता । अपने अहं को सिर में महसूस करना केवल वह पागलपन या एकतर्फ़ापन ही है जिसका वर्णन हम कर रहे हैं । जो अपने सिर में रहता है वह सिर को गँवायेगा, परन्तु हृदय में रहने वाला सदा बना रहेगा[21] ।

तो इस हृदय में वह निवासी है जो अँगूठे के परिमाण का बताया गया है और वही छोटा परन्तु शक्तिमान पुरुष है जिसे पाश्चात्य मिथक में टॉम अँगूठा (Tom Thumb) कहा गया है । यही वह प्रसिद्ध लघु मानव (Homunculus) है जिसे बनाना पैरासेल्सस जैसे कीमियागारों का उद्देश्य था । लोकप्रचलित विश्वास के अनुसार उसकी रचना एक बोतल में की जाती बताई जाती थी परन्तु वास्तव में वह जिस अद्वितीय कलश में उत्पन्न होता है वह काँच का नही सोने का होता है, दार्शनिकों का सोना, सच्चा सोना परन्तु पूरी तरह पारदर्शक ।

---

[21]शायद यह आपत्ति प्रकट की जाए कि प्राचीनकाल के लोग हृदय में स्थित थे परन्तु "सदा" नही रहे । कोई बात नही, बात बिल्कुल सच है ।

Book of Revelations[22] के वर्णन के अनुसार यही वह मानव-शिशु है जिसे स्त्री नें जन्म दिया और जिस शिशु का राक्षस ने भक्षण करना चाहा परन्तु जो "सब जातियों पर लौहदण्ड से राज्य करने के लिए" नियत था । उसका जन्म अग्नि में होता है और *दि सीक्रट ऑफ़ दि गोल्डन फ़्लावर* का कहना हे कि "इस अग्नि-काल का पूरा एक वर्ष चाहिए, तब ही गर्भ जन्म लेता है, झिल्ली त्यागता है और सामान्य संसार को छोड़ पवित्र संसार में प्रवेश करता है" ।

कौन है यह अद्भुत शिशु और उसके जन्म का अर्थ क्या है? पहले प्रश्न का उत्तर तो आसानी से दिया जा सकता है । वह आन्तरिक शासक है और जिस लौहदण्ड से वह शासन करता है वह निश्चित सत्य है । "प्राचीनतम काल से आज तक यह ख़ाली कहने की ही बात नही है"[22] । वह केन्द्र बिन्दु है, वह नाभिकेन्द्र जिसके बारे में हम इतनी बार कह चुके हैं और जो स्वयं तत्त्वतः अजात है । *मैत्रि उपनिषद्*[23] उसके अस्तित्त्व को दोहरा बताता है, उसे द्विविध या त्रिविध दीप्ति की ज्योति कहता है और एक अन्य स्थान[24] पर हम पढ़ते है कि वह जब केवल आत्मा और बुद्धि के गुणों को प्रव्यक्त करता है तो आकार में "सुई की नोक के बराबर" होता है यानि एक अभिसरण केन्द्र मात्र होता है जिसके द्वारा *आत्मन्* का सूर्यप्रकाश बाहर प्रवाहित होता है । इसके विपरीत वह जब रचनात्मक व अहंभाव उत्पादक *मनस्* से युक्त (*संकल्प अहंकार समन्वित*) होता है तो अंगुष्ठमात्र पुरुष की धूम्ररहित ज्योति के रूप में प्रकट होता है और इस प्रकट होने को ही यहाँ जन्म कहा गया है । यह *श्वेताश्वतर उपनिषद्* ही यह भी सिखाता है कि वह मन, बुद्धि व हृदय के द्वारा प्रकट होता है और जो उसे जानते हैं वे अमर हो जाते हैं । इन शब्दों की प्रतिध्वनि चीनी ग्रंथ में भी मिलती है जिसका कहना है "यदि परिष्करण की यह रीति न अपनायी गयी तो जन्म और मृत्यु के रास्ते से छुटकारा कैसे होगा?"

वास्तविक जन्म पुराने कीमियागारी सूत्र, *घोलो व स्कंदित करो* (*solve et coagula*), का प्रयोग करने से होता है । पहले वह

[22] *Revelation* 12,4 व 5 ।

[22] *दि सीक्रेट ऑफ़ दि गोल्डन फ़्लावर* (*The Secret of the Golden Flower*) ।

[23] *मैत्रि उपनिषद्* 6.38 ।

[24] *श्वेताश्वतर उपनिषद्* 5.8 ।

अग्निकाल आता है जिसमें सामान्य अहं का एकपक्षीय समाकलन, निम्नस्तरीय *मनस्,* नचिकेता अग्नि के द्वारा उस अद्भुत पात्र में पिघलाया जाता है जिसके बारे में पहले कहा जा चुका है । "जब तक मनुष्य का पूरा व्यक्तित्त्व घुल व पिघल न जाए, जब तक वह उस दैवी अंश के हाथ, जिसने उसे बनाया है, ऐसे पुतले की तरह न पहुँच जाए जिसपर गम्भीर अनुभवों का प्रयोग किया जा सकता है – जब तक पूरा स्वभाव अपने उच्चस्तरीय अहं के सामने नतमस्तक न हो जाए तब तक फूल नही खिल सकता"[25] । यानि जब पिघलना पूरा हो जाए और झूठा अहं मर जाए तब जाकर ही दूसरा चरण, जन्म या नए नामरूप का स्कंदन आरम्भ हो सकता है । कीमियागारों ने इसे ऊर्ध्वपातन कहा क्योंकि यह एक ऐसी प्रक्रिया है जिससे मृत्यु के सिर (Death's Head) का सार, यानि जिसमें निम्न तत्त्व विलय किए गए हैं उस कृष्णवर्ण गर्भाशय का वस्तु विषय, ऊपर उड़ा कर पात्र के उच्च भाग में पहुँचा दिया जाता है जहाँ ऊपर के तारों की रचनात्मक किरणों के तले वह स्वर्णकुसुम, अंगुष्ठमात्र पुरुष, धूम्ररहित ज्योति, अमर कालाधिपति के आकार में स्कंदित होता है । है तो वह वही जिसे प्रायः उच्चतर अहंभाव कहा जाता है परन्तु यह मन की आधुनिक भाषा, जो सब कुछ को समझाने का इतना दाम्भिक दावा भरती है और ऐसी नपुंसक झूठी स्पष्टता से भरी है, "कितनी खोखली बासी, फीकी व व्यर्थ" लगती है । क्या मानव किसी "उच्चतर अहंभाव" से प्रेम कर सकता है या उसकी पूजा कर सकता है, और बिना प्रेम के जन्म कैसे होगा? हमारे मुर्दा व तुच्छ संग्रहालयों के काँच के डिब्बों में हमारे अमूर्त विचारों की छायाओं में वह नही मिल सकता, वह तो उन प्राचीन मंदिरों के रहस्यमय अंधेरे में मिलता है जिनकी बाहरी दीवारें ऊपर से नीचे तक सनातन आत्मा के प्रतीकों से भरी होती हैं ।

वह शक्ति का अँगूठा है और रचनात्मक आविर्भाव का भी, और वही प्रचण्ड इच्छाशक्ति है जो मानव का हृदय है । वह युवा कार्तिकेय है, आकाश का तेजस्वी स्वामी है और कम से कम एक दृष्टि से तो वह काली जलराशि के मध्य उस जलराशि की सुप्त आत्मा की नाभि से निकले स्वर्णकमल पर आसीन चतुर्मुख ब्रह्मा है । मिस्र में वह

---

[25] *लाइट ऑन दि पाथ* । "दैवी अंश" तो केन्द्र ही है जो "सुई की नोक" के आकार का है ।

हार्पोक्रेटिस (Harpocrates) या शिशु होरस (Horus) के नाम से जाना जाता था जिसकी तर्जनी अपने होठों पर सदा उस मौन के प्रतीक के रूप में रहती थी जो मृत ऑसिरिस (Osiris) से हुए अपने जन्म के रहस्य को छिपाने के लिए उसने धारण किया था। आत्मा के पोत के मन्दान पर स्थित अवेक्षक भी उस ही का प्रतिनिधि होता था और दीक्षा पाने की आशा रखने वाला भी उसके बालों की एक लट को तावीज़ की तरह इसलिए धारण करता था ताकि देवता उसे पहचान लें[26]।

इस पुनीत जन्म के बारे में ही देवी आइसिस (Isis) अपने पुत्र होरस से कहती है "इस जन्म के बारे में मैं नही बता सकती क्योंकि, हे महान शक्ति के पुत्र होरस, तेरे अवतरण की मूल कथा बताने की मनाही है। इसे सुन कही मनुष्य अमर देवताओं के जन्म की रीति न जान लें"[27]। वास्तव में यह रहस्य काफ़ी सुरक्षित है क्योंकि इसे शब्दबद्ध नही किया जा सकता और जैसा कि हर्मीस का कहना है "हे वत्स, इस जाति को कभी सिखाया नही जाता, परन्तु ईश्वर जब चाहता है इसकी स्मृति को पुनर्स्थापित कर देता है ... मैं तुझे इतना ही बता सकता हूँ। जब भी मैं अपने अन्दर वह अमिश्रित दृश्य[28] देखता हूँ जो ईश्वर की कृपा से उत्पन्न होता है तो मैं अपने अन्दर से हो कर ऐसे शरीर में चला गया होता हूँ जो कभी मर नही सकता। और अब मैं वह नही रहता जो पहले था, अब मेरा जन्म *मनस्* में होता है। ऐसा कर सकने का तरीका सिखाया नही जाता और इसे उस मिश्रित तत्त्व से नही देखा जा सकता जिसे तू देखता है"[29]।

जो कुछ भी हो इस *पुरुष* या हृदयवासी के स्वभाव को इंगित करने के लिए काफ़ी कहा जा चुका है। अपनी केन्द्रीय स्थिति के कारण वह उस भाग्य का विधाता है जो, जैसा कि हम कह चुके हैं, अपने "पीछे"

---

[26] इसका प्रतीकवाद शायद हर्मीस से लिए गए एक उद्धरण द्वारा अधिक आसानी से समझ में आ जाएगा। "उनके ऊपर उन ही के युक्तिसंगत अंश मे स्थित सूर्य के द्वारा एक किरण पड़ती है – और ऐसे थोड़े ही होते हैं – और उन पर राक्षसों का असर नही पड़ता, क्योंकि न तो किसी राक्षस में और न किसी देवता में ईश्वर की एक भी किरण के विरुद्ध शक्ति होती है"। *डेफ़िनिशन्स ऑफ़ ऐस्क्लेपियस* (*Definitions of Asclepius*)।

[27] *दि वर्जिन ऑफ़ दि वर्ल्ड* 1.36 (*The Virgin of the World* I, 36)।

[28] बौद्धजनों के *असंस्कृत धातु* से तुलना कीजिए।

[29] हर्मेटिक कॉर्पस 13, 2 व 3 (Hermetic Corpus XIII, 2 and 3)।

की ओर की बातों से बनता है । जिसकी सब ओर आँखें हों उसके "पीछे" और आगे कुछ भी नही होता और इसलिए उसके लिए भाग्य भी नही होता । वह ऐसा होता है जिसका समय कभी नही आता, वह आवर्तनों के पार होता है । जिसे हम काल की गति कहते हैं वह उसके लिए स्तब्ध हो चुकी होती है और भूत व भविष्य सनातन वर्तमान में घुल जाते हैं ।

यही है वह[30] ।

(14) *यथोदकं दुर्गे वृष्टं पर्वतेषु विधावति ।*
एवं धर्मान् पृथक् पश्यंस्तानेवानुविधावति ॥

जैसे किसी पर्वत की ऊँची चोटी पर गिरी वर्षा पहाड़ों में बह जाती है, वैसे ही वस्तुओं[31] को पृथक देखने वाला उनके पीछे भागने में बहता है ।

(15) *यथोदकं शुद्धे शुद्धमासिक्तं तादृगेव भवति ।*
एवंमुनेर्विजानत आत्मा भवति गौतम ॥

जैसे शुद्ध जल में उँडेला शुद्ध जल वैसा ही हो जाता है, वैसे ही, हे नचिकेता, जानने वाले मुनि की आत्मा हो जाती है ।

इन दो मंत्रों में क्रमशः मृत्यु मार्ग और जीवन मार्ग का शिक्षण दिया गया है । पहला तो उस साधारण मनुष्य द्वारा चला गया पथ है जो अपने को पृथक इकाई (टीलों के बीच का पर्वत) समझता है और पड़ोस के पर्वतों, यानि अन्य पृथक इकाइयों, से घिरा होता है । जो जीवन का रस उसके ऊपर गिरता है वह सब दिशाओं में इन पहाड़ों में खो जाता है । "ज्योति का बल क्षीण हो जाता है और चू जाता है ... सावधान रहो । यदि एक दिन भी ध्यानाभ्यास न किया तो न जाने यह ज्योति किस ओर बिखर जाएगी" । इस तरह आद्याशक्ति बिखर

---

[30] मंत्र 12 की अंतिम पंक्ति में वही द्वयार्थकता है जो मंत्र 5 में । जो वहाँ कहा गया था उसे दोहराने की आवश्यकता नही है ।

[31] *धर्मान्* : इसका अर्थ कभी "गुण" लगाया जाता है परन्तु वास्तविक तात्पर्य अनुभव, विशेषतः ऐन्द्रिक अनुभव, के अवयवों से है । इस प्रकार लालिमा का अनुभव करना एक *धर्म* है । जिन्हें हम वस्तुएं कहते हैं वे वास्तव में ऐसे *धर्मों* की संरचना है । इस अभिप्राय से बौद्धों ने इस शब्द का बहुत प्रयोग किया है और अपनी *माण्डूक्य कारिका* में गौडपाद ने भी ।

जाती है, क्षय हो जाती है। जब उसका पूर्ण क्षय हो जाता है तो शरीर मृत्यु को प्राप्त हो जाता है"[31]। जब जब हम अपने बाहर उस वस्तु के पीछे जाते हैं जो केवल अपने अन्दर ही मिल सकती है, तब तब हम ज्योति को बर्बाद करते हैं। क्षणभंगुर संरचनाओं से तादात्म्य स्थापित कर हम उनकी क्षणभंगुरता में साझीसार बन उनके साथ मरते हैं। इसलिए ऋषि मुनियों ने सदा यह सिखाया है कि हम हृदय ज्योति को बाहर निकलने से रोकें और उसे हृदय में पर्वत सरोवर के निर्मल दर्पण के समान सँजो कर रखें। जब ऐसा किया जाता है तो समस्त विश्व अविक्षुब्ध जलराशि में प्रतिबिम्बित हो उठता है, सब कुछ आत्मा के अन्दर ही दिखता है, शुद्ध जल में शुद्ध जल उँडेल दिया जाता है और कही न बह कर वही वैसा ही बना रहता है। कामना का बहिर्मुखी प्रवाह सदा के लिए रुक जाता है। इसलिए कहा गया है "मानव शरीर का बीज-कुसुम (यानि ज्योति) रिक्त स्थान में ऊपर की ओर घनीभूत करना चाहिए। इस विद्या में अमरत्व तथा इस संसार पर विजय निहित है। सब धर्मों का समान लक्ष्य यही है"[32]।

---

[31] *दि सीक्रेट ऑफ़ दि गोल्डन फ़्लावर।*
[32] *तत्रैव।*

द्वितीय अध्याय

दूसरी वल्ली

(1) *पुरमेकादशद्वारमजस्या वक्रचेतसः ।*
अनुष्ठाय न शोचति विमुक्तश्च विमुच्यते । एतद्वै तत् ॥
उस अज्ञात अविकृत चैतन्य के ग्यारह द्वार वाले नगर पर नज़र रख कर[1] मनुष्य शोक नही करता और जब शरीर से निवृत्त होता है तो सचमुच मुक्त हो जाता है । यही है वह ।

ग्यारह द्वार वाला नगर तो साइकी का नगर है जिसे बनयन (Bunyan) ने मनुष्यात्मा का नगर (City of Mansoul) कहा था । यह साइकी का निवास स्थान ही नहीं वह दुर्ग भी है जो अपनी पृथकता को बनाये रखने व शत्रुवत् बाह्य जगत से अपना सीमांकन करने के लिए साइकी बनाती है । जैसा कि कितनी ही बार किया जाता है, इसका तादात्म्य पार्थिव शरीर से करना अंश को सम्पूर्ण मान लेना है । इसके चारों और कितनी ही नगर प्राचीर होती हैं और पार्थिव शरीर उनमें से सबसे बाहर की दीवार है । इस बाह्य प्राकार के अन्दर ऐसा बहुत कुछ है जो तनिकमात्र भी भौतिक नही है ।

ग्यारह दरवाज़े वे ग्यारह इन्द्रियाँ हैं जिनके द्वारा बाह्य जगत अन्दर प्रवेश करता है और जिनके द्वारा शरीर में निवास करने वाला इस जगत पर प्रभाव डालने के लिए बहिर्गमन करता है[2] । जैसा कि सुविज्ञात है हिन्दू परम्परा इन्द्रियों को पाँच ज्ञानेन्द्रियों, सुनना, देखना, छूना, चखना और सूँघना; तथा पाँच कर्मेन्द्रियों, बोलना, पैरों से चलना, हाथों का प्रयोग, मलमूत्र त्याग और प्रजनन में विभाजित करती है और (निम्नस्तरीय) *मनस्* को लेकर, जो सबका संश्लेषण करता है अथवा "उभयनिष्ठ" है, पूरी ग्यारह इन्द्रियाँ हो जाती हैं । ये हैं आत्मा

---

[1] *अनुष्ठाय* का शब्दार्थ है प्रतीक्षा में खड़े रहना ।

[2] उपनिषदों के कुछ अनुवादक इन ग्यारह द्वारों को ग्यारह शारीरिक रंध्र बताते हैं, सात चेहरे पर, एक सिर के ऊपर, एक नाभि और दो नीचे । शायद किसी अप्रधान रूप से यह ठीक हो, परन्तु अपने नाभि रंध्र या ब्रह्म रंध्र पर नज़र टिकाये रहने से किसी को दुःखों से मुक्ति नही मिलती ।

के नगर में प्रवेश करने अथवा वहाँ से बाहर निकलने के ग्यारह द्वार और कुछ आत्मविस्मृति की दशाओं को छोड़ सदैव इनमें से आवागमन होता रहता है । गहरी निद्रा (*सुषुप्ति*) के अतिरिक्त, सोते समय भी जबकि बाहरी स्थूल इन्द्रियाँ निष्क्रिय रहती हैं उनके आन्तरिक प्रतिरूप क्रियान्वित रहते हैं ।

यदि किसी को जीवित रहना हो तो भोजन खाना ही होगा और इसलिए यदि वह स्वस्थ रहना चाहता हो तो उचित यही होगा कि इस बात पर ध्यान दे कि वह क्या खाता है । साइकी व उसके पर्यावरण के बीच पारस्परिक प्रक्रिया यानि इन्द्रिय जीवन की लीला निरंतर चलती रहती है और इसलिए उसपर नज़र रखना आवश्यक है ताकि वह कोई ऐसी वस्तु अन्दर न आने दे जो उसे विषाक्त कर दे या ऐसी वस्तु बाहर न भेजे जिसकी प्रचण्ड प्रक्रियायें उसे तहस नहस कर दें । चाहे कोई पथ पर हो या नही ऐन्द्रिक लीला तो चलेगी ही, "न ही सशरीर व्यक्ति पूरी तरह कर्मों को त्याग सकता है"[3] । परन्तु इन दरवाज़ों से होने वाला यातायात घटा कर केवल आवश्यक तक ही सीमित तो रखा जा सकता है और इस पर भी कड़ी नज़र रखनी चाहिए । बौद्धजन इस प्रक्रिया को ही सही आत्मस्मृति कहते हैं और ऐन्द्रिक जीवन पर नियंत्रण करने का यही एकमात्र असली उपाय है । आत्मा उस नौकाध्यक्ष के समान होता है जो अपनी चलनशक्ति के लिए वायु पर निर्भर होता तो है परन्तु इस ही वायु द्वारा पथभ्रष्ट कर दिए जाने या डुबो दिए जाने से बचना चाहे तो उसपर रात दिन नज़र रखने को बाध्य होता है । "समस्त अनुभव की जाँच कर, इन्द्रियों का उपयोग व्यक्तित्त्व के विकास व अर्थ को समझने में लगा कर (पथ की) खोज करो"[4] । मैं बोल तो रहा हूँ परन्तु *क्या* बोल रहा हूँ और क्यों? इस प्रकार की सावधानी का सतत् अभ्यास करना चाहिए । सोते हुए भी रात की चौकीदारी करनी चाहिए – कम से कम पथ की उत्तरावस्थाओं में – और भगवान बुद्ध के बारे में हम पढ़ते हैं कि वे "अविक्षुब्ध व आत्मस्मृत" सोने के लिए लेटते थे । और उक्तलिखित प्रश्नों के केवल अल्पज्ञ उत्तरों से ही संतुष्ट नही रहना चाहिए । मनुष्य के विचार व कर्म गहराइयों में बहने वाली अदृश्य धाराओं से प्रभावित होते हैं । वे

---

[3] *गीता* 18.11 ।
[4] *लाइट ऑन दि पाथ* ।

निष्क्रिय अवबोधक जीवन तक को ढालती हैं और हम केवल वही नही देखते जो "हमारे सामने" होता है बल्कि इन अदृश्य लहरों द्वारा निर्धारित ऐसी चुनी चुनी चीज़ें भी देखते हैं जिनके कारण कभी कभी हम ऐसी वस्तुयें देखते हैं जो वहाँ होती ही नही और ऐसी बातें सुनते हैं जो कभी कही ही नहीं गई थी। हमारे नगर में ऐसे ग़द्दार भी होते हैं जो ईमानदार नागरिकों का वेष भर अन्दर और बाहर आते रहते हैं और यदि हम उनके गुप्त प्रयोजन को जानना चाहें तो हमारी जाँच बहुत गहरी व भेदक होनी चाहिए। प्रश्न केवल यही नहीं है कि "जो मैं कह रहा हूँ सच है या नहीं?" अपने मतलब के लिए शैतान भी शास्त्रों का प्रमाण दे सकता है और एक सच्चा वक्तव्य भी ऐसे प्रयोजन के लिए उपयोग में लाया जा सकता है जो *ऋत* अर्थात सामञ्जस्य के अनुकूल न हो। सब अनुभवों की परख नीतिशास्त्र की किसी पाठ्य पुस्तक के नियमों की नही बल्कि सामञ्जस्य की अनुकूलता की कसौटी पर होनी चाहिए।

पूछा जाएगा कि यह आत्मपरीक्षा कही मनःस्तापी आदत तो नही बन जाएगी जिससे कर्म का सोता सूख जाएगा और नीरस हो जाएगा। ऐसा निश्चय ही हो सकता है और सचमुच प्रायः हो जाता है। यह तो, जैसा पहले कहा जा चुका है, छुरी की धार जैसा पथ है और जो इसके ख़तरों से डरते हैं वे इसे दूर से ही नमस्कार करें। चाहे ख़तरनाक हो या नहीं, यही एकमात्र तरीका है (शायद एक अपवाद है तो, लेकिन हम यहाँ उसकी बात नही करंगे क्योंकि वास्तव में यह भी उसी में शामिल है) जिससे ऐन्द्रिक जीवन पर अधिपत्य और नियंत्रण स्थापित किया जा सकता है।

यह सोचना सही नही है कि यह पथ नितान्त सुकर है। और उस बन्दर की जानबूझ कर की गई कुचेष्टाओं के फल का तो फिर कहना ही क्या जो हमारा निम्नस्तरीय *मनस्* है ओर जिससे आत्मा यदि चाहे तो अपना तादात्म्य स्थापित कर लेता है। यह भी न भूलें कि जिन ग्यारह पर नज़र रखनी है उनमें से एक निश्चित रूप से यही बन्दर है, वास्तव में यह उनका मुखिया है – धोखेबाज़ थैलेवाला जूडास इसकारियॉट (Judas Iscariot)। ग़नीमत है कि कुचेष्टाओं से बचने का एक रास्ता मूलपाठ में दिया हुआ है। आत्मा के असली चैतन्य को अवक्र, या, दूसरे शब्दों में, अविकृत, बताया गया है। हमें यह दोहराने की आवश्यकता नहीं कि निम्नतर अहंभाव के एकपक्षीय समाकलन से

कैसे तनाव पैदा होता है और कैसे वह सब साइकीय प्रक्रियाओं को विकृत कर देता है और हमारा सामान्य चैतन्य कामनाओं के दबाव में आकर वक्र हो जाता है। यदि हमारे चौकीदार ही ऐसे विकृत चैतन्य के बने हुए हों तो नगर को उस दंगे फ़साद से कोई नही बचा सकता जिसे आजकल हम मनःस्ताप कहते हैं। निगरानी रखने का काम शुरू करने से पहले हमें कुछ ऐसे ईमानदार नागरिकों को ढूँढ निकालना होगा जिनमें से हम अपने चौकीदार चुन सकें। अन्य शब्दों में, ऐन्द्रिक जीवन पर अधिपत्य स्थापित करने से पहले हमें अपने हृदय में स्थित शुद्ध तथा अविकृत चैतन्य का सोता ढूँढना होगा। हम में सबसे अधिक असंतुलित व मनःस्तापी व्यक्ति के हृदय में भी यह सोता अपना शुद्ध व शांत जल उगलता रहता है। यदि हम वह अधिपत्य चाहते हैं जिसकी बात हो रही है तो हमें इस जल में एक बार नही निरंतर स्नान करते रहना चाहिए। इस शुद्धिकारक जल में तरबतर रहते हुए ही हम निम्न व्यक्तित्त्व के विकृत चैतन्य से विरक्त रह सकते हैं और "उसे पकड़ व संचालित कर सकते हैं"[5]। इससे पहले नही, तभी जाकर हम उसकी सब शक्तियों का उचित प्रयोग कर सकते है।

यह जलराशि ही हमारे बचाव का एकमात्र उपाय है। एकमात्र यही हमारे योग को भ्रष्ट होने और उस अतिकर्तव्यनिष्ठ धर्मभीरुता में विकृत होने से बचा सकती है जो बहुत से "धार्मिक" लोगों का जीवन नरक के समान बना देती है। ऐसी धर्मभीरुता केवल संकल्प के प्राकृतिक रंग पर अस्वस्थ पानी ही नही फेरती बल्कि हँसी के आरोग्यदायी स्रोत को भी सुखा देती है। जब ऐसा हो जाए तो सर्वनाश निश्चित है। हँसी तो मनुष्य को देवताओं की देन थी, और वह भी उनकी सबसे अधिक पसन्द देनों में से एक। कोई पशु हँस नही सकता, और उसे हँसने की आवश्यकता भी नही है क्योंकि वह शुद्ध पशु सुलभ सहजता से साञ्जस्यपूर्ण जीवन व्यतीत करता है। अपनी अहंता के कारण मानव ही के जीवन में वे दबाव व खींचतान आते हैं जिनसे बचा नही जा सकता और जिनका निवारण करने के लिए देवताओं ने उसे यह परमोत्कृष्ट देन दी। बार बार वह हमें उस समय बचाती है जब अन्यथा सब कुछ खो जाता। जो हँस नही

[5] *लाइट ऑन दि पाथ*।

सकता, जिसकी प्रार्थनायें हँसी की आरोग्यदायी लहरों के मान की नही रह जाती वह सावधान रहे, आगे ख़तरा है[6] ।

परन्तु आइये अब अपने मूलपाठ पर आएं । यदि हम शुद्ध चैतन्य के उस जल का वस्त्र धारण कर सकें तो देखेंगे कि ऐन्द्रिक जीवन में आने और उससे जाने वालों पर नजंर रख सकते हैं, केवल संतुलन खोये बिना ही नहीं बल्कि उस तीक्षण दृष्टि से भी जो आने जाने वालों के बाहरी मुखौटों के नीचे पहुँच जाती है[7] ।

केवल तपस्वियों जैसा इन्द्रियों का दमन सम्भव नही, और इसका प्रयत्न करना बहुत संकटपूर्ण है । बाहरी इन्द्रियाँ तो इच्छाशक्ति द्वारा दबा दी जा सकती हैं परन्तु ऐसा बलात् दमन केवल उनकी क्रियाओं को अन्दर ही मोड़ता है और उनकी जुड़वाँ बहनें, आन्तरिक इन्द्रियाँ, तब कल्पना जगत में स्वच्छन्दता से ऐसा नृत्य करती हैं जो साइकीय सवास्थ्य व योग को बाहरी ऐन्द्रिक क्रिया से कही अधिक हानि पहुँचाता है । "जो कर्मेन्द्रियों का संयम कर मन में सूक्ष्म इन्द्रिय विषयों का स्मरण करता है वह विमूढ़ व्यक्ति मिथ्याचारी कहलाता है"[8] ।

जिसकी आवश्यकता है वह दमन नही निगरानी है, निगरानी से समझ और समझ से नियंत्रण । (जल वस्त्र धारण किए) शिष्य को अपनी इन्द्रियों की सब क्रियाओं पर नज़र रखनी चाहिए और यह समझना चाहिए कि वे वैसा क्यों करना चाहती हैं और उन क्रियाओं के क्या फल होते हैं । इस विषय पर भगवान बुद्ध की शिक्षा बिल्कुल स्पष्ट है "जब सुख अथवा इन्द्रियों के पीछे जाने पर मैने यह देखा

[6] हँसी "धर्माभ-sacroid" नाम की बीमारी की सबसे अच्छी औषधि है । धर्माभ की परिभाषा है कि वह एक कठोर अपवृद्धि है (जो कभी रुग्ण भी हो जाती है) जो एक ऐसे प्रकार के पवित्र पदार्थ की बनी होती है जो इतना अतिसवेदी होता है कि उसे छुआ नही जा सकता । ये गोल्ले प्रायः सिर में होते हैं परन्तु "सिर के अमूल्य रत्न" नही होते यद्यपि लोग इन्हें वही समझ बैठते हैं । चूँकि ये प्राण की स्वतंत्रता में बहुत बाधा डालते हैं इन्हें जल्दी से जल्दी घुला देना चाहिए ।

[7] *शमथा* व *विपश्यना* के नाम से बौद्धजनों को ज्ञात उस द्विविध प्रक्रियाओं से तुलना कीजिए जिनके अनुवाद सामान्यतः अविक्षुब्धता और अन्तर्दृष्टि किए जाते हैं । जलराशि अविक्षुब्धता है, अन्तर्दृष्टि उसका फल ।

[8] *गीता* 3.6 ।

कि उससे दुर्गुणों का विकास और सद्गुणों का ह्रास होता है तो मैंने यह माना है कि उन सुखों व इन्द्रिय विषयों से बच कर रहना चाहिए। और जब मैंने इसके विपरीत को सच पाया तो मैंने उन्हें प्राप्त करने योग्य माना"[9] । इस तरह निगरानी रख कर शिष्य अपने को केवल बाहरी ही नही भीतरी ऐन्द्रिक जीवन को भी समझ सकने में सक्षम पाएगा और समझ कर वह पहली बार इस स्थिति में होगा कि उसपर अपना अधिपत्य स्थापित कर सके, उसपर *मनस्* में प्रतिबिम्बित होने वाली बुद्धि के सनातन सामञ्जस्य द्वारा नियंत्रित व एकीकृत *मनस्* लौहदंड से शासन कर सके।

और इस प्रकार मनुष्य दुःख के पार चला जाता है और जब उस शरीर से मुक्ति पाता है जो हमारे सब असंतुलित पूर्व कर्मो का स्कंदन होता है तो नए श्ररीर का निर्माण कर सकने वाली कोई शक्ति शेष नही रहती।

"He-dying-leaveth as the sum of him
A life-count closed, whose ills are dead and quit,
Whose good is quick and mighty, far and near.
So that fruits follow it.
No need hath such to live as ye name life.
That which began in him when he began
Is finished: he hath wrought the purpose through
Of what did make him Man."[10]

अपने पीछे, मरते हुए, वह छोड़ता है
जीवन का चुकता किया हिसाब, उसकी सब बुराइयाँ समाप्त,
उसकी अच्छाइयाँ चारों और फैली हुई।
ऐसी कि सब और मीठे फल हों।
जिसे आप जीवन कहते हैं उसका यापन करने की ऐसे को कोई आवश्यकता नही।
जन्म के साथ जो कार्यारम्भ हुआ था

---

[9] दीघ निकाय 21 (कुछ संक्षिप्त)।
[10] लाइट ऑफ एशिया (*Light of Asia*)।

वह सम्पन्न हो गया, उसका उद्देश्य पूर्ण हुआ
जिसने उसे मानव बनाया था ।

फिर भी "जीवात्मा की कामनाओं पर महान व कठिन विजय प्राप्त करना कई युगों का काम है, इसलिए इसका फल युगों के अनुभव के संचय से पहले पाने की आशा मत रखो" ।

(2) *हँसः शुचिषद्वसुरन्तरिक्षसद्धोता वेदिषदतिथिर्दुरोणसत् ।*
नृषद्वरसदृतसद्व्योमसदब्जा गोजा ऋतजा अद्रिजा ऋतं बृहत् ॥

(वह) हंस के रूप में शुचि में (रहता है), सब जगह रहने वाले (वसु) के रूप में अन्तरिक्ष में, होतृ के रूप में वेदी पर, अतिथि के रूप में पवित्र कलश में, (वह) मानव में, देवताओं में, सामञ्जस्य (ऋत) में, आकाश में (है) । (वह) जल में, (स्वर्गिक) गायों में, यज्ञ (या सामञ्जस्य, ऋत) में, पवित्र पत्थरों (पर्वतों से उत्पन्न अद्रिज) में जन्म लेता है । (वह) सामञ्जस्य (ऋत) है, महान है ।

यह मंत्र ऋग्वेद से उद्धृत है और इसका सही अनुवाद कुछ हद तक अनुमानित है क्योंकि अधिकतर संस्कृत शब्दों के समान प्रतीकवादी पदों के अनेक अर्थ हैं । फिर भी कुछ बातें तो स्पष्ट हैं ।

सबसे पहले तो यह कि यह मंत्र उस महान सपक्ष अश्व *दधिक्रावण* के स्तुतिगान में है जो "पथों के मोड़ों पर भागता जाता है" । उसके नाम का अर्थ है दही को बिखरा देने वाला, और इन दो बातों से ही पर्याप्त संकेत मिल जाता है कि वह जिस वस्तु को प्रतीयमान करता है, विशेष तौर पर जब हम यह भी कह दें कि उसका उषा[11] (*उषस्*) से बहुत घनिष्ठ सम्बन्ध है । *ज़्यान के छंदों* (*Stanzas of Dzyan*) के पाठकों को उस फ़ोहात का स्मरण होगा जो अश्व है, जिसका "आरोही विचार है" और जिसका "कार्य" भी "चक्करों में घूमना है" । इन पाठकों को उस दूधिया रंग की दही की भी याद होगी जो "जननी की पूरी गहराई में फैल गई" और जिसे आकाश भर में सार्वभौमिक उषाकाल में उस शक्ति ने बिखेरा था जिसे फ़ोहात का नाम दिया गया था ।

[11] किताबी विद्वानों के उसे देखने के तरीके तो भिन्न ही हैं । उसे या तो सूर्य का कोई घटक बताया जाता है जो उषाकाल में ओस या तुषार की दही को बिखराता है, और या कोई दैवीकृत घोड़ा जो किसी प्राचीन आर्य घुड़दौड़ के मैदान के मोड़ों पर भागता होगा ।

जिस महान सपक्ष अश्व के बारे में मंत्र कह रहा है वह वास्तव में वही प्रचण्ड शक्ति है जो प्रव्यक्त विश्व को चलाती है, वह महान गतिकता है जो सर्वभूतों के हृदय में स्पन्दन करती है । वह "सूर्य से सम्बन्धित" तो हो ही सकती है क्योंकि वास्तव में वही वह शक्ति है जो सूर्य व अन्य खगोलीय पिण्डों को उनके चक्रमय पथों पर स्थित रखती है । जो शक्ति खगोलज्ञों के अनुसार सर्पिल नीहारिकाओं का निर्माण करती है वह भी यही है । परन्तु ग़लतफ़हमी होने से पहले हम यह कह दें कि नीहारिकायें दही नहीं हैं, इस भौतिक स्तर पर उस दही का प्रतिबिम्ब ही हैं । फिर भी जैसा ऊपर वैसा नीचे, और उस महान शक्ति का विचार जो अकथनीय विशाल नीहारिकाओं को चलाती है और विश्व के उषाकाल में ऐसी घनीभूत ऊर्जा के साथ इन नीहारिकाओं को बिखेरती है जिसे मानने के लिए वैज्ञानिक तक बाध्य हैं[12], उस महान अश्व के पराक्रम का कुछ आभास तो देगा ही जो "पथों के मोड़ों पर भागता जाता है" ।

"निश्चय ही *उषस्* यज्ञ के अश्व का सिर है, सूर्य उसकी आँख, वायु उसका प्राण, वैश्वानर उसका मुँह और काल उसका शरीर है । आकाश उसकी पीठ, अन्तरिक्ष उसका पेट, पृथ्वी उसके खुर, दिशाबिन्दु उसके पार्श्व, अन्तःस्थल उसकी पसलियाँ, ऋतुयें उसके अंग, मास और पक्ष उसके जोड़, दिन व रात उसके पैर, तारे उसकी अस्थियाँ, बादल उसका मांस ... अश्व के सामने प्रकट होने वाला महान सुवर्ण कलश दिन है । उसका उद्‌गम स्थान पूर्वदिशा का समुद्र है । अश्व के पीछे प्रकट होने वाला रजत कलश रात्रि है उसका उद्‌गम स्थान पश्चिम दिशा का समुद्र है । ये दोनों अश्व के दोनों और यज्ञ कलशों के रूप में उत्पन्न हुए । समुद्र सचमुच उसका सम्बन्धी है, समुद्र उसका मूलस्थान है"[13] ।

यही वह श्याम अश्व है जिसके अयाल में स्वर्ग के तारे हैं, जो विश्व के हृदय में जलने वाला केन्द्रीय श्यामानल है, ऐसा अनल जिसका रंग विभिन्न जगतों से निकलते हुए बदलता जाता है । सूर्य और चन्द्र के मध्य वह प्रव्यक्त पुरुष के रूप में उत्पन्न होता है, उनके जन्म के साथ उसका जन्म होता है और वे जैसे ही अलग होते हैं

---

[12] उदाहरण के लिए ऐडिन्गटन (Eddington) कृत *दि नेचर ऑफ़ दि फ़िज़िकल वर्ल्ड* (*The Nature of the Physical World*) तथा अन्य पुस्तकें देखिये ।

[13] *बृहदारण्यक उपनिषद* 1.1 । दो कलश तो सूर्य और चन्द्र ही हैं ।

वैसे ही वह आकाश के हृदय की कालिमा से अनेक रंगों की ज्वाला के रूप में फूट पड़ता है, उसी ज्वाला के जिसके बारे में कीमियागारों ने कहा था "रंगों पर ध्यान रखो", जिसे देख महारथी अर्जुन कुरुक्षेत्र के मैदान में इतना भयातुर हो गया था –

> "मैं सूर्य सदृश्य अग्निपुंज को चक्रों की शक्ति का मुकुट पहने देख रहा हूँ, सब ओर दीप्त तेजोराशि है जो आँखों को चौंधा रही है । बिना आदि, मध्य या अन्त वाली असीम शक्ति, शशि और सूर्य तेरे नेत्र, मैं तेरे धधकते हुए मुख की यज्ञाग्नि को देख रहा हूँ जो सम्पूर्ण विश्व को अपने तेज से तपा रहा है"[14] ।

यह तेजस्वी अश्व ही भाग्य विधाता होता है क्योंक सूर्य और चन्द्र के ताने-बाने से भाग्यचक्र पर बुने नमूने उनके मध्य उत्पन्न होने वाला यही अश्व निर्धारित करता है, और इसी कारण उसके विभिन्न अंगों का तादात्म्य कालांशों से किया जाता है ।

आकाश के इन्द्रधनुष सेतु के ऊपर सरपट दौड़ते उसकी टापों की गर्जना की गूँज हृदय कन्दरा में कयामत के नगाड़े के समान सुनाई देती है । इसलिए वे कन्दरायें भयावह होती हैं । इस निरंतर मृदंगवादन से बचने के लिए ही तो मनुष्य भाग कर अपने अस्तित्त्व के बहिर्तम क्षेत्र, बाह्य जगत के झूठे सूर्यप्रकाश, में चले जाते हैं जहाँ वे या तो कर्म के जीवन में अपने को भूल जाते हैं अथवा अपने चारों ओर की पार्थिव वस्तुओं पर अपनी आत्मा को टिका देते हैं । परन्तु यह सब व्यर्थ ही होता है क्योंकि ठोस से ठोस वस्तु तक अश्व की टापों की लय के साथ स्पन्दित होती है और उनके साथ आविर्भूत व विलय होती है । जैसे ध्वनि विशेष से काँच का गिलास टूट कर चूर चूर हो जाता है वैसे ही वे पार्थिव वस्तुयें, जिन्हें हम इतनी शक्ति से पकड़े रहते हैं, हमारी आँखों के सामने नष्ट हो जाती हैं और तब इस घटना के बाद ही आने वाली व कुचल देने वाली टापों की आवाज़ को विचारों में जाने से कोई नही रोक पाता । ऐसे बिरले ही होते हैं जिनमें ऐसी हिम्मत हो कि घूम कर उन लाल आँखों का सामना कर सकें, उन जलते हुए नथनों में शक्ति की शांत साँस फूँक सकें और तारामय अयाल को पकड़ घोड़े की काठी पर चढ़ बैठें व इस प्रकार

[14] *गीता* 11.17 व 19 ।

अपने भाग्य के स्वामी बन जाएँ। गुरु बता रहा है कि वे योगी ऐसे ही होते हैं।

यह पूछा जाएगा कि इस सब कुछ का मूललेख के विषय से क्या सम्बन्ध है। स्वर्गिक अश्व के साथ सैर हमें इधर उधर नही ले गई है क्योंकि स्मरण रहे कि जिस अंगुष्ठमात्र पुरुष पर फिर अगला मंत्र लौट आएगा उसे भी भाग्य विधाता कह कर पुकारा गया था और वह निश्चय ही अश्व के विभिन्न रूपों में से एक है। बात यह है कि यह अश्व सारभूत रूप से वह केन्द्रीय शक्ति है जो दो ध्रुवों के बीच के केन्द्र द्वारा प्रव्यक्त होती है। अश्व का जन्म सूर्य और चन्द्र के मध्य होता है, वह अरणी की दो लकड़ियों के बीच का अग्नि और मनुष्य के दो अर्धभागों के बीच आविर्भूत होने वाला अंगुष्ठमात्र पुरुष है, क्योंकि जैसा हम कह चुके हैं वह केन्द्रीय अर्थात मध्यस्थ बिन्दु का आविर्भाव है, उच्चस्तरीय *मनस्,* और मनुष्य के हृदय केन्द्र में वास करता है। सदैव और सब स्तरों पर इस मध्यस्थ बिन्दु के द्वारा ही शक्ति प्रव्यक्त होती है क्योंकि शक्ति वास्तव में अस्तित्त्व की आधारिक एकता ही है। जहाँ कही भी दो ध्रुवों का आविर्भाव होता है वहाँ मौलिक आधारभूत एकता भी उनके बीच के तनाव में प्रव्यक्त होती है और इस तनाव को ही हम शक्ति के रूप से जानते हैं। इस प्रकार, जैसा हेराक्लाइटस ने सिखाया था, समस्त जीवन विपरीत तत्त्वों की लीला ही है। सब वस्तुयें अपने विपरीत तत्त्व से उस एकता के द्वारा बंधी होती हैं जिसके भेदीकरण से वे उत्पन्न हुई होती हैं और इस सम्बन्ध के कारण ही प्रत्येक वस्तु अपने विपरीत में पलट जाने की प्रवृत्ति रखती है। संसार व उसमें स्थित सबकुछ की अनवरत गति इस ही से पैदा होती है और इस गति या उसे जन्म देने वाली एकता को ही हम शक्ति कह कर पुकारते हैं। इस तरह शक्ति स्वयं परब्राह्मिक एकता ही है, ऐसी एकता जो सर्वभौम के सब स्तरों पर प्रव्यक्त होती है और जिन्हें वैदिक परम्परा में पहले सात और फिर उनचास अग्नियाँ कहा गया है।

हमारा मंत्र यहाँ चार ऐसे *जन्मों* की गणना करता है जो सर्वभौम के सुविज्ञात चतुर्विध वर्गीकरण, जाग्रत, स्वप्न, सुषुप्ति व तूरीय अवस्थाओं के समरूप हैं।

सबसे ऊँचे तूरीय स्तर पर वह रहस्यमय हंस के रूप में प्रव्यक्त होता है जो सर्वातीत के शुचाकाश में रहता है और सार्वभौमिक

जलराशि से उत्पन्न होता है । उसके दो पंख सूर्य और चन्द्र हैं तथा *नादबिन्दु उपनिषद* के अनुसार "जो सिद्ध इस हंस पर आरूढ़ हो उसपर कर्म की शक्ति का प्रभाव नही पड़ता" । जैसा कि कभी कभी किया जाता है, यदि हंस को सूर्य माना जाए तो वह चन्द्र के विपरीत सूर्य नही बल्कि हमारे निकाय के केन्द्रबिन्दु के रूप में माना जाता है जिसके चारों और सब कुछ घूमता है और जो जीवन और गति का मूल है ।

अगले स्तर पर वह विशाल अंतरिक्ष में रहने वाले देवता, *वसु* यानि सर्वव्याप्त शक्ति के रूप में प्रव्यक्त होता है । *वसु* का अर्थ है सब जगह रहने वाला और यह स्वर्ग के देवताओं का एक नाम है । ऐसे आठ आकाश में निवास करने वाले देवता माने जाते है जो प्रकृति अथवा माँ पद्मा के आठ दलों के समरूप होते हैं । गिनती तो विभिन्न स्थानों पर अलग अलग है परन्तु वैदिक सूचि में इन्द्र, अग्नि, विष्णु व रुद्र सब *वसु*[15] कहलाते हैं । हमारे मूललेख के हिसाब से *वसुगण* वे सर्वव्याप्त दैवी शक्तियाँ हैं जो *महत्* के महाकाश में निवास करती हैं । अग्नि के घटकों के रूप में वे बादलों के बीच कौंधने वाली बिजलियाँ हैं और इसलिए उन्हें गायों द्वारा उत्पन्न (*गोजा*) कहा गया है । भारतीय कला में बादल सदा देवताओं के निरंतर गतिमान रथों के प्रतीक रहे हैं और जीवनदात्री वर्षा के स्रोत होने के नाते उन्हें स्वर्गिक गायें कहा गया है ।

तीसरे स्तर पर वह केन्द्रीय यज्ञ के *अग्नि* के रूप में प्रव्यक्त होता है जिसे वैदिक ऋषि *होता* कहते थे क्योंकि आहुतियाँ उसके द्वारा ही देवताओं तक पहुँचती थी । इस स्तर पर वह *ऋत* में वास करता है और *ऋत* से उत्पन्न होता है । मुख्यतः, *ऋत* सार्वभौमिक सुव्यवस्था ही है, यानि वह दैवी सामञ्जस्य जो सबकुछ पर शासन करता है और जिसमें स्वयं देवताओं का अस्तित्त्व होता है । गौणतः, वह सर्वहित में प्रत्येक के बलिदान का द्योतक है क्योंकि सार्वभौमिक सुव्यवस्था का अर्थ सब वस्तुओं की मायावी पृथकता के विपरीत उनका पारस्परिक सम्बन्ध व अन्योन्याश्रय है और इस पारस्परिक सम्बन्ध की वास्तविक

[15] उत्तरकाल में पौराणिक ईश्वरवाद के प्रभाव में यह धारणा कुछ बदल गई थी और नई सूचियाँ दी गई हैं जिनमें बड़े देवताओं के नाम नही हैं ।

या प्रतीकात्मक अभिव्यञ्जना है । *"इष्टान्भोगान्हि वो देवा दास्यन्ते यज्ञभाविताः, तैर्दत्तानप्रदायैभ्यो यो भुङ्क्ते स्तेन एव सः* – यज्ञ से प्रसन्न देवता तुम्हारी इच्छायें पूरी करते हैं, जो उन्हें वापस दिए बिना उनके दिए विषयों का भोग करता है वह चोर होता है"[16] ।

इस दृष्टिकोण से यज्ञ की अग्नि वह शक्ति है जो सब मनोरथ पूर्ण करती है । इसी के बारे में प्रजापति ने कहा था *"एष वः अस्तु इष्टकामधुक* – यह तुम्हारी इच्छाओं को पूरा करने वाली हो"[17], और इसलिए यज्ञ में शक्ति उत्पन्न होती है । एकबार फिर ध्यान दीजिये कि उत्पत्ति केन्द्रीय है क्योंकि यह मानव और देवताओं के बीच मध्यस्थता करने वाली अग्नि है । इसके अतिरिक्त पवित्र अग्नि दो पवित्र अरणियों के घर्षण से प्रकट होती है । गृहस्थी ब्राह्मण द्वारा सम्पोषित पञ्चाग्नियों में से भी यह केन्द्रीय है । आंतरिक दृष्टिकोण से वह *मनस्* की केन्द्रीय अग्नि है जिसको इन्द्रियाँ अपनी आहुतियाँ चढ़ाती हैं और जो उनके मध्य जलने वाली अग्नि की शक्ति है ।

अन्त में, और सबसे नीचे के स्तर पर, उसे पवित्र कलश में अतिथि के रूप में जाना जाता है । यह नाम औपचारिक रूप से दो पवित्र पत्थरों (*अद्रिजा*) के बीच उत्पन्न सोमरस को दिया जाता था । इस स्तर पर उसे मानव, यानि मनुष्य के जगत, में उत्पन्न बताया जाता है और इन मनुष्यों[18] के शरीर ही वह असली कलश हैं जिनमें वह अतिथि होता है । ठीक जैसे हंस सूर्य से सम्बन्धित था वैसे ही सोम का चन्द्र[19] से सम्बन्ध है । बिना कुचले पौधे के हरितवर्ण की तुलना में कलश मे रखा पिंगल रक्तवर्ण रस मनुष्य की नसों में दौड़ने वाली वह उत्तेजक कामाग्नि है जो उससे वह कार्य करने का आग्रह करती है जिसे करने के लिए वह अन्यथा टालमटोल करता । यहाँ फिर चन्द्रमा का सन्दर्भ आता है क्योंकि कामना के ज्वार पर चन्द्र का प्रभाव पड़ता

---

[16] *गीता* **3.12** ।

[17] *गीता* **3.10** ।

[18] **पाठकों ने ध्यान दिया होगा कि स्तरों की दूसरी गणना में हमने "मानव" व आकाश के स्थान बदल दिए हैं । कारण यह है कि तीनों गणनायें समरूप बनाई गई हैं और इसलिए मंत्र का भाव बनाये रखने के लिए ऐसा करना आवश्यक है । फिर से ध्यान दीजिये कि जन्म दो पत्थरों के बीच होता है ।**

[19] **सोम और चन्द्र का प्रतीकात्मक तादात्म्य है और अतिथि शब्द भी चन्द्रमास की तिथि से सम्बन्धित है ।**

है, और मध्यस्थ जन्म यहाँ भी है क्योंकि कामना ऊपर के मनस् और नीचे के शरीर के मध्य स्थित है ।

ये चारों ही जन्म एकमात्र सार्वभौमिक शक्ति के जन्म हैं और चारों ही दैवी हैं । *हंस* को मनुष्य में उसके सिर के ऊपर सूर्यबिम्ब, या मिस्री मूर्तियों के दैवी श्येन (बाज़), या सिर के ही अन्दर तान्त्रिकों के *सहस्रार पद्म* के रूप में माना जा सकता है, *वसु* को कण्ठ में स्थित सोलह पंखुड़ियों वाला पद्म *विशुद्धि चक्र*, *होता* को *अनाहत* अथवा *मणिपुर चक्र* में और *सोम* को *मूलाधार चक्र* में स्थित माना जा सकता है । परन्तु हैं सब एक ही शक्ति, वही जो हृदय में स्थित अंगुष्ठमात्र पुरुष में केन्द्रित है, जो सार्वभौमिक रचनात्मक अग्नि है और प्रलय की अग्नि[20] भी है । वह अग्नि महान है, *ऋत* है, क्योंकि "... इस जगत व्यवस्था को न किसी देवता ने बनाया है न मनुष्य ने यह तो वह अग्नि है जो सदा थी, है और रहेगी, मात्रा में प्रज्वलित, मात्रा में शमित" । जो इसका उपयोग अपनी स्वार्थसिद्धि के लिए किया चाहता हो उसकी ख़ैर नहीं, भले ही उपयोग *सोम* के स्तर पर हो या अधिकांश लोगों के लिए अज्ञात उच्चतर स्तरों पर । स्तर जितना ही ऊँचा होगा परिणाम उतना ही भयंकर होगा और इस्तेमाल करने वाले के लिए तो वह प्रलय की अग्नि ही होगी[21] । परन्तु जो इसकी लपटों में पूरी अहंता की आभ हुति दे सकता है, जो सार्वभौमिक सामञ्जस्य के बीच बलिवेदी पर जलती इस आग की पूजा कर सकता है उसके लिए वह उपकारी दैवी शक्ति के रूप में प्रकट होती है, सर्वसम्पन्न करने वाली अद्भुत रचनात्मक अग्नि, सब कुछ का तत्त्वांतरण करने वाली, अमरत्व प्रदायिनी ।

(3) *ऊर्ध्वं प्राणमुन्नयत्यपानं प्रत्यगस्यति ।*
मध्ये वामनमासीनं विश्वे देवा उपासते ॥

वह प्राण ऊपर चढ़ता है, आपान को उलटी दिशा में छोड़ता है, बीच में बैठा वह बौना जिसके पास सब देवता बैठते (उपासते)[22] *हैं ।*

---

[20] *गीता* 11.25 का *कालानल* । स्पष्ट ही दिख रहा होगा कि हम उस बहुचर्चित परन्तु अल्पबोधित कुण्डलिनि शक्ति के बारे में बात कर रहे हैं "जो तुझे देवता बना सकने वाली रहस्यमय शक्ति" है ।

[21] ऐसा दुरुपयोग ही उस अनाचार का सार है जिसे काला जादू कहते हैं ।

[22] इस शब्द का अर्थ "पूजा करना" भी है ।

(4) *अस्य विस्रंसमानस्य शरीरस्थस्य देहिनः ।*
देहाद्विमुच्यमानस्य किमत्र परिशिष्यते । एतद्वै तत् ॥
शरीर से छूटने और मुक्त हो जाने के पश्चात शरीर में स्थित देही का क्या अवशेष रहता है? यह (अंतर्वासी) ही वह है ।

(5) *न प्राणेन नापानेन मर्त्यो जीवति कश्चन ।*
इतरेण तु जीवन्ति यस्मिन्नेतावुपाश्रितौ ॥
मर्त्य न तो प्राण से न आपान से कभी जीवित रहता है । मनुष्य इनके अतिरिक्त एक अन्य से जीवित रहता है जिसपर ये दोनों आश्रित हैं ।

प्राण और आपान का अनुवाद प्रायः अन्दर ली जाने वाली व बाहर फेंकी जाने वाली साँस किया जाता है । यह सच है कि कुछ संदर्भों में उनके केवल यही अर्थ हैं, परन्तु वास्तव में प्राण और आपान का महत्त्व इससे बहुत गहरा है । मूलतः वे विश्व की ज्वार-भाटे के समान दो महान गतियाँ हैं जिन्हें ऋग्वेद में "श्वासहीन की साँस" कहा गया है जो प्रलय रात्रि में भी चलती रहती है । यह साँस, यह लयबद्ध अन्दर आने व बाहर जाने की प्रक्रिया, सब वस्तुओं में निरंतर चलती रहती है । सूर्य साँस लेता है, समुद्र साँस लेता है, एक एक परमाणु साँस लेता है, और ये सब साँसें एक महान साँस के ही रूप हैं । जहां जीवन है वहाँ साँस है और जीवन सब जगह है । क्या आज भी हम जीवित पाषाण की बात नही करते, भले ही उसे हम मात्र रूपकालंकार मानने लगे हों? मूललेख में उपयुक्त शब्द तक संकेत कर रहे हैं कि बात सामान्य साँस की नही किसी बड़ी चीज़ की हो रही है क्योंकि अन्दर ली जाने वाली साँस "ऊपर" और बाहर छोड़ी जाने वाली "नीचे" नही जाती फिर भी प्राण की दिशा ऊपर की, यानि अधिदैव के ध्रुव की, और है और आपान की दिशा नीचे की, यानि अधिभूत के ध्रुव की, और है तथा, जैसा हम देख चुके है, इस भौतिक स्तर पर ऊर्ध्वाधर ध्रुवता क्षैतिज ध्रुवता में बदल जाती है । जो सारे ब्रह्माण्ड में "ऊपर" की दिशा थी वह मनुष्य में "अन्दर" की और जो "नीचे" की थी वह "बाहर" की हो जाती है ।

यह दो महान तरंगें, अधिदैव व अधिभूत की दिशा में गतियाँ, जैसा कि हम देख चुके हैं सब वस्तुओं में प्रतिबिम्बित होती हैं, केवल मनुष्य में ही नहीं जहाँ वे साँस लेने की प्रक्रिया में प्रकट होती हैं । परन्तु

यह उनकी बाह्यतम प्रव्यक्ति होती है । मनुष्य एकसाथ अस्तित्त्व के अनेक स्तरों पर रहता है और ऐसे प्रत्येक स्तर की अपनी उचित "साँस" होती है । इसलिए हठयोगी प्राणायाम को इतना महत्त्व देता है । बाहर की साँस का नियंत्रण ही उसके लिए इतने महत्त्व का नही जितना अन्दर की उन सूक्ष्म साँसों का जिनका बोध सामान्य इन्द्रियों को नही होता परन्तु जो बाहर वाली को नियंत्रण में रखने पर नियंत्रित हो सकती हैं । दृष्टांत के लिए कामना स्वभाव व मन की अपनी साँसें होती हैं और ये सब साँसें, हमारी सामान्य साँस के समान, एकमात्र महान सार्वभौमिक लय की प्रव्यक्तियाँ होती हैं । इसलिए कोई आश्चर्य की बात नही कि साँस लेने की प्रणाली में भेद छिपे हों । जिसे डॉक्टर सामान्य श्वसनगति कहते हैं उसमें और सार्वभौमिक घटनाचक्रों में वैसे तो अत्यंत महत्त्वपूर्ण सम्बन्ध है, परन्तु यहाँ इस प्रश्न में जाने से हम मूलविषय से बहुत दूर भटक जाएंगे ।

कम से कम यह तो स्पष्ट ही हो जाना चाहिए कि यद्यपि प्राण और आपान में साँस अन्दर लेने और बाहर छोड़ने की प्रक्रियायें सम्मिलित हैं, तथापि, उनका अर्थ इनसे कही अधिक है । उदाहरण के लिए, मनोवैज्ञानिक जिन्हें अंतर्मुखता व बहिर्मुखता कहते हैं वे इन दो ज्वारीय गतियों की ही प्रव्यक्तियाँ हैं । और फिर, जब हम निष्चेष्ट होकर किसी अनुभूति को ग्रहण करते हैं तो "प्राण" काम कर रहा होता है और जब हम संसार पर क्रियान्वित होते हैं तो "आपान" काम करता है । समस्त जीवन इन दो गतियों की ही परस्पर लीला है । शारीरिक व मानसिक स्वास्थ्य इन दो के उचित संतुलन में होता है, व्याधि इनके असामञ्जस्य[23] में । और फिर इसलिए आरोग्य लाभ के लिए हठयोगी द्वारा उपयुक्त प्राणायाम अपने व्यापक परन्तु अदृश्य परिणाम के कारण यदि किसी असली जानने वाले द्वारा न सिखाया गया हो तो बहुत ख़तरनाक होता है ।

---

[23] शरीर की दो महान चयापचयी प्रक्रियायें, कोशिकाओं के निर्माण व विघटन, पूरी तरह प्राण व आपान से नियंत्रित होते हैं । कही कही पाँच महाप्राणों, प्राण, आपान, उदान, व्यान और समान, तथा सैकड़ों छोटे प्राणों का ज़िक्र आता है । परन्तु ऐसे सब वर्गीकरण गौण हैं, उन दो महान "साँसों" के और आगे विभेदीकरण हैं जो, हमारे मूललेख के अनुसार, समस्त जीवन को दो भागों में बाँटते हैं ।

सब कुछ को नियंत्रित करने वाली ज्वार के उतार व चढ़ाव पर किसका नियंत्रण है? और किसका, बस उस केन्द्रीय शक्ति का जो पिण्डाण्ड के स्तर पर, जैसा कि हम देख चुके हैं, बीच में बैठा अंगुष्ठमात्र पुरुष है, बौना (*वामन*), आकार में छोटा परन्तु शक्ति में विशाल। वही वास्तविक साँस लेने वाला है। वह साँस लेता है और सब शारीरिक व मानसिक क्रियायें साँस लेने लगती हैं, वह शरीर छोड़ता है और शरीर की सब साँसें बन्द हो जाती हैं।

मनुष्य केवल वायु के अन्दर जाने और बाहर निकलने से जीवित नही रहता। ऐसा प्रवाह तो यंत्र भी बनाये रख सकते हैं और चाहे वे भले ही संकटावस्था में काम आ जाएँ परन्तु जिस शरीर को अन्दर रहने वाली शक्ति, बलवान बौने, ने छोड़ दिया हो उसे जीवन प्रदान नही कर सकते। जैसा कि मंत्र कहता है जीवन साँस पर, या उन सूक्ष्म साँसों पर जिनका ज़िक्र हम कर चुके हैं, निर्भर नही है, वह तो "अन्य" पर निर्भर होता है, साँस लेने वाले पर। उसके ऊर्ध्वगामी विचार ही हमारी श्वास और अधोगामी विचार प्रश्वास हैं। उसके चारों और अपने अपने पदों के अनुसार इन्द्रियाँ व अन्य साइकीय शक्तियाँ बैठी होती हैं जिन्हें उपनिषद् देवता कहता है और जिनके माध्यम से अनुभव का सम्पन्न व नानारूप जगत अपने सम्पूर्ण सौंदर्य व आतंक के साथ आविर्भूत होता है। यह शक्तियाँ देवगण ही हैं और समस्त प्राचीन जगत उन्हें पहचानता था। हम आधुनिक लोग ही हैं जो अपने निम्नस्तरीय *मनस्* की कुरूप लोहे की छज्जियों पर खड़े हो कर अपनी काल्पनिक प्रबुद्धता की तिरस्कारपूर्ण दृष्टि से देख उन्हे *मात्र* इन्द्रियबोध बताते हैं।

परन्तु वे *मात्र* इन्द्रियबोध नही हैं और लातीनी (Latin) भाषा[24] के कोशों में भरे हमारे सब शब्दों में भी वह जादू नही है जो उनके दैवी स्वरूप को नष्ट कर सकने की सामर्थ्य रखता हो, भले ही वह इस स्वरूप को छिपाने में सफल हो जाए। चाहे हम जो कुछ भी कहें सब वस्तुओं में देवताओं का वास होता है, उन्ही प्राचीन देवताओं का जिनके द्वारा वे सब वस्तुयें बनती हैं जो बनी हैं। आकाश देवताओं से भरा है, वायु, अग्नि, जल की गहराइयाँ और पृथ्वी का विस्तार, सभी उनसे भरे हैं। और प्रत्येक देवता में असंख्य अन्य देवता है जो अपने

[24] हिन्दी अनुवाद पढ़ने वाले "लातीनी" की जगह "संस्कृत" पढ़ सकते है। (अनुवादक)

पदों के अनुसार पृथ्वी से आकाश तक को झिलमिला रहे हैं । आकाश की नीलिमा, बादलों की सफ़ेदी, खेतों की हरियाली, गहरे जल की शीतलता और अग्नि के दाहक चुम्बन में, हवा की सरसराहट, बिजली की कड़कड़ाहट, फूलों के रंग, पक्षियों के गीत, झंझावत की उग्रता, और हाँ, धातु के आर्तनाद में भी वे सब देवता हैं जिनके कारण ये सब वैभव इतने विलक्षण अथवा भयानक होते हैं । सब तरफ़ सब जगह देवता हैं और देवताओं के अतिरिक्त और कुछ भी नही, हमारे अन्दर देवता, बाहर देवता, रंगों के देवता, ध्वनियों के देवता, स्पर्श के देवता और स्वाद के देवता, कामना की उग्र तरंगों के देवता, मन की सूक्ष्म गतियों के देवता, युद्ध के देवता, शांति के देवता, संवर्धन के देवता जो फ़सल को अपना आशीष देते हैं और ह्रास के देवता जो शीत की मृत्यु के अधिष्ठाता होते हैं । गणना करना व्यर्थ है । "सब वस्तुयें देवताओं से भरी हैं" ।

प्राचीन लोगों का जादू इन देवताओं के आह्वान करने में था, और उनकी दीक्षायें प्रत्याशी को उनके दैवी अस्तित्त्व से परिचित करवाना होती थी, उसकी आँखों को उनके सौन्दर्य व बल के प्रति खोलना होता था । "तुम्हारे लिए मैं तेजस्वी दिव्य अग्नि, मनुष्यों के अतिथि, का आह्वान करता हूँ, जिसे अपने प्रेमी के समान पाने का सब को प्रयत्न करना चाहिए । यह दैवीजनों में देवता है, सब जन्मों को जानता है (*जातवेद*) । उसका विकास ऐसा ही मधुर होता है जैसा अपनी सम्पत्ति का विकास, जब वह दहन करने के लिए दौड़ता है तो उसकी छवि प्रियदर्शी होती है । वह अपनी जीभ लपलपाता उस साज कसे घोड़े के समान जाता है जिसकी लम्बी पूँछ झाड़ियों में हिलती है । वह प्यासे के समान वनों को पी जाता है, और रथ मार्गों पर बहती जलराशि के समान गर्जना करता है । अपने श्यामपथ पर वह दहकती सुन्दरता से चमकता है, बादलों के बीच से मुस्कुराते आकाश के समान लगता है"[25] । हमारे भी अपने जादू हैं आजकल, जंतर मंतर की किताबें तक हैं जिनमें लम्बे लम्बे अबोधनीय शब्द होते हैं, परन्तु इस जादू का उद्देश्य इन देवताओं को छिपाना होता है और हमारे किताबी ज्ञान के मन्दिरों की दीक्षा का उद्देश्य होता है इन देवताओं को लातीनी (या संस्कृत) सूत्रों के नीचे छिपाना सीखना । किसी उद्धरण की आवश्यकता

[25] ऋग्वेद 2.4 ।

नही है ः किसी भी *एनसाइक्लोपीडिया* या विज्ञान की किसी भी पाठ्यपुस्तक के पन्ने देख लीजिये ।

परन्तु हम किसी बहुदेववाद (लीजिये और विद्वतापूर्ण जादू!) की प्रस्तुति नही कर रहे हैं । मनुष्य की आत्मा के अन्दर व बाहर वाले ये देवता असम्बद्ध शक्तियों का अस्तव्यस्त समूह नही हैं, वे तो सार्वभौमिक गति पर नियंत्रण करने वाले उस *ऋत* के सामञ्जस्य में बँधे सर्वभौम हैं जिसमें उन सबका निवास है । और ये सब उस केन्द्रीय बिन्दु के चारों और व्यवस्थित हैं स्वयं जिसकी शक्ति के वे आविर्भाव हैं । यह बिन्दु अधिकांश आधुनिक धर्मों का अमूर्त एकेश्वर, उनका वह "एकमात्र और सच्चा ईश्वर" नही जो वास्तव में केवल झूठे अहंभाव का बादलों पर प्रक्षेपण है, वह तो *आत्मन्* की केन्द्रीय अग्नि, स्वर्गिक अश्व, रहस्यमय बौना है जो सब भूतप्राणियों के हृदय में स्थित है । वही आन्तरिक व बाह्य आकाश का ध्रुव तारा है, वही सब देवताओं द्वारा घिरा व उनके द्वारा पूज्य है । शरीर में उस ही के उपस्थित होने को जीवन कहते हैं, उस ही के चले जाने पर शरीर मृत्यु की दुर्व्यवस्था में छिन्नभिन्न हो जाता है । जब वह प्रस्थान कर लेता है तो कुछ नही बच रहता, वही "कुछ नही", वही शून्यता, जो वह गर्भाशय है जिसमें से उसके आगमन पर नामरूप उत्पन्न होते हैं और जिसमें वे उसके चले जाने पर विलीन हो जाते हैं ।

(6) *हन्त त इदं प्रवक्ष्यामि गुह्यं ब्रह्म सनातनम् ।*
यथा च मरणं प्राप्य आत्मा भवति गौतम ॥

तो अब मैं तुझे गुप्त सनातन ब्रह्म के बारे में बताता हूँ और यह भी बताता हूँ कि मृत्यु के उपरांत आत्मा को क्या होता है ।

(7) *योनिमन्ये प्रपद्यन्ते शरीरत्वाय देहिनः ।*
स्थाणुमन्येऽनुसंयन्ति यथाकर्म यथाश्रुतम् ॥

कुछ आत्मायें शरीर धारण करने के लिए (फिर) योनि में प्रवेश करती हैं, अन्य स्थाणु (स्थिर दशा) को प्राप्त होती हैं, अपने कर्म व ज्ञान के अनुसार ।

शरीर की मृत्यु के पश्चात आत्मा के सामने दो रास्ते होते हैं जिन्हें अन्य उपनिषदों में *पितृयान* और *देवयान* कहा गया है । विभिन्न अवस्थाओं में से हो कर पहला उस स्वर्गजगत में ले जाता है जहाँ

मनुष्य अपने सुकर्मों के फल भोगता है और तत्पश्चात मनुष्य योनि में जन्म लेता है । दूसरा, स्थिर, अर्थात *स्थाणु* की और ले जाता है, उसकी और जो न आता है न जाता है बल्कि स्तम्भ या चट्टान की तरह अविचल रहता है । यह ज्ञान का पथ है ।

स्थाणु का अर्थ है स्थिर रहने वाला, अविचल, जमा हुआ, स्तम्भ, और वह शिव का नाम भी है परन्तु उसका एक दूसरा अर्थ भी है, वृक्ष का स्तम्भ सदृश्य तना, विशेष कर शाखा रहित तना । इस आधार पर कितने ही लोगों ने *स्थाणु* तक जाने का अर्थ किसी वृक्ष या अन्य वनस्पति के रूप में जन्म लेना लगाया है । ऐसा करने का उद्देश्य मूललेख को उन प्रतीकवादी पौराणिक मिथकों के अनुकूल दिखाने का प्रयत्न है जिनमें अनेक पशु व वनस्पति रूप मे हुए पुनर्जन्म के विवरण दिए गए हैं । परन्तु ऐसा करना बिल्कुल अनावश्यक है और मूललेख के इस संकेत की बिल्कुल अवहेलना करता है कि फिर जन्म लेने वाले ऐसा अपने कर्मों के कारण करते हैं और *स्थाणु* को जाने वाले अपने ज्ञान के कारण वहाँ जाते हैं । इसलिए हमने अनुवाद में *स्थिर* भी लिखा है और यह शब्द *स्थाणु* का मुख्य अर्थ भी है ।

वास्तव में *स्थाणु* अस्तित्त्व का स्थिर ध्रुव है, वह ध्रुवतारा या स्तम्भ जिसके चारों और आकाश घूमता है, जिसके बारे में नॉस्टिक लेखनों में बताया गया है और जो वह ज्ञानस्तम्भ है जो युगयुगान्तर बना रहता है । कबाला को भी इसका ज्ञान है और उसमे उसे मध्यस्तम्भ कहा गया है । मुख्यतः यह उच्चस्तरीय अहंभाव है, अंगुष्ठमात्र पुरुष, और केवल वही, एक पूर्वोक्त मंत्र के अनुसार, आज है और कल भी । यह पृथ्वी और स्वर्ग को मिलाने वाला स्तम्भ है, भौतिक विश्व की पृथ्वी और *महत्* के स्वर्ग को मिलाने वाला और, जैसा कि सदा होता है, अपनी केन्द्रीय स्थिति के कारण वह शक्ति का स्थान होता है ।

परन्तु यह याद रहे कि अंगुष्ठमात्र पुरुष एक त्रिविध ज्योति है क्योंकि यह वही मानवीय एकक है जिसे कभी कभी *आत्म-बुद्धि-मनस्*[26] कहा जाता है । स्थिर स्तम्भ अकेला *मनस्* नही बल्कि दो उच्चतर ज्योतियों के साथ मिली *मनस्* की ज्योति होती है और इसलिए ज्ञानमार्ग अथवा देवयान आत्मा को सीधा *महत्* के विशाल जगत में

[26] *श्वेताश्वतर उपनिषद्* देखिये ।

ले जाता है और इसलिए गीता व अन्य उपनिषदों में कहा गया है "*अग्निर्ज्योतिरहः शुक्लः षण्मासा उत्तरायणम्, तत्र प्रयाता गच्छन्ति ब्रह्म ब्रह्मविदो जनाः* – अग्निप्रकाश, दिन, शुक्लपक्ष, उत्तरायण के छ्ह मास, तब चल कर, ब्रह्मविद ब्रह्म को जाते है"[27] ।

इस वर्णन में अवस्थाओं को कालावधियों से प्रतीयमान किया गया है जो, जैसा कि शंकराचार्य ने ठीक ही कहा है, वास्तव में देवता हैं । भौतिक शरीर को छोड़ कर जीवात्मा अपने को कामनाजगत के अरुण प्रकाश में पाता है । परन्तु यह जानते हुए कि यहाँ के चमकते व टिमटिमाते नामरूप ऐसे भ्रम हैं जो उसे जकड़ लेंगे वह और आगे उच्चस्तरीय *मनस्* के दिन के प्रकाश में चला जाता है जो युगों तक स्थिर रहता है । तत्पश्चात वह बुद्धि के बढ़ते चन्द्रमा से युक्त होता है और पूर्णिमा के समय उत्तरामुख सूर्य यानि *महत्* के विशाल जगत के छ्ह मासों में चला जाता है ।

कुछ उपनषिदों[28] में और अधिक अवस्थायें भी दी गई हैं । उत्तरायण के छ्ह महीनों के बाद जीवात्मा वर्ष में जाता है यानि अस्तित्त्व के पूरे चक्र का अधिपति हो जाता है । उसके बाद *पुरुष* अथवा *शांत आत्मन्* के सूर्य में, फिर *मूलप्रकृति* के चन्द्र में और फिर केन्द्रीय शक्ति की बिजली में जाता है । इसके बाद कोई अमानव पुरुष उन्हें ब्रह्म तक ले जाता है यानि पथ मानवता के बिल्कुल पार चला जाता है । "इनका पुनरागमन नही होता" । परन्तु हमें इन सर्वातीत अवस्थाओं में जाने की आवश्यकता नही और इसलिए दूसरे पथ के विवरण पर चले जाएंगे, गीता में दिए गए कर्म के पथ पर –

> "*धूमो रात्रिस्तथा कृष्णः षण्मासा दक्षिणायनम्, तत्र चान्द्रमसं ज्योतिर्योगी प्राप्य निवर्तते* – धुआँ, रात, कृष्णपक्ष, दक्षिणायण के छ्ह मास, तब योगी (केवल) चन्द्रज्योति प्राप्त कर वापस आता है"[29] ।

इसका अर्थ है कि जो जीवात्मा अपने को कामना के धुयें में खो देता है वह प्रबुद्धता के दिन में नही अज्ञान की रात्रि में प्रवेश करता

---

[27] *गीता* **8.24** ।

[28] **दृष्टात के लिए *छान्दोग्य उपनिषद्* 5.10** ।

[29] *गीता* **8.25** ।

है और तब घटते चन्द्र में । ज्ञानी जीवात्मा जैसे जैसे शरीर से दूर होता जाता है ज्योति उतनी ही स्पष्ट होती जाती है परन्तु कामना से बँधा जीवात्मा जैसे जैसे शरीर से दूर होता जाता है वैसे ही और अँधेरे में धँसता जाता है क्योंकि उसे लगता है कि वह भौतिक जीवन के प्रकाश को, अपने एकमात्र जाने प्रकाश को, पीछे छोड़ता जा रहा है । इसके बाद वह दक्षिणामुख सूर्य के छह मासों में चला जाता है । चाहे जीवात्मा कितना ही अज्ञानी क्यों न हो उसके अस्तित्त्व के गहन व सार्वभौमिक स्तर तो सदा बने रहते हैं । परन्तु चेतन इकाई के रूप में वह उन्हें नही देखता । उसके पार केवल शीतकाल का वर्ष ही दिखता है और घबरा कर वह वापस आ जाता है तथा भ्रमात्मक परन्तु जाने पहचाने चन्द्रप्रकाश में आ जाता है, उस प्रकाश में जो भौतिकता द्वारा प्रतिबिम्बित होता है । इसी को चन्द्र ज्योति की प्राप्ति कहा जाता है । इसमें आत्मा तब तक अपने पूर्वकर्मों के अनुसार सुखद या दुःखद स्वप्न देखता रहता है जब तक उसके साइकीय कोशों में पृथ्वी में यापन किए जीवन के समय की संचित कामना – ऊर्जा – शेष रहती है । जब इसका क्षय हो जाता है तो भौतिक जगत में छूटे पुराने बन्धन सबल हो उठते हैं और जीवात्मा अपनी किरणों को एक बार फिर किसी उचित योनि में प्रक्षेपित करता है व समय आने पर जन्म लेता है । जैसा कि *बृहदारण्यक उपनिषद्* में लिखा है –

> "आसक्त सूक्ष्म मानसिक अहं अपने कर्मों के साथ उसके पास जाता है जिसपर उसकी आसक्ति हो ।
>
> अपने कर्मों के फलों की समाप्ति पर उस जगत से वह इस जगत में फिर और कर्म करने के लिए वापस आता है ।
>
> ऐसा होता है कामना रखने वालों को"[30] ।

जीवात्मा के मरणोपतान्त यही दो पथ हैं, एक तो ज्ञान का पथ जो मुक्ति देता है और दूसरा कर्म का पथ जो यहाँ नीचे फिर से जन्म देता है ।

---

[30] *बृहदारण्यक उपनिषद्* 4.4.6 ।

(8) *य एष सुप्तेषु जागर्ति कामं कामं पुरुषो निर्मिमाणः ।*
तदेव शुक्रं तद्ब्रह्म तदेवामृतमुच्यते ।
तस्मिँल्लोकाःश्रिताः सर्वेतदु नात्येति कश्चन । एतद्वै तत् ॥

जो पुरुष सोते हुए मनुष्यों मे जागृत रहता है, कामना पर कामना को प्रव्यक्त करता है, वही सचमुच शुद्ध है, वही ब्रह्म है, वह अमर है । इस ही में सब लोक निहित हैं और इसके बाहर कोई नही जाता । यही वह है ।

(9) *अग्निर्यथैको भुवनं प्रविष्टो रूपं रूपं प्रतिरूपो बभूव ।*
एकस्तथा सर्वभूतान्तरात्मा रूपं रूपं प्रतिरूपो बहिश्च ॥

जैसे एक होते हुए भी अग्नि, संसार में आ कर (जिनमें जलती है उन) सबके आकार की हो जाती है, वैसे ही सब भूतों का एक अन्तरात्मा उनही रूपों का होता है जैसे वे नामरूप होते हैं (जिन्हें वह सजीव करता है) और फिर भी उन सबके बाहर होता है ।

(10) *वायुर्यथैको भुवनं प्रविष्टो रूपं रूपं प्रतिरूपो बभूव ।*
एकस्तथा सर्वभूतान्तरात्मा रूपं रूपं प्रतिरूपो बहिश्च ॥

जैसे एक होते हुए भी वायु, संसार मे आ कर (जिनमें रहती है उन) सबके आकार की हो जाती है, वैसे ही सब भूतों का एक अन्तरात्मा उनही रूपों का होता है जैसे वे नामरूप होते हैं और फिर भी उन सबके बाहर होता है ।

(11) *सूर्यो यथा सर्वलोकस्य चक्षुर्न लिप्यते चाक्षुषैर्बाह्यदोषैः ।*
एकस्तथा सर्वभूतान्तरात्मा न लिप्यते न दुःखेन बाह्यः ॥

जैसे सब भूतों का चक्षु, सूर्य, आँखों के बाहरी दोषों द्वारा मलिन नही होता, वैसे ही सब भूतों का एक अन्तरात्मा, उन सबके बाहर होने के कारण, संसार के दुःख से मलिन नही होता ।

जीवात्मा के दो पथों के बारे में बता कर गुरुदेव अब दूसरी बात पर आते हैं, गुप्त सनातन ब्रह्म के स्वभाव पर, जो मानवीय दृष्टिकोण से वह गुप्त शक्ति है जो हृदय के अंगुष्ठमात्र पुरुष में प्रव्यक्त होती है । निर्मित हुआ होने के कारण यह पुरुष ब्रह्म तो नही है परन्तु अपनी केन्द्रीय स्थिति के कारण वह बिन्दु है जिसके द्वारा वह प्रचण्ड शक्ति प्रदीप्त होती है जो परब्रह्म का वह एकमात्र पहलू है जिस के

माध्यम से उसकी परम एकता को समझा जा सकता है । जैसे प्रलय की रात में "श्वासहीन" की अथक साँस रुकती नही है वैसे ही मनुष्य की छोटी रात में निरंतर सक्रिय केन्द्रीय शक्ति जागती रहती है और उस ऊर्जा का स्रोत होती है जो कामना से सुसज्जित स्वप्न की मूर्तियों का निर्माण करती है ।

कही हम यह मानने के प्रलोभन में न आ जाएँ कि कामना-मूर्तियों में प्राण डालने वाली यह शक्ति अज्ञान की है, और इसलिए ऐसी है जिसपर अधिक ध्यान दिए बिना हमें आगे बढ़ जाना चाहिए, मूलपाठ तत्काल ही कहता है कि वह शुद्ध है, स्वयं अमर ब्रह्म ही है । वही तो एकमात्र और परम शक्ति है । अपने आप में वह ऊँचे नीचे व अच्छे बुरे के सब प्रश्नों पर तटस्थ है । हम देख चुके हैं कि विश्व के विभिन्न स्तरों पर वह कैसे प्रव्यक्त होती है और जिन नामरूपों को वह प्राण देती है उनसे उतनी ही विरक्त होती है जितना सूर्य उन वस्तुओं से विरक्त होता है जिन्हें वह प्रकाशित करता है । किसी विक्षिप्त की हिंसक कल्पनाओं को भी वह उस ही सहजता से सजीव करती है जिससे किसी सन्त की करुणामय आकांक्षाओं को । वैसे ही जैसे विद्युत की शक्ति मनुष्य को मृत्यु अथवा उष्णता और प्रकाश एक ही भाव से देती है । अपनी प्रतीक अग्नि के समान वह इतनी शुद्ध है कि उसे कोई भ्रष्ट नही कर सकता । परिस्थितियों को ठीक से व्यवस्थित कीजिए और वह शक्ति प्रव्यक्त हो जाएगी, परन्तु ये प्रव्यक्तियाँ वरदान होंगी या अभिशाप यह हमारे द्वारा व्यवस्थित परिस्थियों पर निर्भर होता है । प्रव्यक्ति की प्रकृति का उत्तरदायित्व हम पर और केवल हम पर ही होता है । हमने ही ईंधन इकट्ठा किया और फल भी हम ही भुगतेंगे । यह वह शक्ति है जो "तुझे देवता बना देगी", जो अग्निशिखा के पंखों पर जीवात्मा को स्वर्ग की ओर भेजती है, और यही वह शक्ति भी है जो मनुष्य को राक्षस बना देती है, उसके कामुक व क्रूर विचारों को सजीव कर उसे नरक में धकेलती है । वह सचमुच ऐसी भीषण शक्ति है जो लोकप्रिय धार्मिक कल्पना के वात्सल्यपूर्ण स्वर्गिक एकेश्वर से बिल्कुल नही मिलती और जिससे भयातुर हो मनुष्य सचमुच ही पीछे हटते हैं, परन्तु जैसा गुरु ने कहा है ज्ञानी व वीर पीछे नही हटते ।

स्वयं अव्यक्त होते हुए भी जैसे अग्नि अपने में डाले ईंधन का रूप धारण कर लेती है, वायु उन सबका रूप धारण कर लेती है जो उसे

साँस में खीचते हैं, हम यह भी जोड़ दें कि जैसे प्रकाश अपने को प्रतिबिम्बित करने वाले दर्पण का रूप धारण कर लेता है वैसे ही यह एकमात्र गुप्त शक्ति अपने नामरूपों के अनुसार रूप धारण कर लेती है । परन्तु जैसा प्रकृति की अन्य शक्तियों के समान अग्नि पृथ्वी की सब अग्नियों से अधिक, वायु सँसार की सब साँसों से अधिक और प्रकाश अपने सब प्रतिबिम्बों से अधिक होता है वैसे ही यह शक्ति भी अपनी सब प्रव्यक्तियों से विशालतर होती है ।

> "*विष्टभ्याहमिदं कृत्स्नमेकांशेन स्थितो जगत्* – इस सम्पूर्ण विश्व को अपने एक अंश से स्थापित कर मैं बना रहता हूँ"[31] ।

और उसमें प्राकृतिक शक्तियों की परम तटस्थता भी है । जैसे अग्नि उस ही परम अनासक्ति से किसी मनुष्य को गरमा सकती है जिससे उसका घर जला सकती है, जैसे जल प्यास भी बुझा सकता है और डुबा भी सकता है, जैसे सूर्य शांतिमय कृषि अथवा वीभत्स मारकाट के दृश्य दोनो को ही निष्पक्ष रूप से देख सकता है, वैसे ही एकमात्र शक्ति हमारे विचारों व भावनाओं मे प्रविष्ट हो उन्हें प्राणमय बनाती है । वे विचार हमारे हिसाब से अच्छे हैं या बुरे, इसका उत्तरदायित्व पूरी तरह उन्हें उत्पन्न करने वाले हम पर ही है, ठीक वैसे ही जैसे यह हमारी ज़िम्मेदारी है कि घर के चूल्हे को हम अमूल्य पुस्तकों से जलायें या कोयले से । वह प्राणरक्षा हेतु किसी रक्षानौका के नाविकों को भेज सकती है और पूरे महाद्वीप में प्रचण्ड अग्नि के समान विकराल सैन्यदल को भी । कोयले व तेल में बन्द ऊर्जा का मूलस्थान सूर्य है परन्तु इन वस्तुओं का उपयोग किया जाता है और इसका उत्तरदायित्व सूर्य पर नही डाला जा सकता ।

निकटस्थ समस्या को समझने से पहले चरम समस्या को खड़ा करने की आदत अवश्य यह कहेगी कि यदि वह एकमात्र सार्वभौमिक शक्ति है तो ईंधन का चुनाव, विचारों का निर्माण, भी तो उसका ही काम और उत्तरदायित्व होना चाहिए । हम यही कह सकते हैं कि उत्तरदायित्व का अगर कोई भी सही अर्थ लगाया जाए तो यह दलील सही नही पड़ेगी । हम में से प्रत्येक में देदीप्यमान *आत्मन्* का स्वतंत्र केन्द्र अपनी रचनात्मक स्वतंत्रता लिए रहता है और जब वह अपनी

---

[31] *गीता* **10.42** ।

पृथकता बनाये रहता है तब तक अपनी इच्छा से जो करना या न करना चाहे अपनी ज़िम्मेदारी पर कर सकता है, और इसके फल स्वयं भोगता है । जब यह पृथकता समाप्त हो जाती है तब क्या होता है यह दूसरी ही बात है और उस स्थिति में "उत्तरदायित्व" जैसे शब्द लागू नही होते । सँसार की सब बुराइयों का मूल पृथकता की भावना यानि अहंभाव में है । अहंता के पार न बुराई है न हो सकती है । "ऊपर" की निर्मल शुद्धता को कोई भी न तो छू पाया है न छू पाएगा, ठीक वैसे ही जैसे हमारी आँखों के दोष सूर्य की सर्वव्याप्त दृष्टि को नही छू पाते ।

ईंधन के समाप्त हो जाने पर अग्नि वही रह जाती है जो पहले थी, दर्पण के चूर चूर हो जाने से ज्योति अछूती ही रहती है । जन्म और मृत्यु तो आने और जाने वाले नामरूपों के लिए होते हैं, उन्हें जन्म देने वाला तो अजात अमर होता है । ये तो केवल शब्द हैं और वे भी ऐसे जिन्हें इस संदर्भ में उपयोग करने की हमारी आदत है और जिनमें धुँधली सी भावनात्मक आकांक्षा के अतिरिक्त और कुछ कम ही है । परन्तु शब्द किसी काम के नही । कहाँ मिलेगी हमें वह गहन वास्तविकता, वह दहकती शक्ति, "जिसमें सब लोक स्थित हैं", जिसपर ये शब्द लागू होंगे? जैसा कि हम कह चुके हैं वह शक्ति लौकिक धर्म का वात्सल्य भरा ईश्वर नही है, और न ही वह साधारण प्रचलित वेदान्त का आसरणीय, अमूर्त, "दार्शनिक" *आत्मन्* है । वह तो वही शीतल श्यामज्योति है जो जलाती तो है पर गरम नही है, उष्णतम तारे के हृदय में स्थित, प्रबलता से भी अधिक प्रबलता से जलती है और फिर भी गरम नही है क्योंकि उसमें कोमलतम पुष्प की पंखुड़ियाँ तक नही झुलसती । वह सब कुछ में है, या *गीता* के समान यूँ कहिये कि वह किसी में नही बल्कि सब कुछ उसमें है ।

वह जलराशि की गहराइयों में बिना बुझे जलता है, और अंतरिक्ष के वृक्षविहीन मैदानों में भी उतनी ही ज़ोर से जलता है । और हमारे चारों ओर भी वह इस समय जल रहा है । जो भी नामरूप हम देखते हैं वह उसकी गुप्त ज्योति को ढकने वाला धुँआ ही है, जो कुछ हम सुनते हैं वह उसके ध्वनि रहित शब्द की प्रतिध्वनि है । परन्तु कहाँ है वह आँख जो उसे देख सके? कहाँ है वह कान जो उसे सुन सके? जैसा कि एक अन्य उपनिषद् में कहा गया है "देखने वाले को कौन आँख देखेगी, सुनने वाले को कौन सुनेगा?"

परन्तु वह है यहाँ अवश्य ः हम जानते हैं कि वह यहाँ है । शब्द बिलकुल बेकार हो जाते हैं, और फेंक दिए जाते हैं । मन भी इस अद्भुत पुरुष को समझ न सकने के कारण व्याकुल हो वापस आ जाता है । हम हवा मे पंजे मारते और शून्यता को पकड़े रहते हैं और हमारे हाथों को चलाने वाला वही है, मन की उड़ान को भी *तत्* ही सम्भव करता है ।

वही परम आश्चर्य है, "गुप्त सनातन महत्", न जलाने वाला अनल, अदृश्य ज्योति, स्पर्श न किया जा सकने वाला आधार, अचल जीवन वही है ।

> "मन से भी तीव्रगामी है यह अचल इसे देवता न पा सके, यह आगे निकल गया था । खड़े खड़े ही यह दौड़ने वालों से आगे निकल जाता है । यह चलता है, नही चलता, दूर है, निकट है । यह इस सबकुछ के अन्दर है और यह इस सबकुछ के बाहर है"[32] ।

केनोपनिषद् के इन शब्दों के अतिरिक्त हम इसके बारे में क्या कह सकते हैं –

> "दृष्टि वहाँ जाती नही, न ही वाणी और न मन, हम जानते नही, समझते नही, तो कोई कैसे इसे सिखाये, क्योंकि जो ज्ञात है यह उससे भिन्न है, और जो अज्ञात है उससे भी भिन्न है । ऐसा सुना है हमने उन प्राचीन ऋषियों से जिन्होंने इसे हमें समझाया"[33] ।

वह परम है, अस्तित्त्व का मूल, "और कोई भी कभी उसके पार नही जा सकता" । यही है वह ।

(12) *एको वशी सर्वभूतान्तरात्मा एकं रूपं बहुधा यः करोति ।*
तमात्मस्थं येऽनुपश्यन्ति धीरास्तेषां सुखं शाश्वतं नेतरेषाम् ॥

जो अपने एक रूप को अनेकों में परिवर्तित करती है, वह नियंत्रक शक्ति सर्वभूतों की अन्तरात्मा है– औरों को नहीं उन ज्ञानीजनों को शाश्वत सुख मिलता है जो उसे आत्मा में स्थित देखते हैं ।

---

[32] *ईशोपनिषद्* 4 व 5 ।
[33] *केनोपनिषद्* 1.3 ।

(13) *नित्योऽनित्यानां चेतनश्चेतनानामेको बहूनां यो विदधाति कामान् ।*
तमात्मस्थं येऽनुपश्यन्ति धीरास्तेषां शान्तिः शाश्वती नेतरेषाम् ॥

जो अनित्य (नामरूपों) में नित्य, सब चेतनाशील प्राणियों का (मूलभूत) चैतन्य, अनेकों में एक, मनोकामना पूर्ण करने वाला है– औरों को नही उन ज्ञानीजनों को शाश्वत सुख मिलता है जो उसे आत्मा में स्थित देखते हैं ।

(14) *तदेतदिति मन्यन्तेऽनिर्देश्यं परमं सुखं ।*
कथं नु तद्विजानीयां किमु भाति विभाति वा ॥

यह, अकथनीय परम सुख, ही है "वह" – ऐसा वे जानते थे । मैं इसे समझूँ तो कैसे समझूँ? वह स्वदीप्त है या प्रतिबिम्ब?

(15) *न तत्र सूर्यो भाति न चन्द्र न तारकं नेमा विद्युतो भान्ति कुतोऽयमग्निः ।*
तमेव भान्तमनुभाति सर्वं तस्य भासा सर्वमिदं विभाति ॥

वहाँ न सूर्य चमकता है न चन्द्रमा, न तारे और न ये बिजलियाँ, और यह (सांसारिक) अग्नि तो और भी कम । उसकी दीप्ति से (ये) सब उसके बाद दीप्त होते हैं । उसके प्रकाश से यह सब प्रकाशित होता है ।

उस एकमात्र वस्तु, विलक्षण नियंता, को अपने से बाहर के जगत में देख पाने के हमारे असफल प्रयत्न को देख गुरु एक बार फिर वह बात दोहराते हैं जो वे अनेक बार बता चुके हैं, अर्थात्, वह बाहर नही अन्दर पायी जाती है । वह भले ही वह शक्ति हो (और वास्तव में है) जो सब नामरूपों को उत्पन्न करती है, जो सूर्य चन्द्रादि को ऐसे घुमाती है जैसे कोई बच्चा किसी पत्थर को गोफन में रख घुमाता है, और जो अपने द्वारा निर्मित नामरूपों को ऐसे सजीव करती है जैसे हज़ारों तालाबों में सूर्य प्रतिबिम्बित होता है, परन्तु यहाँ उपस्थित होते हुए भी उसे इन नामरूपों में कभी नही पकड़ा जा सकता । अपने से बाहर की बड़ी व छोटी वस्तुओं का कोई भी व्यापक अन्वेषण, सब कुछ को छेद सकने वाले मन के परम परीक्षण, कभी भी हमें तब तक इस शक्ति को नही दिखा सकते जब तक हमने उसे उस स्थान पर न देख लिया हो जहाँ वह स्वयं प्रकाशित रहता है और जो हमारे हृदयों का केन्द्र बिन्दु है ।

यह सच है कि जो ऊपर है वह नीचे भी है और जो अन्दर है वह बाहर भी है । परन्तु यह स्मरण रहे कि जिन दो ध्रुवों, *पुरुष* और *प्रकृति*, के द्वारा वह प्रव्यक्त होता है वे ज्योति व अंधकार के ध्रुव हैं । वह बाहर नामरूपों मे विद्यमान अवश्य है परन्तु उसकी उपस्थिति प्रकृति के मूल के रूप में है और उसके अंधेरे से आच्छादित है । वह वहाँ है और उस घनीभूत भावना की रीति से महसूस हो सकता है जो अंधकार का अंश है । परन्तु ऐसी भावना इतनी अधिक व्याप्त, और गुप्त और नैसर्गिक होती है कि स्वचेतन अस्तित्त्व वाले हम उससे संतुष्ट नही होते । इसलिए हमें दूसरे ध्रुव की ओर भेजा जाता है । नामरूप के मूल नही बल्कि चैतन्य के मूल के रूप में हमें उसे ढूँढना पड़ता है, यद्यपि वह दोनो ही है । हमें अपने गहन नैसर्गिक अस्तित्त्व को उसके अस्तित्त्व से जोड़ने की न तो चाव है न आवश्यकता, क्योंकि वे तो जुड़े ही हैं, परन्तु अपने चैतन्य को उससे जोड़ना है और इस प्रकार अपने सब दुःखों की जड़ पृथकता की भावना को समाप्त करना है । ऐसे संयोग से ही आत्मा को शांति मिलती है ।

आकाश में तैरते बादलों के समान सदा परिवर्तनशील साइकीय अवस्थाओं के विचारों, भावनाओं व इन्द्रियज्ञान के बीच अपरिवर्त्य *तत्* को पाने के लिए हमें अपने हृदयों के अन्दर देखना होगा । क्या है वह आंतरिक आकाश जिसमें ये सब साइकीय बादल तैरते रहते हैं? वह अपरिवर्त्य नीलिमा क्या है जिसमें उनका अस्तित्त्व है? कहाँ से आती है वह चैतन्य ज्योति जो चिदाकाश में विचरण करने वाली इन सब अवस्थाओं को प्रकाशित करती है? सामने से निकलते ही प्रत्येक विचार, भावना व इन्द्रियज्ञान चैतन्य की ज्योति से प्रकाशित हो जाता है । किसकी चेतना है यह, और हमारे अन्दर किस रहस्यमय सोते से इसकी धारायें फूट पड़ती है?

यदि हम केवल उन ज्ञानियों के भ्रातृसंघ के सदस्य होना चाहते हैं जो "उस" की उपस्थिति आत्मा के अन्दर प्राप्त करते हैं और जो सनातन आनन्द भोगते हैं तो हमें इस दिशा में ही खोजना होगा व इस ही प्रकार के प्रश्न पूछने होंगे ।

प्रकाशधारा का प्रवाह बाहर की ओर होता है, उसके उद्गम स्थान को पाने के लिए हमें अन्दर की ओर जाना होगा । जैसे सामन (salmon) मछली प्रजनन काल में अवरोधों की परवाह न करते हुए नदी में ऊपर चढ़ती जाती है वैसे ही तीर के समान हमें भी धारा के

विपरीत उसके उद्‌गम स्थल तक जाना चाहिए । वहाँ और केवल वही हमें वह आनन्द प्राप्त होगा जो अस्तित्त्व के हृदय में स्पंदित होता है, वही आनन्द जो संसार की कामना है और आने जाने वाले नामरूपों में जिसके प्रतिबिम्ब के कारण वे हमारी कामनाओं को आकर्षित करते हैं ।

जब इस बिन्दु तक पहुँचा जाता है तो एक अद्‌भुत दृश्य दिखाई देता है । प्रकाश की जलराशि से सम्बन्ध मिलाते मिलाते जैसे जैसे हम ऊपर जाते हैं तो धारा सँकरी होती जाती है और अपने उद्‌गम स्थल पर जाकर उस और फिर प्रशांति व प्राणमय प्रकाश के एक महान सागर में खुल जाती है जिसका नीलजल ऐसी दीप्ति से चमकता है जो अब तक कभी नही देखी थी ।

"Then felt I like some watcher of the skies
When a new planet swims into his ken;
Or like stout Cortez, when with eagle eyes
He stared at the Pacific – and all his men
Look'd at each other with a wild surmise
Silent, upon a peak in Darien."

"तब ऐसे लगा मानो कोई ऐसा आकाश दर्शक हूँ
जिसकी पहुँच में नया ग्रह आ गया हो ।
या उस समय के निर्भीक कोर्तेज़ सा, जो अपनी पैनी दृष्टि से
प्रशांत महासागर को देख रहा हो– और उसके नाविक
एक दूसरे को भौचक्के हो देख रहे हों
चुपचाप, एक शिखर पर खड़े, रहस्यमय देश को" ।

निरंतर स्पंदन के साथ धीरे धीरे जलराशि चढ़ती व उतरती है, और प्रत्येक तरंग के साथ देखने वाली आत्मा आनन्द से सिरह उठती है और सब कुछ को भूल वह उनकी शीतल गहराइयों में कूद जाना चाहती है ।

यह वह सनातन गीष्म सागर (Summer Sea) है जिसका जल सदा अस्तित्त्व के आंतरिक तट को धोता रहता है । प्रत्येक प्राणी के हृदय में इस तक पहुँचने वाली एक नाली पाई जाती है और ये विभिन्न नालियाँ उस एक ही सर्वव्यापी सागर में पहुँचाती हैं जिसके अथाह

जल में पृथकता की सब प्रतीति समाप्त हो जाती है । इसलिए हम से कहा गया है कि पथ को अपने हृदय में ढूँढें क्योंकि वह केवल वही मिल सकता है ।

जब वह हमारी आँखों के सामने आता है तब समझ में आता है कि यही है वह जिसकी खोज हम जीवन भर करते रहे हैं । और केवल इस ही जीवन में नही । अतीत में उसे पहचाने होने की धुँधली सी स्मृति की प्रेरणा से हम अनेकों जन्मों में ऐसे अँधेरे में भटकते रहे हैं कि लगभग भूल ही गए हैं प्रकाश का सागर भी था । प्रत्येक बार वह हमें अगली पर्वत श्रृंखला के पार जाने के लिए लुभाता गया है और प्रत्येक बार वहाँ पहुँच कर वैसा ही देश मिला जिसमें हम सदा भटकते रहे है । जब हम यह समझ जाते हैं कि दूर के उन पहाड़ों को ऐसा जादुई बनाने वाला नीला प्रकाश उस प्रकाश से आता है जो हमारी ही आँख में चमकता है, केवल तब ही हम अपना यह भटकना बन्द करते हैं और अपने ही अन्दर वापस मुड़ते हुए उस धारा में प्रवेश करते हैं जो महासागर तक पहुँचाती है ।

एक बार वहाँ पहुँच कर फिर कोई निराशा नही होती, कोई अतृप्त अभिलाषा नही रहती । सागर! महासागर! यही वह जलराशि है जिसकी गहराइयों से सब जीवन उत्पन्न हुआ है ः यही है हमारा स्वदेश । "जिसे हम जानते थे वह महावीर" भी यही है और इसकी सतह पर तारामय फेन से निकलती हुई वह स्वर्गिक अप्सरा भी है जो "परिधान के समान संसार की कामना को धारण किए" हमारी कामनाओं के अनेक नामरूपों से हमें अपनी और आने का इशारा करती रही है ।

"White rose of the rose white water,
A silver splendour, a flame,
Bent down into us that besought her,
And earth grew sweet with her name."

"श्वेत जलधि की वह श्वेत कमलिनी,
एक रजतकांति एक अग्निशिखा,
झुक आई हम उन प्रेमियों पर,
और धरती महकी उसके नाम से" ।

यही है वह ! यही है वह ! जो इसे देख पाते हैं, उस जलराशि के अकथनीय आनन्द में स्नान करते हैं, वे सचमुच ऐसे चीख़ उठते हैं ।

यह तो वे जान लेते हैं कि जिसे वे इतनी देर से खोज रहे थे वह यही है, परन्तु यह वे भी नही जानते कि अपने सामने पड़ी इस चीज़ को कैसे समझें । अब इस प्रकाश को ही देखिये, इस नीलवर्ण दीप्ति को जो जलराशि के ऊपर ग्रीष्मकाल की धुंध के समान रहता है, कहाँ से आता है यह? धीरे धीरे ही वे समझ पाते हैं कि यह प्रकाशों का प्रकाश है, अस्तित्त्व की परम दीप्ति । उस आंतरिक सागर में न दिन है न रात, न जीवन का सूर्य है न मृत्यु का चन्द्र, और न ही पृथकता के तारे । मनों की बिजलियाँ शांत हो रहती हैं, कामना की धुँयें वाली आगें बुझी होती हैं ।

यही "वह प्रकाश है जो न कभी समुद्र पर था न पृथ्वी पर" क्योंकि यहाँ वह परम ज्योति है जिसके कारण नीचे की सब प्राकृतिक ज्योतियाँ चमकती हैं, वह एकमात्र सच्चा प्रकाश जिसके चमके बिना कोई प्रकाश हो ही नही सकता ।

> *"For there shall be no Night there; and they need no candle, neither light of the Sun; for the Lord God giveth them Light: and they shall reign for ever and ever."*[34]

> *"क्योंकि वहाँ कोई रात न होगी, और उन्हें न दीपक की न सूरज की रोशनी की आवश्यकता होगी, उन्हें तो परमेश्वर रोशनी देता है और वे सदा सदा राज्य करते है" ।*

---

[34] रेवेलेशन्स (Revelations) **22.5** ।

द्वितीय अध्याय

तीसरी वल्ली

(1) *ऊर्ध्वमूलोऽवाक्शाख एषोऽश्वत्थः सनातनः ।*
तदेव शुक्रं तद्ब्रह्म तदेवामृतमुच्यते ।
तस्मिँल्लोकाःश्रिताः सर्वे तदु नात्येति कश्चन । एतद्वै तत् ॥

जड़ ऊपर और शाखायें नीचे, ऐसा है यह आदि पीपल वृक्ष । वही पवित्र है वही ब्रह्म है, उसी को अमर कहते हैं । इस ही में सब लोक समाहित हैं और कभी भी कोई इसके पार नही जाता । यही वह है ।

यहाँ हमारा परिचय महावृक्ष के प्रतीक से कराया जा रहा है, उस जीवनवृक्ष से जिसकी पत्तियाँ राष्ट्रों के कल्याण[1] के लिए होती हैं और जिसे सब प्राचीन लोग जानते थे । स्कैण्डिनेविया के देशों के निवासी इसे पुनीत अँगू-वृक्ष (ash-tree), इग्द्रासिल (Igdrasil), के नाम से जानते थे जिसकी जड़ें मर्त्य लोकों में व शाखायें आकाश में थी । नॉर्स प्रकृति देवी हर्था (Norse Nature-Goddess Hertha) को अर्पित अपनी कविता में स्विनबर्न (Swinburne) ने लिखा है –

"The tree many rooted
That swells in the sky
With frondage red-fruited
The life-tree am I;
In the buds of your lives is the sap of my leaves:
Ye shall live and not die."

"गगनोन्मुख बहुमूल
लाल पर्ण फलफूल,
मैं हूँ जीवन तरुवर ।
मेरा ही रस है तुम्हारी प्राण कलियों में
नष्ट नही होगे, रहोगे तुम अजर अमर" ।

---

[1] "Tree of Life whose leaves are for the healing of the Nations". *रेवेल्लेशन्स* **22.2** *(Revelations* **22.2***)* ।

मिस्र निवासी भी अपने पुण्य गूलर वृक्ष को पूजते थे, मेक्सिको के एज़टकों (Aztecs) की एक पुण्य वनस्पति बनकुमारी जाति (agave plant) की होती थी और एरिडू (Eridu) के प्राचीन सुमेरियाई (Sumerians) किसी अद्भुत वृक्ष के बारे में कहते थे "जिसकी सफ़ेद स्फटिक की जड़ें बड़ी गहराई तक फैली थी, उसका आसन पृथ्वी का केन्द्र था, और उसकी पत्तियाँ आद्य जननी की शय्या थी । इसके बीचों बीच था ताम्मुज़ (Tammuz)"[2] । इस विषय में यदि हम और अधिक जाएंगे तो पूरी पृथ्वी की परिक्रमा हो जाएगी क्योंकि यह वृक्ष वास्तव में उस महान जगज्जननी का प्रतीक है, उस प्रकृति देवी का, जो सब जीवधारियों को अपना स्तनपान कराती है । इसलिए मिस्रवासियों ने गूलर चुना क्योंकि उससे दूध निकलता है और इसलिए प्राचीन हिन्दू-आर्यों के सबसे पवित्र वृक्ष पीपल (*अश्वत्थ*), बड़ (*वट*) और गूलर (*उदुम्बर*) थे, सबके सब गूलर जाति (*Ficus*) के ।

अश्वत्थ शब्द की निरुक्ति प्रायः अ-श्व-स्थ की जाती है, अर्थात "कल तक न रहने वाला" । यद्यपि यह उस संसार का सही चित्रण है जो हमारी आँखों के सामने ही खिसकता जाता है फिर भी एक प्राचीन कथा है जिसके अनुसार अग्नि (काम चेतना) को अश्व, यानि काम रंजित *मनस्* के रूप में एक वर्ष (एक कल्प) तक इस वृक्ष में छिप कर रहना पड़ा । निसंदेह यह वही प्रसिद्ध अश्व है जिसके बारे में हम पहले लिख चुके हैं[3] । इस प्रतीकवाद का बहुत महत्त्व है क्योंकि

---

[2]द'ल्वीला (D'Alviella) कृत *दि माइग्रेशन ऑफ़ सिम्बल्स (The Migration of Symbols)* । पृष्ठ 157 ।

[3]*तैत्तिरीय ब्राह्मण* 3.8.12.2 । *गीता* के पन्द्रहवें अध्याय के प्रथम श्लोक पर तिलक कृत *गीता रहस्य* देखिये । यही प्रतीकवाद *महाभारत* के अनुशासन पर्व 85 में भी आता है । यह भी ध्यान दीजिये कि अश्व का एक अर्थ "सात" है, मिस्री *मृत्यु ग्रंथ* (*Egyptian Book of the Dead*) का एक रेखाचित्र पुण्य गूलर वृक्ष को सात शाखाओं वाला दिखाता है और असीरी जीवनवृक्ष (Assyrian Tree of Life) के कितने ही चित्र भी यही दर्शाते हैं, और अंत में, एफ़ीसस की आर्टेमिस (Artemis of Ephesus) की अनेक स्तनों वाली मूर्ति का धड़ भी सात स्तरों में विभाजित है जिनमें से पाँच जीवित प्राणियों के चित्रों से भरे हैं । इन चित्रों के लिए मेकेंज़ी कृत माइग्रेशन ऑफ़ सिम्बल्स (Mackenzie's *Migration of Symbols*) देखिये, पृष्ठ 162-169 । यह पादटीका और जो कुछ अब तक इस

यह उस कथन से सम्बन्ध स्थापित करता है जिसमें बताया गया था कि ताम्मुज़ सुमेरियाई संसारवृक्ष के मध्य स्थित है। शायद कथा का सम्बन्ध इस किवदंति से भी है कि मृत ऑसिरस के ताबूत के चारों ओर एक सुपारी का वृक्ष उगा क्योंकि दोनो ही मरणासन्न देवता, ताम्मुज़ व ऑसिरिस, खण्डित तथा इस संसार में बन्दी गुप्त अग्नि, यानि *आत्मन्*, के प्रतीक हैं।

परन्तु भारतीय परम्परा में एक विशेषता है जो, जहाँ तक मुझे ज्ञात है, और कही नही पाई जाती। भारत में वृक्ष की जड़ ऊपर और शाखायें नीचे बताई गई हैं जब अन्य सब संसारवृक्षों की जड़ें पाताल में और शाखायें आकाश में हैं। यह परम्परा ऋग्वेद तक जाती है जिसमें वरुण के बारे में कहा गया है "वह आधार रहित क्षेत्र में वृक्ष के तने को सीधा खड़ा किए रहता है। इसकी जड़ बहुत ऊपर और किरणें नीचे को जाती हैं। वे हमारे अन्दर गहराई तक डूब जाएँ और छिपी रहें"[4]। वृक्ष का मूलाधार तो वास्तव में परब्रह्म के अव्यक्त अंधकार में है और इसे प्रायः "ऊपर" कह कर प्रतीयमान किया जाता है यद्यपि यह "नीचे" भी इतना ही सच है। उस सर्वातीत मूलस्थान से वह प्रव्यक्ति का तना नीचे भेजता है, सब लोकों में से होता हुआ, और इस तने की सात मुख्य शाखायें हैं जो अनेक उपशाखाओं व टहनियों में विभाजित हो जाती हैं। परन्तु तना एक ही है क्योंकि वह मातृवृक्ष है, महान *मूलप्रकृति*, विश्व की सार। उसकी धमनियों में बहने वाला रस समस्त प्राणियों का प्राण है और उसकी शाखाओं पर तारे लटके होते हैं।

यह वृक्ष सब स्तरों पर विद्यमान है और इसलिए क्षुद्रब्रह्माण्ड, मनुष्य, में वह वृक्ष से मिलती जुलती स्नायु तंत्र की संरचना में मिलता है जिसकी जड़ मस्तिष्क में और अन्य अंग पूरे शरीर में फैले होते हैं। परन्तु यह तो हुआ निरे दैहिक स्तर पर और इसका अर्थ केवल भौतिक शरीर के लिए ही है। इससे कही अधिक महत्त्व का वह मानव साइकीय वृक्ष है जिसकी जड़ें "ऊपर" *आत्मन्* के शुद्ध चैतन्य

वल्ली में लिखा गया है उसका अधिकाश मेरी *Yoga of the Bhagavat Gita* (हिन्दी अनुवाद *भगवद्गीता का योग*) नामक पुस्तक से लिया गया है जहाँ इस ही विषय की चर्चा है।

[4] *ऋग्वेद* 1.24.7।

में और जिसकी शाखायें सामान्य साइकीय जीवन के विचारों, भावनाओं व इन्द्रियज्ञानों में होती हैं । और यहाँ भी तना *मनस्* का वह केन्द्रीय स्तंभ है जो ऊपर फैली जड़ों व ऐसी ही नीचे फैली शाखाओं को जोड़े रहता है । इसलिए अपने अस्तित्त्व की जड़ों तक पहुँचने के लिए हमें बाह्य जगत के समीर में डोलती इन्द्रियज्ञान की चिपचिपी कोंपलों से भरी शाखाओं को छोड़ केन्द्रीय तने पर चढ़ना होगा और इस प्रकार जीवन के सागर में स्थित जड़ों तक पहुँचना होगा ।

राजयोगी साइकी के इस वृक्ष पर ही चढ़ता है । दूसरे निरे दैहिक वृक्ष का भी अपने स्तर पर महत्त्व है परन्तु उसे हम शरीर की खींचतान, *नेति, धौती, बन्ध* व *मुद्राओं* में ही रत रहने वाले हठयोगी के लिए छोड़ देते हैं । इन क्रियाओं द्वारा वह भौतिक शरीर, और विशेष तौर पर स्नायु तंत्र, पर प्रभाव डालने का प्रयत्न करता है ।

मंत्र का कहना है कि स्वयं यह वृक्ष ही ब्रह्म है, पवित्र, अमर, जिसके पार कभी कोई नही जाता । इस कथन से शायद उनको आश्चर्य हो जो *पुरुष* और *प्रकृति* में बहुत कठोर द्वैतभाव रखते हैं और *प्रकृति* को बुरा मान उसके पार जाने का ध्येय रखते हैं । इसलिए कितने ही व्याखाकारों का मत रहा है कि मंत्र का उत्तरार्ध स्वयं वृक्ष के विषय में नही है बल्कि या तो "उस" के बारे में है जिसमें उसका मूल है या फिर ऊपर वाली मूल के ही बारे में है । परन्तु ऐसा करना अनावश्यक प्रतीत होता है । मंत्र में तो ऐसा कोई इशारा नही है । हमें यह महान औपनिषदिक वाक्य याद रखना चाहिए "*सर्वं खल्विदं ब्रह्म* – यह सब कुछ निश्चय ही ब्रह्म है" और जहां केवल सापेक्ष द्वैत है वहाँ अनपेक्ष द्वैत बनाने की चेष्टा नही करनी चाहिए ।

यह तो मानी हुई बात है कि *महाप्रकृति* ही वृक्ष है, यह भी सही है और यह भी सच है कि ये वस्तुयें हमारे बन्धन की कारण हैं । परन्तु *पुरुष* और *प्रकृति* असम्बन्धित वास्तकितायें नही हैं केवल एक ही वास्तविकता के दो पहलू हैं । एक के बिना दूसरे का अस्तित्त्व नही और जहाँ एक हो वहाँ दोनो होते हैं । गीता का शिक्षण है कि दोनो सनातन हैं और सच तो यह है कि *प्रकृति* का मातृत्व *पुरुष* के पितृत्व से कुछ कम दैवी या कम पवित्र नही है ।

यह तो सच है कि योग साधना के प्रयोजन के लिए एक तरह से *पुरुष* को *प्रकृति* से ऊँचा माना जाता है (इस वल्ली के मंत्र 8 को देखिये), परन्तु इस मामले को समझने में बहुत फूँक फूँक कर कदम

रखने चाहिए नही तो हम अपने ही बनाये जाल में फँस सकते हैं। सब कुछ एक ही वास्तविकता है और सच्चाई यह है कि महासागर का जल भी उतना ही शुद्ध होता है जितना वह आकाश जो इस जल की गहराइयों में प्रतिबिम्बित होता है। सब कुछ हमारे दृष्टिकोण पर निर्भर होता है।

हाल ही में एक प्राचीन पाण्डुलिपि फिर से छपी है जिसके उद्भव का दावा प्रसिद्ध पाटलक्रूस भ्रातृत्व (Brotherhood of the Rosy Cross)[5] में किया जाता है। उसकी एक पट्टिका पर संसार वृक्ष दिखाया गया है जिसके तने पर तीन लोक हैं। इनमें से छह हाथ निकलते हैं और वृक्ष के फल पकड़ना चाहते हैं। इनके बारे में लिखा है "बेचारे मूर्ख ... टुकड़ों को पकड़ना चाहते हैं जबकि वे पूरा पा सकते हैं। शांति चाहते हैं और उसे पा नही सकते"।

एक सातवाँ हाथ तने को वहाँ पर पकड़ता है जहाँ शाखायें मिल कर एक हो जाती हैं, परन्तु "यह हाथ भी जड़ से बहुत दूर है, रहस्य को बाहर से पकड़ रहा है उसे अभी अन्दर से नही देख पाता"।

समस्त मण्डलों के केन्द्र में एक नेत्र है, प्रज्ञा का नेत्र, और केवल वही वृक्ष को समझ सकता है।

"यह नेत्र समस्त गतियों के आश्चर्य को परम शांति से निहारता है और उन अन्य सब (मण्डलों में बिखरे) नेत्रों से देखता है जो शांति के बाहर अशांति में विचरण करते हैं और उस सही प्रज्ञा के बिना अपने आप देखना चाहते हैं जिससे उनकी पूरी देखने की शक्ति प्राप्त हुई है"।

इस नेत्र के दृष्टिकोण से ही वृक्ष को पूर्णतया शुद्ध बताया गया है। सचमुच कोई इसके पार नही जाता क्योंकि इसके पार शून्य है।

(2) *यदिदं किं च जगत् सर्वं प्राण एजति निःसृतम्।*
महद्भयं वज्रमुद्यतं य एतद्विदुरमृतास्ते भवन्ति॥

जो कुछ भी है, यह सम्पूर्ण जगत, प्राण से आया है और उसमें ही कम्पित होता है। जो इस महान भय, गिरने को उद्यत बिजली, को जानते हैं वे अमर हो जाते हैं।

[5] **सीक्रेट सिम्बल्स ऑफ दि रोज़िक्रूशियन्स** (*Secret Symbols of the Rosicrucians*); **एन्गेल्क** (Engelke)।

(3) *भयादस्याग्निस्तपति भयात्तपति सूर्यः ।*
भयादिन्द्रश्च वायुश्च मृत्युर्धावति पञ्चमः ॥

उसके भय से अग्नि जलती है, उसके भय से सूर्य चमकता है, भय से इन्द्र और वायु (अपना काम करते हैं) और पाँचवा, मृत्यु, अग्रसर होता है ।

यहाँ प्राण शब्द प्राण व आपान के युगल में से एक के रूप में उपयोग नही किया गया है और पाँच प्राणों में से एक के रूप में तो बिल्कुल ही नही । अर्थ है अपने एकदम सामान्य रूप में जीवन, वह महाप्राण जो सब में स्थित है । इस महाप्राण में ही समस्त विश्व का उद्‌भव हुआ है और इसमें ही वह अपने स्थिर स्पन्दन की लय से चलता है । कारण यह है कि महाप्राण सारभूत रूप से गति ही है, या यूँ कहिये कि वह समस्त वस्तुओं की गति का गतिहीन कारण है, अन्दर खींची साँस के बाद बाहर निकाली साँस, जीवन के बाद मृत्यु । इस तरह जीवन व मृत्यु की विपरीत गतियाँ महाप्राण में निहित होती हैं, अन्दर को ली हुई साँस, *आत्मन्* के ध्रुव की दिशा में हुई गति, "जीवन" है और बाहर निकाली गई साँस, पार्थिव जगत की दिशा में हुई गति, "मृत्यु" है ।

समस्त प्रव्यक्ति में सब विरोधी तत्त्व परस्पर सम्बन्धित होते है और उक्तलिखित दो विरोधी गतियाँ कोई अपवाद नही हैं । जीवन के पश्चात मृत्यु आती है और मृत्यु के पश्चात जीवन, वैसे ही अनिवार्य रूप से जैसे दिन और रात एक दूसरे के बाद आते हैं । जो कुछ भी प्रव्यक्त है उसका शासक यह अनवरत स्पन्दन है और रात-दिन के प्रत्यावर्तन से कही भी कोई विमुक्त नही हो सकता । इसलिए यद्‌यपि समस्त वस्तुयें महाप्राण में और महाप्रण समस्त वस्तुओं में है तथापि महाप्राण वही नही है जो जीवन है क्योंकि जीवन तो अटूट रूप से मृत्यु से बँधा है । सनातन जीवन में सबकुछ स्थित है परन्तु इस जीवन को पाने के लिए हमें महारात्रि में भी खोज वैसे ही जारी रखनी होगी जैसे महादिवस में, उसे तथाकथित मृत्यु की अन्तर्मुखी नीरवता में भी वैसे ही पहचानना सीखना होगा जैसे तथाकथित जीवन के उल्लासित उद्‌गार में ।

महाप्राण व जीवन में यह भेद देख पाना अत्यंत महत्त्व का है क्योंकि यदि हम इसे नही देख पाते तो शिक्षण को समझने में पूर्णतया विफल रहेंगे । जेसे बच्चा बालू के महल इस ही लिए बनाता

है ताकि आने वाली लहरें उसे मिटा दें, जैसे मनुष्य जंगल काट कर फुलवारी इस ही लिए बनाता है ताकि जब उसकी निगरानी हट जाए तो जंगल फुलवारी को फिर अपने में समेट ले, जैसे सूर्य वसन्त में वनस्पति को पृथ्वी के अँधेरे अंक से इस ही लिए बाहर खीचता है ताकि वह पृथ्वी के अन्दर शरद में पुनः प्रवेश कर ले, वैसे ही *आत्मन्* की दृष्टि महाजननी के गर्भ से नामरूपों का उद्भव करती है ताकि महाश्वास के विपरीत दिशा में जाने पर दृष्टि ढीली पड़ते ही वे फिर जननी में विलय हो जाएँ। आने का जीवन और वापसी की मृत्यु एक ही महाप्राण में समान गतियाँ हैं। यदि हम अमरत्व की दशा चाहते हैं तो दोनों को ही स्वीकार करना होगा। इसलिए सब आविर्भूत प्राणियों के लिए मृत्यु जीवन की छाया की तरह मँडराती रहती है। कोई उससे बच नही सकता और इसलिए सब पर शासन करने वाला अनवरत जीवन श्वास "महान भय" कहलाता है, सब जीवित प्राणियों के सिर पर वार करने को उद्यत वज्र। मृत्यु को सदा बराबर करने वाली महान शक्ति कहा गया है, वह सागर जिसकी लहरें तट पर खेलते बच्चों द्वारा बनाये और फिर छोड़ दिए बालू के महल के महलों को रह रह कर बराबर कर देता है। नीव का पत्थर रखते ही वे शक्तियाँ अपना काम करना आरम्भ कर देती हैं जिनका इस घर को ढह देना उतना ही निश्चित है जितना किसी बाण को आकाश में फेंकने के साथ ही उसे फिर वापस पृथ्वी पर लाने की शक्तियों की आरम्भ होना है। इसलिए कहा जाता है कि जन्म से ही हमारी मृत्यु निश्चित है, उसका समय और रूप उस क्षण के आकाश के ग्रहों को पढ़ सकने वाला स्पष्ट देख सकता है।

सब वस्तुयें अपने विपरीत में इस प्रकार परिवर्तित होती हैं। जो जन्म लेता है वह मरेगा और जो मरता है वह जन्म लेगा। "*जातस्य हि ध्रुवो मृत्युर्ध्रुवं जन्म मृतस्य च, तस्मादपरिहार्येऽर्थे न त्वं शोचितुमर्हसि* – जो जन्म लेते हैं उनकी मृत्यु निश्चित है और जो मरते हैं उनका जन्म निश्चित है, इसलिए तुझे अपरिहार्य के लिए दुःख नही करना चाहिए"[6]।

परन्तु हम केवल दुःख में डूबे ही नही रहते, डूबे रहने पर तुले होते हैं। इसका कारण ढूँढने कही दूर जाने की आवश्यकता नही है। हम जीवन की रीति को इसलिए पकड़े रहते हैं क्योंकि वह स्वाग्रह की रीति है, वह रीति जिससे अहंभाव विश्व के पीछे भागता है ताकि उसे

[6] *गीता* **2.27** ।

अपने लिए हथिया ले । परन्तु हर वस्तु का मूल्य चुकाना पड़ता है । प्रत्येक लाभ एक हानि भी होता है । प्रत्येक प्राप्ति के हृदय में एक अवश्यंभावी हरण के बीज होते हैं और आगे बढ़ता प्रत्येक चरण सर्वनाश का वज्र हमारे सिर के और ऊपर उठा लेता है । हमारे हृदय की गहराइयों में इस विधान का ज्ञान है क्योंकि हृदय की गहराइयों में उस महान जीवन का स्रोत है जो जीवन व मृत्यु है और इन दो के अंतर्बदलाव को जानता है, उस महान जीवन का स्रोत जो उस वैयक्तिक बहिर्मुखता मात्र से कहीं अधिक है जिसे हम "जीवन" के नाम से जानते हैं । इसलिए "महान भय" हमारे सामने खड़ा रहता है और चन्द्रमा के मृत्यु-श्वान अथक रूप से हमारे चमकदार सौर रथ के पीछे पड़े रहते हैं । क्या चतुर चान्द्र देवी *आइसिस* ने एक विषैले सर्प को देवताओं के राजा सौर *रा* के पथ में नहीं रख दिया था? फिर भी आइसिस प्रज्ञा की देवी है और हमारा पीछा भय के रूप में इसलिए ही करती है क्योंकि हम उसकी पूजा नहीं करते । "जो अपने जीवन की चाह करता है वह उसे खो देगा" । जीवन को इतनी व्याकुलता से पकड़े रहने के कारण ही हम यह नहीं देख पाते कि मृत्यु भी महाजीवन है । यही है प्रज्ञा, वह प्रज्ञा जो विपरीतों का संतुलन है । सूर्य और चन्द्रमा के परिणय से पारस पत्थर का जन्म होता है । "जो इसे जानते हैं, अमर हो जाते हैं" ।

परन्तु यदि हम यह अमरत्व चाहते हैं तो हमें उस महाजीवन की चाह रखनी होगी जो जीवन व मृत्यु के पार है, उनके पार, क्योंकि वही तो वह एकता है जिसके दो ध्रुव ही वे हैं । जो उसकी गुप्त लय को स्वेच्छा से स्वीकार नहीं करते वे उसके भय के वज्र से शासित होते हैं । यह विधान केवल मनुष्यों पर ही नहीं बल्कि देवता कहलाने वाली प्राणमय सार्वभौमिक शक्तियों सहित सम्पूर्ण सृष्टि पर लागू होता है क्योंकि उनका महादिवस भले ही अगणित युगों का हो उसके पश्चात उतनी ही लम्बी महारात्रि भी आती है ।

> "*प्राणं देवा अनु प्राणन्ति, मनुष्याः पशवश्च ये, प्राणो हि भूतानामायुः, तस्मात् सर्वायुषमुच्यते*– देवता प्राण से जीते हैं और मनुष्य व पशु भी । प्राण ही (सब) भूतप्राणियों का जीवन है । इसलिए प्राण को सार्वभौमिक जीवन कहते हैं"[7] ।

---

[7] *तैत्तिरीय उपनिषद* 2.3.1 ।

इसलिए इस स्तर की प्राकृतिक शक्तियों में आविर्भूत सार्वभौमिक शक्तियों के बारे में सचमुच ही कहा जा सकता है कि उनकी क्रियायें उठे हुए वज्र से भागने के तुल्य हैं । बात यह है कि समस्त प्रव्यक्ति की प्रक्रिया महागर्भ से बाहर निकलना ही है और इस प्रक्रिया से तनाव उत्पन्न होता है जिसे हम भय के नाम से जानते हैं, इसलिए, जैसा कि हम पहले कह चुके हैं, समस्त भूतप्राणी, देवता व मनुष्य, समान रूप से ही चलते रहने के लिए विवश होते हैं, यदि उन्हें प्रव्यक्त रहना है तो अपने ही केन्द्र की ओर खिंचाव से दूर हटते रहने के लिए बाध्य होते हैं ।

मंत्र का एक अन्य अर्थ भी है क्योंकि देवता मनुष्य में इन्द्रियों की अधिष्ठात्री शक्तियों को भी कहते हैं और निस्संदेह इस संदर्भ में ही पाँच का उल्लेख हुआ है । यहाँ भी वही भागदौड़ है, केन्द्र की ओर खिंचने से बचने के लिए कार्यरत रहने का दबाव है ।

परन्तु इस आकर्षण से बचा नही जा सकता । चाहे कितनी ही दूर क्यों न भाग लें, चाहे हमारा स्वाग्रह कितना ही सबल क्यों न हो, अन्त में यह आकर्षण हम पर हावी हो ही जाएगा । धीरे धीरे शक्ति क्षीण होती जाती है और अनिवार्यतः हम आकर्षण के सामने झुक जाते हैं और अपनी विपरीत दशा में परिवर्तित हो जाते हैं । जीवित रहने के प्रयत्न में हम जिस हद तक केन्द्रीय अहं से दूर एक क्षुद्र अहं पैदा कर देते हैं उतना ही मृत्यु की महारात्रि में जाते समय अपना सब कुछ खोया सा महसूस करते हैं । जो अपने अस्तित्त्व को केन्द्र पर सन्तुलित रख सकते हैं, सब ओर एक ही जैसी दृष्टि से देख सकते हैं, केवल वे ही महारात्रि का स्वागत उसी उल्लास से कर सकते हैं जिससे महादिवस का । केवल वे ही जीवन और मृत्यु को महाजीवन के दो खंडित अर्धभागों के रूप में देख सकते हैं, केवल वे ही संसार पर शासन करने वाले भय से मुक्त हो सकते हैं और केवल वे ही महाजीवन के ज्ञाता और अमरत्व को प्राप्त करने वाले होते है ।

(4) *इह चेदशकद्बोद्धुं प्राक्शरीरस्य विस्रसः ।*
ततः सर्गेषु लोकेषु शरीरत्वाय कल्पते ॥

यदि कोई (इसे) यहाँ शरीर के शिथिल होने से पहले समझ सका हो तो वह अवश्य (सब) सृजन जगतों में शरीर धारण करने के योग्य है [8] ।

(5) *यथाऽऽदर्शे तथाऽऽत्मनि यथा स्वप्ने तथा पितृलोके ।*
यथाऽप्सु परीव ददृशे तथा गन्धर्वलोके छायातपयोरिव ब्रह्मलोके ॥

"वह" (इस भौतिक स्तर के) आत्मन् में ऐसे दिखता है जैसे दर्पण में, पितृलोक में ऐसे जैसे स्वप्न में, गन्धर्वलोक में ऐसे जैसे जलराशि में और ब्रह्मलोक में ऐसे जैसे प्रकाश व छाया में ।

इनसे पहले के मंत्रों ने हमारे सामने उस महाजीवन का चित्रण किया जो समस्त सृष्टि का सार है और हमारे सुपरिचित जीवन व मृत्यु दोनों ही जिसके पहलू हैं । अब बताया जा रहा है कि पार्थिव शरीर के मृत्यु में शिथिल हो जाने से पूर्व, यहाँ और अभी, इस महाजीवन की प्राप्ति होनी चाहिए । हम पहले कह ही चुके हैं कि किसी बात को मरणोपरांत समय तक के लिए स्थगित न करने वाले सच्चे आंतरिक शिक्षण का सदा यही मत रहा है । जो कुछ भी प्राप्य है वह यहाँ और अभी प्राप्त हो सकता है क्योंकि "जो वहाँ है वह यहाँ भी है", और जो यहाँ किसी न किसी रूप में नही है वह कही भी नही है । अधिकांश बाह्य धर्मावलम्बियों के समान, जो यह सोचता है कि उसे सत्य के रहस्य में दीक्षा अस्तित्त्व की इस वर्तमान दशा को अन्य में परिवर्तित कर लेने भर से मिल जाएगी, वह भयानक भूल करता है । जिसने महाजीवन व अमरत्व की प्रकृति को यहाँ नही जाना वह केवल मरने पर उन्हें नहीं जान जाएगा ।

परन्तु जो जीवन के बीचों बीच अपने अस्तित्त्व के दूसरे भाग को भी समझ लेता है, उस भाग को जिसे हम मृत्यु कहते हैं, और इसे भी अपने वास्तविक अस्तित्त्व का अंश उतना ही मानता है जितना जीवन की गति को, वह विश्व को यहाँ और अभी अपने अधिपत्य में कर

---

[8] मैंने इस मन्त्र का जैसा लिखा है वैसा ही अनुवाद किया है । न तो मैक्स मूलर के हिचकिचाते सुझाव के अनुसार *चेदशकत्* (सका) को *चेन्नशकत्* (न सका) में बदला है, न शंकराचार्य के समान इतना बड़ा पदलोप डाला है कि अर्थ एकदम उलटा ही हो जाए और न ही मध्वाचार्य के समान *सर्गेषु* को *स्वर्गेषु* पढ़ा है ।

लेता है । केन्द्र में स्थित ऐसे व्यक्ति की दृष्टि के लिए कही भी कोई अवरोध नही होता । वह समस्त विश्व से मुक्त हो जाता है, प्रत्येक स्तर पर वह उस स्तर के लिए उपयुक्त ढंग से प्रव्यक्त हो सकता है, कही भी उसके लिए कोई अवरोध, कोई मृत्यु नही हो सकती । वास्तविक रूप से अपने समस्त स्थूल व सूक्ष्म लोकों के साथ पूरा विश्व अब उसका शरीर बन जाता है । अन्य व्यक्ति शरीरों में रह सकते हैं या उन्हें रहना पड़ता है परन्तु केवल वही व्यक्ति शरीर धारण करने योग्य है क्योंकि वही जानता है कि शरीर वास्तव में क्या है और वही सब शरीरों का स्वामी होता है ।

हाँ यह बात अवश्य है कि महाजीवन के बोध की स्पष्टता जिस स्तर पर उसका बोधन होता है उसके अनुसार भिन्न होती है । सामान्य जाग्रत स्तर के अहं के अन्दर वह दर्पण में दिखते प्रतिबिम्ब के समान होता है जो दृष्टिगोचर तो होता है परन्तु पकड़ा नही जा सकता ।

इस स्तर से उपर चान्द्र पितृलोक होता है जिसे कभी अन्तःस्थ या तारक जगत (astral world) भी कहते हैं, कामना लोक । इस लोक में महाजीवन का बोध और अधिक स्पष्ट होता है क्योंकि उसकी प्रव्यक्ति ऐसे रूपों में होती है जिसकी तुलना हमारे स्वप्नों में चलते फिरते सजीव पात्रों के साथ की जा सकती है । इसके अतिरिक्त इस स्तर पर वह कामना-जीवन के रूप में प्रव्यक्त होती है और जैसा कि सब जानते हैं कामना ही "वह पदार्थ है जिससे स्वप्न बने होते हैं", वह शक्ति है जो उनके प्राणमय जीवन को गति प्रदान करती है ।

और, जैसे इस भौतिक स्तर पर दर्पण में हम अपने चेहरे की लगभग एक ही छाया देखते हैं वैसे ही महाजीवन का बोध भी हमारे इस शरीर से मिलते जुलते एक ही नामरूप से होता है । ऐसे रूप को मिस्रवासी *"का"* या प्रतिरूप कहते थे और इसे आजकल कभी कभी *"ऐथेरिक डबल"* (etheric double) कहा जाता है । पैरासेल्सस ने इसके बारे में कहा है "समस्त पिण्डाण्ड सम्भाव्य रूप से जीवन-द्रव (*Liquor Vitae* – The Life Fluid) में निहित है ... जिसमें प्राणियों के स्वभाव, गुण, चरित्र और सार रखे होते हैं और जिस *ऐथेरिक* जीवन द्रव को मनुष्य में एक अदृश्य अथवा गुप्त मनुष्य माना जा सकता है, उसका प्रतिरूप या प्रतिबिम्ब"[9] । यही है वह रूप जो कभी कभी नई

---

[9] हार्टमन (Hartmann) द्वारा लिखित *पैरासेल्सस की जीवनी* (*Life of Paracelsus*) मे पैरासेल्सस की *De Generatio Hominis* से उद्धृत ।

क़ब्र के आसपास तब तक मँडराता दिखाई दे सकता है जब तक शरीर के पूरी तरह क्षय होने पर वह स्वयं विघटित न हो जाए[10] ।

इस लगभग एक सा ही रहने वाले अर्धभौतिक या *ऐथेरिक* रूप के विपरीत चान्द्र कामना जगत में महाजीवन आपेक्षाकृत कही अधिक परिवर्तनशील दिखता है, उसके रूप प्रतिक्षण, उसकी मूर्तियाँ, स्वप्न के चित्रों के समान बदलते जाते हैं । यद्यपि स्वप्न के पात्र हमें बाह्य प्रतीत होते हैं परन्तु वास्तव में तो वे हमारे ही वे विलग भाग हैं जिन्हें कामना जीवन ने निर्मित व प्राणमय किया होता है । जैसा कि मनोवैज्ञानिकों को हाल ही में पता लगा है और जिसे वे नई खोज बताते हैं, इस स्तर पर ही हमारे "पितृों" के रूप विद्यमान होते हैं, जो प्राची के दृष्टाओं को पितृलोक के नाम से युगों से ज्ञात था ।

सोपान पर और ऊपर चढ़ते हुए हम गंधर्वो[11] के सौर जगत में पहुँचते हैं । वैदिक काल के गंधर्व केवल वे गाने बजाने वाले ही न थे जो उन्हें पौराणिक काल में दर्शाया गया है, ठीक वैसे ही जैसे वैदिक वरुण उत्तरकालीन पुराणों में वर्णित नदियों व तालाबों का देवता ही नही है । पहले गंधर्व और अधिक रहस्यमय स्वर्गिक प्राणी था, "स्वार्गाकाश में सीधा खड़ा" होने वाला "आकाश मापी" था । वह सूर्य से और सोमरस के सौर पहलू से भी सम्बन्धित था ।

"गंधर्व स्वर्ग के आकाश तक ऊँचा उठ गया,
अपने सब विभिन्न रूपों को देखता हुआ ।
उसकी किरण दीप्त महिमा के साथ बाहर आई ः
उसने प्रकाशित किया है दोनों लोकों को, जनकों को"[12] ।

और फिर –

"उत्तंग गंधर्व स्वर्ग की ओर आरूढ़ हो गया है,
अपने अनेक रंगों के आयुध हमारी ओर किए ।
मधुर परिधान धारण किए, सुन्दर रूपवान,

---

[10] मिस्रवासियों की अंत्येष्ठि क्रिया व शव परिरक्षण प्रथा का उद्देश्य कुछ हद तक *"का"* को ऐसे विघटन से बचाना ही प्रतीत होता है ।

[11] इन जगतों की गणना सदा एक ही क्रम में नही की जाती । परन्तु *बृहदारण्यक उपनिषद* 4.3.33 स्पष्ट कहता है "पितृलोक को प्राप्त प्राणियों के आनन्द का सौ गुना है गंधर्वलोक का एक आनन्द" ।

[12] *ऋग्वेद* 10.85.12 (ग्रिफिथ का अनुवाद) ।

क्योंकि वह ज्योति रूप हो हमारी पसन्द के नामरूप बनाता है ।
जब चिनगारी बन वह समुद्र के निकट आता है,
गिद्ध की आँख से अभी भी स्वर्ग को देखते हुए ।
उसकी आभा अपनी दीप्त महिमा से मुक्त हो,
निम्नतम क्षेत्र में भी सुन्दर विभूति बनाती है"[13] ।

स्पष्ट है कि हम यहाँ ऐसे क्षेत्र में विचरण कर रहे हैं जो उत्तरकालीन दैवी संगीतकारों के कुछ कामुक परन्तु मनोहर क्षेत्र से नितान्त भिन्न है । हेराक्लाइटस ने सच ही सिखाया था कि सब वस्तुयें प्रवाहित होती हैं । देवता (या कम से कम उनके नाम) तक भाग्यचक्र पर बँधे होते हैं और मर्त्यलोक वासियों के समान उनके बारे में कहा जा सकता है –

"Who ruled a King may wander Earth in rags
For things done and undone."

"अपनी करनी या अकरनी के कारण जो राजा राज्य करता था अब भिखारी के चिथड़ों में घूम सकता है" ।

गंधर्व वास्तव में उच्चस्तरीय अहं है और गंधर्व लोक उच्च *मनस्* का स्तर । इसलिए सूर्य का प्रतीकवाद और अमरत्व की बूँदों, यानि सोमरस के उच्च पहलू से सम्बन्ध है । और इसलिए उत्तरवर्ती दृष्टिकोण से बुद्धि के सामञ्जस्य को प्रतिबिम्बित करने वाले दैवी संगीतकारों का प्रतीक है । दर्शनशास्त्र में मूलभूत अर्थ कुछ हद तक बना रहा क्योंकि वहाँ "गंधर्व" का अर्थ है "मरणोपरांत परन्तु पुनर्जन्म से पूर्व की आत्मा"[14] । वास्तव में यह पद यूनान के *डीमन* (Daemon) और रूम के *जीनियस* (Genius) के समरूप है, वह प्राणी जो प्रत्येक मनुष्य के जन्म का अधिष्ठाता होता हे और यदि मनुष्य रक्षा करने योग्य हो तो उसकी रक्षा करता है । ऐसा *जीनियस* प्रेरणा देने वाला भी होता था और इसलिए आधुनिक अंग्रेज़ी में यह शब्द विशेष प्रतिभावान व्यक्ति के लिए उपयुक्त होता है ।

---

[13] *ऋग्वेद* 10.12.7 व 8 ।

[14] आप्टे का *संस्कृत अंग्रेज़ी कोश* । स्त्री पुरुष के यौन समागम मात्र के अतिरिक्त किसी गंधर्व (पाली *गन्धब्ब*) की उपस्थिति गर्भाधारण के लिए आवश्यक थी या नहीं इस प्रश्न पर बौद्ध परम्पराओं में मतभेद था । *मज्झिम निकाय* और *अभिधर्म कोश* देखिये ।

अतएव, यदि हम पितृों के चान्द्रलोक से गंधर्वों, यानि उच्चस्तरीय *मनसों*, के सौरलोक तक उठते हैं तो एकमात्र महाजीवन की प्रव्यक्तियों को और अधिक स्पष्ट होता देखते हैं । अब वह अपने परिवर्तनशील गुण त्याग कर एक निश्चित रूप धारण कर लेता है जिसका शरीर वैसा ही होता है जैसा गिरि सरोवर की स्वच्छ हरित जलराशि में देखा गया मनुष्य का शरीर । अदृश्य प्रवाहों की गति के कारण बहिर्रेखा हिल भले ही ले परन्तु आकार को पहचानने में कोई संदेह नही रहता । पारदर्शक जलराशि उस आकार को एक अद्भुत कांति दे देती है जिससे वह मनुष्य किसी अन्य लोक का निवासी प्रतीत होता है ।

गंधर्वों के उच्च मानसिक लोक में प्रव्यक्त महाजीवन के गुण ऐसे ही होते हैं । लौ के समान परिवर्तनशीलता अब नही रहती, पितृलोक की भावनात्मक उष्णता, स्वप्नवत् वैयक्तिक घनिष्ठता भी समाप्त हो जाती है । इस उच्च लोक में सबकुछ एक हरित दीप्ति में ओतप्रोत होता है, एक अवैयक्तिक बिल्लौरी चमक में जिसकी शीतल अद्भुत ज्योति की त्रिविध आसवित स्पष्टता को वे पहचान लेंगे जिन्होंने सरोवर तल पर जल के नीचे पड़ी वस्तुओं की अद्भुत सुन्दरता देखी है ।

"हे राजन्, जैसे पर्वतों के बीच कोई स्वच्छ पारभासी प्रशान्त जल का सरोवर हो और कोई तीव्र दृष्टि वाला मनुष्य तट पर खड़ा उसके अन्दर सीप, शुक्ति, कंकर, पत्थर और तैरते हुए मछलियों के समूह को देखता है"[15] – ऐसे ही मानस सरोवर की स्वच्छ जलराशि में एकमात्र महाप्राण दिखता है ।

यदि हम और ऊपर, *महत्* के ब्रह्मलोक तक उठें, तो दृश्य एक बार फिर बदल जाता है । प्रतीकवाद सार्वभौमिक प्रकृति का हो जाता है और महाजीवन महादिवस व महारात्रि के सनातन स्पन्दन के रूप में दिखता है, सूर्य की दो महान गतियों उत्तरायण और दक्षिणायण में, "उस सहस्र युगों की अवधि के ब्रह्मदिवस" के 26,000 वर्षों तक तारामय भाग्यचक्र पर अपनी धीमी दृढ़ चाल से होने वाले ऋतुचक्र के प्रसारण में, और इतनी ही लम्बी रात में परिणित हो जाता है जिनके जानने वालों को ही, गीता के अनुसार, रात व दिन का ज्ञान होता है ।

---

[15] *बुद्ध के संवाद* 1 (*Dialogues of the Buddha* I) । पृष्ठ 93 । एक यती के जीवन के फलों पर सूत्र ।

हमें प्रथम अध्याय की तीसरी वल्ली के "प्रकाश व छाया" का स्मरण होगा, उन दो (*महत्* व *बुद्धि*) का जो अस्तित्त्व के ऊर्ध्वबिम्ब में स्थित हैं, परम द्वय के प्रतिबिम्ब हैं और ब्रह्मलोक को जन्म देने वाले जनक व जननी हैं। यहाँ नीचे सब वस्तुयें उनकी छायायें हैं, वे वस्तुयें भी जो अपने को उनके बारे में सबकुछ जानने समझने वाले आधुनिकों को घिसीपिटी लगती हैं परन्तु प्राचीनकाल के लोगों को बहुत महत्त्व की लगती थी[16]। सब वस्तुओं की छायायें ही नही होती बल्कि अन्त में वे छायायें ही बन जाती हैं और इसलिए प्रेतात्माओं को छाया भी कहा जाता है। प्रकाश व छाया। इन दो के द्वारा ही संसार बनता है। क्या इस समय भी हमारी आँखों के सामने का दृश्य सात दैवी रंगों पर प्रकाश व छाया का खेल नही है? इसके अतिरिक्त और है ही क्या?

इस लोक में सब वस्तुयें अपनी छायाओं से भिन्न हैं। मनुष्य अपनी एड़ियों को छूती अपनी छाया से भिन्न है और जीवन अपना पीछा करती मृत्यु से भिन्न है। यही तो प्रव्यक्ति का सार है – जो वास्तव में एक हो उससे दो बना देना। महान ब्रह्मलोक भी प्रव्यक्त लोक है और इसलिए उस में भी प्रकाश व छाया हैं। परन्तु हमारे यहाँ की अनेकता की तुलना में वह एकता का लोक है और वहाँ विपरीत एक दूसरे के आलिंगन में लिपटे होते हैं, दो पहलुओं की एकता, एक युगल परन्तु एक ही प्राणी। वहाँ जीवन और मृत्यु संयुक्त हो महाजीवन बन जाते हैं परन्तु उसकी दो गतियाँ होती हैं। जैसा प्लॉटाइनस ने कहा है ः वहाँ प्रत्येक प्राणी अपने आप भी होता है और अन्य सब भी। विशेष तौर पर वह स्वयं तो होता ही है परन्तु अपना विपरीत भी। वहाँ दो महान देवता होते हैं, मित्र व वरुण, जो दिन और रात के स्वामी होते हैं। "जो ऋत के द्वारा सार्वभौमिक विधान को बनाये रहते है। जिन्हें मैं दिव्य प्रकाश के स्वामी मित्र और वरुण कहता हूँ"[17]। कभी कभी पूरा स्वामित्व वरुण को ही प्राप्त होता

---

[16]प्रकाश की सीधी रेखा में चलने के बारे में थोड़ा बहुत सीख कर हम समझ बैठते हैं कि हम छायाओं के बारे में सब कुछ सीख गए। यह प्राचीन विचार कि उसकी छाया के द्वारा किसी मनुष्य पर जादू किया जा सकता है हमें बकवास लगता है। परन्तु है यह सच।

[17]*ऋग्वेद* 1.23.5।

है और तब वही "नदी के उद्‌गम स्थान का वासी अपनी सात बहनों से घिरा" होता है, जीवन के जगतों का पालन करने वाला, समस्त ज्ञान का ऐसा केन्द्र जैसे पहिये की केन्द्र धुरी हो । वही "दूर हटाया हुआ सागर" है जो इन क्षेत्रों को कपड़े की भाँति लपेट लेता है और स्थिर बैठा "सात पर राजा के समान शासन करता है", "जिसने प्राचीन आसन को नापा, जिसने अजात आलम्बित आकाश के रूप में दोनों जगतों को अलग स्थम्भित किया" । और अन्त में वही है जिसने "श्यामा को प्रकाश के आवरण से आच्छादित किया" । स्पष्ट ही है कि प्रकाश व छाया के उस विलक्षण संयोग की ओर सम्बोधन किया जा रहा है जो ब्रह्मलोक की विशेषता है और जिस पुनीत परिणय में दो तो दो ही होते हैं परन्तु पुत्र एक ही होता है जो अपने जनकों का जनक है[18] । ऐसा है एकमात्र महाप्राण का दृश्य जब वह क्रमबद्ध रूप से अनेक लोकों मे प्रव्यक्त होता है । इस दृश्य का अन्त उस प्रकाश-और-छाया में होता है जो वह विलक्षण एकता है जिसे हम उज्वल-अन्धकार या अन्धकारमय-ज्योति ही कह सकते हैं, दो विपरीत गतियों का संयोग, वह सन्तुलन जो योग का राज सिंहासन है[19] ।

(6) *इन्द्रियाणां पृथग्भावमुदयास्तमयौ च यत् ।*
पृथगुत्पद्यमानानां मत्वा धीरो न शोचति ॥

इन्द्रियों के पृथक भाव को समझ कर, उनके उदय और अस्त होने को अपने से बिल्कुल पृथक वस्तुओं का आना जाना समझ कर, धीर पुरुष शोक नही करता ।

---

[18] ऋग्वेद 3.41 । ग़लतफ़हमी न हो जाए इसलिए शायद यह कह देना चाहिए कि इस लोक के स्वामी के रूप में *वरुण* नाम *ब्रह्मा* नाम से अधिक प्राचीन प्रतीक है । जैसे जैसे *ब्रह्मा* नाम की लोकप्रियता बढ़ती गई वैसे वैसे ही *वरुण* केवल जलराशि का देवता रह गया ।

[19] संस्कृत शब्द *छायातपयोः* बहुवचन नही द्विवचन है ओर उसकी एकता अंग्रेज़ी (और हिन्दी) में समास चिन्हों के प्रयोग से ही दर्शाई जा सकती है । और हाँ, अनुवाद छाया-और-प्रकाश होना चाहिए था परन्तु वह अटपटा सा लगता है ।

(7) *इन्द्रियेभ्यः परं मनो मनसः सत्त्वमुत्तमम् ।*
सत्त्वादधि महानात्मा महतोऽव्यक्तमुत्तमम् ॥

इन्द्रियों से ऊँचा मनस् है । मनस् से ऊपर सत्त्व (यानि बुद्धि) है । सत्त्व के पार महान आत्मा है, महत् के ऊपर अव्यक्त है ।

(8) *अव्यक्तात्तु परः पुरुषो व्यापकोऽलिङ्ग एव च ।*
यं ज्ञात्वा मुच्यते जन्तुरमृतत्वं च गच्छति ॥

अव्यक्त से भी ऊपर पुरुष है, सर्वव्याप्त व किसी भी विशेष चिह्न रहित, जिसे जान प्रत्येक प्राणी मुक्त हो जाता है और अमर गति को प्राप्त होता है ।

एक महाप्राण की विश्व के सब स्तरों पर विभिन्न रीतियों से उपस्थिति का विवरण देने और उन चिह्नों को बताने के पश्चात जिनसे ज्ञानप्राप्ति पर इन अनुभवों को पहचाना जा सके, अब गुरु उस पथ[20] को दोहरा रहे हैं जिसके द्वारा एक स्तर से दूसरे का आरोहण किया जा सकता है । जैसा पहले कहा जा चुका है आरम्भ उस एन्द्रिक जीवन से होता है जो वह दलदल है जिसमें सीढ़ी का पैर रखा है और ऊपर की अरगलाओं पर पैर रखने से पहले जिसे त्याग के जल से धो देना होता है । "धिक्कार है उसे जो एक भी अरगला को कीचड़ के पैरों से मलिन करने का दुस्साहस करता है । यह गन्दी व चिपचिपी कीचड़ सूख जाएगी और उसके पैरों को वहीं जकड़ कर रख लेगी, बहेलिए के जाल में पक्षी के पैरों के समान, और वह आगे प्रगति नहीं कर पाएगा"[21] ।

इसलिए पहला आदेश है कि जब वे हृदय में उदय या अस्त हों तो मनोवेगों के स्वभाव का अध्ययन करें । "इन्द्रिय ज्ञान से सीखो और उसपर ध्यान दो, तब ही तुम आत्मबोध के विज्ञान का आरम्भ कर सकते हो ओर अपना पाँव सीढ़ी की पहली अरगला पर रख सकते हो"[22] ।

एन्द्रिक जीवन का अध्ययन बड़ी सावधानी से होना चाहिए, इस मूर्खता भरे उद्देश्य से नही कि उससे पूरी तरह छुट्टी पानी है, बल्कि इसलिए कि ऐसा करने से इस जीवन के उन नियमों को समझा जा

---

[20] **प्रथम अध्याय, तीसरी वल्ली, मन्त्र 10 व 11 ।**

[21] ***वॉयस ऑफ़ सायलेंस** (Voice of Silence)* **। गीता के इस शिक्षण पर ध्यान दीजिये कि त्याग का अर्थ है आसक्ति को त्यागना ।**

[22] ***लाइट ऑन दि पाथ** (Light on the Path)* **।**

सकता है जिनका ज्ञान इन्द्रियों को पूरी तरह वश में कर सकने के लिए आरम्भिक चरण है । साधारणतया हम अपने ऐन्द्रिक जीवन को नहीं देखते, और न ही उसे देख सकते हैं, क्योंकि उससे हमारा तादात्म्य बना होता है । वह हमारा अंश होता है और जितना हम अपना शरीर देखते हैं उससे अधिक उसे नही देख सकते । जैसा अपना चेहरा देखने के लिए दर्पण की आवश्यकता पड़ती है वैसे ही एन्द्रिक जीवन की प्रकृति देख पाने के लिए मानस दर्पण की आवश्यकता होती है । जब हम अलग खड़े हो कर उसे अपने से भिन्न वस्तु के रूप में देखेंगे तब जाकर ही उसका वास्तविक स्वरूप देख पाएंगे । मानसिक अस्तित्त्व में स्थित हो हमें मनोवेगों को ऐसे देखना चाहिए जैसे अपने घर में आती जाती चीटियों के दल को । उनके विभिन्न प्रकार ध्यान में रखने चाहिए, कौन से उपयोगी हैं और कौन से हानिकारक, कौन किस से आकर्षित होता है और किस से प्रत्याकर्षित । तब जाकर ही हम नियंत्रण के राजमार्ग पर आरूढ़ होते हैं और इन्द्रिय बोधों से तादात्म्य तोड़ उनके आने जाने पर शोक करना बन्द करते हैं ।

इन्द्रियों के ऊपर होता है *मनस्,* वह केन्द्रीय पृथ्वी जिसके चारों ओर इन्द्रियों का औंधा गगन घूमता है, वह "मैं" जो अब अलग अनासक्त खड़ा होना सीख गया है । इस *मनस्* की प्रकृति क्या है? यहाँ भी योगी को *मनस्* के अन्तरतम हृदय में केन्द्रित होना व ध्यानपूर्वक अपने चारों ओर की घटनाओं को देखना सीखना होगा । वह देखेगा कि इन्द्रिय गगन के अन्दर एक और विचार का मानसिक गगन घूमता है जिसके तारे वे विभिन्न विचार हैं जो उसके अन्दर उदय और अस्त होते हैं । आरम्भ में ही सीखी हुई बातों में से एक यह होगी कि उस आंतरिक विश्व में कोई दुर्व्यवस्था नही है । न तो विचार अपनी इच्छा से आते जाते हैं और न ही वह स्वयं उनके उदय व अस्त होने पर नियंत्रण रखने वाला स्वामी है । धैर्यपूर्वक वह उनके आने जाने के नियमों की खोज में लग जाता है और इस प्रकार अपने को उनसे अलग कर लेता है । बाह्य जगत की ही भांति यहाँ भी ज्ञानी अपने नक्षत्रों पर शासन करता है, अज्ञानी पर वे शासन करते हैं एक और बात वह यह सीखेगा कि पश्चिम में क्षितिज के नीचे डूब जाने और उसकी आँखों से ओझल हो जाने पर कोई तारा अस्तित्त्वहीन नही हो जाता । उनका चिन्तन न किए जाने पर हमारे विचार न तो अपना अस्तित्त्व खो देते हैं और न ही हम को प्रभावित करना बन्द कर देते हैं । वे संसार तट के नीचे छिप तो अवश्य जाते हैं परन्तु केवल

इसलिए कि हमारे नीचे से घूम कर फिर ऊपर आ जाएँ। वही दुष्ट विचार जिसने मुझे आज इतना कष्ट दिया, मुझे पराजित किया और जिसका अस्त होना मैंने ऐसी चैन की साँस लेकर देखा, वह कल फिर उदय होगा और मुझे तब तक त्रसित करता जाएगा जब तक मैं उसके सच्चे स्वभाव को समझना न सीख लूँ और समझ कर उसका स्वामी न बन जाऊँ। संसार के समान हमारे हृदय के पिण्डाण्ड में इतिहास अपने को दोहराता है और हमारे भाव बार बार तब तक वापस आते हैं जब तक अपने वास्तविक *अहम्* से उनकी पृथकता को समझ कर हम उन पर नियंत्रण करना न सीख लें। जैसा ऊपर वैसा नीचे, तारामय गगन ही हमारा सर्वश्रेष्ठ गुरु होता है। जिसने विचारों के सनातन स्पन्दन की समझ के साथ उनका मनन किया है वह यह मानने की सामान्य ग़लती नहीं करेगा कि दुष्ट विचारों को पीछे छोड़ देने भर से ही वह उनसे छुटकारा पा जाएगा और कठिन परिश्रम या बाहरी कर्म की कम्बल में सिर छिपा लेने से अपने ही द्वारा सबल बनाये अपने अरिष्टकारी ग्रहों के प्रभाव से मुक्त हो जाएगा। जिस विचार को हमने एक बार जीवन प्रदान किया वह इस जीवन के कारण सदा बना रहता है, भले ही वह दृश्य हो या अदृश्य, वरदान हो या अभिशाप। शरीर की मृत्यु होने पर भी उसकी मृत्यु नहीं होती और जो विचार "हमारे साथ, उदय होता है वह हमारे जीवन के नक्षत्र के साथ कहीं और अस्त होता है"। केवल प्रक्षेपित जीवन को वापस खीचने में, अपने केन्द्र को अपने अस्तित्त्व के अन्तरतम स्तर पर खीच लाने में ही स्वामित्त्व, मुक्ति और शांति हैं क्योंकि ऐसे परावर्तन में ही हम अपने को अपने विचारों से अलग कर सकते हैं और अविक्षुब्ध रूप से उनके गगन की चक्रमय गति का मनन कर सकते हैं। ऐसे परावर्तन को *मनस्* से उठ कर सत्त्व पर यानि ज्योतिर्मयी व सामञ्जस्यपूर्ण *बुद्धि*[23] के स्तर पर पहुँचना कहते हैं।

[23] *सत्त्व* शब्द के अनेक अर्थ हैं, जैसे वास्तविक आध्यात्मिक सार, प्रज्ञा, शुचि, भलाई व चेतना। त्रिगुणों में से श्रेष्ठतर भी यही है, जो ज्योति व सामञ्जस्य को प्रव्यक्त करता है। *गीता* में अर्जुन को विपरीत युगल से ऊपर उठ सत्त्व में दृढ़तापूर्वक स्थित होने को प्रोत्साहित किया गया है। यहाँ, जैसा कि शंकराचार्य ने कहा है, यह शब्द बुद्धि के लिए प्रयुक्त हुआ है।

बुद्धि तक उठ पाने की विशेष कठिनाइयों का वर्णन[24] किया ही जा चुका है और उन्हें यहाँ दोहराने की आवश्यकता नही है । योगी को एकदम अपने ही पार, हर्मीस के शब्दों में, "ऐसे" शरीर में जाना होता है जो "मर नही सकता" । अपने हृदय के केन्द्रीय कुएँ मे डुबकी लगा उसे उस आन्तरिक सागर में पहुँचना होता है जिसके बारे में हम पहले कह चुके हैं । अपना अस्तित्त्व उस में रखना होता है जो स्वयं अपने पार होता हो, बुद्धि के दैवी व सामञ्जस्यपूर्ण विश्व में, जहाँ से वह नीचे की सब बातों को अपने नियंत्रण मे रख सकता है । उस आन्तरिक आकाश के तारागण उसके दिग्दर्शक व गुरु होते हैं जिनकी अब तक तो उसने वाणी ही सुनी थी पर अब आमने सामने देख लिया है, और जिनके साथ वह वास्तव में अब एक हो गया है ।

तत्पश्चात् वह *महत् आत्मन्* तक पहुँचता है जिसे ब्रह्मलोक भी कहते हैं और जो प्रव्यक्त विश्व की चरम सीमा है । उसके भी पार है अव्यक्त का गर्भाशय, जगज्जननी, और कम से कम एक तरह से इसके भी "पार" है *पुरुष* या *शांत आत्मन्* की प्रशांत सर्वज्ञातृ ज्योति जो समस्त लोकों में व्याप्त रहती है और उन्हें अपनी ध्यानमय दृष्टि से बनाये रहती है ।

आकाश की ज्योति के समान यह ज्योति भी अस्तित्त्व मात्र पर पड़ती है परन्तु किसी वस्तु विशेष से न आसक्त होती है न किसी की पक्षपाती । आकाश के ही समान इसके ऐसे लक्षण नही हैं जिनसे वह पहचानी जा सके ।

(9) *न संदृशे तिष्ठति रूपमस्य न चक्षुषा पश्यति कश्चनैनम् ।*
हृदा मनीषा मनसाऽभिक्लृप्तो य एतद्विदुरमृतास्ते भवन्ति ॥

उसका रूप दृष्टि के क्षेत्र के अन्दर नही होता, और न ही कोई उसे आँख से देख सकता है । उसकी रचना होती है हृदय से, विचार से, मन से । जो यह जानते हैं वे अमर हो जाते हैं ।

उसका रूप, अर्थात् पूर्ण अस्तित्त्व, कभी भी अनुभूति के क्षेत्र के अन्तर्गत नही हो सकता क्योंकि वह तो सब कुछ को अपने आलिंगन के अन्दर रखता है । जैसा कि श्रीकृष्ण कहते हैं "*विष्टभ्याहमिदं कृत्स्नमेकांशेन स्थितो जगत्* – इस पूरे विश्व में अपने एक अंश से

[24] प्रथम अध्याय, तीसरी वल्ली, मंत्र 13 ।

व्याप्त हो मैं स्वयं स्थित रहता हूँ"[25] । और आँख से भी उसे सचमुच नही देखा जा सकता क्योंकि *उपनिषद्* के अनुसार "वह है जो स्वयं आँख के द्वारा देखता है पर जिसे आँख नही देख सकती"[26] । जिन वस्तुओं को वह प्रकाशित करता है वे तो दिख सकती हैं परन्तु वह स्वयं नही दिख सकता । सब दृश्यों में वह सदैव दृष्टा होता है, सब ज्ञान की क्रियाओं में ज्ञाता । "*स्वयमेवात्मनात्मानं वेत्थ त्वं पुरुषोत्तम, भूतभावन भूतेश देवदेव जगत्पते*– केवल तू ही अपने आप को जानता है, हे पुरुषोत्तम, हे भूतप्राणियों को उत्पन्न करने वाले, उनके स्वामी, दिव्य शक्तियों के देवता, जगत के स्वामी"[27] ।

ऐसी कोई भी वस्तु जो स्वयं ज्योति न हो, ज्योति को नही जान सकती । हमारे अन्दर रहने वाला पुरुष ही अपने को जान सकता है । हम जिस किसी चीज़ को भी सम्बोधित कर सकते हैं वह केवल ऐसा ढाँचा होता है जिसपर ज्योति चमकती होती है । आकाश केवल वृक्ष की शाखाओं के बीच की दूरी ही तो है, या तारों के बीच की या अधिक से अधिक, दो क्षितिजों के बीच की दूरी । ऐसे ही इस ज्योति की "रचना होती है हृदय (बुद्धि) से, विचार से, मन से" । बस यही कहा जा सकता है कि "वह" वह वस्तु है जो ऐसी सब रचनाओं पर प्रकाश डालती है और उन्हें भरती है, ऐसा गगन है जिसमें सूर्य, चन्द्र और सब तारागण तैरते हैं । जैसा हर्मीस का कहना है यह "वह है जो कभी प्रलोभित नही होता, परिभाषित नही हो सकता, जिसका न वर्ण है न आकार, जो पलटता नही है, जिसका कोई वस्त्र नही, जो प्रकाश देता है, जो केवल स्वयं अपने ही द्वारा समझा जा सकता है, जिसमें कभी परिवर्तन नही होता, जो किसी शरीर में नही समा सकता" । और फिर, "जो अग्नि के समान ऊपर जाता है परन्तु पृथ्वी के समान नीचे जाता है, जो जल के समान आर्द्र होता है परन्तु वायु के समान उड़ता है । इसका तू इन्द्रियों से बोध कैसे करेगा – उसका जो ठोस नही पर द्रव भी नही, जिसे न कोई बाँध सकता है न खोल सकता है, जिसका आभास मनुष्य को शक्ति और ऊर्जा में ही हो

---

[25] *गीता* 10.42 ।

[26] हर्मिस के शब्दों से तुलना कीजिए "तू जिस संयोजित अंग से देखता है उससे वह नहीं देखा जा सकता" ।

[27] *गीता* 10.15 ।

सकता है और ऐसा कर सकने के लिए भी मनुष्य ऐसा हो जो ईश्वर में जन्म की रीति देख सकता हो"[28] ।

हमारा दिया हुआ कोई भी नामरूप उसका अपना नामरूप नही हो सकता, केवल वह मानसिक ढाँचा, बुद्धि की संरचना, ही हो सकता है जिसके अन्दर "उस" की उपस्थिति का आभास तो हो सकता है परन्तु दर्शन नही हो सकता । अपने आप में तो वह इन ढाँचों के पार होता है, नितान्त निस्सीम अनन्त ज्योति-पुरुष । इसलिए उसके अस्तित्त्व की कभी आकाश से तुलना की गई है और बौद्धजनों व कुछ उपनिषदों ने उसे शून्य का नाम दिया है । जिन्होंने उसे जाना है उन्हें अमर पद प्राप्त हुआ है परन्तु केवल वही अपने आप को जान सकता है और जो उसे जानते हैं वे ऐसे हैं जिन्होंने अपने पृथक अस्तित्त्व का विलय कर दिया है और वही बन गए हैं जो "वह" है, अर्थात समस्त अस्तित्त्व का उद्भव स्थान । वे वे हैं जो महाप्रयाण द्वारा उस पार चले गए हैं, जिनके बारे में नचिकेता ने गुरु से प्रश्न पूछा था कि कोई कहते हैं "वे हैं" और कोई कहते हैं कि "नही" । जो कुछ लिखा गया है उसकी रोशनी में यह देखा जा सकता है कि प्रश्न ऐसा है जिसका उत्तर शब्दों में नही दिया जा सकता । ऐसा व्यक्ति तो स्वयं ज्योति बन चुका होता है, जीवन का परम मूल बन जाता है, उसके बारे में यह कहना कि "वह नही है" बिल्कुल बेतुका है । परन्तु उसके ज्योति हो जाने के कारण उसपर कोई पहचान चिन्ह नही लग जाते, ऐसी कोई भी विशिष्टता नही होती जिसके बारे में या जिससे कोई उसे इंगित कर सके और कह सके कि वह अमुक है, और ऐसे ऐसे नामरूप में है । भगवान बुद्ध के शब्दों में "जिसने सत्य की प्राप्ति कर ली उसका अस्तित्त्व महासागर के समान विशाल, अपरिमेय व अथाह होता है । यह कहना कि वह विद्यमान है ठीक नही बैठता, और यह भी ठीक नही बैठता कि वह अब विद्यमान नही" । जिसका अस्तित्त्व है (या यूँ कहिये कि जो है) उसे प्रत्येक अवस्था को स्वयं ही गुरु द्वारा बताये मार्ग पर चल कर प्राप्त करना होगा । एक बार पा कर सब संशय समाप्त हो जाते हैं, अमर पद प्राप्त हो जाता है ।

---

[28] *हर्मिटिक कार्पस* (*Hermetic Corpus*) **13.5** ।

(10) *यदा पञ्चावतिष्ठन्ते ज्ञानानि मनसा सह ।*
बुद्धिश्च न विचेष्टते तमाहुः परमां गतिम् ॥

जब (इन्द्रिय) ज्ञान के पाँच उपकरण मन के साथ चुप[29] *हो जाते हैं और बुद्धि भी अलग से काम करना*[30] *बन्द कर देती है, उसे सर्वोच्च पथ कहते हैं ।*

(11) *तां योगमिति मन्यन्ते स्थिरामिन्द्रियधारणाम् ।*
अप्रमत्तस्तदा भवति योगो हि प्रभवाप्ययौ ॥

इस इन्द्रियों के स्थिर रखने को वे योग कहते हैं । तब मनुष्य बाहर की ओर नही खिंचता[31] *। योग प्रभव और चले जाने (के ज्ञान) को कहते हैं*[32] *।*

इन मंत्रों में दिया गया शिक्षण हर्मीस की सीख जैसा है । "अपने अन्दर वापस आ जाओ और वह आ जाता है, इच्छा करो और वह पूरी हो जाती है, शरीर की इन्द्रियों को निष्क्रिय कर दो और तुम्हारा दैवत्व उत्पन्न हो जाता है; अपने अन्दर से पाशविक यातनायें – पार्थिव बातें – निकाल बाहर करो"[33] । परन्तु हमें सावधान रहना चाहिए कि "इच्छा" शब्द को ग़लत न समझें । यह नही कहा जा रहा है कि मानसिक दाँत भीच कर बलात् इन्द्रियों का दमन किया जाए । ज़ोर इस बात पर दिया जा रहा है कि योग प्राप्ति के लिए पूरे अस्तित्त्व का ध्यान केन्द्रित होना चाहिए और यह योग वही सिद्ध कर पाता है

---

[29] *अवतिष्ठन्ते* का शब्दाशः अर्थ है "बैठ जाते हैं" ।

[30] *विचेष्टते; चेष्टते* के मायने हैं "काम करना"; *वि* का अर्थ है "अलग से" ।

[31] *अप्रमत्त* । यह *प्रमाद* यानि असावधानी का विपरीत है और जैसा कि *योगसूत्र* 1.30 पर व्यास की टीका में बताया गया है एक पारिभाषिक शब्द है जिसका अर्थ है "समाधि प्राप्त करने के उपकरण के विकास का न होना" । इसलिए जो *अप्रमत्त* है वह "अन्यमनस्क नही" और ह्यूम ने यही अनुवाद किया है परन्तु एक विशेष भाव से । अब अपने केन्द्रीय अस्तित्त्व से उसका ध्यान इन्द्रिय विषयों द्वारा नही खीचा जा सकता, अधिकाश लोगों की साइकीय ऊर्जा निरंतर इन विषयों द्वारा बाहर खिंचती रहती है ।

[32] *माण्डूक्य उपनिषद्* 6, में *प्रभवाप्ययौ* का अर्थ *सुषुप्ति* अवस्था का वर्णन करने में ऐसे ही किया गया है ।

[33] हर्मिटिक कॉर्पस 13.7 ।

जो इस या अन्य किसी दुनिया में, किसी भी वस्तु की तुलना में, योग को ही अधिक चाहता है । किसी "प्रयोगात्मक" भावना से प्रेरित हो कर या मात्र अद्‌भुत अनुभवों की प्राप्ति के लिए किए गए अधकचरे प्रयत्नों से यह सिद्ध नही हो सकता । जिसके लिए योग सबकुछ से बढ़ कर नही, जो आवश्यकता पड़ने पर योग की बलिवेदी पर सबकुछ न्योछावर करने के लिए तैयार न हो, वह उसे दूर से ही नमस्कार करे तो अच्छा रहेगा, और यदि वह धार्मिक प्रवृत्ति का हो तो अपने बाह्य धर्म के क्षेत्र में ही सीमित रहे क्योंकि योग उसे केवल दुःख और निराशा ही देगा । योग को पूरे हृदय से चाहना पड़ता है वर्ना वह केवल आत्मा की असारता व संतापन मात्र रह जाता है ।

पाँचों इन्द्रियज्ञानों को निस्संदेह ही बैठ जाना या चुप हो जाना पड़ता है । जैसा हर्मीस ने कहा है उन्हें निष्क्रिय कर देना है, ठीक वैसे ही जैसे क्लच को दबा कर किसी मोटर की दाँते निष्क्रिय हो जाती हैं । जब तक क्लच चलन शक्ति का सम्प्रेषण करता रहता है तब तक चक्के को जकड़े रहने पर भी गाड़ी को रोक रखना हमारी सामर्थ्य के बाहर होता है । ठीक ऐसे ही जब तक समस्त शक्ति के उद्‌गम स्थान, हृदय, से इन्द्रियों को शक्ति सम्प्रेषित होती रहती है तब तक कितना ही दाँत भीचें इन्द्रियाँ चुप नही हो सकती । गाड़ी के ही समान शक्ति का सम्प्रेषण शब्दशः एक "क्लच" द्वारा होता है, उसे दबाना, निकालना या खोलना होगा और तब इन्द्रियों के पहिये थोड़ी ही देर में स्वतः चुप हो जाएंगे । एक मिथ्याधारणा है, विशेष कर पश्चिम में, कि योगी अपनी इन्द्रियों को किसी सम्मोहिनी आत्मविस्मृति की दशा में डाल कर स्तब्ध करता है और इसके लिए उसे अपनी आँख इत्यादि से कुछ क्रियायें करनी पड़ती हैं ताकि आत्मसम्मोहन हो सके । ऐसी आत्मविस्मृति में इन्द्रियाँ स्तब्ध तो अवश्य हो जाती हैं, ठीक वैसे ही जैसे वे स्वप्नरहित गहरी नीद में चुप हो जाती है, परन्तु यह काम अस्थायी ही होता है और जब भावी योगी फिर जाग्रतावस्था में आता है तो इन्द्रियाँ फिर पूर्ववत जाग्रत हो जाती हैं । केवल आत्मविस्मृति से कुछ नही बनता ।

और न तो यह सम्भव ही है कि इन्द्रियों को केवल बलपूर्वक ही रोका जा सके – इससे अच्छा तो यह आशा करना है कि दीपक की लौ चिमटी से पकड़ी जा सकती है । जिसे *गीता* अनासक्ति का कुठाराघात कहती है केवल उससे ही कोई असली स्तब्धता लाई जा सकती है ।

गीता का छठा अध्याय आसन, मुद्रा इत्यदि के कुछ विस्तृत वर्णन करता है जो आरम्भ में एक आपेक्षिक शांति की अवस्था लाने में उपयोगी होती है। जो विवरण दिए गए हैं वे परम्परागत हैं और भारतीय शरीरों व भारतीय पर्यावरण के लिए अनुकूल हैं। अन्य लोगों को उन्हें अपनी आवश्यकताओं के अनुसार संशोधित करना चाहिए और यह मुख्य बात याद रहनी चाहिए कि स्थान ऐसा हो जो शांत हो और जहाँ विघ्न का भय न हो, आसन ऐसा हो जो सुखद व दृढ़ हो परन्तु सजग भी और साँस ऐसी जो शांत, हलकी व दृढ़ हो[34]। हमारे उपनिषद् में इन बारीकियों का कोई ज़िक्र नहीं है, ये वास्तविक कार्य से पहले की आरम्भिक तैयारियाँ ही हैं और सामान्यतः पाठकों को पता होंगी। उचित पर्यावरण बनाने के अतिरिक्त ये और कुछ नहीं कर सकती। इनसे भी पहले दो और परम्परागत अभ्यास हैं, *यम* और *नियम*, जिनके ढीले से अर्थ लगाये जा सकते हैं "बाह्य जीवनचर्या के विचलित करने वाले कर्मों को त्यागने पर प्राप्त नियंत्रण" और "स्वनियंत्रण"। ये साधारण सद्गुण *लाइट ऑन दि पाथ* के शब्दों में "सुन्दर वातावरण व सुखी भविष्य" का निर्माण तो करते हैं परन्तु "मात्र अपने आप में निरर्थक होते हैं"।

और हाँ, यहाँ हम यह भी कह दें कि "योगी" और जिसे हम सामान्यतः "सन्त" कहते हैं, में अन्तर होता है। जो किसी भी मूल्य पर केवल "सद्गुणों" को ही चाहता है, शत प्रतिशत पुण्यात्मा बनना चाहता है वह विपत्ति का आह्वान करता है और उसे शीघ्र ही पाता है। परन्तु योग और जो कुछ भी हो सबसे अधिक संतुलन ही होता है।

---

[34] *योग* तो विख्यात *मध्यम मार्ग* है और इसलिए शरीर की मुद्रा ऐसी होनी चाहिए जो हमारे मन में भौतिक अथवा तार्किक मानसिक क्रिया से सम्बन्धित न हो, और न ही लेटी हुई मुद्रा हो जिसमें नीद आ जाती है। इसलिए जिनसे बन पाए उनके लिए पद्मासन सर्वोत्तम है। इसमें सुखद व दृढ़ मुद्रा होती है, शरीर संतुलित और मेरुदंड सीधा रहता है। यह अन्तिम बात आवश्यक है क्योंकि शरीर का आगे को झुक जाना आत्मा की सजगता नष्ट कर देता है। सब अंगों को समेट लेने के कारण यह मुद्रा साइकी की अन्तर्संग्रहण की स्थिति को भी प्रोत्साहित करती है। परन्तु यदि इसे बनाये रहना आसानी से सम्भव न हो और घुटनों में दर्द देने लगे तो यह आसन बेकार से भी बुरा है और साधक को अपने लिए कोई और उचित आसन ढूँढना चाहिए।

आइये अब अपने विषय पर वापस आएं । जब आरम्भिक और बाहरी शांति स्थापित हो जाए तो और आगे बढ़ कर मानसिक "क्लच" को दबाने का काम शुरु करना चाहिए । यह होता हैं इन्द्रियबोधों से अलग खड़े हो कर और उनका आना जाना चुप चाप देख कर, ताकि उन्हें ऐसा ध्यान से देखा जा सके जैसा अपनी खिड़की से नीचे सड़क पर चलता यातायात देखा जाता है । उनसे अपना तादात्म्य, उनके आने जाने में व्यक्तिगत रूप से उलझ जाने की आदत को, तोड़ना होगा । और ऐसा पहले के समान अपना तादात्म्य देखी जाने वाली घटना से नही बल्कि देखने वाले के साथ स्थापित करने से होता है । इस प्रकार कोई कष्टप्रद इन्द्रियबोध भी उस अनासक्ति से देखा जा सकता है जिससे दुर्घटना में बुरी तरह क्षतविक्षत शरीर पर शल्य चिकित्सा करता हुआ सर्जन देखता है । कैसे किया जा सकता है ऐसा? उत्तर एक ही है "करने से" । यदि पर्याप्त उत्कण्ठा से इसे करना चाहें तो हम सब ऐसा कर सकते हैं, क्योंकि (जहाँ तक मेरा विचार है) जैसा बौद्ध *अभिधर्म* साहित्य में बताया गया है सब चैतन्य में थोड़ी बहुत अनासक्ति तो होती ही है । हमें इसका पोषण भर करने की आवश्यकता है और जो कठिनाइयाँ हमारे मार्ग में इतने बड़े अवरोधों के रूप में खड़ी होती हैं वह इसलिए होती हैं क्योंकि हम आंशिक रूप से ही अनासक्त होना चाहते हैं, हमारे शेष भाग को यह अवस्था कुछ अधिक ही नीरस लगती है ।

जो कुछ भी हो, मनोवेगों से अनासक्ति तो पहला ही चरण है । इसके बाद के चरण और भी कठिन हैं । बाहरी कर्मेन्द्रियों के अतिरिक्त ज्ञानेन्द्रियों द्वारा दृष्यमान भी होते हैं, स्मृति, परिकल्पना व दिवास्वप्न के रूप, और इन सब दृष्यमान वस्तुओं से चैतन्य की देखने वाली ज्योति को अलग रखना होता है । और फिर भावनायें होती हैं जो सब सकारात्मक अथवा नकारात्मक कामनाओं मे परिणित की जा सकती हैं और कामनायें ही तो बाहरी तथा भीतरी इन्द्रियों का प्राण हैं । इन भावनाओं को भी द्रष्टा ज्योति से नितान्त भिन्न देखना चाहिए ताकि ज्योति का प्रत्यावर्तन किया जा सके और इन्द्रियबोध धूल में जा गिरें या कम से कम पिछले वर्ष के सूखे फूल पौधों के समान ही खड़े रहें । "और तब हृदय से रक्त स्राव होगा और मनुष्य का पूरा जीवन विलीन सा हो गया प्रतीत होगा" । परन्तु यह अग्नि परीक्षा देनी ही पड़ेगी क्योंकि शरीर की मृत्यु ही आत्मा का जीवन होता है और जैसा

हेराक्लाइटस ने लिखा – हम हैं "अमर मर्त्य, मर्त्य अमर, पहला दूसरे की मृत्यु में जीवित और उसके जीवन में मृत" ।

कोई यह भी न समझ ले कि कामना जीवन की यह मृत्यु ऐसा मार्ग है जो पत्थर के समान उदासीन अवस्था की ओर ले जाता है, बर्फ़ानी नीरस बीहड़ की ओर, या आधुनिक वैज्ञानिकों द्वारा कल्पित विश्व की अन्त में होने वाली गुनगुनी मृत्यु की ओर । विषैले बहिर्मुखी प्रवाह, जिन्हें बौद्धजन *आस्रव* कहते हैं, केवल उन्हीं को "पंखिया खजूर की तरह" काट फेंकना है । हमारे हृदय का रक्त साइकीय एकता की त्वचा में हुए सौ भयानक घावों से बह रहा है और हम ऐसे मूर्ख हैं कि उसके घातक प्रवाह को जीवित परिसंचरण समझते हैं, केवल पिशाचों और कीड़ों के लिए उपयुक्त जमते हुए रक्त कुण्डों को स्वस्थ जीवन का सार मानते हैं । हमें ये घाव भरने पड़ेंगे, बाहर बहता खून बन्द करना पड़ेगा, तब जाकर ही स्वास्थ्य लाभ हो सकेगा । परन्तु इसका अर्थ यह नहीं कि स्वस्थ मनुष्य की धमनियों में रक्त प्रवाह नहीं होगा । "वस्तुओं की आत्मा मधुर होती है" और बुद्ध तथा अन्य महान आचार्यगण अपना प्रेम व करुणा का संदेश किसी बर्फ़ानी बीहड़ से लेकर नहीं आए हैं ।

जब हम चान्द्र जगत के तरल, नित्य परिवर्तनशील नामरूपों से विरक्त होना सीख लेते हैं तो अपने को अधिक स्पष्ट विचारों के ताराजगत में पाते हैं, "इन सनातनत्व में घूमते विचारों" के जगत में । वहाँ भी हम गति को नहीं रोक सकते और न ही सदा बदलती आकृतियों को इच्छाशक्ति की चिमटी से रोक सकते हैं । हमें अपने को फिर से विरक्त करना होगा और इस विरक्ति में उनकी अनियंत्रित गति को समझना होगा क्योंकि तब ही उन पर नियंत्रण कर पाने की आशा रखी जा सकती है । उनकी चक्रमय उड़ान को बनाये रखने की शक्ति कहाँ से आती है, जब यह देख लिया तब ही एक बार फिर हम क्लच को दबा कर उन्हें स्तब्ध होने दे सकते हैं ।

इनके पार है स्थिर तारों का मण्डल, प्रशांत ज्योतिर्मय बुद्धि का जगत । यहाँ भी गति है क्योंकि जब तक हम अपने वैयक्तिक अहं में स्थित रहते हैं तब तक यह मण्डल भी उदय व अस्त होता प्रतीत होता है । अब आता है सबसे कठिन काम, अपने आप के पार जाना ताकि एक बिन्दु पर प्रक्षेपित वह मण्डल अब सदा चढ़ता उतरता न दिखे बल्कि जैसा है वैसा दिखे, अविक्षुब्ध, अविचल, परस्पर सम्बन्धित

ज्योतियों का सर्वग्राही प्राणमय मण्डल । यही है मूलपाठ में लिखी इस बात का अर्थ कि बुद्धि भी अलग से काम करना बन्द कर देती है । वह अब उदय और अस्त नही होती, यानि व्तक्तिगत कर्मों से नही टकराती, सदा घूमते भाग्यचक्र के रूप में कर्मों की पूरक नही रहती, बल्कि अपने दैवी सामञ्जस्य के स्थापित्व में प्रदीप्त रहती है । यहाँ यह भी कह दिया जाए कि व्यवहार में बुद्धि का यह उदयन व अस्त होना ऐसे निष्कर्ष पर पहुँचना है कि "यह ऐसा है", "वह वैसा है" इत्यादि, ऐसे निष्कर्ष जो निश्चय रूप से पृथक वस्तुओं को स्थापित करते हैं और पंडिताऊ दर्शनशास्त्र केवल इन ही को बुद्धि समझता है । योगी के लिए ये निष्कर्ष समाप्त हो जाते हैं, प्लॉटाइनस के समान उसके लिए प्रत्येक सब और सबकुछ प्रत्येक होता है ।

तो यह हुआ योग, निम्नतर स्तर है "इन्द्रियों को दृढ़ता से पकड़े रहना और उच्चतम भाग्यचक्र पर अधिपत्य" । परन्तु यह ऐसा *योग* नही जिसका अभ्यास बैठ कर किए गए ध्यान के घण्टों में ही किया जाए । अप्राकृतिक रूप से बनाई गई एक शांत अवधि नौसिखिये के विशेष यत्नों के लिए उतनी ही उपयोगी होती है जितनी साइकिल चलाना सीखने वाले के लिए कोई शांत और अकेली जगह । परन्तु साइकिल चलाने वाले का उद्देश्य होता है कि भरी से भरी भीड़ में भी सुरक्षित रूप से चला सके और योगी का उद्देश्य भी अपनी एकांत की शांति का आनन्द लेना नही है बल्कि अपने मनोभौतिक वाहन पर जीवन के हो हल्लड़ में अविक्षुब्ध रूप से सवारी कर पाना है ।

मंत्र गयारह के अन्तिम वाक्य में पूरी बात का उपसंहार एक बार फिर दिया गया है, *योग* उदयन व अस्त होने का ज्ञान है, साइकी के नाना प्रकार के वस्तु विषयों के उदयन व अस्त होने के नियमों का ज्ञान है, और जो यही बात दूसरे शब्दों में है, तथाकथित बाह्य संसार के नियमों का ज्ञान है । एक बार फिर हम देखते हैं कि सच्चा *योग* पृथक पृथक परम्पराओं में एक ही है क्योंकि उदयन और अस्त होने का ही ज्ञान वह प्रतीत्य समुत्पाद था जो सम्बोधि प्राप्ति की पूर्णिमा की रात बुद्धदेव के सामने कौंध गया था, जो आदिकारण के बारे में अन्तिम अन्तदृष्टि थी । जो यह जानता है कि मन में विचार कैसे उत्पन्न होते हैं वह यह भी जानता है कि उन्हें स्तब्ध कैसे कराया जाता है ओर जो विचार के बारे में सच है वह विश्व में सब बातों के लिए सच है –

"चित्त चक्र का निरोध करने से और सब कुछ शांत हो जाता है"[35]।

एक अन्य दृष्टिकोण से भी *योग* को उदय व अस्त होने का ज्ञान ही नही बल्कि स्वयं सब वस्तुओं का उदय व अस्त होना कहते हैं। *योग* का अर्थ है जोड़ना, और ठीक जैसे बाहरीपन से जुड़ जाने के कारण सब वस्तुयें अस्तित्त्व में आती हैं[36] वैसे ही आन्तरिकता से जुड़ कर सब वस्तुयें शांत हो जाती हैं। जहां तक उस परम वास्तविकता के स्वभाव का प्रश्न है जिसमें सबका परम निवास है, योग के परम लक्ष्य का, उसे तो हमारी साइकी का निर्माण करने वाली आंशिक प्रव्यक्तियाँ प्राप्त नही कर सकती। ऐसा हो भी कैसे सकता है? वे तो अंश हैं और वह ऐसा सम्पूर्ण जिससे उनका उद्भव हुआ है। इसलिए आगे लिखा है ः

(12) *नैव वाचा न मनसा प्राप्तुं शक्यो न चक्षुषा।*
अस्तीति ब्रुवतोऽन्यत्र कथं तदुपलभ्यते॥

न वाणी से, न ही मन से और न आँख से ही वह प्राप्त हो सकता है। यह कहने के अतिरिक्त कि वह (या तत्) "है" और कैसे उसे समझा जा सकता है।

वाणी वह क्रिया है जो विशेष नामरूपों को पृथक कर उन्हें चुनती है जबकि एक अन्य *उपनिषद्* के शब्दों में वह वास्तविकता, *नेति नेति*, यह नही यह नही है। मन वह क्रिया है जो ऐसे नामरूपों को विभिन्न प्रकार से सम्बन्धित करता है। वह उससे कैसे निपटेगा जो सब सम्बन्धों के पार है? आँखें तथा अन्य इन्द्रियाँ, ज्ञानेन्द्रियाँ भी जिनको यहाँ शामिल करने का अभिप्राय है, सार्वभौमिक विशिष्टीकरण के निम्नतर स्तर का एक छोटा सा अंश ही ग्रहण कर पाती हैं। फिर वे उस सम्पूर्ण को कैसे ग्रहण करेंगी जिसमें यह विशिष्टीकरण हुआ है? केवल हृदय के गहनतम केन्द्र में ही वह गहन ज्ञान है जो स्वयं सब शब्दों के पार होता हुआ भी उस अकाल शब्द "अस्ति" से इंगित हो सकता है, वह (या *तत्*) है।

---

[35] नागार्जुन कृत *महायान विंशक*। *सर्वे धर्मा निरुध्यन्ते चित्त चक्र निरोधतः*।

[36] *श्वेताश्वतर उपनिषद्* 6.3।

(13) *अस्तीत्येवोपलब्धव्यस्तत्त्वभावेन चोभयोः ।*
अस्तीत्येवोपलब्धस्य तत्त्वभावः प्रसीदति ॥

उसे (पहले) निरा "वह है" इस प्रकार समझना चाहिए और उसके तत्त्व स्वरूप (तत्त्व भावेन) में (भी) । इन दो (रीतियों) में से तत्त्व स्वरूप की समझ कृपा से (प्रसीदति) उसे मिलती है जिसने उसे निरा "वह है" रूप में पहले ही समझ लिया हो[37] *।*

पिछला मंत्र बता चुका है कि "उस" के अकाल अस्तित्त्व के निरे ज्ञान का द्योतक शब्द "अस्ति" वह चरम सीमा है जिस तक ही बिना किसी सहायता के समझ पहुँच सकती है । यहाँ कहा जा रहा है कि इसके अतिरिक्त *तत्त्वभाव* यानि उसके तत्त्व स्वरूप के ज्ञान या उसके सार की उपलब्धि भी होती है । जैसा कि *गीता* का कहना है[38] तत्त्व या सार का यह ज्ञान हज़ारों "सफल साधकों" में से किसी बिरले को ही मिलता है और एकदम अनुकम्पा या कृपा (*प्रसाद*) या प्रेमोपहार होता है जिसके बारे में हम प्रथम अध्याय की दूसरी वल्ली (मंत्र 20 व 23) में पढ़ चुके हैं । प्रेमवश किया गया यह आत्मोद्घाटन तब होता है जब मनुष्य अपनी चरम सीमा तक प्रयत्न कर चुका हो और अस्तित्त्व मात्र का ज्ञान प्राप्त कर चुका हो ।

यह वही शिक्षण है जो *गीता* के अन्त[39] में दिया गया है जब श्रीकृष्ण अर्जुन से कहते हैं कि अहंता और रागद्वेष को त्याग कर शिष्य निर्मल, शोकरहित ब्रह्म बन जाता है और ऐसा बन कर "उस" के प्रति पराभक्ति प्राप्त करता है । श्रीकृष्ण कहते हैं कि "इस भक्ति से वह मुझे तत्त्वतः जान लेता है और मेरी शरण में आ मेरी कृपा (*प्रसाद*) से शाश्वत अव्यय पद पाता है" । उसकी शरण में जाना वही है जो प्रथम अध्याय की दूसरी वल्ली के तेईसवें मंत्र में *वरण* किया जाना है ठीक वैसे ही जैसे कृपा या गीता का प्रसाद, इस मंत्र का *प्रसीदति,*

---

[37] इस कठिन मंत्र का यह रूपातर मुझे अपने मित्र पण्डित जगदीश चन्द्र चटर्जी से मिला है । जो पाठक संस्कृत जानते हैं उनके लाभ के लिए मैं उनकी समीक्षा यहाँ देता हूँ : *अस्ति इत्येवम् प्रकारेण प्रथमतः उपलब्धस्य एव आत्मनः । तत्पश्चादेव च न कदापि ततः प्राक् 'तत्त्व भावः' 'प्रसीदति', प्रसाद भावेन प्रसन्नतया स्वतः एव आविर्भवति* ।

[38] *गीता* 7.3 ।

[39] *गीता* 18.54 से अन्त तक ।

भगवान द्वारा उत्तर में दिया गया "वरण" है । उपनिषदों व गीता में "जैसे तिल में तेल, जैसे दूध मे मक्खन, जैसे लकड़ी मे आग" की तरह व्याप्त गहन सत्य एक बार तो प्रथम अध्याय की दूसरी वल्ली के 23वें मंत्र में दिया गया था और अब गीता के ही समान पूरी बात के समाप्त होने पर दिया गया है ।

(14) *यदा सर्वे प्रमुच्यन्ते कामा येऽस्य हृदि श्रिताः ।*
अथ मर्त्योऽमृतो भवत्यत्र ब्रह्म समश्नुते ॥

जब हृदय से चिपकी रहने वाली सब कामनायें विरक्त हो जाती हैं, तब मर्त्य अमर हो जाता है । यहाँ और अभी वह ब्रह्म प्राप्त कर लेता है ।

(15) *यदा सर्वे प्रभिद्यन्ते हृदयस्येह ग्रन्थयः ।*
अथ मर्त्योऽमृतो भवत्येतावद्ध्यनुशासनम् ॥

जब हृदय की सब गाँठें यहाँ (इस जन्म में) कट जाती हैं, तब मर्त्य अमर हो जाता है : यहाँ तक है शिक्षा ।

एक बार फिर और बिल्कुल स्पष्ट रूप से कहा कहा जा रहा है कि हृदय पर चिपकी सब बाह्य कामनाओं को अलग करना होगा । सब योगशिक्षा में यह आदेश मूलभूत है । कभी कभी बौद्धों के "एकदम नकारात्मक" योग और उपनिषदों के "अधिक सकारात्मक" योग में अन्तर दिखाने के यत्न किए जाते हैं, परन्तु ऐसा अन्तर अन्त में झूठा निकलता है । हम देख चुके हैं कि परम लक्ष्य के बारे में वास्तव में कोई सकारात्मक कथन नही किया जा सकता, भले ही ऐसे कथन मार्ग पर सहायता के रूप में प्रस्तुत अवश्य किए जाते हैं । यहाँ भी स्वयं भगवान बुद्ध इससे अधिक स्पष्ट रूप से कुछ नही कह सकते थे कि कामना की बहिर्मुखी शक्तियाँ ही आत्मा को बन्धन में रखती हैं और उसे बार बार मृत्यु के मुख में ढकेलती हैं । बात यह है कि "अधिक सकारात्मक मार्ग" की यह खोज अपनी चहेती इच्छाओं में से कुछ को बचाये रहने की उत्कट अभिलाषा के कारण होती है, नग्न सत्य और अपनी प्यारी अहंता के बीच कुछ थोड़ा बहुत समझौता कर लेने की अभिलाषा के कारण ।

वायस ऑफ़ सायलेंस का कहना है "कामना का हनन करो" । कामना दुःख का कारण है, कामना के स्तब्ध हो जाने पर "शोक

रहित" की प्राप्ति होती है, ऐसी भगवान बुद्ध की शिक्षा है और हमारे मूलपाठ में भी बिल्कुल यही कहा जा रहा है[40] ।

इन स्पष्ट और चोट करने वाले कथनों को सुन हम पहला प्रयत्न यह करते हैं कि उनसे अपनी रक्षा हो सके । कामना तो सार्वभौमिक प्रक्रिया का अंश है, कामना के बिना तो किसी भी प्रकार का जीवन न होता, कामना की निन्दा करना क्या विश्व पर ही आरोप लगाना नही है? क्या अन्य *उपनिषद्* हमें यह नही बताते कि उस "एक" ने अनेक हो जाने की कामना की? क्या भगवद्प्राप्ति की आकांक्षा भी कामना नही? ऐसे ही हम तर्क देते जाते हैं । कामनाओं के इच्छुक दास, हमारे मन, शिक्षण का विरोध करने के लिए, या कम से कम उसे मंद करने के लिए, बीसियों युक्तियाँ ढूँढ निकालते रहते हैं ।

हाँ कामना सार्वभौमिक प्रक्रिया का अंश है । कामना वह शक्ति है जो प्रव्यक्ति करवाती है, जो जीवन और मृत्यु को उत्पन्न करने वाली शक्ति है । परन्तु यह पथ इन विपरीतों के पार के महाजीवन तक जाने वाला पथ है । जैसा कि शिक्षण कहता है अमर तक जाने का पथ है । जिसे लगे कि यह उसके लिए नही है वह इस पर चलने के लिए विवश नही होता । परन्तु यदि हम इस पर चलने का निर्णय कर लें तो उसके स्वरूप की ओर से आँखें बन्द नही करनी चाहिए । जहाँ तक लक्ष्य प्राप्ति की आकांक्षा का प्रश्न है, यह सच है कि वह हम में कामना के साथ मिला होता है, ठीक वैसे ही जैसे हम में प्रेम व करुणा निम्न स्तर के तत्त्वों से मिले होते हैं । परन्तु जैसे जैसे शिष्य पथ पर अग्रसर होता है वैसे वैसे मिलावट कम होती चली जाती है और उपलब्धि के साथ वह समाप्त हो जाती है, या यूँ कहिये कि मिलावट समाप्त होने पर उपलब्धि हो जाती है ।

और हाँ आचार्यगण विश्व को दोषी नही ठहरा रहे हैं । सब कुछ का अपना उचित स्थान होता है – यह पुनरावर्तन का पथ है । जिसे

---

[40] चौदहवी शताब्दि की काश्मीरी योगिनी लल्ला के इस कथन से भी तुलना कीजिए – "कामना का हनन् कर, आत्मा का ध्यान कर । अपनी निरर्थक कल्पनाओं को त्याग, क्योंकि यह जान ले कि वह ज्ञान विरल और अमूल्य है । परन्तु वह फिर भी तेरे निकट है, उसे दूर मत खोज । वह शून्य के अतिरिक्त कुछ नही, और एक शून्य महाशून्य में मिल गया है" ।

लगे कि उसका पथ कोई और है, आगे जाने वाला पथ है, वह बड़ी प्रसन्नता से इसे छोड़ उसपर चला जाए।

इस शिक्षण का सामना होने पर मन एक और पेंच खेलता है, बच्चों वाला परम प्रतिक्रिया का पेंच। "तुम चाहती हो मैं मिट्टी में न खेलूँ, तो लो मैं खेलूँगा ही नही"। और इसके बाद वह बच्चा प्रत्येक बात की ओर नकारात्मक भावशून्य रवैया लेकर अपने चारों ओर के लोगों को तब तक तंग करता रहता है जब तक कोई नासमझ माता या पिता "अच्छा जाओ जो मर्ज़ी आए करो" नही कह देता। परन्तु विश्व नासमझ माता पिता के समान नही है, और इस पथ पर नकारात्मकता या रूठन का फल कानों के कस कर ऐंठा जाने की सम्भावना ही है। हम से नाटकीय ढंग से पत्थर के समान अचल उदासीनता का रुख़ अपनाने को नही कहा जा रहा है। बस समस्त संसार में अपने को ही पोतने से रोकने को कहा जा रहा है। पहले सब बड़ी व छोटी वस्तुओं पर अपना जीवनरक्त छिड़कने और फिर उसकी ओर या तो आकर्षण से दौड़ना या घृणा के कारण उससे दूर भागने को मना किया जा रहा। जहाँ तक उस पार के जीवन की बात है जो तब दिखाया जाता है जब यह छिड़काव बन्द हो जाता है, वह तो ऐसी दशा है जिसके बारे में जितना कम कहा जाए उतना ही अच्छा ताकि, हर्मीस के शब्दों मे, "हम मिथ्यापवाद न करें"। इस संसार की कामना लिप्त भाषा उस जीवन का वर्णन करने के लिए उचित माध्यम नही है। निस्संदेह वह उस सब कुछ के पार है जिसे हम जीवन मानते हैं परन्तु वह उस तामसिक उदासीनता के भी पार है जिसे हम मृत्यु के नाम से जानते हैं।

और फिर सही सही पूछा जाए तो कामना है क्या? अपने से बाहर समझी किसी वस्तु की ओर या उससे दूर (क्योंकि विरुचि भी तो नकारात्मक कामना ही है) साइकी की गति को ही कामना कहते हैं। इसलिए यह मुख्यतः अज्ञान की गति है क्योंकि ऐसी कोई वस्तु नही है जो सचमुच आत्मा से बाहर हो। कल्पना एक प्रतिबिम्ब बनाती है और प्रवृत्ति के पथ पर चल कर हम उसे "बाहर" प्रक्षेपित करते हैं और, यह भूल कर कि उसका सच्चा अस्तित्त्व आत्मा के अन्दर है, या तो उसकी ओर या उससे दूर भागते हैं। इस प्रकार होता है वांछनीय वस्तुओं के बाह्य जगत का उद्भव और हमारा उससे सम्बन्ध। प्लॉटाइनस ने आकाश की महा आदर्शीय चक्रमय गति और भौतिक वस्तुओं की आगे पीछे की गति में भेद किया है। परन्तु उनका कहना

है कि हमारे अन्दर भी एक "चक्रमय" गति होती है जो दैवी होती है क्योंकि "आत्मा का अस्तित्त्व उस ईश्वर के चारों ओर घुमने में होता है जिसके साथ वह प्रेम के कारण सम्बन्धित है"[41] । आगे पीछे जाने वाली गति कामना की वह गति है जिसे बन्द करना होता है और चक्रमय या मण्डलीय गति उस मुक्तात्मा का विशेष गुण है जिसने अपने प्रक्षेपण वापस बुला लिए हों और अब अपना दैवी जीवन यापन कर रहा हो । "और इसलिए वह "सम्पूर्ण" चक्र में घूमते हुए भी स्थिर रहता है"[42] । सम्पूर्ण की मण्डलीय गति, यानि मुक्तात्मा की चक्रमय गति, को (आगे पीछे गति वाली) कामना कहना शब्दों का घोर दुरुपयोग है । जैसा की मूलपाठ में लिखा है, कामना हृदय में शरण लिए होती है या उससे चिपकी होती है क्योंकि गति उत्पन्न करने वाले प्रतिबिम्ब हृदय से ही बाहर जाते हैं । इसलिए *सीक्रेट ऑफ़ दि गोल्डन फ़्लावर* (*Secret of the Golden Flower*) में कहा गया है "ज्योति के संचरण का कार्य (यानि चैतन्य में दैवी चक्रमय गति का स्थापित किया जाना) पूरी तरह उल्टी प्रवाहित होने वाली गति (प्रक्षेपित कामना ऊर्जा के वापस बुलाने) पर निर्भर है और इसलिए विचार स्वर्गिक हृदय, स्वर्गिक चैतन्य में एकत्रित किए जाते हैं ... इसलिए जब ज्योति का संचरण होता है तो पूरे शरीर (बल्कि पूरी साइकी कहिये) की शक्तियाँ उसके सिंहासन के सामने ऐसी खड़ी हो जाती हैं जैसे उस पवित्र राजा के सामने जिसने राजधानी पर अधिकार कर लिया हो"[43] । टीकाकार का कहना है कि "चेतन कर्म से अचेतन अकर्म की ओर ले जाने वाला मार्ग" यही है, दूसरे शब्दों में, अज्ञानी के कामना चालित कर्म से ज्ञानी के दैवी "कर्म के अकर्म" में जाने का मार्ग यही है ।

मंत्र 15 में उल्लिखित हृदय की गांठों के बारे में शंकराचार्य का कहना है कि वे अज्ञान की रचनायें हैं जो हम से यह स्वाग्रह करवा कर कि

---

[41] प्लोटाइनस (Plotinus) : ऑन दि हेवेन्ली सर्किट (On the Heavenly Circuit) । *एनीड्स* (*Enneads*) । **2.2** ।

[42] *तत्रैव* । यदि यहाँ यह शोर मचाया जाए कि तारे "सचमुच" चक्रमय पथ पर नही चलते और सचमुच भौतिक वस्तुये हैं तो यही उत्तर है कि नही, हमारे दृष्टिकोण से वे सचमुच घूमते हैं (और हमारा मतलब केवल इस ही बात से है क्योंकि सब वर्णन हमारे दृष्टिकोण से होते हैं) और वास्तव में भौतिक इकाइयाँ नही हैं चाहे वह लगें कुछ भी । यदि वास्तविकता ही चाहिए तो वह शून्य ही है । बाकी सब अवास्तविक है ।

[43] कोष्ठों में दिए गए शब्द मेरे हैं ।

"मैं यह शरीर हूँ, यह सम्पत्ति मेरी है, मैं सुखी अथवा दुःखी हूँ", हमें बुरी तरह जकड़ लेती हैं। यह कथन है तो सही परन्तु पढ़ने वाले अधिकांश आधुनिक मनों पर इसका असर इस बात का संकेत करना होगा कि ये गांठें कोई झूठे मतिमान विश्वास हैं जो किसी सही ढंग के वैदान्तिक ज्ञान द्वारा ठीक हो जाएंगे। परन्तु ऐसा विचार अपर्याप्त होगा। मतिमान विश्वास केवल साइकी के वस्तुविषय के अंग ही है, और एक तरह से तो उसके सबसे कम महत्त्व के अंग। चूंकि उनका आधार या तो नीचे कामना स्वभाव में होता है या ऊपर बुद्धि में, वे केवल लक्षण ही होते हैं कारण नही। हम यह न भूलें कि मन का दर्पण नीचे के "बुरे यक्ष" अथवा ऊपर के "भले यक्ष" के हाथ में एक उपकरण, या अधिकतर, इन दो पक्षों के लिए युद्धभूमि होता है। परन्तु यह युद्धभूमि भी प्राणमयी होती है और इस या उस पक्ष की तरफ़ रहती है और अपने मित्रपक्ष की सहायता अपनी संस्थिति बदल कर करती है। *यदि वह सचमुच ऐसा करना चाहता रहा हो* – तो अपने मतिमान विचारों को बड़ी सरलता से बदलना, या एकदम उलटना भी, कभी किसी व्यक्ति के लिए कठिन कार्य नहीं रहा है। अपने दृष्टिकोण से, और केवल इस दृष्टिकोण से ही, मध्ययुगीन रोमन कैथोलिक चर्च इस धारणा में बिल्कुल ठीक था कि जो मनुष्य अपने "भ्रान्त" विचारों को छोड़ चर्च के धर्मसिद्धान्तों को अपनाने को तैयार न हो वह शैतान द्वारा आविष्ट होता है। बस हमें यहाँ इतना ही और कहना चाहिए कि वास्तव में वह शैतान या यक्ष प्रायः रूढ़िवादी फ़रिश्तों से ऊपर होता था मतिमान विश्वास वास्तव में हवा में उड़ते झण्डे होते हैं, भले ही वह हवा सदा बदलती, धूलभरी पृथ्वी के सतह की हवा हो या ऊपर के क्षेत्रों की शुद्ध व संयत वायु हो। ऐसे झण्डे हवा का रुख़ बताने का काम तो बड़ी अच्छी तरह करते हैं परन्तु इससे अधिक कुछ नही करते, और जैसा कि पुरानी कहावत है अपनी इच्छा के विरुद्ध कोई बात मनवाये जाने वाला अपना मत नही बदलता। हम वही बात मानते हैं जो मानना चाहते हैं, या यूँ कहिये कि वही मानते हैं जो हमारे अन्दर की कोई चीज़ चाहती है कि हम मानें, और वह चीज़ कोई दुष्ट पिशाच है या दयालु देवता यह हमारी सामान्य साइकीय दशा पर निर्भर होता है, शुद्ध मतिमान बातों पर नही। इसलिए अतिभौतिकी (metaphysics) का अध्ययन मात्र निरर्थक होता है, भले ही वह वैदान्तिक हो या कोई और। हृदय की वास्तविक ग्रन्थियाँ इससे कही गहरी व कठिन होती हैं जो बस मतिमान विश्वासों से खुल जाएँ। खुल पाने वाली नही।

योगियों का एक अन्य सम्प्रदाय भी है जो तथाकथित *लय योग* (यह ग़लत तौर पर उपयुक्त पद है क्योंकि समस्त *योग* ही *लय योग*[44] होता है) या अधिक प्रचलित *कुण्डलिनि योग* की साधना करता है । *हठ योग* की यह उपशाखा मुख्य रूप से भौतिक शरीर पर ही काम करती है । "जैसा ऊपर वैसा नीचे" के सिद्धान्त के कारण वे शरीर में समस्त उच्चतर तत्त्वों के प्रतिबिम्ब पाते हैं और भौतिक रीतियों से उन पर वहाँ प्रभाव डालना चाहते हैं । उदाहरणार्थ, उच्च स्तरीय *मनस्* व *बुद्धि* का संयोग भृकुटियों के बीच *आज्ञा चक्र* में स्थित बताया जाता है । सात तत्त्व, अथवा अस्तित्त्व के स्तर, एक विशेष रूप से उन सात पद्मों (या *चक्रों*) द्वारा द्योतित होते हैं जिनमें से पाँच मेरुदण्ड में स्थित होते हैं । मेरुदण्ड के बीचोंबीच *सुषुम्ना* पथ होता है जिसे मध्यममार्ग की भौतिक प्रव्यक्ति के रूप में एक सूक्ष्म नाड़ी या स्नायु माना जाता है, और उस ही के समान वह दो परस्पर सम्बन्धित चरम सीमाओं, *इडा* और *पिंगला*, चान्द्र और सौर पथ, के ठीक बीचोंबीच सीधा निकल जाता है । जो समस्त जीवन में अपने को प्रव्यक्त करती है उस शक्ति का वास मेरुदण्ड के मूल के चक्र (*मूलाधार पद्म*) में माना जाता है और वह *कुण्डलिनि* देवी के रूप में रहती है । अब उन स्नायुओं पर दबाव डालने वाले आसनों व प्राणायाम की प्रक्रियाओं, जिनके सिद्धांत हम यहाँ वर्णन नही कर पाएंगे, के द्वारा *कुण्डलिनि* शक्ति को *सुषुम्ना* पथ से होते हुए सिर में स्थित *सहस्रार पद्म* तक ले जाया जाता है जहाँ समाधि प्राप्त होती है । इस पथ पर नाभि, हृदय, तथा भृकुटियों के मध्य स्थित तीन ग्रन्थियों को, जिन्हें ब्रह्मा, विष्णु व रुद्र की ग्रन्थियाँ कहा जाता है, छेदना पड़ता है । अन्तिम ग्रन्थि के छेदन के पश्चात योगी *सहस्रार पद्म* में ब्रह्मलोक को चला जाता है ।

उक्तलिखित वक्तव्य इस योग का कोई खुलासा वर्णन मान कर नही दिया गया है (और लेखक ऐसा कर सकने की क्षमता भी नही रखता) । यहाँ इस योग की आलोचना करना भी हमारा उद्देश्य नही है पर हम इतना अवश्य कहेंगे कि इसका मुख्य आकर्षण इसकी सजीवता तथा भौतिक प्रक्रियाओं मे बहुत अधिक रुचि लेने के कारण वास्तविकता

[44] *लय* का अर्थ है आत्मसात् करना या एक तत्त्व को दूसरे में विलीन करना ।

का आभास व अर्धभौतिक इन्द्रियबोधों[45] में है । परन्तु इसी बात में इसका ख़तरा भी है । इस योग में ऐसा कुछ भी नही है जो हमारी यह सोचने की पहले से ही अतिप्रबल इस प्रवृत्ति को रोके कि केवल भौतिक ही वास्तविक है, भले ही सजीवता को वास्तविकता कहा जा रहा हो । इस योग का अभ्यास करने वाले अधिकांश साधकों के बारे में यह सच है कि जो शरीर से आरम्भ होता है उसका शरीर में ही अन्त होता है । जो असामान्य दैहिक अभ्यासों से आरम्भ होता है उसका केवल असामान्य सिद्धियों में अन्त होने की ही अधिक सम्भावना होती है । हमने यहाँ यह सूक्ष्म रूपरेखा इसलिए दी है क्योंकि इस व अगले मंत्र का अर्थ कई बार यही लगाया जाता है और यह देख लेना आवश्यक है कि यद्यपि यह दृष्टिकोण अपनी सीमाओं के अन्दर सही है फिर भी वह एक कही अधिक विशाल सत्य का पहलू ही है । यह स्थूल शरीर व इसके सूक्ष्म प्रतिरूप सम्पूर्ण साइकीय अस्तित्त्व के निम्नतम मूर्तरूप ही हैं और इसलिए हमें ध्यान पूरी तरह साइकी पर देना चाहिए केवल रीढ़ की हड्डी पर ही नही, चाहे वह सूक्ष्म हो या स्थूल, क्योंकि साइकी में ही वे आधारिक गाँठें होती हैं । परन्तु यदि *हठयोग* के क्षेत्र में हमारी यह यात्रा इस बात की भावना उत्पन्न कर सकी हो कि यह बातें केवल विचारधारायें ही नही बल्कि उनसे कहीं अधिक वास्तविक हैं तो हमारा समय नष्ट नही हुआ है ।

परन्तु आइये अब राजयोग के दृष्टिकोण पर चले आएँ जो कुछ सीधी सादी आरम्भिक भौतिक तैयारियों के बाद एकदम उस मन पर काम करने लगता है जो सारी प्रक्रिया की सर्वकुञ्जी होता है । जैसा कि उसकी केन्द्रीय स्थिति के लिए उचित है मन को दो काम करने का

---

[45] जिन्हें इस योग में रुचि हो उन्हें *वाराह उपनिषद* और आर्थर ऐवेलॉन (Arthur Avalon) कृत *दि सर्पेन्ट पावर* (*The Serpent Power*) पढ़ने चाहिए । *सर्पेन्ट पावर* में लिखा है "जब योग सम्पन्न हो जाता है तो योगी अपनी पसन्द के आसन पर स्थिर बैठा होता है और उसके सम्पूर्ण शरीर में केवल सिर के ऊपर ही उष्णता का लेशमात्र रहता है जहाँ शक्ति का शिव से संयोग होता है । इसलिए जो संशयी हों और जिन्हें सौभाग्यवश कोई ऐसा सफल योगी मिल जाए जो उन्हें अपना कार्य देखने दे तो, वे तथ्यों की सरलता से पुष्टि कर सकते हैं । वे उसकी आत्मविभोरता और शरीर की वह शीतलता देख सकते हैं जो उसमें विद्यमान नही होती जिसे *ध्यान योगी* कहते हैं" । बिल्कुल सच है ।

प्रशिक्षण दिया जाता है, अपने से नीचे की इन्द्रियों पर नियंत्रण करना और अपने से ऊपर की बुद्धि द्वारा नियंत्रित होना । साधारण मनुष्य का मन तो इन्द्रियों के उच्छृंखल घोड़ों द्वारा कभी इधर और कभी उधर घसीटा जाता है । ऐसे मन पर बुद्धि केवल उस सर्वनियंत्रक भाग्य के रूप में ही प्रव्यक्त हो सकती है जिसके द्वारा थोपी गई काली विवशता इन्द्रियजन्य अनुत्तरदायित्व का प्रतिरूप ही है । योग तो संतुलन होता है । जो आदेश देना चाहे उसे आज्ञा पालन भी करना होता है और अपने को सब मामलों में बुद्धि द्वारा आदेशित रखने पर ही, यानि सदा ऋत, सार्वभौमिक सामञ्जस्य, अथवा आन्तरिक वाणी को सुनते रहने से ही मन को वह शक्ति मिलती है जिससे वह इन्द्रियों को अपनी आज्ञाओं का पालन करने के लिए विवश कर सकता है । तब जाकर ही *लय* की प्रक्रिया पूर्ण हो सकती है और हमारे उपनिषद् के शब्दों में इन्द्रियाँ *मनस्* में, *मनस् बुद्धि* में, *बुद्धि महत्* में और *महत्* अपने पार की शांति मे विलय हो सकता है । यह आरोहण है मुख्य बात, कुण्डलिनि का प्रतीकात्मक आरोहण, और मेरुदण्ड अथवा अन्य कहीं होने वाली बाह्य प्रव्यक्तियाँ अपने सीमित स्तर पर इसकी ही आंशिक अभिव्यञ्जनायें होती हैं । वृक्ष की जड़ को सींचिये और पूरा वृक्ष पनप जाता है । आत्मारोहण के इस मध्यम मार्ग पर तीन बड़ी ग्रन्थियाँ हैं जिन्हें काटना क्या, खोलना पड़ता है और जैसा कि हठयोगी कहते हैं इस खोलने की क्रिया में काफ़ी वेदना और ख़तरा भी है । सबसे पहले है ब्रह्मा की गाँठ जो आत्मज्योति को सामान्यरूप से इन्द्रिय जगत और विशेष रूप से शरीर से बाँध देती है और हम से कहलवाती है "मैं यह शरीर हूँ" । दूसरी गाँठ विष्णु ग्रन्थि है जिससे हम कामना जगत, भावन जगत, से बंधे होते हैं और जिसके कारण हम शंकराचार्य के शब्दों में कहते हैं "मै सुखी हूँ अथवा दुःखी हूँ", और अपने सुख व दुःख के कल्पित कारण की ओर या उससे दूर आकर्षण अथवा प्रत्याकर्षण के साथ भागते हैं ।

सबसे कठोर तीसरी गाँठ मन की होती है जो आत्मा को विचारों के जगत से बाँधे रहती है, उस जगत से जो पृथक अहंता का मूलस्थान व परम दुर्ग होता है । मुझसे सब कुछ छिन जाए परन्तु अपने विचारों में तो मैं सदा बना रहूँगा । यह है मेरा अहं, मेरा परम एकक, अद्वितीय, युगयुगान्तर रहने वाला, विश्व का बर्फ़ानी ध्रुवतारा, वह हीरक धुरी जिसपर सब कुछ घूमता है, कठोर और हीरे की ठण्डी व चमकदार आग वाला ।

ये हैं वे तीन महान ग्रन्थियाँ जिन्हें (कम से कम एक दृष्ठिकोण से तो) तीन गाँठ वाले उस यज्ञोपवीत से प्रतीयमान किया जाता है जिसे संन्यासी त्याग की अग्नि में अर्पित करता है । यही वे गाँठें हैं जो हमारे ज्ञात संसार को एक साथ बाँधे रहती हैं, ऊपर की एकता के दैवी व सामञ्जस्यपूर्ण विश्व को नही, बल्कि नीचे की पृथकता के दुःखी व क्लांत संसार को । भगवान बुद्ध ने कहा था कि सब संयोजित वस्तुयें दुःख से भरी है । यही वे गाँठें हैं जिनसे संयोजन होता है, वह त्रिविध सीमेन्ट जिससे हमारा दुःख का घर खड़ा होता है । पहला सीमेन्ट तो मिट्टी का होता है और पानी से धो कर हटाया जा सकता है, दूसरा अधिक सख़्त होता है उसे ढीला करने के लिए मन का नोकदार सब्बल इस्तेमाल करना पड़ता है परन्तु तीसरा तो बहुत ही कठोर एक अदृश्य गुप्त सीमेन्ट है जो आत्मा की अग्नि से ही हटता है, जैसा कि कीमियागार कहते थे "सुनियंत्रित आग में जला कर" । विश्व दाहक कालाग्नि के रूप में केवल स्वयं रुद्र ही इस अन्तिम गाँठ, रुद्रग्रन्थि को भस्म कर सकते हैं । *आत्मन्* के द्वारा ही *आत्मन्* प्राप्त होता है । उस उद्दीप्त अग्नि में जो कुछ भी मर्त्य हो वह भस्म हो जाता है, जो मर्त्य कोष में बन्दी था वह अपनी स्वाभाविक अमर दशा में पुनः आ जाता है, दार्शनिकों का स्वर्ण अपनी ही उज्वल आभा में चमक उठता है । भगवान बुद्ध के शब्दों में -

"देख लिया अब तुझे हे घर बनाने वाले,
अब फिर तू मेरे लिए घर नही बनायेगा ।
तेरे सब शहतीर टूट चुके हैं, तेरी बँडेर चकनाचूर है ।
मेरा चित्त असंयोजित पर लगा है, तृषायें बुझ गई हैं ।"

षटचक्र निरूपणम् में प्रक्रिया की इस दशा, तृतीय ग्रन्थि को आज्ञाचक्र में विलय करने की दशा, का वर्णन इस प्रकार है –

"परम गुरु की सेवा और निरन्तर अभ्यास के फलस्वरूप जाने, आधार रहित लटकते, भवन को बन्द कर इस आनन्दधाम में मन को विलीन कर योगी इस आकाश के मध्य स्पष्ट चमकती अग्नि की तारामय चिनगारियों को देखता है । तत्पश्चात वह (*आत्मन्* की) ज्योति को आकाश व पृथ्वी के बीच जलते दीपक के समान चमकता, नवोदित सूर्य समान देखता है । सूर्य चन्द्र व

अग्निलोक के समान इस स्थान पर ही दैवी पुरुष अपनी पूरी शक्ति से, अविनाशी, अक्षय रूप में आविर्भूत होता है"[46] ।

आधार रहित लटकता भवन तो सब सांसारिक बन्धनों से मुक्त हो चुका मनस् ही है और उस हवाबन्द हर्मीसीय बर्तन का प्रतिरूप है जिसमें कीमियागारी "घोल" बनता है । चिनगारियाँ वे बिजली जैसी कौंधें हैं जो रहस्यमय सूर्य के पूर्ण उदय से पहले उसके आगमन की घोषणा करने वाली आरम्भिक अनुभूतियाँ होती हैं ।

अन्योक्ति के रूप में एक ऐसा ही विवरण एक पुराने कीमिया के लेखन में दिया गया है जहाँ एक ऐसे वर-वधू को जो भाई-बहन भी हैं, एक पारदर्शक कक्ष में बन्द कर धीमी आँच से देर तक गरम किया जाता है । सबसे पहले यह होता है कि वे एक दूसरे के बाहुपाश में बँध जाते हैं जहाँ उत्तप्त प्रणय में विलय हो कर वर मृत्यु को प्राप्त हो जाता है और शीघ्र ही वधू भी उसका अनुसरण करती है । और तब केवल "जल" बच रहता है परन्तु और गरम करने पर इस पानी से वधू एक बार फिर प्रकट होती है, इस समय रानी बन कर, जो कहती है "मैं बड़ी थी और छोटी बनी, परन्तु विनम्र होने पर मुझे कई देशों की रानी बना दिया गया" । इसके बाद अनेक अद्भुत वैवाहिक परिधान प्रव्यक्त होते हैं और अन्त में वर भी "एक प्रभुत्व व ऐश्वर्यशाली अद्वितीय महान प्रतापी राजा"[47] के रूप में पुनर्जीवित होता है । इन दो वर्णनों की एकदम समरूपता उन पाठकों के लिए स्पष्ट होनी चाहिए जो अब तक लिखी बातों को समझते रहे हैं ।

"यहाँ तक है शिक्षा" । इस अवस्था से आगे और कोई शिक्षा नही दी जा सकती । अब शिष्य और आन्तरिक गुरु एक हो गए हैं और आगे बढ़ने के लिए आवश्यक ज्ञान शिष्य को अपने ही अन्दर ढूँढना होगा । "गुरु के आदेश *आज्ञा चक्र* से ऊपर जाने को होते हैं परन्तु कोई विशेष दिशा इंगित नही की जाती" क्योंकि इस चक्र को भेदने के पश्चात साधक, बिना किसी सहायता अपने बूते पर, ब्रह्मस्थान केवल पहुँच ही नही सकता

---

[46] *षटचक्र निरूपणम्* मंत्र 36,37 ।

[47] *सीक्रेट सिम्बल्स् ऑफ़ दि रोज़िक्रूशियन्स* में अनुवादित "ए गोल्डन ट्रेटिस अबाउट दि फ़िलौसफ़र्स स्टोन" ।

बल्कि उसे वहाँ पहुँचना ही चाहिए। "ऊपर गुरु शिष्य का सम्बन्ध समाप्त हो जाता है"[48]।

यहाँ पाश्चात्य पाठकों को फिर याद दिला दी जाए कि *आज्ञा चक्र* दोनों आँखों को बीच का चक्र है और आन्तरिक गुरु का निवास स्थान है जहाँ से उसकी आज्ञायें आती हैं। यही वह "स्थान" है जहाँ *लय योग* की तांत्रिक परम्परा उक्तलिखित तत्त्वान्तरण का स्थान निर्धारित करती है, परन्तु यह भी ध्यान में रहे कि यह ऐसा "स्थान" है जो किसी शरीर-शास्त्री के चित्रणों में नही मिलेगा। जिन दो आँखों के बीच वह स्थित है वे बहुत सीमित मायनों में ही दर्पण में दिखने वाली आँखें हैं और जैसा कि हर्मीस का कहना है "हे वत्स, यही पुनर्जन्म है – वस्तुओं को फिर शरीर के दृष्टिकोण से न देखना (उन्हें तीन आयामों मे विस्तृत वस्तुरूप न देखना)"। शिष्य अब अपने अन्दर से हो कर पार चला गया है "ऐसे शरीर में जो कभी मर नही सकता", इसलिए आगे चल कर उसका उद्गार होता है "मेरा पुराना संयोजित रूप क्षत-विक्षत हो गया है। अब मुझे स्पर्श नही किया जा सकता परन्तु स्पर्श मुझ में है, मुझ में आयाम भी है और मैं उनसे एकदम अनभिज्ञ भी हूँ"[48]।

इसके आगे कोई शिक्षा नहीं हो सकती। ऐसा लिखा गया है कि जो दैवत्व की देहली पर खड़ा हो उसके लिए कोई नियम नही बन सकते, उसका कोई मार्गदर्शक नही हो सकता। फिर भी शिष्य को कुछ समझाने के लिए अन्तिम संघर्ष की अभिव्यञ्जना कुछ इस प्रकार की जा सकती हे "उसे पकड़े रह जिसमें न सार है न अस्तित्त्व। केवल ध्वनिरहित वाणी को ही सुन। जो आन्तरिक व बाह्य इन्द्रियों के लिए एक समान अदृश्य हो उसको ही देख"[49]।

आगे दिए गए दो मंत्र किसी भी हिसाब से आगे का शिक्षण नही हैं, बस उन्हें जो अब तक हुआ है उसका ही अनुबोध कहना चाहिए।

---

[48] आर्थर ऐवेलोन (Arthur Avalon) कृत *दि सर्पेन्ट पावर* (*The Serpent Power*)।

[48] *दि सीक्रेट सर्मन*। हर्मिटिक कार्पस 13।

[49] *लाइट ऑन दि पाथ*।

(16) *शतं चैका च हृदयस्य नाड्यस्तासां मूर्धानमभिनिःसृतैका ।*
तयोर्ध्वमायन्नमृतत्वमेति विष्वङ्ङन्या उत्क्रमेण भवन्ति ॥

हृदय नाड़ियाँ एक सौ एक हैं, उनमें से एक सिर के ऊपर (मूर्धा) तक जाती है । इससे ऊपर जाकर मनुष्य अमरत्व को प्राप्त होता है, अन्य विभिन्न प्रकार से बाहर जाने के लिए हैं ।

"नाडि" शब्द का अर्थ होता है "सूक्ष्म तन्तु", या शब्दशः "खाली नली" । इसका अनुवाद कभी "धमनी", "रग" या "नस" में किया जाता है, वैसे ही जैसे अन्य उपनिषदों में इसी संदर्भ में उपयुक्त शब्द "*हिता*" का । परन्तु ऐसे रूपान्तरों से काफी कठिनाई आ खड़ी होती है । यद्यपि रक्त व स्नायु तंत्र का इस आद्यरूप नाड़ि तंत्र की प्रव्यक्तियों से सम्बन्ध निस्सन्देह है, एक सौ एक (केवल एकान्तक अंक होने के कारण, अन्य स्थान पर बहत्तर हज़ार बताई गई हैं)[50] नाड़ियाँ न तो धमनियाँ हैं और न रगें, नसें अथवा स्नायु तन्तु ही, कम से कम मुख्य रूप से तो नही हैं । जैसा हम पहले देख चुके हैं, यह सच है कि हठयोगी स्नायु तंत्र पर काम करता है और उसका उपयोग करता है, परन्तु वह वैसा ही है जैसा सामान्य साँस पर नियंत्रण इसलिए किया जाता है ताकि सूक्ष्म प्राण पर नियंत्रण हो और उसके द्वारा सूक्ष्मतर *मनस्* पर । इस बात पर बल देना आवश्यक है कि वास्तविक नाड़ि तंत्र और उससे सम्बन्धित पद्म अथवा चक्र मूलतः साइकीय तंत्र हैं । "सूक्ष्म तन्तु" पथों के वे जाल हैं जिन पर भौतिक नही साइकीय ऊर्जा व्यवस्थित व संचारित होती है और इसलिए कहा जाता है कि वे ऐसे सार से भरे होते हैं जो नीले, पीले, हरे और लाल[51] रंग का होता है, ठीक वही रंग जो रहस्यमय सूर्य में होते हैं । नीद में बिन्दु तुल्य वैयक्तिक केन्द, या साइकीय नाभि अथवा जीव, इस अनेक रंग वाले जाल के रास्तों पर घूमता बताया जाता है ।

यह पूरी व्यवस्था ही वास्तव में वह रहस्यमय जाल है जिसे कड़ुवे समुद्र की जलराशि में डाला जाता है, वह जाल जिसकी ओर ख्रीष्ट ने तब इशारा किया था जब उन्होंने अपने शिष्यों को "मनुष्यों का मछुवा" बनाने का वचन दिया था, और जो गहराइयों की अति

[50] *बृहदारण्यक उपनिषद्* 2.1.19 ।
[51] *बृहदारण्यक उपनिषद्* 4.3.20 ।

अपवर्तक जलराशि के माध्यम से देखने के कारण ही स्नायु तंत्र के रूप में दिख पड़ता है[52]।

जैसे भौतिक स्नायु व्यवस्था में रीढ़ की हड्डी के साथ एक स्नायु होती है जो शरीर के तने के आधार से चोटी तक जाती है वैसे ही साइकी में एक सूक्ष्म पथ होता है, राजपथ, *ब्रह्म* और *सुषुम्ना*[53] का पथ जिसपर, जैसा कि तांत्रिक कहते हैं, सूर्य चन्द्र और अग्नि होते हैं और जो हमारे अस्तित्त्व की गहराइयों से चोटी तक जाता है –

"कहते हैं उसपर सफ़ेद, नीला, पीला, हरा और लाल हैं,
वह ब्रह्मा का निकाला पथ था, ब्रह्मज्ञानी इस पर चलता है"[54]।

वास्तव में यह प्रसिद्ध सम्यक मार्ग है जो दो पराकाष्ठाओं की, दक्षिण के उष्ण सौर मार्ग और वाम के शीत चान्द्र मार्ग की मध्यस्थता करता है। जीवन की सब सकारात्मक घटनाओं, यानि सूर्य के सब पुत्रों की छायायें चन्द्रमा की पुत्रियाँ होती हैं। कोई भी एकपक्षीय रूप से कुछ पकड़ने के लिए यदि एक उज्वल हाथ बढ़ाये तो पकड़ने वाले को पकड़ने के लिए एक काला हाथ भी बढ़ेगा ही। सब क्रियाओं की बराबर व प्रतिकूल क्रिया होती है और इसलिए, जैसा हेराक्लाइटस ने सिखाया, सब वस्तुयें अपने विपरीत में परिणित हो जाती हैं। यही है वह सदा चलायमान जीवन की साँस जो विश्व को बनाये रहती है।

---

[52]प्राचीन रहस्यमय साहित्य में इस प्रतीकात्मक जाल के अनेक रोचक उल्लेख हैं। *श्वेताश्वतर उपनिषद्* (3.1) में ईश्वर को जाल डालने वाला (*जालवान्*) बताया गया है और *मिस्री मृत्यु ग्रंथ* (*Egyptian Book of the Dead* अध्याय 15 ए, *Budge* द्वारा अनुवादित) में जाल के चित्र के नीचे ये रोचक शब्द हैं "पीछे देखने वाले देवता (*बुद्धियुक्त मनस्*) तेरी जय हो अपने हृदय का स्वामित्व पाने वाले देवता मैं पृथ्वी के संयोजक (जाल) और पृथ्वी में रास्ता बनाने वाले की रस्सियाँ लेकर मछली मारने जा रहा हूँ। अपने ही पिता को जन्म देने वाले मछुवो (जिसमें दैवी जन्म हो गया हो ऐसा *मनस्*) तुम्हारी जय।

[53] *सुषुम्ना* का मुख्य अर्थ मेरुदण्ड या अन्य शारीरिक स्नायु नहीं होता। प्राथमिक रूप से यह सूर्य की सात रहस्यमय किरणों में से मुख्य किरण का नाम है जो चन्द्रमा पर चमकती है और इस प्रकार गुह्य परिणय में सूर्य व चन्द्रमा का संयोग करवाती है।

[54] *बृहदारण्यक उपनिषद्* 4.4.9।

इसलिए योगी अपनी साँस नियंत्रित करता है जबकि शंकराचार्य के शब्दों में "मूर्ख केवल अपनी नाक पकड़ते हैं" ।

परन्तु "*समत्वं योग उच्यते* – योग समत्व को कहते हैं" । सूर्य और चन्द्र के मध्य एक उदासीन बिन्दु होता है, एक लय केन्द्र, जो वह टेक है जिसे आर्किमिडीस (Archimedes) संसार को हिलाने के लिए ढूँढ रहा था । केवल सूर्य और चन्द्र के बीच ही नही बल्कि किसी भी स्तर के प्रत्येक दक्षिणहस्तिक सौर तथ्य और उसकी काली वामहस्तिक चान्द्र छाया के बीच यह केन्द्रीय संतुलन बिन्दु, लय अथवा विलय बिन्दु, विद्यमान होता है और योगी को उसे पाना होता है । जब वह उस बिन्दु पर सन्तुलित खड़ा होता है तो वह द्वंद्व से मुक्त होता है और वह जैसे जैसे उसमें से हो कर आगे बढ़ता है वैसे वैसे उस द्वंद्व मे आविभ ूत सूर्य व चन्द्र केन्द्र में और निकट आते चले जाते हैं और लोप हो जाते हैं । *सुषुम्ना* अथवा "सम्यक मार्ग" ऐसे सब बिन्दुओं को जोड़ने वाली रेखा है, हमारे ठीक बीचोंबीच वह अद्वितीय केन्द्रीय पथ है । जब योगी इस पर चलता है तो समस्त विश्व उसके पीछे विलीन होता जाता है, ठीक वैसे ही जैसे गैलाहॅड (Galahad) के फाँदते पैरों के पीछे रहस्यमय सेतु विलीन हो गया था । अन्य सब पथ विभिन्न दिशाओं में आंशिक ध्येयों तक पहुँचाने वाली छोटी मोटी पगडंडियाँ हैं और इन ध्येयों में से प्रत्येक की समकारी छाया होती है । एक यही अद्वितीय छाया रहित पथ है जो मृत्यु से अमरत्व की ओर ले जाने वाला, शून्य में से हो कर आनन्द को ले जाने वाला हंसपथ है ।

सचमुच इस पथ पर चली एक चौदहवी शताब्दि की काश्मीरी योगिनी लल्ला के कथनों के निम्नलिखित उद्धरण इसलिए दिए जा रहे हैं क्योंकि उनकी सजीवता अतुलनीय रूप से इस लेखक के शब्दों से कही अधिक है –

"मैं लल्ला, प्रीत की मतवाली,
सत्य की खोज में निकली, ढूँढते-ढूँढते दिन और रात की याद न रही,
तब मैंने देखा कि पण्डित अपने ही घर था,
उससे मिल मेरा शुभ मुहूर्त मिला ।

(*ललवाख* 36, ग्रीयरसन व बार्नेट 3)

हे गुरु ! हे नाथ ! तुझे जो आन्तरिक ज्ञान पता है, मुझे बता ः
प्राण केन्द्र[55] से दो साँस निकलती हैं ।
एक "ठण्डी" दूसरी "गरम" क्यों है?"
(ग्रीयरसन व बार्नेट 56)

यहाँ देने के लिए गुरु का उत्तर तो बहुत क्लिष्ट है परन्तु लल्ला का लिखना है –

"मेरे गुरु ने बस एक आदेश दिया, 'बाहर से अन्तरतम में आ' ।
और यह निर्देशन मेरे लिए मंत्र बन गया,
इसलिए मैं नग्न नाचने लगी ।
(*ललवाख* 14, ग्रीयरसन व बार्नेट 94)

"मैंने अपने घर के दरवाज़े व खिड़कियाँ बन्द कर,
अपने प्राणों के चोर को पकड़ा और साँस पर नियंत्रण किया,
उसे अपने हृदय की अन्धेरी कोठरी में बन्द किया
और ओ३म् के चाबुक से उसकी खाल खींची ।
(*ललवाख* 20, ग्रीयरसन व बार्नेट 101)

"मुझ लल्ला ने मालती उद्यान के द्वार से प्रवेश किया ।
वहाँ, क्या चमत्कार! मैने शिव को अपनी शक्ति से युक्त देखा,
वहाँ मैंने अपने को जीवन के सरोवर में विलीन कर दिया,
अब जब जीवित भी मैं मृत के समान हूँ तो कौन मेरा कुछ बिगाड़ लेगा ।
(*ललवाख* 121, ग्रीयरसन व बार्नेट 68)

"व्यग्रता से ढूँढते मैं अन्तरतम से ज्योत्सना में आई ।
व्यग्रता से ढूँढते मैं अपने जैसे से ही मिलने आई ।
तू ही, हे नारायण, बस तू ही !
तू ही सर्वत्र व्याप्त है ! फिर मुझे इस चकमकाहट में धोखा क्यों?
(*ललवाख* 131, ग्रीयरसन व बार्नेट 109)

"जब बाहर फैला विश्व, योगाभ्यास द्वारा अपने ऊपर वाले में खिंच जाए,
तब उसके विभिन्न गुण आकाश की शून्यता में मिल जाते हैं ।

---

[55] **शब्दशः *कन्दपुर* (काश्मीरी में *कन्दपुरा*), योग का एक पारिभाषिक पद, (मणिपुर चक्र) नाभि से कुछ नीचे *स्वाधिठान* चक्र से ऊपर स्थित ।**

जब वह शून्य भी विलय हो जाता है, तब केवल अनामय बच रहता है, हे ब्राह्मण, यह उपदेश है तेरे लिए"[56] ।

(*ललवाख* 108, ग्रीयरसन व बार्नेट 1)

(17) *अङ्गुष्ठमात्रः पुरुषोऽन्तरात्मा सदा जनानां हृदये संनिविष्टः ।*
तं स्वाच्छरीरात्प्रवृहेन्मुञ्जादिवेषीकां धैर्येण ।
तं विद्याच्छुक्रममृतं तं विद्याच्छुक्रममृतमिति ॥

अन्तरात्मा, अंगुष्ठमात्र पुरुष, सदा भूतप्राणियों के हृदय में बैठा रहता है । उसे धैर्य के साथ अपने शरीर से ऐसे अलग करना चाहिए जैसे डण्ठल को मूँज घास से अलग किया जाता है । उसे पवित्र, अमर जानो । हाँ उसे पवित्र, अमर जानो ।

अन्त में सम्पूर्ण योगसार सरलतम शब्दों में फिर से बताया गया है, जैसे शिष्य से कहा जा रहा हो कि पिछले मंत्र में इतने जटिल विस्तार से बताया जाना इस प्रक्रिया का वर्णन करने का एक तरीका ही था । ऐसे विभिन्न वर्णनों को इतने ही भिन्न योग नही मान लेना चाहिए । योग तो केवल एक ही है परन्तु इन्द्रिय जगत की प्रक्रिया न होने के कारण उसका प्रत्यक्ष रूप से वर्णन नही हो सकता क्योंकि "हमारा अन्वेषण हमें ऐसे पदों का प्रयोग करने को विवश करता है जो सही तौर पर उपयुक्त नहीं हो सकते"[57], वे केवल प्रतीकों के माध्यम द्वारा वर्णन करने के ही योग्य होते हैं और नाना प्रकार के प्रतीक विभिन्न मानसिक प्रवृत्तियों के लिए अलग अलग ठीक बैठते हैं । कुछ लोगों के लिए *कुण्डलिनि योग* जैसा पेचीदा प्रतीकवाद अपने विस्तृत विवरण के कारण बहुत भारी पड़ता है । कुछ अन्य लोगों के लिए उसकी बारीकियाँ ही बहुत सहायक होती हैं क्योंकि उससे उनके मन को वास्तविकता का आभास होता है, उन्हें लगता है कि वे असली प्रक्रियाओं द्वारा असली काम कर रहे हैं ।

---

[56] श्री कृष्ण प्रेम ने यह अनुवाद ग्रीयरसन व बार्नेट (Grierson and Barnett) के अनुवाद की सहायता से किया गया था । हिन्दी अनुवाद काश्मीरी सहायक समिति, नई दिल्ली द्वारा जनवरी-फरवरी 1971 में प्रकाशित *ललवाख* के हिन्दी अनुवाद की सहायता से किया गया है और पदो की क्रमसंख्या भी वही से ली गई है । ग्रीयरसन व बार्नेट की क्रमसंख्या भी सुविधा के लिए दे दी गई है (अनुवादक)

[57] प्लोटाइनस 6.8.13 ।

सार तो प्रत्येक में एक ही है । हमारा आन्तरिक अहं, हमारे सम्पूर्ण अस्तित्त्व का केन्द्र, साइकी के हृदय में स्थित गुप्त शक्ति स्रोत, दो जगतों के बीच सन्तुलित है, एक जगत तो है "प्रकाश में लिपटा" ऊपर का क्षेत्र और दूसरा "श्याम-किरण, अँधेरे में लिपटा" नीचे का देश । इस केन्द्रीय आत्मा का नीचे के जगत से तादात्म्य ही जन्म की प्रक्रिया है, विशेष कर उस भौतिक शरीर से तादात्म्य जिसे ऑर्फ़िक दीक्षक क़ब्र के नाम से जानते थे ।

योग की प्रक्रिया इस प्रक्षेपण का परावर्तन करना है, तादात्म्य की कड़ियों को धीरे धीरे काटना और फलस्वरूप उस प्रकाश क्षेत्र में जाना है जो आत्मा का सच्चा घर है । प्लैटो व प्लॉटाइनस की "प्यारी पितृभूमि की ओर उड़ान" यही है, और मूललेख में अंगुष्ठमात्र पुरुष का अलग करना भी यही है ।"ऐसा कई बार हो चुका है, शरीर से उठा कर अपने आप में रखा गया, और सब वस्तुओं के लिए बाहरी बन और स्वकेन्द्रित हो, अद्भुत सौन्दर्य को देखते हुए, और अन्य सब समयों से अधिक उस समय उच्चतम तत्त्व से तादात्म्य का आश्वासन पाते हुए"[58] ।

पहले उद्धृत अपने गुप्त उपदेश में हर्मीस ट्रिस्मेजिस्टस ने इस ही प्रक्रिया का ज़िक्र किया है । दैवी जन्म के रहस्य का वर्णन करते हुए हर्मीस का अपने शिष्य से कहना है "अपने अन्दर वापस आ जा और वह हो जाएगा, इच्छा कर और वह पूरी हो जाती है, इन्द्रियों को निष्क्रिय कर दे और तेरा दैवत्व उत्पन्न हो जाएगा, अपने अन्दर से पाशविक यातनायें – पार्थिव बातें – निकाल बाहर कर" ।

इस परावर्तन की हमारे उपनिषद् में सरकण्डे के बाहरी कोष से उसकी डण्ठल[59] को अलग करने से तुलना की गई है, परन्तु इसके कारण सूक्ष्म शरीरों (astral bodies) को भौतिक रूप से अलग करने की बात नही सोचनी चाहिए क्योंकि तुलना भी केवल वर्णन के लिए ही है । जैसा कि प्लॉटाइनस का कहना है "आत्मा का अलग स्थान बस यही है कि वह जड़ पदार्थ में न हो, अर्थात उससे संयुक्त न हो" और कलदिया की देववाणी (Chaldean Oracles) साफ़ कहती हैं

---

[58]प्लॉटाइनस 4.8.1 ।

[59]यह भी ध्यानयोग्य बात है कि जिस सरकण्डे का ज़िक्र है वह बाण बनाने के काम आता था और यह हमें उस विख्यात आत्मा के बाण की याद दिलाता है जिसे ब्रह्म के हृदय में मारना है (*मुण्डकोपनिषद्* 2.2.3 व 4) ।

"अपने को शरीर के बाहर मान और तू बाहर हो जाएगा" । यहाँ यह कह दिया जाए कि "मानना" धर्मभीरु लोगों का वह मानना नही जो साधारणतया अपनी इच्छाओं के पूर्ण होने की कामना होती है और कपोल कल्पना से अधिक कम ही होती है । विश्वास या मानने के कारण ही हम सशरीर हैं और जो विश्वास शरीर के कारागार से मुक्त करेगा वह भी इतना ही सशक्त व सजीव होना चाहिए, तब ही काम कर पाएगा । ऐसा विश्वास उस मन के लिए ही सम्भव है जो योग के कठिन व लम्बे प्रारम्भिक प्रशिक्षण से शुद्ध हो चुका हो । ऐसे मन में ही बुद्धि का ज्ञान प्रतिबिम्बित हो सकता है और, जैसा हम पहले देख चुके हैं, यह प्रतिबिम्ब ही सच्चा व असली विश्वास, श्रद्धा, हो सकता है ।

क्योंकि मानसिक दर्पण नीचे के कामना तत्त्व और ऊपर की बुद्धि के बीच संतुलित होता है उसमें केवल दो प्रकार के प्रतिबिम्ब अथवा विश्वास ही दिख सकते हैं और कौन सा दिखता है यह इस बात पर निर्भर होता है कि दर्पण किस ओर उन्मुख है । यदि नीचे की ओर है तो प्रतिबिम्ब अनिवार्यतः अपने से बाहर की वस्तु का होगा, एक बाह्य जगत का जो अन्ततः मृत पदार्थ का ही होता है और जिससे आत्मा कामना की श्रृंखलाओं से बँधी है । परन्तु यदि मन ऊपर की ओर उन्मुख हो तो प्रतिबिम्ब एक आन्तरिक ज्योति व सामञ्जस्य के जगत का होगा जो आत्मा को स्वतंत्रता व आनन्द से भर देता है ।

वास्तविक विश्वास दो ही होते हैं, कामना की श्यामा व आसुरिक मायाविनी में विश्वास और दिव्या सरस्वती देवी में विश्वास । इनके बीच जो कुछ भी है वह एक कोहरे भरे दिवास्वप्न का मध्यवर्ती क्षेत्र है जिसमें कुछ निश्चित नही रहता, किसी भी दिशा में दृढ़ कर्म नही किया जाता, क्योंकि यहाँ प्रत्येक ज्योति की छाया होती है और प्रत्येक विश्वास का सम्पूरक संशय हृदय को खाये रहता है ।

इस बात का प्रमाण संसार के सामान्य अनुभव में मिल जाता है जहाँ केवल दो ही प्रकार के व्यक्ति दृढ़निश्चयी होते हैं, अपने बारे में और अपने चारों ओर की दुनिया के बारे में । एक तो होता है पक्का भौतिकवादी जो यद्यपि सार्वभौमिक ज्ञान का दावा तो नही करता परन्तु इस बात को पक्की तरह मानता है कि विज्ञान के सिद्धान्तों पर चलते रहने से अन्त में ऐसा ज्ञान प्राप्त हो जाएगा । दूसरा होता है आत्मवादी, जो बाहरी नही आन्तरिक प्रकाश के पीछे जाता है, और वह भी संसार में उसी निश्चितता के साथ अपने पग रखता है जिससे भौतिकवादी ।

ये दो चरम सीमायें हैं। इनके बीच वे अनेक होते हैं जो इन दोनों से ही नीचे होते हैं और थोड़े से वे जो दोनों से ऊपर होते हैं। पहले वर्ग में वे सब लोग आते हैं जो किसी न किसी गड़बड़झाले में फँसे होते हैं, वैज्ञानिक जिनके हृदय को गुप्त मूढ़ाग्रह हमेशा कुदेरते रहते हैं, कायर आदर्शवादी जिनके विचार तो सुन्दर होते हैं परन्तु कर्म कुरूप। दूसरे वर्ग में सिद्ध योगी होते हैं जो *गीता* के शब्दों में योगाभ्यास करने वालों में भी थोड़े से ही होते हैं, दो फल वाले परशु के स्वामी, दोनों सार्वभौमिक ज्वारों के अधिपति, वे जो "अविद्या के ज्ञान से मृत्यु के पार जाकर विद्या के ज्ञान से अमरत्व को प्राप्त करते हैं"[60]।

इस प्रकार दो मार्ग हैं, भौतिकता का अन्धकारमय मार्ग और आध्यात्मिकता का उज्वल मार्ग। इन दोनों के बीच दो मध्यवर्ती क्षेत्र हैं, गड़बड़झाले का क्षेत्र और प्रभुत्व का क्षेत्र। और सबकुछ के एकदम बीच में रहता है सर्वग्राही परम, निर्मल सनातनत्व, आत्मा व पदार्थ के पार, विद्या व अविद्या के पार, प्रभुत्व व गड़बड़झाले के पार, और इन सबके सहित, परम "*तत्-*त्वता" जिसके बारे में विवश हो कर हमें चुप रहना पड़ता है।

इसलिए उसपर वापस आते हुए जिसके लिए शब्द सम्भव हैं, चलिए आन्तरिक आत्मा को उसके विभिन्न शारीरिक कोषों से अलग करें, इन्द्रियज्ञान का कोष, भावनाओं का कोष, और अन्तरतम विचारों का कोष। कार्य कठिन है परन्तु जो एक मनुष्य कर चुका हो उसे कोई दूसरा भी कर सकता है और धैर्य व दृढ़ता के साथ आन्तरिक आत्मा यदि विवेक की सबल पकड़ में रखा जाए तो अपने आवरणों से साफ़ ऐसे अलग हो जाता है जैसे उपनिषद् का सरकण्डा।

यही परम अन्त नही है कि यह सच है। क्योंकि जैसा प्रतीकवाद हमें फिर याद दिलाता है इस प्रकार मुक्त आत्मा अभी भी अपने आप में कुछ है, "पवित्र व अमर" परन्तु अभी भी अन्य आत्माओं से भिन्न। पथ तो समस्त पृथकता के पार ले जाता है, समस्त स्वयंभू एककों के पार, परन्तु जैसा हर्मीस ने कहा है मार्ग के आगे के चरण "सिखाये नही जाते"। अन्धकार की यात्रा समाप्त हो गई है, अब प्रकाश की यात्रा ही शेष है। जिससे वह अब घिरा है उस प्रकाश के अन्दर ही जीवात्मन् को अपना पूर्ण विलय करने वाली और आगे की

---

[60] ***ईशोपनिषद्* 2** ।

प्रगति के लिए शक्ति व ज्ञान ढूँढना पड़ेगा । "यहाँ तक है शिक्षा" । शेष नीरवता है ।

पहले मंत्र 13 में दिया गया ज्ञान और फिर आगे दिए गए मंत्रों में योग पर आदेश । पहले तो यह कि वह शरीर नही है और दूसरे यह कि स्वयं उसके सहित सब वस्तुयें दैवी पुरुष की दहकती अग्नि से निकली हैं । "यह है सत्य ः जैसे दहकती अग्नि से उस ही की जैसी हज़ारों चिनगारियाँ निकलती हैं वैसे ही उस अविनाशी से विभिन्न प्रकार के भूतप्राणी उत्पन्न होते हैं और उस ही में वापस चले जाते हैं"[61] । इस ज्ञान से प्रज्वलित हुई अग्नि यदि हृदय में न जले तो योग के साथ खिलवाड़ के अतिरिक्त और कुछ नही हो सकता – एक दिखावटी काम जिसमें न कुछ वास्तविक हो सकता है न होता है ।

"उसे" जान लें तो जिन योग पथों की इच्छा हो वे खुल जाते हैं । रास्ते तो, जैसा अध्याय 1 की वल्ली 2, मंत्र 13 में पहले कहा गया था, खुल गए हैं और हृदय में स्थित योगेश्वर तक जाने की खुली छूट है । उसके चरणों से जीवन गंगा बहती है । उसमें स्नान कर जिस योग की इच्छा हो उसकी साधना कीजिए, उन सबकी जिन तक आप की पहुँच हो, सब सफल होंगे । परन्तु इस आन्तरिक छूट के बिना कोई भी योगाभ्यास अन्त में किसी भी काम का नही, लकड़ियाँ घिस जाती हैं परन्तु आग नही निकलती, बीज पेरा जाता है पर तेल नही निकलता, दूध मथा जाता है पर मक्खन नही निकलता । कीमियागार लली (Lully) ने कहा था "हमारे काम में कुछ कम लोग बर्बाद नही हुए" । और ऐसे भी कम नही रहे हैं जिन्होंने योग के खेतों को जोतने की चेष्टा की है और केवल मिथ्याभिमान व खीज की फसल ही हाथ पाई है । इसलिए कहा गया है –

(18) *मृत्युप्रोक्तां नचिकेतोऽथलब्ध्वा विद्यामेतां योगविधिं च कृत्स्नम् ।*
ब्रह्मप्राप्तो विरजोऽभूद्विमृत्युरन्योऽप्येवं यो विद्ध्यात्ममेव ॥

तब मृत्यु द्वारा सिखाये गए इस ज्ञान व सम्पूर्ण योगविधि को पा कर नचिकेता ब्रह्म को प्राप्त हो रागद्वेष व मृत्यु से मुक्त हुआ । अन्य कोई भी इस प्रकार आत्मन् को जान ऐसे ही मुक्त हो सकता है ।

---

[61] *मुण्डकोपनिषद्* 2.1.1 ।

सचमुच ही हम मुक्त हो सकते हैं। *एमरल्ड टॅब्लेट* के शब्दों में "मुझे कीमियागारी की परमोत्कृष्ठ कला के बारे में जो कुछ कहना है वह समाप्त हुआ"।

"हे ऐस्क्लेपियस, यदि तू समझ जाए तो ये बातें सत्य प्रतीत होंगी, परन्तु न समझे तो अविश्वसनीय। बात यह है कि समझना विश्वास करना है, विश्वास न करना न समझना है"[62]।

[62] हर्मीस ट्रिस्मेजिस्टस।

शब्दावली

अजर, अजीर्य	ageless
अभिव्यञ्जना	expression
अभिसरण केन्द्र	focal point
अतीन्द्रियदर्शी	clairvoyant
अद्वितीय शब्द	unique word
अन्तर्मुखता	introversion
अन्योक्तिपरकता	allegory
अन्योन्याश्रय	interdependence
अपवर्तक	refracting
अप्रतिबन्धित	unqualified
अमूर्त प्रतीक	abstract symbol(s)
अनात्मिकता	objectivity
अन्तःस्थ	astral
अनाधिकार ग्राही	upstart usurper
अवगम, अवबोधन	perception
अवर अहं	inferior self
अवेक्षक	lookout
अस्तित्त्व के आंतरिक आद्यरूप	inner archetypes of beings
आकाश बिम्ब	heavenly sphere
आत्मज्ञान	soul wisdom
आत्मिकता	subjectivity
आदर्शी कर्षण	normative pull
आसवन	distillation
उच्चतर अहंभाव	higher ego
उच्चस्तरीय अहं	higher self
उच्चस्तरीय मनस्	higher mind
उच्च स्थायी अहंभाव	higher enduring ego
ऊर्ध्वपातन	sublimation

ऊर्ध्वबिम्ब	upper sphere
एकक	monad
एकाकी की कैवल्य की ओर उड़ान	flight of the alone to the alone
कारण-फल-सम्बन्ध	causation
काल-रेती	hour glass of time
कीमिया	alchemy
कीमियागार	alchemists(s)
गति	motion, movement
गतिकता	dynamism
गुप्तज्ञान	hidden wisdom
गोपनीयता	hiddenness
गोलीय ज्यामिति	spherical geometry
चरम अहं	ultimate self
चाक्षुष रूप	visual form
चित्रलिपिक	hieroglyphic
जनन क्षमता मिथक	fertility myth
जीवित परिसंचरण	living circulation
ज्वारीय	tidal
तर्कणावादी	rationalist
तारक	astral
तत्रैव	*Ibid.*
दमित	repressed
दिमाग़ी शिक्षा	head-learning
देवभूमि	kingdom of heaven
दैवी जन्म	divine birth
दैवी सामञ्जस्य	divine harmony
ध्रुव	pole
ध्रुवित	polarised
ध्रुवीय द्वंद्व	polar opposites
नागदैत्य	dragon

नाद	logos
निकाय	system
निगमनिक	deductive
निजी अहं	personal self
नित्य आदर्श	eternal norm
नित्य वर्तमान	eternal present
निम्नस्तरीय अहं	lower self
निम्नस्तरीय मनस्	lower or personal mind
निष्क्रिय	passive
पदलोप	ellipsis
पदार्थ	matter
परलोक-परायणता	otherworldliness
परा-व्यक्तिवादिता	trans-individualism
परिवेशी	ambient
परिसर	range(s)
परिसंचरण	circulation
परिष्करण	sublimation
पुनीत परिणय	sacred marriage
पुनीत शब्द	sacred word
प्रतिपायन	regress
प्रतिमान	Norm
प्रबोधन	enlightenment
प्रव्यक्ति	manifestation
प्रस्तरांकित	rock-cut
पिण्डाण्ड	microcosm
प्रत्ययात्मक विचार	conceptual thought
बकभयंत्र	retort
ब्राह्मणों की अटकलबाज़ी	brahmanical speculation(s)
ब्रह्माण्ड	macrocosm
बहिर्मुखता	extroversion

बहुदेववाद	polytheism
बाह्य धर्म	exoteric religion
भयरहित उस पार	fearless other Shore
भवितव्यवाद	fatalism
मति	reason
मन्दान	prow
मर्त्य कोष	husk of mortality
महानाद	great sound
माध्यमवाद की सम्मोहिनी आत्मविस्मृति	hypnotic trance of mediumship
मानसिक	intellectual
मानसिक रीति	mental mode
मिथक	myth(s)
मूर्त प्रतीक	concrete symbol(s)
रहस्यमय	mystic
रीत्यात्मक समानता	modal similarity
रेती	hour glass
व्यतिक्रम	declensions
व्यावहारिक प्रबन्ध	practical treatise
विद्युदणु	electron
विश्वात्मा	soul of the world
विश्वास	belief
वैयक्तिक जीवात्मा	individual soul
वैश्लैशिक	analytical
सदसद्विवेक	conscience
सनातन	eternal
सपक्ष	winged
सम्पूर्ण	the whole
समाकलन	integration
समीकृत	equated

सम्मोहिनी आत्मविस्मृति	hypnotic trance
स्कंदन	crystallization
स्वयंसिद्धि, सूक्ति	axiom
स्वर विज्ञान	phonetics
स्वर्गिक	heavenly
स्वापक औषधि	drugs
स्वेच्छाचारवाद	antinomianism
सर्वनाश का मत	view of annihilation
सर्वातीत	the transcendent
सह-सम्बन्ध	correlation
साइकी	psyche
सामञ्जस्य	harmony
संयोजक रीति, अनुभव की	unitive mode of experience
सांतत्यक	continuum
सांश्लैशिक	synthetic
सार्वभौमिक परिग्रहण का सिद्धान्त	doctrine of universal prehensions
सार्वभौमिक सुविन्यास	cosmic order
सृजनात्मक प्रतिज्ञापन	creative ego-affirmation
सृजनात्मक इच्छाशक्ति की अनन्तता	infinity of creative will
सृजनात्मक शक्ति	creative power
शब्दों का श्लेष	play on words
शव परिरक्षण	mummification
शुचाकाश	clear sky
श्रद्धा	faith
हवाबन्द हर्मीसीय बर्तन	sealed hermetic vessel
क्षुद्र ब्रह्माण्ड	microcosm
क्षेपक	interpolations
त्रयी	trinity
त्रिक	triad